Istoria Della Contea Di Gorizia...

Carlo Morelli di Schönfeld

Lit. V. Stranski. Trieste

E. Morelly

ISTORIA

DELLA

Contea di Gorizia

di

CARLO MORELLI DI SCHÖNFELD

in quattro Volumi

compresavi

un Appendice di note illustrative.

VOLUME PRIMO
che abbraccia l'epoca
DALL'ANNO 1500 ALL'ANNO 1600.

GORIZIA

PREMIATA TIPOGRAFIA PATERNOLLI

1855.

All' Inclita imp. reg.

SOCIETÀ AGRARIA

IN GORIZIA.

Inclita imp. reg. Società di agricoltura!

Dall'Istoria della Contea di Gorizia di Carlo de Morelli Vostro illustre membro che comprende i fasti di quasi tre secoli, a nessuno con più ragione è dovuta la dedica di quella che a Voi, **Inclita imperial regia florente Società agraria di questa Contea,** che foste costituita depositaria e con titolo legittimo conservate il prezioso manoscritto, ultimo lavoro, riveduto, corretto e ridotto a miglior lezione dall'autore.

Egli è perciò, che propostomi di dare

coi miei tipi un edizione di quella storia, sento
bisogno e dovere di rivolgermi a **Voi Inclita**
imperial regia Società per insinuarla, e con tale
insinuazione oso congiungere il voto e la
mia preghiera, che Vi piaccia di accoglierla
sotto l'autorevole Vostra protezione e che Vi
piaccia concedermi il favore di pubblicarla
sotto gli auspizi del chiarissimo Vostro nome.

Sono stato così fortunato di poter
avere a mia disposizione anche della parte

inedita, i manuscritti indubitatamente autografi di quell'opera, anzi qualche volume di essi persino munito vivente l'autore, dell' imprimatur della ces. reg. Censura, = ma pertanto crederei d'incontrare grave responsabilità verso il pubblico, ove non mettessi a profitto le risorse tutte possibili, perchè la edizione mia quantunque economica, riesca per la verità del testo, pienamente corrispondente all'ultimo emendato lavoro dell'esimio storiografo. In quest'intenzione, esso pregare, che all' **Inclita**

imperial regia Società piaccia permettermi, perchè

io possa far confrontare il testo dei detti miei

manoscritti con quello del prezioso e legittimo

esemplare ch'Ella conserva.

Qui unita mi pregio poi di rassegnare

la biografia dell'illustre autore, compilata

da persona, la quale si onora di spettare

al grembo di quest' **Inclita Società**: ella serve a

far conoscere il piano che sarà osservato nel

pubblicare l'edizione di cui si tratta: sicchè altro non mi resta d'aggiungere a questi miei voti, se non che la sincera professione dell'ossequio e della profonda venerazione con cui ho l'onore di segnarmi.

dell'Inclita imperial regia Società agraria

Gorizia 1 Aprile 1855.

Devotissimo servo
Giovanni Paternolli.

Gradisce l' imp. reg. Società agraria di Gorizia la dedica offertale dall' editore tipografo sig. Giovanni Paternolli siccome corrispondente al 'desiderio che l' ISTORIA DELLA CONTEA DI GORIZIA scritta dall' illustre defunto suo *socio* CARLO MORELLI di SCHOENFELD sia pubblicata sulla base del manoscritto di cui ella è depositaria. Ugualmente conveniente trova ella che la cura di sorvegliare l' edizione sia affidata ad un di lei *socio*, e poichè per tale le viene indicato il membro sociale sig. *Giuseppe Domenico Della Bona*, il quale come benemerito ed indefesso raccoglitore di cose patrie, oltrè a siffatto impegno si propone di arricchire l'opera stessa in fine a guisa di appendice di alcune sue note. si ripromette dessa dalla nota abilità e diligenza del pregiato *socio*, che le di lui aggiunte saranno per corrispondere al lustro dell'opera stessa, e quindi dichiara di lasciare a disposizione del medesimo il richiesto manoscritto.

Gorizia li 19 *Aprile* 1855.

IL PRESIDENTE
Giuseppe de Persa.

Al Lettore.

Carlo Morelli, la di cui *Istoria della Contea di Gorizia* andiamo qui pubblicare, è figlio di *Pietro Antonio Morelli di Schönfeld* e di sua moglie *Elena* nata *baronessa di Taccò*. La sua nascita trovasi registrata ne' libri parocchiali con annotazione, che, nato egli in Gorizia li 4 maggio 1730, veniva ivi battezzato il dì 9 dal vicario Valentino Periz sotto il nome di *Giacomo Carlo*, che però le cerimonie battesimali venivano in seguito supplite in Ossegliano da Vito Romano paroco di Schönpass, e che i padrini furono l'avo materno Carlo barone di Taccò e la contessa Anna Coromini.

Le patrie memorie ci ricordano verso principio del secolo XVII. nei fatti della seconda guerra austriaca contro i Veneti, un Francesco Morelli bisavolo del nostro storiografo, il quale, sebbene giureconsulto, volle assaggiare il mestier della guerra, e fare il condottiere di una compagnia durante quella campagna. Si racconta in questa *Storia - vol. II. cap. IV.* - che respinti nel 1616 i Veneti presso il forte di s. Martino di Quisca, veniva mandato il Morelli ad inseguirli, e che questi recuperava in quell'occasione il castello di Dobra, già occupato dai Veneti. Dopo più scorrerie fatte in Coglio, ebbe però Francesco Morelli la sventura di restare prigioniero in un fatto presso s. Floreano. *Faustino Moissesso* che parla di questa prigionia nel lib. II. pag. 70, benchè veneto, non può dispensarsi dal tributargli giusta lode, chiamandolo valoroso di persona e buon soldato, e raccontando ch'egli *"non si rese se non dopo aver lungamente combattuto, dopo essergli morti i compagni, e dopo essergli stato levato da soverchia forza l'uso della spada."*

Figli di *Francesco Morelli* e di sua moglie *Anna Maria* nata *Garzarolli* erano Gian Pietro nato a Gorizia li 29 settembre 1642 e Giacomo Antonio de Morelli nato pure in Gorizia li 11 ottobre 1650. — Il *primo*, che viene a stare *prozio* del nostro storiografo, fu valente giureconsulto e si acquistava fama coi suoi *commentari sulle consuetudini goriziane* pubblicati coi tipi dello Schiratti in Udine nel 1667 e negli anni seguenti: il *secondo* nato li 11 ottobre 1650 che è suo *avo paterno*, pervenne alla carica di cancelliere della Contea di Gorizia, e come tale, per i meriti che si acquistava, gli fu conferito con diploma del 30 luglio 1701 da Leopoldo I. il titolo di *consigliere cesareo*: Tutti due i premessi fratelli li troviamo inseriti sotto li 12 aprile 1684 nel ruolo de' *patrizi goriziani*.

Dal cancelliere *Giacomo Antonio Morelli di Schönfeld* e da sua moglie *Giuliana di Studeniz* nasceva in Gorizia li 6 genn. 1696 il figlio Pietro Antonio, che troviamo in seguito ai tempi dell'imperatore Carlo VI. questore ossia direttore del demanio nella Contea di Gradisca, e da questi e da sua consorte *Elena baronessa di Taccò* nacque in Gorizia come sopra fu esposto, il nostro storiografo Carlo Morelli. Queste notizie sugli antenati e i pochi cenni biografici qui soggiunti, furono da noi raccolti da diverse fonti ufficiose e private, e in parte da memorie di famiglia, che ci furono gentilmente somministrate dal nobile Sig. Giorgio de Zuccato, il quale, come figlio della sorella *Elisabetta de Morelli*, viene ad essere *nipote* dell'autore e fu uno fra i suoi eredi.

Percorsa che ebbe il nostro storiografo Carlo Morelli la carriera scolastica, ed assolti gli studii legali, entrava nel 1753 come *ascoltante* presso il Consiglio capitaniale in Gorizia, e otteneva nell' organizzazione e riunione delle due Contee di Gorizia e Gradisca seguìta nel 1754, un posto di *consigliere effettivo nel ramo politico*, venendo affidata a lùi specialmente la sezione commerciale. Come tale ebbe egli dal governo l'onorevole missione di viaggiare e di visitare negli anni 1756 e 1757 le città marittime della Francia e dell'Italia, mostrandoci le lettere creditive delle ambascerie cesaree, ch'egli veniva diretto e raccomandato ai consolati e viceconsolati per consultare e per ricevere da essi tutte le notizie concernenti il commercio e per aver lumi su tutto ciò che poteva dare incremento agli affari commerciali e alla navigazione a vantaggio degli stati austriaci.

Restituitosi in patria e riassunte le sue funzioni di consigliere capitaniale, si rileva dagli atti, e anche gli almanachi provinciali di quei tempi lo mostrano, che molte altre ed importantissime incumbenze e commissioni gli vennero appoggiate. Fra queste noi citeremo quella per cui fu *supremo direttore* dell'operato catastrale Giuseppino, operato che poi acquistava nome da lui e che ai giorni nostri ancora *" misurazione Morelliana "* suol appellarsi. Conservava egli oltre di ciò il referato in tutti gli affari di commercio, nelle cose concernenti i feudi, e nelle cose scolastiche. Ma ciò che fa più al caso della presente biografia si è che veniva a lui affidato il carico di regolare gli archivî delle riunite Contee di Gorizia e Gradisca, dalla quale circostanza indotto, prendeva occasione di scrivere la storia di questa provincia.

Di questa storia, che comprende l'epoca di quasi tre secoli (1500 al 1790) si trova pubblicato nel 1773 dall'autore stesso qui in Gorizia il *primo* volume, che abbraccia il primo secolo dal 1500 al 1600 e che porta il modesto titolo di *Saggio storico della Contea di Gorizia*, ma poi, i manoscritti posteriormente dall'autore stesso riveduti, accresciuti, e corretti, ci fanno vedere essere stata sua intenzione, che in una nuova edizione l'opera sua non porti più il titolo di puro *Saggio storico*, ma quello di I s t o r i a   d e l l a   C o n t e a   d i   G o r i z i a. Questo è in fatti il titolo inscritto sul bell'esemplare in netto di cui, morto l'autore, l'illustre sua vedova ebbe a fare un dono all' i. r. Società agraria goriziana, e titolo uguale noi troviamo sopra altro esemplare autografo pronto per la stampa e nel secondo volume già munito dell'*imprimatur* come allora si usava dalla censura pubblica; ciò basti per giustificare il titolo che noi usato abbiamo nella presente edizione.

Fu giudicata questa storia da quelli ch'ebbero l'opportunità di leggerla, un *capolavoro*, quindi ci crediamo dispensati di raccomandare un' opera che si raccomanda da sè a chiunque ha un poco di *senso patrio*. Che se a taluno possono forse sembrare chiariti non abbastanza gli avvenimenti che si riferiscono a qualche epoca, faremo qui riflettere alla grande scarsezza di *memorie* e *documenti patrì* e alla somma difficoltà che si ha di dare ragguagli sopra fatti di quei tempi che hanno un limite *provinciale* e talvolta *municipale*. Occupati pertanto noi per molti anni in ricerche di patrio interesse, ci è riuscito di raccogliere alcuni dati, i quali per quanto ci sembra, spargono qualche maggior lume sulle condizioni e sulla vita pubblica e privata d' allora. Fummo indecisi se tali memorie si dovessero inserire a piedi del testo cui si riferiscono, ma poi considerato che già l' autore ha fatto uso di note, e indotti anche dal riflesso che la somma riverenza per l'opera d' un credito già fissato, non ci permette di confondere il lavoro nostro con quello dell'autore, ci siamo determinati di lasciare intatta l'Istoria, e di pubblicarla tale e quale si trova scritta da lui nell' ultimo suo autografo accresciuto e riveduto: ci riserviamo poi di porre i nostri notati a guisa di A p p e n d i c e in fine dell' opera.

Riassumendo ora la vita del nostro illustre storiografo noteremo, che nella nuova organizzazione politica veniva col dì 1 luglio 1783 soppresso qui il Capitaniale Consiglio e riunito in un solo dicastero a Trieste sotto il nome di çes. reg. Gov. provinciale di Trieste e Gorizia. Il numero dei *deputati provinciali* goriziani essendo ridotto ad un solo, veniva questa carica appoggiata al nostro C a r l o d e M o r e l l i.

Dagli stati personali inseriti negli almanachi di Gorizia e di Trieste dall'anno 1773 al 1791, e così pure da varie lettere, indirizzi e memorie che ci riuscì vedere, possiamo dedurre che gl'impieghi sostenuti dal nostro storiografo, e i titoli che gli competevano, erano questi: *Carlo Morelli nobile di Schönfeld, signore in Studeniz, consigliere effettivo presso l'unito ces. reg. Governo di Trieste, Gorizia e Gradisca, deputato degli stati provinciali e regolatore degli archivi di queste principate contee, membro referente nella commissione concernente i feudi, in quella spettante gli studi, e nel consesso di commercio: aulico supremo commissario negli affari per la confezione del nuovo catastro, e per la regolazione della steura in Gorizia, giurisdicente camerale in Ternova, Ossegliano e ville annesse, socio della ces. reg. Società di agricoltura, arti e commercio, e uno fra i censori della colonia arcade sonziaca di Gorizia.*

In età ormai avanzata sposava la signora Francesca baronessa di Valvasor, dama giovine di molto spirito, e di una erudizione superiore al suo sesso: allorchè poi per le sovrane disposizioni il Consiglio Capitaniale veniva restituito in Gorizia, entrava egli in pensione, conservando il rango e gli emolumenti del suo impiego. Una salute indebolita da vita troppo laboriosa non lo lasciò lungamente sopravvivere: nel dì 3 settembre 1792, cessava di vivere qui in Gorizia senza lasciare discendenza, il nostro storiografo C a r l o d e M o r e l l i uno dei principali ornamenti di questa nostra patria.

D. B.

INTRODUZIONE

La Contea di Gorizia sotto il dominio de' suoi antichi Conti.

I.

Domini de' Conti di Gorizia.

NEL principio del XIV. secolo i conti, signori di Gorizia, e del Tirolo, divisi in due linee, potevano annoverarsi fra i più riguardevoli principi della Germania. È noto, che Arrigo II. del Tirolo estese i suoi domini (**An. 1307.**) coll'acquisto della corona di Boemia, e dilatossi insino nella Silesia, e nella Moravia. È noto altresì, che Arrigo II. di Gorizia (*a*) non solo era tenuto in somma estimazione, ma temuto eziandio dal patriarca d'Aquileja, benchè questi sostenuto fosse da' Trivigiani e Padovani (**nel 1313.**), ed avesse la protezione di Federico duca d'Austria; e benchè Cane della Scala, signore di Verona, ne ricercasse più volte l'alleanza, come a sè molto vantaggiosa. Questo medesimo Arrigo fu quegli, che dichiarato vicario imperiale di Trevigi (**nel 1319**), fece quivi in tale qualità il pomposo suo ingresso, e che ricevuto da que' cittadini il giuramento di ubbidienza, seppe con tale e tanta equità esercitare il suo governo che i Padovani, preferendo il moderato dominio di questo principe alla inquieta loro libertà, spontaneamente e sè, e il territorio loro a lui (**1320.**) soggettarono.

a) *Benchè il Padre de Rubeis ne' suoi monumenti della chiesa d'Aquileja ponga questo Arrigo pel terzo di tal nome, abbiamo piuttosto seguita la serie, che ci dà Rodolfo Coronini conte di Cronberg nel saggio genealogico, e cronologico de' conti di Gorizia.*

I marchesi d'Este, antichi nemici d'Arrigo, uniti a Cane della Scala, gelosissimo dell'ingrandimento di lui, gli macchinarono dei tradimenti; ma l'avveduto principe evitò con tanta prudenza le tramategli insidie, con quanto valore ne respinse gli aperti attacchi; e seppe ben mantenere sino alla morte sopragiuntagli (nel 1323.) in Trevigi le sue gloriose conquiste, le quali unite all'antico patrimonio, e fregiate d'una ben meritata riputazione lasciò in retaggio a' suoi successori.

Ma non durò guari questo grande splendore. Lo stesso Arrigo II. di Carintia, privato della corona di Boemia, (An. 1311.) vide ristretto il suo dominio nella contea del Tirolo, e nel ducato di Carintia. (nel 1335.) Morto esso senza discendenza maschile, i duchi d'Austria, Alberto, ed Ottone, esclusero dal ducato di Carintia l'unica di lui figlia Margherita, lasciandole il solo possesso del Tirolo, che prima anche della morte della medesima cadde ne' principi austriaci (An. 1363.), per una donazione fatta al duca Ridolfo figlio del nominato duca Alberto.

Assai difficile, e forse inutile impresa sarebbe il voler determinare con precisione gli stati soggetti agli antichi conti della linea goriziana (a); basterà l'accennare che non si ristrinsero già al solo tratto di paese dell'attuale contea, ma che altri separati territorî abbracciavano. Oltre il *palatinato* della Carintia, racchiudevano i loro confini verso la Carniola buona parte dell'Istria, e della Marca slava. Nel ducato del Friuli erano essi padroni di molte piazze, tra le quali sono note Latisana, Belgrado, Mugano, Mortegliano, Codroipo, Venzone, Turgnano, Sindrano, Medana, Castelluto, Flambro, Roveretti, ed altre. Finalmente Leonardo ultimo conte, acquistò beni considerabili in Ungheria, per materna eredità a lui pervenuti.

Sarebbe molto più inutile il distinguere i feudi, che i conti di Gorizia riconoscevano immediatamente dall'impero, da quelli, che possedevano come feudatarî della chiesa aquilejese, giacchè dopo l'estinzione de' conti, e la recente soppressione del patriarcato d'Aquileja ogni diritto è ricaduto all'impero (b).

Ad onta di tutto ciò i successori di Arrigo II. di Gorizia non solo non seppero profittare delle interne guerre, che lacerarono il

———

a) *Il compilatore del citato saggio genealogico e cronologico confessa la difficoltà di determinare i confini dell'antica contea, o per meglio dire, di tutti i territorî posseduti dagli antichi conti.*

b) *Ermanno Conringio, ed il Fürstinero discutono a lungo questo punto della giurisprudenza germanica.*

Friuli nel XV. secolo, ma per ragione d'erezione, e dotazione di monasteri, e di abbazie, per alcune svantaggiose guerre con più coraggio, che prudenza intraprese, come fu quella di Arrigo IV. con Taddeo d'Este, nelle cui mani il conte cadde (**nel 1419.**) prigioniero, per dissensioni domestiche di questo Arrigo con sua moglie Caterina, e finalmente per una mala interna amministrazione economica (*a*) decaddero molto di forza, e conseguentemente di considerazione presso i principi, ed i popoli vicini.

Non è perciò meraviglia, che i veneziani non abbiano trascurate le occasioni di trar de'vantaggi. Intrapresero essi, ed eseguirono lo scavamento d'un canale presso Marano (**Anno 1446.**) nel territorio d'Arrigo IV., il quale per mezzo de'suoi inviati a Venezia reclamò contra tale innovazione, ed il senato si espresse, che non aveva intenzione di pregiudicare a' diritti del conte, ma di rendere la navigazione, ed il commercio più comodo ai propri sudditi. I veneziani non si limitarono a questo solo atto. Verso il fine di quel secolo gettarono entro il confine del conte Leonardo le fondamenta del forte di Gradisca; e malgrado le pubbliche lamentanze, e le reiterate proteste del conte, e singolarmente quelle fatte dal suo inviato Bartolommeo Cronschal, la repubblica compì l'opera; e non solo conservò (**Anno 1473.**) la novella fortezza, ma indi a non molto eresse ancora vicino al ponte dell'Isonzo un bastione, e fortificò altri siti lungo la ripa, per impadronirsi in questa guisa di tutto il territorio di là del fiume. Non avendo il conte Leonardo più coraggio d'impegnarsi direttamente in nuovi uffizî coi veneziani, si contentò d'appoggiare (**nel 1486.**) a Lodovico Cosiacher, a Giovanni Welsperger, ed al vescovo di Trento Giovanni Hinderspach, che trovavansi per l'imperadore Federico in Venezia, le sue querèle, senza ottenere però veruna soddisfazione (*b*).

Non si conosceva in Venezia confine alcuno fra il dominio della repubblica, e lo stato de'conti; ed i sudditi della contea erano riguardati come sudditi veneti. Il governo d'Udine perseguitava coloro,

―――――

a) *Sin dall'anno 1400, in cui la Carniola fu eretta in ducato, la porzione dell'Istria appartenente ai conti, non meno che la Marca Slava date in ipoteca, l'una dopo l'altra agli austriaci, s'incorporarono a quella provincia; e prima ancora della morte di Leonardo, ultimo conte, Massimiliano I. ebbe Cormons, Belgrado, Codroipo, e Latisana.*

b) *Scritture del magistrato fiscale di Gorizia.*

che cercavano asilo nel territorio de' conti; ed i sudditi della contea venivano non solo da quel Luogotenente al suo tribunale citati, ma costretti ancora alla prestazione di pubblici lavori in servizio della repubblica, con estorsione di grosse ammende. In somma la sovranità di Gorizia era in quegli ultimi tempi così poco rispettata da' confinanti, come poco da' suoi principi sostenuta.

Ciò nulla ostante i conti di Gorizia erano sempre riguardati come membri, e principi immediati dell'impero germanico (a), e come tali godevano il diritto di coniar in loro nome monete (b), ed avevano voto ne' congressi di quella repubblica, e come feudatarî ancora investiti dall'imperadore esercitavano l'avvocazia delle chiese d'Aquileja, di Trento, e di Bressanone, siccome i rispettivi patriarchi, e vescovi di quelle chiese riconoscevano il temporale dominio dall'impero. Quindi è che a Lodovico duca di Tech fu solennemente conferito (**12 lug. 1412.**) il possesso del patriarcato d'Aquileja da Arrigo IV. Conte di Gorizia in nome di Sigismondo imperadore.

II.

Governo ecclesiastico.

Sotto il patriarca Lodovico di Tech fu la chiesa d'Aquileja spogliata del temporale suo dominio dalla repubblica di Venezia. Per quanto il detto patriarca sollecitasse l'imperadore Sigismondo a difendere la causa, che riguardava un membro dell'Impero (c), e rappresentasse nel concilio di Basilea (**nel 1432.**) l'usurpazione de' diritti della

---

a) *Leonardo Burfwein nelle sue costituzioni imperiali.*

b) *Lo scrittore friulano, che esaminò le monete, ch'ebbero corso nel Friuli sino al XV. secolo, ha creduto che questi principi non avessero avuto il diritto di coniare come conti di Gorizia, quando havvi delle monete di Leonardo, ultimo conte.*

c) *Nel privilegio accordato al patriarca Marquardo dall'imperadore Carlo IV., il dì 8 d'ottobre nell'anno 1366, leggonsi le seguenti parole: " Siamo tanto maggiormente animati a ˌˌ promuovere i vantaggi della chiesa d'Aquileja, quanto è ˌˌ comprovato esser da' tempi più antichi uno dei membri più ˌˌ nobili dell'impero. ˌˌ*

sua chiesa; Sigismondo tutto occupato a sedare i turbini eccitati dagli Ussiti, non sostenne validamente le ragioni del suo feudatario; ed il senato veneto non curò il monitorio, e le censure fulminate dal concilio (**22 dic. 1435.**) nè le insinuazioni, e le istanze del pontefice Eugenio IV. (*a*).

Quantunque Sigismondo, ed i suoi successori trascurassero di sostenere il patrimonio della chiesa d'Aquileja; il senato veneto non per-tanto si prese cura di legittimare, ed autenticare il suo acquisto. Quindi stipulò (**18 giug. 1445.**) col patriarca Lodovico Mezzarota successore di Lodovico di Tech una convenzione, nella quale il patriarca, riservandosi il solo dominio della città d'Aquileja, e delle terre di San Vito, e di San Daniele, rinunziò a tutte le ragioni del patriarcato sopra il Friuli per la pensione di poche migliaja di ducati, che la cassa d'Udine dovesse contribuirgli per l'avvenire.   La repubblica aveva forze bastanti per consolidare un contratto stipulato col patriarca, il quale non aveva altro diritto, che l'usufrutto sul patrimonio della sua chiesa.

I veneziani padroni del dominio temporale del patriarcato di Aquileja si aprirono senza difficoltà la strada all' elezione de'patriarchi della quale essi sostennero il possesso dal successore di Mezzarota fino alla soppressione di questa sede.   Il pontefice Paolo II. d'origine veneto elevò (**nel 1470.**) alla dignità patriarcale suo nipote Marco Barbo, e, seguita in Roma (**An. 1491.**) la morte di questo patriarca, Innocenzo VIII. inclinava a nominarvi il cardinale Cibo; ma opponendovisi la repubblica, conferì il patriarcato ad Ermolao Barbaro, allora veneto ambasciadore presso la santa sede. O che i veneziani non fossero stati prevenuti, o che avessero penetrata la nominazione del Barbaro, certo si è, che il senato elesse Nicolò Donà, ed ad onta delle forti esortazioni fattegli pochi anni prima da Eugenio IV. a riconoscere il patriarca Mezzarota da esso (**An. 1442.**) nominato, onde non fosse data al re de'romani occasione di mescolarsi

_____

a) "*Non leggera infamia, ed odio non indifferente ci siamo attratti*
  „ *coll' averci così facilmente assolti dalla scomunicazione*
  „ *contro di voi pronunciata dal concilio* „ *sono i termini di*
  cui si serve Eugenio IV. nel Breve del dì 13 di marzo
  1441, diretto al Doge di Venezia, per annunziargli la
  nominazione sua del nuovo patriarca Lodovico Mezzarota, e
  per muovere la repubblica a rendere al patriarca, ed alla
  sua chiesa tutto quello che ne riteneva.

nell'elezione (a), sostenne con tanto vigore il suo candidato, che il Barbaro venne a morte (**An. 1493.**) senza poter giungere alla sede patriarcale, la quale poi senza alcuna contraddizione fu dal Donà occupata. Morì questo patriarca il dì 3 sett. dell'anno 1497, e nel susseguente giorno passò il senato all'elezione del suo successore Domenico Grimani. D'allora in poi il senato, per prevenire ogni opposizione, stabilì per norma, che il vivente patriarca nominasse il suo successore, rinunziando in favore di lui il patriarcato, riservandosi egli però il governo della sua chiesa, finchè gli piacesse di esercitarlo (b).

I pontefici hanno sempre preteso d'aver il diritto della collazione generale de' benefizî ecclesiastici, ed i principi ne' secoli addietro poco curanti d'investigare i titoli, su quali i papi fondavano le loro pretensioni, o ne lasciavano loro il libero esercizio o da loro chiedevano la facoltà, e il privilegio di nominare a' benefizî esistenti ne' propri dominî. Si ha memoria d'una confermazione di tale prerogativa, conceduta (**nel 1432.**) dal pontefice Martino V. ad Arrigo IV. di Gorizia, sulle rappresentazioni, che il breve della prima concessione si fosse smarrito in tempo che il conte fu ritenuto prigioniero da' marchesi d'Este. Ma tale fu in que' secoli la dipendenza de' principi dalla santa sede, che non bastava la concessione d'un solo pontefice, poichè trovasi, che la bolla di papa Martino fu al conte Leonardo da Eugenio IV., e da Sisto IV., e finalmente da Innocenzo VIII. confermata (c).

Aveano i conti di Gorizia nel capitolo d'Aquileja il diritto di nominare un canonico, e come fondatori dell'Abbazia di Rosazzo di eleggere quell'Abbate. Prima dell'anno 1382 non potea il Clero secolare della contea disporre de' propri beni con testamento; ed il conte Mainardo VII. gli concedette questa facoltà. Allora il numero delle persone ecclesiastiche era assai ristretto, non essendovene,

---

a) *Ecco le parole del citato breve:* " *Transferiremo il predetto* " *patriarca, cioè il Mezzarota ad un'altra sede, e così esso* " *rassegnerà il patriarcato d'Aquileja, a cui per essere una* " *delle principali dignità dell'impero, dovrà essere nostro* " *malgrado a richiesta del re de' romani noi proveduto.* " *Ignoriamo su chi possa cadere la scelta, certo è però che* " *un veneto sì poco lo sarà, come non lo fu pel passato.* "

b) *Queste rinunzie autorizzate dai pontefici chiamavansi dalla curia romana:* " *abdicationes cum regressu.* "

c) *P. Martino Bauzer al lib. 8. de' suoi monumenti norici e friulani.*

che quelle necessarie pel servizio della chiesa. Il clero regolare non si distingueva dal secolare, che nell'osservanza di particolari regole relative al proprio istituto; nè si conferivano gli ordini ecclesiastici se non a que' soli, che necessarî, o utili erano alla società, per l'esercizio delle opere di carità, e di religione.

Caderebbe in acconcio il parlare dell'origine delle nostre parocchie, le quali dovrebbero darci contezza della popolazione in que' tempi della contea, e farcene conoscere il progresso; ma la trascuratezza di que' secoli, e le rivoluzioni, che per lungo tempo disturbarono la chiesa patriarcale, ci privano di tutte le memorie. Noi sappiamo, che gli abitanti della terra di Gorizia erano obbligati a ricorrere alla chiesa parocchiale di Salcano per l'amministrazione de' sacramenti, finchè Michele e Giovanni, fratelli di Rabatta, fondarono la cappella dello Spirito Santo (**An. 1398.**), per la comodità de' loro concittadini: ma ignorasi tanto la precisa epoca dell'istituzione della stessa chiesa parocchiale di s. Ilario e Taziano di Gorizia, quanto quella delle antiche pievi della contea. Quello, che della prima si può dire di certo, si è, che verso il fine del secolo XIV. si aveva già dato principio alla fabbrica di essa, poichè esiste una disposizione di certo Pandolfo di Gramogliano, colla quale lega una *marca* per la medesima (a).

Non lascieremo però di accennare un articolo degli statuti di Cormons, che fu dal conte Giovanni accresciuto di nuove leggi, come una prova della vigilanza di que' tempi per la fedele amministrazione delle rendite, e conservazione de' fondi della chiesa. Ordina detto principe, che dalla comunità si eleggessero annualmente dodici persone, a cui fosse commessa l'ispezione economica de' beni della chiesa, e che senza il consenso loro, e il consiglio de' nobili non potesse incontrarsi spesa, o impegno alcuno per conto di quella parocchia, nè in qualunque modo potessero alienarsi i beni.

III.

Rendite.

Leonardo, ultimo conte, ed Arrigo suo padre facevano per lo più la loro residenza a Lienz, capitale del loro *palatinato*, e poco

---

a) *Memorie raccolte dal conte Sigismondo d'Attems. Vol. I.*

curando la contea di Gorizia l'abbandonavano alla discrezione dei ministri. La cura delle rendite era generalmente commessa ad un solo soggetto, che chiamavasi col nome di scrivano (a). I titoli speziali hanno la loro origine dalla moltiplicazione, e divisione delle incumbenze. Allora tutte, o le principali rendite de' principi erano fondate sopra i frutti delle terre feudali, e patrimoniali, i quali si riscuotevano sotto il titolo di fitti, di canoni, e di decime, sì in natura, che in denaro nel rispettivo distretto da' capitani, e *gastaldi* (b), e questi ne rendevano poi conto all'amministratore generale in Gorizia. Benchè alcuni di questi subalterni amministratori fossero chiamati capitani, come chiamavasi il governatore della contea; era questo però da quelli distinto per la maggiore importanza delle sue commissioni, e pel grado superiore della sua autorità.

L'amministratore generale delle rendite esigeva ancora le tasse imposte sopra i fondi delle case in Gorizia, ed un tenue dazio sopra il vino, che fin dall'anno 1307 si riscuoteva nel recinto delle mura di detta terra.

Queste erano le rendite di que' principi, e questi erano gli aggravi de' nostri maggiori. Le imposizioni, alle quali in progresso di tempo furono soggettate le terre, e l'industria de' sudditi, riconoscono il loro principio dall'alienazione dei beni del principe, la quale diminuì, e quasi estinse le rendite originarie della sovrana camera.

IV.

Amministrazione di Giustizia.

Al capitano di Gorizia unitamente assistito dal cancelliere della contea era commesso il governo interno di tutta la provincia. Questi due,

------

a) *Le nostre scritture tedesche il nominano " Schreiber „*

b) *Sotto gli antichi conti non si ha memoria d'altro c a p i t a n o, che di quello di Belgrado, e di Duino. I g a s t a l d i erano istituiti in più luoghi. Schwarzeneck, Vipacco, Reifenbergo, Cormons avevano il loro proprio. Nelle nostre scritture sono nominati "Pfleger e Richter„ che abbjamo tradotto "gastaldo„ preso dalla parola longobardica "gastaldus„ che il Muratori nelle collezioni delle leggi longobardiche spiega colle parole: "Judex pedaneus oeconomus regis„ le quali corrispondono all'incarico de' nostri "Pfleger e Richter„.*

congregati alcuni soggetti, che incontravano per istrada, amministravano la giustizia in pubblica piazza; sotto una loggia ascoltavano i litiganti, decidevano sommariamente le cause, ed il cancelliere in forma d'istrumento notava le sentenze. I *capitani* ed i *gastaldi subalterni*, sparsi in diversi territori della contea, radunati i principali delle comunità, sotto un albero piantato sulla piazza del villaggio, rendevano giustizia collo stesso ordine agli abitanti del rispettivo loro distretto (*a*), riservata però l'appellazione delle loro sentenze al capitano di Gorizia. Non si ha memoria, che i litiganti di que' tempi si servissero della penna, o della voce dei causidici; la verità scortata dalla semplice natura presentavasi a' giudici, ne' quali soli si riputava necessaria la cognizione, e l'applicazione delle leggi.

Benchè non abbiamo precisa notizia delle *consuetudini municipali* di que' secoli, le riforme succedute in progresso accertano, che non molto diverse fossero da quelle, che oggidì compongono lo *statuto di Gorizia*. Siccome le leggi pubblicate nell'anno 1366 da Marquardo patriarca d'Aquileja hanno dato norma a quelle, che si leggono negli *statuti della patria del Friuli*, così vedesi palesamente che questi, attesa la loro uniformità, hanno servito di fondamento alle più *antiche costituzioni goriziane*.

Esiste un decreto del conte Alberto, che concede ai nobili la prerogativa di giudicare i loro servi, ed i conduttori de' loro poderi, e conferisce al *gastaldo del paese*, il quale prima esercitava la giurisdizione civile sopra il popolo della terra inferiore di Gorizia, e de' luoghi della contea, ne' quali non risiedeva particolare *capitano* o *gastaldo*, la giurisdizione criminale in tutta la contea; riservando al solo *capitano* di Gorizia la giurisdizione criminale e civile sopra i nobili.

Apparteneva al corpo della cittadinanza di Gorizia dall'anno 1307 in poi la giurisdizione civile, concedutale da Arrigo II. nella sola cittadella superiore, che il conte Giovanni in nome anche de' suoi fratelli Lodovico, e Leonardo con decreto speciale (**1455.**) estese a tutta quella parte inferiore della città, che si trovava cinta da un fosso, di cui rimane ancora qualche vestigio; disimpegnandola così dall'autorità del *gastaldo del paese*, e disponendo espressamente, che gli abitanti fossero giudicati secondo lo statuto osservato nella terra superiore.

_____

a) *Questi giudizî ne' villaggi chiamavansi e chiamansi tuttavia* P r a u d e, *parola derivante dalla lingua slava, che significa* "*parlare, discutere*".

2

Questa sola disposizione basterebbe per credere che l'osservanza dello statuto di Gorizia non si estendesse oltre il suo fosso, quando un'altra memoria non avvalorasse questa circostanza. I Cormonesi si adunarono nell'anno 1436 per rettificare le loro leggi. La prima legge del loro statuto riguardava le bestemmie; e decretava pena minore per quelle contro Dio, che per quelle contro la beata Vergine.

Questo statuto fu confermato, ed accresciuto di nuove leggi (**1460.**) dal medesimo conte Giovanni per la *gastaldia* di Cormons. Sono queste minute osservazioni, ma nell'istoria non si vuol trascurare que' fatti, che hanno qualche rapporto coll'istituzione, e coi costumi de' nostri maggiori; massimamente allorchè si cerca di far un confronto collo stato presente.

V.

Governo interno.

Poco si può dire del governo di que' tempi; si sa però che i cittadini di Gorizia nel principio del XIV. secolo esigevano un tenue dazio sopra il sale, a titolo di conservare la casa del comune (a), le porte, e le mura della città. I mentovati *statuti cormonesi* ci hanno tramandata la memoria d'alcuni provvedimenti riguardo all'annona. In essi si stabiliscono degl'ispettori col nome di *giurati* (b), i quali avevano l'incombenza non solo d'invigilare sul giusto peso, e sulla misura de' commestibili e delle grasce, ma ancora di determinarne i prezzi. Come da una parte i Cormonesi non consideravano il vino per un genere di prima necessità, e dall'altra volevano assicurare il consumo d'un prodotto del loro territorio per animare la coltivazione; così con un articolo separato proibiron l'introduzione dell'estraneo, fin tanto che pel pubblico bisogno non ne mancasse del proprio. Un altro articolo accordava a chicchesia la libera facoltà di cuocere, e vendere il pane al peso prescritto da' giurati. I regolati mercati

---

a) *Denominazione presa dal latino. Du Change riporta un istromento:* "Actum Tolosæ in domo communi„ *perchè la comunità vi si radunava per trattare de' suoi affari.*

b) *Così chiamati dal giuramento, con cui obbligavansi d'accudire con integrità al loro incarico.*

introdotti sotto gli antichi conti, l'erezione dello spedale di Gorizia, il quale già esisteva verso il fine del XIV. secolo (a), ed i fossi sotterranei praticati nel più antico quartiere della città inferiore per servire di scolo all'immondizie, fanno onore a' lumi di quel secolo. Finalmente puossi annoverare in questo luogo la *fraternità* de' calzolaj, sarti, e conciatori di pelli accordata dal conte Giovanni per esercizio d'opere reciproche di carità, con inibizione d'esercitare il mestiere ne' villaggi vicini alla città ad ognuno, il quale non vi fosse inscritto. Questo istituto che estese col tempo il suo privilegio esclusivo per tutta la contea, servì a' tempi nostri d'esempio per altri corpi d'arti, onde vincolare l'industria, e restringere la civile libertà. Non eravi ancora in que' tempi verun provvedimento per l'istruzione della gioventù. Si conosceva il pericolo di contagione, senza che un separato magistrato, o qualche altra particolare persona posta fosse all'importante cura della preservazione dal male. La pubblica, e privata sicurezza era sempre incerta, dipendendo dall'arbitrio, e dalla forza d'ogni cittadino così il sostenerla, come il violarla.

L'intemperanza sembra essere stata fra gli abitanti della contea in que' secoli il vizio più comune. È degna d'osservazione la circostanza, che quasi la maggior parte de' contratti si stipulavano nelle cantine, e singolarmente in quelle appartenenti alle chiese. I soli contratti stipulati nella cantina di s. Adalberto in Cormons uguagliano forse il numero delle sentenze sortite dalla *gastaldia* di quel luogo, e conservatesi sino al presente. Non conoscevasi in que' tempi alcuna specie d'industria, nè di commercio; e l'esercizio delle arti più comuni era abbandonato ai vicini veneti, i quali sostenuti dalle proprie fabbriche, e dal commercio dell'Indie, provvedevano di merci, di droghe, e di manifatture tutta l'Europa. Da' veneti somministravasi agli abitanti della contea fino il cuojo ad uso delle scarpe, e merita d'essere qui accennata la circostanza, che nella locazione di certe terre stipulata (1405) dal conte Mainardo con Nicolino della Torre, si convenne, oltre il censo ordinario, della contribuzione annua d'una beretta di lana fina.

---

a) *Trovasi nell' accennato testamento di Pandolfo di Gramogliano anche un legato in favore dello stesso.*

VI.

Popolazione.

Se si considera l'angusta estensione della città di Gorizia in que' tempi, e se si riflette, che non solo i monti e le colline, ma anche buona parte della pianura della provincia era coperta di folte selve, dall'industria poi convertite in fertili campagne, si può facilmente comprendere, che la popolazione di que' secoli nella contea fosse inferiore di gran lunga a quella de' susseguenti. Nella metà del XV. secolo in mezzo ad un bosco, che serviva alle caccie degli antichi conti, fu eretta quella chiesa (*a*), che oggidì vedesi sulla pubblica strada nel territorio di Vipacco, circondata da una pianura ben coltivata. In Ranziano, Dornbergo, ed in Vipulzano avevano questi principi de' castelli, dove dimoravano pel diporto della caccia. Molto si diminuì la popolazione nel paese per le frequenti scorrerie dei Turchi (*b*), i quali verso il fine dell'accennato secolo, spogliatolo delle sue sostanze, ne mettevano gli avanzi a ferro e fuoco, onde gli abitanti, atterriti, o si salvavano dal furore de' barbari in luoghi nascosti (*c*), o cercavano nuova patria in paesi lontani. Aggiungasi a queste calamità anche la peste insorta replicatamente nei nostri territori (*d*), la quale finì di desolarli. Tale suol esser la deplorabil sorte di quelle provincie, alla cui salvezza non vegliano i loro principi, ma abbandonate alla sola difesa de' sudditi, le lasciano interamente in balìa del caso.

Ecco lo stato della Contea sotto gli antichi suoi conti, che si è creduto opportuno di premettere alla *nostra storia*, perchè sia come un punto di vista, onde conoscere gradatamente tutti i progressi che fece la nostra patria, col difendere e dilatare fra molte vicende di guerra i suoi confini, col sostenere per via di trattati e di alleanze

---

a) Se si dà fede al P. Bauzer, e se si fa riflessione alla denominazione slava di quella chiesa.

b) Il Palladio conta sette scorrerie de' Turchi ne' nostri contorni dall'anno 1470 sino alla fine del secolo.

c) Da ciò ebbero la loro origine i piccoli forti, e le torri che tuttavia si vedono sparsi sul Carso, nell'Istria, e nella Contea, dette comunemente: T a b o r che in lingua slava significa un luogo custodito da guardie.

d) Negli anni 1477, 1491, 1494.

i proprî diritti, col riformare le antiche e collo stabilire nuove leggi, coll'ordinare e correggere l'interna amministrazione, col miglioramento dell'agricoltura e dell'industria, col cangiamento del sistema di governo, con la riforma dei costumi, e delle usanze degli abitanti, coll'accrescimento della popolazione, colla miglior costituzione ed amministrazione delle pubbliche rendite, e finalmente col regolare il civile ed ecclesiastico governo dall'anno 1500 all'anno 1790 *).

*) *La premessa introduzione, che trovasi nel manuscritto intitolato Istoria della Contea di Gorizia, differisce in alcune sue parti dall' introduzione inserita nel I. Volume, che, sotto titolo di Saggio storico della Contea di Gorizia, si pubblicava nel 1773 e 1854. Rendiamo attenti i nostri lettori sulla chiusa fatta dall'autore qui sopra con le parole – dall' anno 1500 all' anno 1790. – Ci offre questa sua dichiarazione un giusto criterio, onde renderci certi di ciò che già nella breve biografia dell'autore abbiamo esposto, che cioè l'autore, fatte delle aggiunte e correzioni alla sua opera, la rendeva completa dopo l'anno 1790, nel breve spazio che ancora gli restava di vita, essendo mancato li 3 settembre 1792.*

ANNOTAZIONE.

—

Per economia di spazio si sono poste in quest'edizione nel testo le date, che nel manoscritto si trovano scritte in margine, e per distinguerle, si è avuto cura di stamparle con carattere compatto.

ISTORIA

DELLA

CONTEA DI GORIZIA

LIBRO PRIMO.

CAPITOLO PRIMO.

Massimiliano I. prende il possesso della Contea di Gorizia.

SEGUITA (12 aprile 1500.) in Lienz, capitale del *palatinato* della Carintia, la morte di Leonardo ultimo degli antichi conti di Gorizia, l'imperadore Massimiliano, che ritrovavasi alla dieta d'Augusta, spedì i conti di Nassau, di Zollern e di Fürstenberg con trecento cavalli per occupare la contea in lui devoluta per ragione di sangue, non meno che per patti di famiglia antecedentemente stipulati. Discendeva Massimiliano da Alberto I. imperadore e da Elisabetta figlia di Mainardo IV. conte del Tirolo e di Gorizia; e si era già nell'anno 1394 tra i duchi d'Austria, ed Arrigo IV. e Giovanni Mainardo conte di Gorizia convenuto, che, estinguendosi la linea mascolina dei duchi, dovessero i conti succedere nel dominio della Carniola col mutuo patto, che estinta parimente quella maschile de' conti, succedessero i duchi nella *contea* di Gorizia, e nel *palatinato* di Carintia. Questa convenzione fu rinnovata nell'anno 1436 da Federico duca d'Austria in nome anche di suo fratello Alberto col medesimo Arrigo conte di Gorizia; e finalmente Leonardo, ultimo conte, dopo averla nella dieta d'Augusta confermata nell'anno 1474 a Federico imperadore, la ratificò nuovamente nell'anno 1490 a Massimiliano allora re de' Romani.

La nobiltà (a), i cittadini (b), e le comunità de'villaggi formavano allora quel corpo, che a' tempi nostri è conosciuto sotto il nome di stati provinciali della contea. Tutti uniti, prestato omaggio, e giurata fedeltà ai messi del nuovo loro sovrano, si riputarono tanto più felici sotto il dominio di Massimiliano, quanto essi ne consideravano superiore la potenza a quella degli antichi conti. Quantunque i commissarî imperiali avessero a nome di Cesare confermato le antiche consuetudini ed i privilegî della contea, ciò null'ostante i goriziani deputarono inviati all'imperadore, sì per rinnovare col mezzo di essi i rispettosi sentimenti della loro ubbidienza, che per avvalorare le loro istanze, onde ottenere l'immediata sovrana confermazione de' loro statuti, che Massimiliano volle accordare con particolare decreto dato in Augusta (**21 giugno 1500.**)

L'imperadore, senza alterare la forma del governo della contea, ne creò capitano *Andrea di Lichtenstein*, e conoscendo l'importanza della situazione della provincia non meno, che dell'eminente posizione del castello di Gorizia, ordinò, che sì le mura di questo, come quelle della terra superiore fossero alzate e con nuove torri rinforzate; assegnando una parte di quelle rendite per le spese occorrenti. La guerra, che si accese dopo alcuni anni fra l'imperadore e la repubblica di Venezia, comprovò quanto necessarî sieno stati questi provvedimenti.

Noi vedremo la provincia *occupata dalle armi venete* e, ritornata la contea sotto il dominio austriaco, i goriziani nulla ebbero più a cuore, che di reiterare il giuramento di fedeltà e di vassallaggio al naturale loro principe. Massimiliano delegò a tal fine a Gorizia

---

a) I signori *d'Attems*, *Bruderle*, *Cronschal*, *Dornberg*, *Edling di Lausenbach*, *Floriani di Flojan*, *di Thaen detti Fontana*, *Gardovitsch*, *Graben*, *Hais*, *Hoffer di Renschach*, *Luegh*, *Manati*, *Neyhaus di Neykofl*, *Orzon*, *Papst*, *Pippani*, *Prodolon*, *Rabatta*, *Raffaeli*, *Rascaveri di Rascha*, *Raunach*, *Ribisini*, *Spranzen*, *Strassau*, *Thurn*, *Vander Vesten*, *e finalmente gli Ungersbach* componevano le famiglie nobili in que' tempi della contea.

b) I *Cusman*, *Chetner*, *Klingenstein*, *Eckenreiter*, *Puscher*, *Schuber*, *Kelbel*, *Fiorenz*, *Velenitsch*, *Tauber*, *Tolner*, *Maischner*, *Vinkler*, *Malinger*, *Fajel*, *Gardina*, *Schwarz*, *Remer*, *ed i Singer* erano i più considerabili in principio di quel secolo.

(**1511.**) Guglielmo di Auersperg *capitano* della Carniola, Ulrico di Waisbriach *capitano* della Carintia, Simone d'Ungerspach *capitano* di Trieste e di Duino, Bernardo Raunacher *capitano* di Postoina, Giorgio Ellacher, e Giorgio d'Eck *vicedomino* della Carniola, colla commissione di ricevere dagli abitanti della contea l'atto di fedeltà e di ubbidienza, e di confermare in suo nome le *antiche consuetudini* e gli *statuti* sotto i passati principi nella provincia osservati (*a*). Malgrado l'attenzione, con cui le sovrane dichiarazioni si custodivano, incorsero queste nella sorte generale dell'*archivio*, che nella continuazione della guerra andò smarrito. I goriziani ripararono la perdita, ricorrendo a Massimiliano, da cui ottennero con lettere segnate in Inspruck (**18 apr. 1518.**) la ratificazione delle assicurazioni fatte da' suoi delegati commissarî.

a) *Valvasor nella sua cronica della Carniola.*

CAPITOLO SECONDO.

4

Guerra di Massimiliano contro la repubblica di Venezia.

I.

Motivi di questa guerra.

MASSIMILIANO dal tempo del suo innalzamento al trono, coll'occasione del viaggio che divisava di fare a Roma, per ricevere ad esempio de'suoi predecessori la corona imperiale, meditava di costringere i *feudatari dell'Impero* a riconoscere la loro dipendenza, e di far valere i diritti, ch'esso aveva sopra molti stati in Italia, e singolarmente sopra il ducato di Milano, di cui Lodovico XII re di Francia, scacciati gli Sforza, erasi impadronito. Sino dal tempo della dieta congregata in Wormazia (a) stimò necessario Massimiliano, per sostenere l'onore e per difendere la libertà della nazione germanica, minacciata da Carlo VIII re di Francia, il por argine all'ingrandimento de'Francesi, i quali si erano da poco impadroniti della Bretagna e del regno di Napoli. L'animo suo guerriero, la sua sperienza militare, ed il fortunato esito delle sue passate spedizioni l'animarono ad ogni impresa (b). Lodovico Sforza duca di Milano, e gli stessi

a) *Nell' anno 1495.*

b) *Fra tutto quello, che gli storici lasciarono scritto de'militari talenti di Massimiliano, noi preferiamo di riportare un passo della relazione di Vincenzo Quirini, ambasciadore veneto presso questo imperatore, presentata al senato nell'anno 1507. " Esperto nelle guerre e nel governo delli eserciti più di niun „ altro capitano d'Allemagna, sollecito, vigilante, e di grandissimo „ cuore, et quello che meglio se intende de ogni sorta di*

Veneziani, ingelositi delle fortunate armi di Carlo, colle lusinghe di generosi soccorsi in danaro sollecitavanlo a passare armato in Italia. Finalmente il trattato conchiuso in Vienna fra Massimiliano, e Ladislao re d'Ungheria (**19 lug. 1506.**), con cui furono sospese almeno le antiche loro dissensioni, e l'amministrazione degli stati dell'arciduca Carlo suo nipote, da esso assunta dopo la morte di suo figlio Filippo il Bello, dalla quale sperava di trarre de' considerabili soccorsi, diedero il maggior fomento alle grandiose idee dello stesso (a).

Il pontefice Giulio II., uomo di spirito inquieto e facile a risentirsi, irritato contro Lodovico XII., e maggiormente contro il cardinale d'Ambosia di lui ministro, e suo più forte competitore nell'ultimo conclave, non trascurò d'insinuare con destrezza a Massimiliano, come il re di Francia, le cui mire furono quelle sole di calmare i tumulti di Genova, dipendente allora da' Francesi, disegnava di passare con un esercito in Italia, per trasferire la dignità pontificia nella persona del suo ministro, e per farsi dal medesimo incoronare imperadore. Seppe il papa sì efficacemente avvalorare le sue insinuazioni, e dar tanta forza ai suoi veri o ideati sospetti contra Lodovico, che ne inspirò anche de' simili nell'animo de' Veneziani, a cui si accrebbe in guisa la loro natia diffidenza verso Lodovico, che giunsero a svelare insino a Cesare stesso i propri timori (b).

Massimiliano frattanto già pronto alla guerra, convoca (**1507.**) una dieta in Costanza; comunica agli stati dell'impero il breve pontificio, rappresenta l'ardite intenzioni di Lodovico, il pericolo,

_____

    " arteglieria, e meglio le sa manezar, che li maestri propri
    " che le fanno, e le adoperano : Ha un credito inestimabile
    " tra tutte le sorte di soldati tedeschi, avendo a tutti per
    " molte esperienze dimostrato non fuzir alcun pericolo, nè
    " mai abbandonar li sui nella battaglia.

a) "Dapoi la pace fatta quest'anno con Hungaria„ dice l'ambasciadore
    Quirino, " e dapoi la morte del re Philippo (errore di copia
    " e deesi leggere arciduca Philippo) che furono quasi in uno
    " stesso tempo, il re de' Romani con mazor fondamento che
    " prima, deliberò nel cor suo, per quanto l'ha poi dimostrato
    " discender in Italia contra i francesi, per torre la sua corona,
    " et questo con il brazzo dell'imperio, che per la morte del
    " prefatto re Philippo era per rendersi più facile alla esaltazione
    " sua, che per avanti.

b) Guicciardini. Libro 7.

che sovrastava all'impero germanico di vedere trasferita in un principe estero la corona imperiale, i diritti che tiene l'impero sull'Italia, e desta nell'animo di tutti que' principi quello spirito di determinazione, e di vendetta, che è necessario per difendere la gloria, e lo splendore d'una intera nazione. Così persuasi dichiararono quegli stati il re di Francia nemico dell'impero, e stabilirono non solo d'opporsi colle maggiori forze a' supposti di lui disegni, ma di costringerlo ancora ad abbandonare il ducato di Milano conquistato sopra Lodovico Sforza, accordando a Massimiliano 22000 uomini per accompagnarlo nel suo imminente viaggio in Italia (a).

Aveva Massimiliano, prima che gli stati dell'impero si fossero uniti in Costanza, delegati a Venezia il cardinale di Bressanone, e l'elettore di Treviri (b) colla commissione di annunziare alla repubblica la sua intenzione di trasferirsi in Roma, affine di ricevere la corona imperiale, e di chieder il passaggio per gli stati di lei; assicurandola che ben lontano dall'arrecarle alcun danno, era anzi disposto di collegarsi con lei pel comune vantaggio. Benchè le vere intenzioni di Massimiliano non fossero in Venezia bastantemente conosciute, ciò non ostante una parte di quel senato pareva disposta a dichiararsi neutrale; ma sollecitato replicatamente dal re di Francia all'adempimento del trattato di Blois seco stipulato (c), il quale espressamente proibiva di concedere il transito a rispettivi nemici, e conseguentemente anche a Massimiliano, si vide costretto di prendere impegno nell'uno, o nell'altro partito.

Non fu mai dibattuto in senato un affare con più ponderazione di questo. Si trattava di offendere l'imperadore, o d'irritare il re

---

a) " *In questa dieta, (dice il Quirini nella citata relazione),*
   " *redutta in Costanza la Maestà del re, propose nel primo*
   " *zorno, che per securtà et honor dell'imperio el se dovesse*
   " *radunar tal esercito che 'l potesse recuperar le jurisdition*
   " *sue, et mantener la corona imperiale in Alemagna, perchè*
   " *facendo altramente il re di Franza andava a camino di*
   " *usurparla, se presto non se li provvedeva, et per la dieta*
   " *in brevi zorni fu determinato unitamente di voler totalmente*
   " *far la provisione, che l'imperio non ruvinasse, et radunar*
   " *tal esercito che Sua Maestà potesse recuperar le jurisdition*
   " *della corona, come per mie di 6 marzo copiosamente scrissi.*

b) Relazione dell'ambasciadore Vincenzo Quirini.

c) Nel dì 15 aprile dell'anno 1499.

di Francia. Tre dei più cospicui senatori (a) furono di parere d'abbracciare l'alleanza di Massimiliano, ma la loro opinione fu combattuta e contraddetta da Andrea Gritti, uomo il più accreditato che allora avesse la repubblica. Rappresentò questi le ragioni, per cui dovesse essere sospetta all'Italia, ed in ispecialità ai Veneziani la potenza dell'imperadore, e quella principalmente de' principi di casa d'Austria, da cui pretendevansi come ereditari e patrimoniali molti territorî, che la repubblica possedeva (b). L'opinione del Gritti prevalse; ed il senato deliberò di perseverare nell'alleanza di Lodovico, e di negar il passaggio alle truppe di Massimiliano, accordando bensì a lui ed alla sua corte quegli onori, e quelle attenzioni ch'erano dovute alla maestà della sua persona, state già usate in simili incontri a' suoi predecessori.

Malgrado le ripulse della repubblica, tali e così forti erano le lusinghe di Massimiliano d'indurla ad abbracciare le sue proposizioni, ch'egli non si stancò di protestare replicatamente a quel senato col mezzo dell'ambasciadore Vincenzo Quirini la rettitudine delle sue intenzioni (c); a benchè sdegnato dalle reiterate negative de'Veneziani

---

a) *Domenico Morosini, Paolo Balbi, ed Andrea Venier.*

b) " *Niuna cosa ci sarebbe,* (sono le parole di Andrea Gritti
   " *riportate da Guicciardini al libro 7) più perniciosa, che*
   " *il avere il re dei romani Stato in Italia; sì per l'autorità*
   " *dell'imperio, l'aumento del quale ci ha sempre essere*
   " *sospetto; sì per conto della casa d'Austria, che pretende*
   " *ragioni in molte terre nostre, sì per la vicinità della*
   " *Germania, l'innondationi della quale son troppo pericolose*
   " *al nostro Dominio.*

c) *Dobbiamo trascrivere un passo della relazione di Vincenzo*
   Quirini, il quale svela le mire di Massimiliano. " *Prima che*
   " *della Dieta* (cioè di Costanza) *si licenziasse totalmente,*
   " *furono li principi in consultazione, come dovessero proceder*
   " *colla Sublimità Vostra, e tutti unitamente, eccetto il re,*
   " *volevano radunar lo esercito, et senza farli altro moto*
   " *passar per il suo paese per forza, non potendo altrimente, e*
   " *molti delli principi usarono male e dishoneste parole contra*
   " *questo Eccellentissimo Senato, come per molte mie scrissi,*
   " *dicendo che forsi bono saria per loro accettar quelli honorati*
   " *partiti che offeriva Franza, et drizzar lo esercito contra Veneziani*
   " *che tengon usurpate tante et sì belle cose dell'imperio,*

licenziato avesse dalla sua corte il Quirini, tanta era la ripugnanza
di romperla colla repubblica, che fece intendere per l'ultima volta
al senato la sua determinazione, accordando al Quirini di potersi
trattenere entro i confini degli stati suoi, fino a tanto che questi
ricevesse da Venezia l'ultima definitiva risposta, se la repubblica si
disponeva di riceverlo o come amico, o come nemico nelle sue
terre. Il Senato non si rimosse dalle sue prime dichiarazioni, e
l'allontanamento del Quirini diede fine ad ogni ulteriore trattato coi
Veneziani (a).

Ugualmente contrarî alle misure di Massimiliano furono altri
maneggi. Non era ancora sciolta la dieta in Costanza, che il
re Lodovico, ridotta Genova alla primiera ubbidienza, non solo diede
congedo alle sue truppe ed abbandonò l'Italia, ma spedì ancora in
Costanza *occultamente uomini propri, i quali non si dimostrando in
pubblico*, ma procedendo segretissimamente, si sforzavano con occulto
favore de' principi amici suoi di mitigare gli animi degli altri (b). Gli
Svizzeri, che tentò Massimiliano di assoldare, sedotti dagli artifizî della
Francia, ricusarono di militare per esso; e tutti i grandi sussidî, che
promettevasi egli dalle città e dai signori d'Italia, si ridussero al
tenue soccorso di mila ducati, che somministrarono i Sanesi.

    „ *senza pur volerle riconoscere: Nè tra tutti li principi si*
    „ *trovò altri che il re solo, che dicesse non esser onesto*
    „ *andar contra questa repubblica, che mai non è stata contro*
    „ *il honor di Germania, et lasciar stare Franzesi, che altro*
    „ *non cercano, che ruvinarla, et che meglio era veder per*
    „ *ultima conclusione la risoluzion della Sublimità Vostra, et*
    „ *poi determinar quanto parerà più espediente.* „

a) *La relazione del Quirini non lascia verun dubbio su questi
falti. Noi riporteremo il passo più opportuno al nostro
proposito.* " *Non avendo in spatio di molti zorni risposta,*
    „ *consentì (Massimiliano) che li principi della Dieta ai 27*
    „ *di Lujo, dopo concluso il tutto, mi licentiassero dalla corte,*
    „ *alla qual non dovessi ritornar senza una ultima risoluzione*
    „ *di quanto fosse per voler fare questo Eccellentissimo Senato*
    „ *nella sua speditione, et con tutto ciò sottomano a dì 2*
    „ *agosto mi fece intendere, che se Vostra Sublimità li concedeva*
    „ *il passo a parte dello esercito con promissione di non tor*
    „ *le armi in mano contra lui, la resterà contenta.* „

b) *Guicciardini. Libro 7.*

Lo stesso papa Giulio, il primo motore di questi torbidi, intimorito dalla perseveranza de' Veneziani, dalla forza dei Francesi, e dallo spirito bellicoso di Massimiliano, il quale poteva risvegliare le antiche pretensioni sopra l'Italia, cambiò sentimenti, ed incaricò il cardinale di Santa Croce suo legato, d'impiegare ogni mezzo, onde divertire Cesare da un viaggio, a cui un anno prima avevalo con tanto impegno animato.

Ad onta di tante opposizioni e di tanti svantaggi, o fosse Massimiliano troppo avanzato nel suo impegno, per non dover retrocedere, o confidasse nell'arte ed esperienza sua militare, o finalmente seguisse, lo che sembra più probabile, gli impulsi dell'irritato ed inasprito animo suo pel partito preso dal senato veneto, deliberò in fine di volgere le sue armi contra quella stessa repubblica, di cui poco prima aveva cercata l'amicizia e l'alleanza.

II.

Entra Massimiliano I. negli stati della repubblica.

Coll'oggetto dunque di questa guerra convoca Massimiliano in tutte le sue provincie un'assemblea degli stati per ottenere soldati e danaro. La Carniola colla contea di Gorizia arruolarono 1500 uomini coll'obbligo del loro mantenimento pel corso di tre anni. Arrivato l'imperadore in Inspruck, unì in Bolzano gli stati del Tirolo, i quali con sollecitudine allestirono un corpo di 5000 combattenti. L'artiglieria era già avanzata in più luoghi ai confini dell'Italia, quando Massimiliano, forse per giustificare maggiormente le ostili sue operazioni contro i veneziani, prima d'intraprenderle, spedì un araldo a Verona, per notificare al Senato la risoluzione del suo passaggio in Italia, e per dimandare l'alloggio di quattro mila cavalli. La risposta consultata in Venezia corrispose alle altre negative deliberazioni della repubblica.

Federico margravio di Brandenburgo accompagnato da due dei suoi figli con buon numero di cavalli presi nella Franconia, marciava da una parte alla volta di Trento, e dall'altra il duca Enrico di Brunswick con un corpo che si arrolava nelle austriache provincie, doveva incamminarsi verso le frontiere del Friuli. Si pretende, che il legato pontificio vedendo gli apparecchi, i quali annunziavano più che sicure l'ingresso in Italia di Massimiliano e dell'esercito di lui, credette di non dover più differire la commissione segreta ch'aveva di presentare a Cesare la bolla, scritta in lettere d'oro, con cui Giulio II. per sollevarlo dall'incomodo di portarsi in Roma, e per non esporlo alle opposizioni, che avrebbe potuto incontrare per parte de' Veneziani, e de' Francesi, gli conferiva la dignità imperiale (a). Ma, nulla seppe distorre Massimiliano dal divisato suo piano. Portatosi egli da Inspruck a Trento con una solenne processione (8 feb. 1508.) implorò da Dio un fortunato esito alle sue imprese, ed alla presenza di Rodolfo principe d'Anhalt, di Matteo Lang di Wellenburg vescovo di Gurk, e di Giorgio Neudeck vescovo di Trento, assunto il titolo d'*eletto* imperadore dei romani (b), s'incamminò con un corpo di mila e cinquecento cavalli e quattro mila fanti verso Vicenza.

La Francia e la repubblica di Venezia non perdettero intanto di vista Massimiliano, e ne spiarono attentamente tutti i movimenti. Erano già prevenuti, che tendevano ad un aperta guerra: ma la varietà e moltiplicità dei movimenti, uniti alla gelosia, colla quale Massimiliano custodiva nella sua mente tutto il piano delle sue intenzioni, tenevanli incerti da qual parte fosse per volgersi. La Francia aveva collocato al Lago maggiore un corpo sotto il comando di Carlo d'Ambosia signore di Ciamonte, per coprire lo stato di Milano, e ne aveva spedito un'altro sotto la condotta di Giovanni Giacomo Trivulzio in soccorso de' Veneziani nel territorio di Verona. La repubblica, chiamato a Venezia Nicolò Orsino conte di Pittigliano, con Bartolommeo Alviano, e consultati costoro sulla difesa de' suoi stati, nominò due provveditori, Andrea Gritti e Giorgio Cornaro, delegando questo al *governo del Friuli*, e l'altro a quello de' Reti, perchè assistessero i due capitani col consiglio, e coll'opera nella difesa de' territorî compresi nel rispettivo governo.

Felicissima fu per Massimiliano l'apertura della campagna in Italia. In poche ore superò egli tutti i ripari che i Veneziani opposero al primo suo passaggio. Occupò la montagna d'Asiago situata nel territorio di Vicenza, e s'impadronì delle sette comunità,

a) *Fugger. Libro VI.*

b) *Justino Göbler riporta nella sua cronica, che Massimiliano abbia in conseguenza di questo atto, fatto pubblicare il dì 8 di febbrajo nell'anno 1508 in Bolzano, d'aver assunto il titolo d'imperadore.*

e d' altre adiacenze, che la circondano. Ma quanto poco tempo impiegò per questi felici progressi, altrettanto facile riuscì ai Veneziani di respingerlo in quelle parti.

III.

Fatti d'armi in Friuli e nella contea di Gorizia; loro conseguenze svantaggiose per Massimiliano.

Avvenimenti maggiori e più decisivi ci presentano il Friuli e la Contea. Marciava già Enrico di Brunswick alla testa d'un grosso corpo di fanti e di cavalli radunati parte in Austria, e parte nella Stiria per penetrare dalla Carintia negli stati della repubblica, quando Massimiliano, abbandonate le adiacenze di Vicenza, volle egli stesso condurre altre milizie, e dirigerle verso il Friuli. Il connestabile, che con pochi soldati guardava lo stretto della Chiusa, si pone in fuga; scorre l'imperadore que' territorî aprendosi la strada per alti monti coperti di neve, e, forzato il podestà Pietro Ghisi alla *resa della rocca del Cadore*, s'impadronisce di tutta quella valle, dei castelli di San Martino e della Pieve, e destina capitani di questi forti, Sisto di Trautson, Marco Sittich d'Embs, e Giorgio di Goldeck.

Non potevano sì felici incominciamenti proseguirsi da Massimiliano in persona senza rischio di restare ad un tratto sproveduto di denari e di milizie. Le truppe somministrategli da' principi dell'impero erano assoldate pel corso di soli sei mesi. Fu necessario quindi di confidare il comando del suo corpo al Trautson cogli ordini di proseguire la guerra nel Trevigiano, e di restituirsi egli in Alemagna per ottenere nuovi sussidî, e per impegnare i principi dell'impero a prolungare per altri sei mesi il soldo alle loro truppe.

In questo intervallo le provvidenze de' Veneziani nelle nostre parti, si limitarono alla delegazione in Feltre di Domenico Dandolo, e di Giustiniano Morosini in Gradisca, colla commissione di provvedere quei territorî di sufficienti vettovaglie pel mantenimento d'un corpo, che si arruolava di milizia urbana, il quale sotto il comando del Alviano avesse ad opporsi agli imperiali. Ma tosto che si seppero in Venezia i felici successi di Massimiliano, il Senato colpito più dal terrore, che inspirano d'ordinario le truppe vittoriose, che dalla forza delle stesse, con dispacci premurosissimi ordinò al provveditore Cornaro ed all' Alviano di prendere le più sollecite misure, per resistere all'impeto degli austriaci, e per allontanare tutto ciò, che a maggior danno della repubblica accadere potesse. Dispose inoltre l'armamento di quattro galere, che molestassero i luoghi marittimi di Massimiliano, onde obbligarlo a dividere le sue forze: e siccome le città d'Udine e di Cividale erano sospette d'affezione pel imperadore (a), così delegò in questa Donato da Lezze, ed in quella il più potente de' suoi cittadini, Girolamo Savorgnano, per tenere in soggezione quegli abitanti, e per convincere gli stessi della cura, che aveva di difenderli da ogni attacco delle truppe alemanne.

Unì l'Alviano con celerità dieci mila fanti, e circa due mila cavalli; e riconosciuta la situazione del paese, il campo e le forze tedesche, guadagnò all'improvviso quelle stesse montagne, dalle quali gli imperiali poc'anzi erano discesi. Divise le truppe in tre corpi, e collocatine due nell'interno dei boschi, onde quei monti erano coperti, presentò quel di mezzo agli imperiali, ordinandone i movimenti, come in atto di dar battaglia.

Avevano le truppe di Massimiliano fino allora con libertà battuta la campagna, e non avevano incontrato se non poche guardie, e minore resistenza. Veduta dal Trautson l'inaspettata comparsa, ed i movimenti del nemico, adunò i primari ufficiali per deliberare sul partito da prendersi nel cambiamento delle circostanze, e siccome vedea da una parte chiusa alle sue truppe la strada della ritirata, e ravvisava dall'altra il pericolo a cui si esponeva inoltrandosi nel paese nemico, era di parere d'attaccare il debole corpo del Alviano, senza dargli tempo di rinforzarlo. Di sentimento del tutto opposto era il capitano Sittich d'Embs. Cercò questi di persuadere il comandante a non sortire dal campo, ma ad aspettare i nemici nel posto ben trincierato, dove trovavansi gli austriaci; rappresentogli a quanto pericolo sarebbono tutti esposti in campo aperto, se il Alviano avesse un corpo di riserva, che lo rendesse di molto superiore, predicendogli in tal caso quella decisiva sconfitta, che sarebbe necessariamente seguita dalla perdita non solo del paese conquistato, ma ancora delle vicine terre austriache, senza che vi rimanesse speranza alcuna di rimettersi. Ma l'animo impetuoso ed ardente del Trautson non cedette al saggio ragionamento dell'Embs, ed abbandonate le trincee, attaccò il nemico. Il corpo de'Veneziani

_____

a) *Cardinale Bembo. Libro 7.*

in apparenza molto inferiore di numero, prese ad arte la fuga, e lasciossi inseguire sino alle radici del monte, da cui piombarono ad un tratto i due corpi, nascosti dall'una e dall'altra parte sopra gli austriaci, circondandoli d'ogni intorno. Il Trautson, che faceva consistere il proprio valore in una ferocia, che sprona l'uomo a tentar cose impossibili, e ad incontrare le più evidenti sciagure, anzi che abbandonare con provvida ritirata il campo in poter del nemico, preferì il partito di sostenerlo colla *sconfitta* della sua gente, e colla *perdita della sua vita*. Morì egli (**1 marzo 1508**) colpito di balestra in fronte. Molti si salvarono colla fuga (*a*). Il restante fu passato a fil di spada, avendo l'Alviano con inaudita crudeltà promesso dei danari per ogni testa tedesca, che gli venisse portata al campo (*b*).

Facile è il comprendere la riputazione che guadagnò l'Alviano presso la repubblica. Il Senato, dopo avergli conferito il general comando delle truppe, accresciutogli lo stipendio, e donatagli tutta l'artiglieria presa agl'imperiali, decretò che fosse rinforzato il suo corpo, con ordine d'attaccare i dominî dell'imperadore; e confidò le quattro galere già armate al comando di Girolamo Contarini, disponendo d'armarne e d'allestirne altre quattro, per assalire i lidi austriaci.

Dopo la *sconfitta* dei tedeschi non incontrò l'Alviano molta resistenza nelle sue operazioni. In pochi giorni (**5 marzo 1508**) non solo riacquistò il Cadore, ma si impadronì ancora di Pordenone e di Belgrado appartenenti a Massimiliano, disponendosi a volgere le vittoriose sue truppe verso la *contea di Gorizia*, che sproveduta di milizia, apriva a' Veneziani la strada di continuare i loro progressi negli stati austriaci. S'aspettava è vero il duca Enrico di Brunswick con un corpo di truppe arruolate nelle vicine provincie, ma ad onta dei replicati impulsi, onde sollecitato fu a sovvenire la contea, perdè egli tutto il mese d'Aprile in maneggi cogli stati della Carintia, perchè aumentassero i soccorsi, senza disporre nelle pressantissime urgenze di quelli, che avevano già accordati, ed in tempo, ch'egli con poca gente poteva impadronirsi del passo fra la Carintia e la contea, permise, che l'Alviano facesse passare un distaccamento in *Pletz*, ne

---

a) Giovanni Candido. Libro 8.

b) Pietro Bembo, lib. 7. Giovanni Fugger, lib. 6 pretende, che le teste dei morti infilzate su delle corde fossero mandate a Venezia.

tagliasse tutta la comunicazione, ed impedisse ai Goriziani ogni soccorso da quella provincia. Così gli stati della Carniola nulla ommettevano, onde unire colla maggior sollecitudine un corpo di truppe, parte nazionali e parte croate; ma pressati dalle città marittime a soccorrerle, e temendo la necessità d' esser costretti a difendere il proprio paese, non ispedirono sotto il comando di Giovanni d' Auersperg in difesa della contea, che trecento soli archibugieri.

Tal era la situazione in cui trovavasi la contea, allorchè i Veneziani si presentarono improvvisamente (**9 apr. 1508**) avanti Cormons con mille cavalli e nove mila fanti. Giorgio Hoffer, comandante del castello, sostenne per un giorno con valore superiore alle sue forze l'assedio il più vivo ed il più animato; ma il valore dovette cedere il giorno appresso all'impeto del cannone, ed al numero de' nemici. La maggior parte degli abitanti di quella terra, e d'altri vicini luoghi rifuggiti nel castello, furono passati col comandante a fil di spada, e tutto rimase in preda de' vincitori (*a*). Non si ebbe rispetto ai vasi sacri delle chiese, nè all'onore delle vergini. Il furore del soldato giunse a tale eccesso, che eccitò indignazione nell'animo del provveditor Cornaro, il quale, sperimentando inefficace l'autorità degli ordini, procurò alle donne un sicuro asilo nelle chiese. (*b*).

Questa novella portò lo spavento nel cuor di tutti gli abitanti della contea, che senza difesa vedeansi esposti ad uguali danni e disagi. Andrea di Lichtenstein capitano di Gorizia con Giovanni d' Auersperg, e coi principali del paese, non potendo far fronte,

---

a) *Abbiamo ritrovato fra le scritture del magistrato fiscale di Gorizia una memoria scritta in latino, la quale fa ascendere il danno patito dai sudditi in questa occasione a dugento mila ducati d'oro, pretendendo che gli abitanti di tutta la contea avessero salvato in quel castello tutto quello che avevano di più prezioso. " Tante erano le cose preziose, scrive l'anonimo,*
  " *che il soldato veneto da Cormons sino a Meriano spargeva*
  " *le picciole monete, sprezzandole pel peso, senza far menzione*
  " *de' prigioni, i quali a grosse somme dovettero riscattarsi,*
  " *fra i quali trovavasi Daniele di Flejana, il quale ebbe a*
  " *comprare la sua libertà coll' esborso di ottanta ducati d'oro.*
  " *Il Candido al libro 8 parlando di Cormons, dice: dove molti*
  " *tesori furono portati.* "

b) *Bembo. Libro 7.*

presero delle misure per arrestare almeno i progressi de' nemici. Si presidiò la torre posta al ponte dell'Isonzo colle migliori truppe, si demolì il ponte, si collocarono guardie alla riva del fiume; animaronsi tutti i sudditi, ch'erano abili ad impugnar le armi alla difesa della patria, e nulla fu omesso di ciò, che la fedeltà dovuta al principe e la premura della propria sicurezza poteva suggerire. Ma tutte queste disposizioni erano molto deboli in confronto degli apparecchi, che l'Alviano faceva per conquistare la provincia. Lasciato un sufficiente presidio in Cormons, s'avanzò verso Gorizia coll'artiglieria, e coll'armata rinforzata dalla gioventù, la quale allettata dalle prede, s'arruolava sotto le insegne della repubblica.

L'acque ingrossate dalle nevi non permisero a' nemici di passare colle barche l'Isonzo. L'Alviano prese il partito d'attaccare la torre. La guarnigione difese per un giorno il suo posto, ma mancandole il dì seguente le munizioni, fu costretta a rendersi (**14 apr. 1509**); ed in poche ore fu rifatto da' veneti il ponte distrutto. Divise dagli austriaci lungo la riva del fiume le forze, in nessun luogo furono esse bastanti ad impedire ai nemici il passo. Trecento cavalli, che dalla parte di Sagrado varcarono l'Isonzo, si unirono senza resistenza all'Alviano, il quale, arrivato colla fanteria *sotto le mura di Gorizia*, cominciò immantinente a battere col cannone il castello. L'assedio fu per alcuni giorni con indefesso valore dai nostri sostenuto. I Veneziani diedero in un sol giorno due assalti, e furono in ambedue non senza perdita dagli austriaci respinti. I capitani rinchiusi in Gorizia, sollecitando la spedizione di nuovi soccorsi dalla Carniola, scrissero a quegli stati (**17 apr. 1509**): *il fuoco del cannone è senza esempio* (a). Ma mancato loro ogni rinforzo ed indebolito il presidio, presero il partito di capitolare. Giovanni Scarsaborsa di Cividale fu spedito dall'Alviano al Lichtenstein per istabilire le condizioni (b). Si convenne, che cederebbesi la città ed il castello ai Veneziani, quando sborsassero quaranta libbre d'oro. La proposizione fu accettata, ed il Cornaro inalberò nello stesso giorno (**22 apr.**) la bandiera della repubblica.

La resa di Gorizia unitamente alla tardanza del duca di Brunswick, non solo pose in costernazione gli abitanti della contea, ma disanimò ancora il suddito delle vicine provincie. Giovanni d'Auersperg si portò incontanente a Lubiana per accelerar la venuta delle truppe,

a) *Cronica di Giustino Göbler.*
b) *Cronica di Giustino Göbler.*

che da tanto tempo aspettavansi dalla Carintia, e per raccogliere colla maggior sollecitudine nella Carniola quelle poche milizie, che in sì urgenti circostanze potevano radunarsi. Conviene riportare le parole, di cui questo valent'uomo si servì, rappresentando (**24 apr.**) al Brunswick la situazione della nostra provincia. *I Veneziani padroni di Gorizia, non mancheranno in breve d'occupare Vipacco, Postoina e Senosechia per tagliare ogni comunicazione coi nostri lidi. Vi scongiuro perciò a venir più presto che sarà possibile in nostro soccorso; imperciocchè, se questo non succede, Sua Maestà in breve resterà spogliata di tutti i suoi porti, di cui l'imperadore Federico di gloriosa memoria, faceva tanto conto* (a). Ma tutte le premure riuscirono infruttuose. La contea fu abbandonata alle poche sue forze. Gaudenzio Gotsch, Giovanni Neyhaus, Cristoforo Cobenzl e Giorgio Gall, che difendevano i castelli di Duino, di Reiffembergo, di Santangelo e di Vipacco, dovettero rendersi nel medesimo giorno (**26 apr.**), e cedere al numero de' vincitori.

Mentre l'Alviano, impadronitosi di tutta la contea, si avanzava per la via di terra colle sue truppe verso Trieste, il Contarini ne intraprese con quattro galere l'assedio per mare, ed aveva già dato principio a battere col cannone le mura del castello. Si difesero i Triestini con singolar valore, benchè la città fosse nello stesso tempo bloccata in modo, che le si toglieva ogni comunicazione. Ma sopraggiunto al Contarini poco dapoi nuovo rinforzo d'altre quattro galere e di due navi, per l'incessante fuoco dell'artiglieria, che rendea inutile ogni resistenza, Trieste fu costretto a rendersi a patti. All'annunzio di sì fatti avvenimenti esultò il popolo veneto; e singolarmente si compiaceva della conquista di Trieste. La repubblica di Venezia, che si riputava in que' tempi la più riguardevole potenza commerciante, e che pretendeva sola col dominio la navigazione dell'Adriatico, riguardava sin d'allora con gelosia le piazze marittime dipendenti dalla casa d'Austria, e conseguentemente ancora il porto di Trieste, come quello, che per la sua situazione poteva sostenere il commercio in Alemagna. Tutto intento perciò il Senato a conservare sì preziosi frutti delle sue armi, delegò comandanti in tutti i luoghi conquistati. Trojano Bono fu spedito a Cormons, Marc' Antonio Erizzo in Vipacco e Nicolò Balbi in Duino. La città di Trieste fu commessa al governo del cavaliere Francesco Cappello ed il castello al comando di Luigi Zane. In fine si destinò Pietro Venier luogotenente

---

a) *Scritture del magistrato fiscale di Gorizia.*

di Gorizia e Domenico Gritti comandante del castello, con espressa istruzione di profondare ed allargare le fosse delle fortificazioni, di alzar le vecchie mura, ed intorno a quelle farne delle nuove, come si vedono ancora oggidì.

Quantunque l'Alviano avesse con forti presidî guarnito i luoghi ed i castelli dalle sue truppe occupati, gli austriaci dispersi per le sconfitte, seppero riunirsi in parte nei contorni di Vipacco, attaccarono quella guarnigione, fecero l'Erizzo prigioniero, e ricuperarono la terra col castello. Questo piccolo vantaggio divenne funesto per quegli abitanti. Accorsivi con celerità i Veneziani, e superata ogni resistenza, s'impadronirono nuovamente di Vipacco, posero tutti a fil di spada, e diedero il sacco a tutte le case. Innondata la contea da truppe nemiche, non era più possibile ai sudditi dispersi, desolati e senza condottiero, riunirsi in nessuna parte.

Frattanto sbarcati dalle galere venete gli nomini più atti alle armi, e lasciatane parte alla custodia di Trieste, e parte unita all'esercito, l'Alviano ed il provveditore Cornaro s'avanzarono verso Pisino, e senza incontrare veruna resistenza, s'impadronirono di tutta l'Istria austriaca col tratto di paese, che fra Fiume e Trieste sino a Postoina si estende. Nello stesso tempo il Contarini, raccolte nel golfo di Fiume le sue galere, ed arruolato in quelle isole un nuovo corpo di mille e più uomini, si presentò a quella città, la quale alla comparsa del nemico si rese. Quanto più si dilatava lo spavento ed il timore nei popoli austriaci destituti d'ogni soccorso, tanto più rapidi dovettero essere i progressi delle armi venete. Ciò nulla ostante Bernardino Raunach capitano di Postoina, e Cristoforo Frangipani conte di Madrusio, potente signore della Croazia ed acerrimo nemico dei Veneziani, radunato un piccolo corpo, ebbero coraggio di opporsi alle forze nemiche. Usciti di notte con un buon numero di cavalli da Postoina, sorpresero un distaccamento di dugento e più cavalli, il quale con continue scorrerie saccheggiava e devastava quel territorio, ed uccisane la maggior parte, fecero gli altri prigionieri, e, riacquistato il castello di Premio, occupato dai Veneziani, proseguirono a por freno alle stragi ed ai progressi delle armi nemiche.

IV.

Trègua fra Massimiliano e la repubblica di Venezia.

È da credersi, che avesse Massimiliano preveduto sin dal principio delle sue ostilità contra i Veneziani, quanto poco poteva contare sopra l'esito della sua impresa. Conosceva egli molto bene le vantaggiose circostanze della repubblica, e le deboli sue proprie forze, e quanto poco poteva confidare negli ajuti, che gli erano stati promessi dai principi dell'impero. Quindi doveagli essere altresì chiaro, che qualunque profitto avesse riportato dalle sue prime operazioni militari, non sarebbe stato in grado di conservarlo. Dopo aver penetrato nella valle del Cadore, e averne occupati i contorni, minacciando di proseguire i suoi rapidi progressi sopra tutto il Friuli, credè col terrore delle armi di sorprendere il Senato, e in tal guisa obbligarlo a condiscendere al ricercato passaggio per li suoi stati. Spedì a tal effetto a Venezia Luca di Rinaldis suo segretario coll'istruzione d'assicurarlo nuovamente, che l'armata, la quale doveva accompagnarlo in Italia, era solamente per sicurezza di sua persona. Ma il Senato che nutriva da una parte i soliti sentimenti di diffidenza verso Massimiliano, e che dall'altra era incoraggito dal provveditore Cornaro colla relazione delle vantaggiose disposizioni prese dall'Alviano, stimò bene di temporeggiare e deludere l'arte coll'arte. Destinata tosto della gente fidata, la quale vigilasse sopra la persona del ministro austriaco e ne impedisse a tutti l'accesso, fu differita sotto varî pretesti la risposta sino all'annunzio della sconfitta del Trautson (a).

Questa rotta combinata colla difficoltà che incontrò l'imperadore nella Svevia, le quali l'obbligarono a sospendere la dieta convocata in Ulma con intenzione d'ottenere nuovi e più forti soccorsi, ed altri affari che lo trattennero nell'impero, senza poter colla sua presenza invigorire ed animare i sudditi, dovettero determinarlo ad appigliarsi ai mezzi pronti ed efficaci, onde accomodarsi co'Veneziani, e porre fine ai maggiori loro progressi. Abbracciò quindi le insinuazioni, di Paolo di Lichtenstein suo luogotenente nel Tirolo, uomo di molto senno, nel quale aveva somma fidanza, ed inviò nuovamente il Rinaldis colla commissione di proporre a quel Senato la tregua per un anno.

_____

a) *Bembo. Libro 7.*

La repubblica fu pronta a consentire alle proposizioni dell'inviato, con espressa condizione però, che la tregua comprendesse ancora gli alleati di lei.

Paolo di Lichtenstein autorizzato dalla piena facoltà conferitagli per trattare e stabilire le condizioni della tregua, spedì da Bolzano le credenziali a Giorgio di Neydeck vescovo di Trento, a Nicolò Firmiano capitano d'Ortenburg, a Cipriano Seretino cancelliere del Tirolo, e ad Enrico Knoringen cavaliere teutonico, con facoltà di determinare gli articoli, ed approvarli in sua vece. Riva, luogo situato al lago di Garda, fu scelto pel congresso. La repubblica nominò ambasciadore Zaccaria Contarini, e ad istanza de' Veneziani per parte di Lodovico re di Francia v' intervennero Giacopo Trivulzio, ed il presidente del Senato di Milano Carlo Goffredo. Non volendo questi approvare il trattato senza espresso ordine del re, la tregua senza il loro assenso fu stipulata e sottoscritta **(11 giug. 1508)** per tre anni (a). Si determinò, che dal giorno della sua pubblicazione pel tratto del tempo suddetto, cessar dovessero d'ammendue le parti tutte le ostilità, che nella tregua dovessero esser compresi per parte dell'imperadore i re d'Ungheria, d'Aragona e d'Inghilterra, e tutti i vassalli dell'impero cogli alleati di Massimiliano, e per parte della repubblica, il re di Francia, e l'accennato re d'Aragona con tutti i comuni alleati; che i sudditi rimanessero nel possesso de' beni, che avevano prima della guerra; che fra i medesimi si restituisse libero ed aperto il commercio come lo era per addietro; che il trattato si pubblicasse in tutti e due i campi nel giorno dopo la sua ratificazione, e che finalmente quella piazza che un sol momento dopo la pubblicazione venisse presa, dovesse essere restituita.

In conseguenza di questa convenzione restò per allora la contea di Gorizia in potere de' Veneziani; solamente Postoina, come da loro presa dopo la pubblicazione della tregua, fu restituita agli Austriaci.

---

a) *Nel convento di Santa Maria delle grazie, tra Riva ed Arco.*

3*

CAPITOLO TERZO.

Altra guerra fra Massimiliano e la repubblica di Venezia.

I.

Motivi della lega di Cambrai.

È tanto grande alle volte la relazione, che passa tra un avvenimento e l'altro, che spesso accade di dover in una storia particolare intrecciar fatti, che sono dei più luminosi ed importanti. La fermezza con cui la repubblica di Venezia negò il passaggio ad un principe incapace di tollerar con indifferenza una ripulsa, assoggettò la contea di Gorizia al potere di lei, e la lega di Cambrai, che per più titoli può annoverarsi fra le più famose confederazioni dell'Europa, la restituì al suo legittimo principe. La tregua stabilita tra Massimiliano e la repubblica non servì che ad esacerbare maggiormente contro di lei l'animo dell'imperatore. Sì smoderate furono le pubbliche dimostrazioni fatte da' Veneziani pei felici successi delle loro armi, che offesero non poco l'austriaca grandezza. L'Alviano ricevuto dal doge e dai principali senatori, fu condotto nel bucentoro in trionfo a Venezia; la nobiltà patrizia e la città di Pordenone conquistata ultimamente, furono date in dono a lui ed ai suoi discendenti. Onori e premî sì preziosi e straordinarî colpirono gli occhi di tutti. Il provveditore Cornaro ordinò in casa propria feste e conviti di tanta magnificenza, che meritarono luogo nell'istorie di quei tempi (a). Questa esultazione fu accompagnata d'una sfrenata insolenza del popolo, tollerata oltre il solito da quel Senato, che sempre pregiossi di difendere la dignità

_____

a) *Bembo. Libro 7.*

dalle altre potenze quanto la propria. Non si udivano in Venezia, che canzonette, non si vedevano nelle strade che stampe e pitture che deridevano la maestà dell'imperadore, e fino nei teatri accordavasi la libertà di rendere la persona di lui non meno ridicola, che odiosa (a). Tali e tanti eccessi di licenziosa baldanza dovevano eccitare nell'animo di Massimiliano sentimenti d'indignazione, e di vendetta. E in fatti fu talmente irritato per l'ardito e disprezzante procedere dei Veneziani, che l'antica avversione, ch'egli nutriva contra i francesi (b), rimase a segno superata dall'odio concepito contro de' primi, che lasciando ogni altro riguardo d'interesse e di gelosia, risolse di collegarsi con Lodovico XII re di Francia (c). Comunicò egli le sue idee a Matteo Lang vescovo di Gurk suo ministro, il quale, conoscendo l'importanza dell'oggetto, volle personalmente portarsi in Parigi, per condurre a fine con tutta la destrezza il trattato.

Lodovico istruito della venuta del vescovo, gli spedì incontro a Valenciennes tre distinti personaggi per riceverlo ed accompagnarlo.

_____

a) *Vedasi un passaggio dell'orazione detta da Luigi Eliano, ambasciadore del re di Francia alla dieta d'Augusta li 10 Aprile 1510. "Nelle loro commedie, parlando de' veneziani, " e ne' pubblici spettacoli ebbero l'ardire di rappresentare " Vostra Imperiale Maestà, e di volgerla in ridicolo ne' quadri " e ritratti con l'iscrizione: Questi è Massimiliano Imperadore " de' Romani. "*

b) *Il Dubos nella sua storia della lega di Cambrai rapporta, che Massimiliano per tema, che la sua inimicizia contro la Francia non potesse diminuirsi, leggesse per fomentarla spesso certo libro, ch'egli chiamava il suo libro rosso, in cui aveva notati tutti i dispiaceri ricevuti da' Francesi.*

c) *Sembra che l'ambasciadore Quirini abbia nella più volte citata relazione antivedute le conseguenze, che la repubblica attrarsi poteva col suo contegno inverso l'imperadore. Descrivendo egli le qualità dell'animo di Massimiliano si esprime fra gli altri nei seguenti termini: "Ha oltra queste condition tutte, " il sopradetto re di Romani una natural desposizione, che " innanzi il prenda inimicizia con una, il patisce molte " injurie, ma quando nell'animo suo ell'ha confirmà, l'è poi " cosa impossibile rimoverlo, di non cercar sempre vendicarsi " delle offese. "*

Oltre il dispiacere, che di fresco il Senato veneto aveva dato al re di Francia, conchiudendo la tregua con Cesare senza attendere il suo consenso, l'investitura del ducato di Milano e la riunione di tutto quello Stato, dal quale i Veneziani possedeano la terza parte, era per Lodovico sufficiente motivo di rompere colla repubblica il trattato di Blois fra essi conchiuso contra Massimiliano, e di promuovere e stabilire una lega, che fu uno dei principali oggetti del colloquio, ch'egli ebbe poco prima nel Genovesato con Ferdinando re d'Aragona, contrario a' Veneziani per alcuni porti appartenenti al regno di Napoli, ch'essi ritenevano sull'Adriatico. Non ebbe minore difficoltà il ministro imperiale di persuadere a Lodovico, ch'anche il pontefice Giulio II, il quale aveva ricevuto dal Senato recenti motivi di dispiacere (a), sarebbe volentieri concorso alla lega per la speranza, di riprendere ai Veneziani alcuni luoghi della Romagna da loro occupati, sopra cui come capo della chiesa, egli aveva delle pretensioni.

Si destinò Cambrai pel congresso. Il cardinale d'Ambosia, arcivescovo di Roano, sotto lo specioso titolo d'accomodare le cose tra Massimiliano ed il duca di Gheldria protetto da' francesi, fu delegato per parte di Lodovico con autorità eguale alla fiducia, che il re in esso riponeva, e per parte di Massimiliano venne destinata sua figlia Margherita d'Austria duchessa vedova di Savoja, principessa capace di trattare i più importanti affari. Benchè il nunzio pontificio, e l'ambasciadore del re d'Aragona alla corte di Francia sotto il pretesto d'avvalorare coi loro uffici la pace, accompagnassero il cardinale d'Ambosia, e si trattenessero in Cambrai per tutto il corso del congresso, convengono tuttavia molti storici, chè non possa attribuirsi al nunzio, che il solo onore d'aver assistito in qualità di testimonio, ed all'ambasciadore quello d'aver sottoscritto (**10 dic. 1508**) un trattato, i cui articoli furono conchiusi e stipulati da Margherita e dal cardinale.

La lega, di cui si tratta, ha troppa relazione colla nostra istoria per non darne un distinto ragguaglio. Si stabilì, che il pontefice, l'imperadore ed i re di Francia e d'Aragona dovessero reciprocamente prestarsi la più valida assistenza per ricuperare i rispettivi territori

---

a) *Il papa conferì nell'anno 1507 a Paſeotto della Rovere suo nipote, il vescovato di Vicenza; il Senato ricusollo, e nominò un patrizio veneto, il quale si sottoscriveva: " Vescovo eletto, " dall' Eccellentissimo Senato dei Pregai. "*

occupati da'Veneziani (a). Riguardo al papa si trattava delle città di Ravenna, di Cervia, di Rimini e di Faenza (b). Pretendeva Massimiliano Roveredo, Verona, Padova, Vicenza, Trevigi ed il patrimonio della chiesa d'Aquileja colla contea di Gorizia, ed altri luoghi ultimamente conquistati da'Veneziani. Brescia, Crema, Bergamo, Cremona ed altri territorî, appartenenti al ducato di Milano, riguardavano il re di Francia; finalmente pel ré d'Aragona destinavansi i porti di Trani, di Brindisi, d'Otranto e di Monopoli. Si convenne che nel primo giorno d'Aprile dell'anno 1509, fulminar dovesse il pontefice una bolla, la quale dichiarasse i Veneziani incorsi nelle apostoliche censure, se fra quaranta giorni non restituissero le città usurpate alla chiesa, e, spirato questo termine, autorizzasse i due re Lodovico e Ferdinando ad assalire coll'armi gli Stati della repubblica: Massimiliano poi, trascorso detto tempo, sarebbe ancora sciolto d'ogni vincolo dell'ultima tregua fatta colla repubblica, ed invitato dal pontefice ad assisterlo contro la medesima come imperadore ed avvocato della chiesa romana. Disponeva in oltre il trattato, che il re d'Ungheria è d'Inghilterra, i duchi di Savoja, e di Ferrara col marchese di Mantova fossero invitati a concorrere alla lega, la quale dovesse avere sì la sua sussistenza, che il suo effetto, quando anche l'uno o l'altro dei mentovati principi non vi aderisse; che nè l'imperadore, nè Carlo suo nipote principe di Spagna potessero molestare in verun modo Ferdinando d'Aragona, fin a tanto che durasse la lega, per conto delle rendite e dell'amministrazione di Castiglia appartenti allora a Giovanna madre del principe di Spagna; che l'imperadore per cento mila scudi d'oro conferisse a Lodovico Sforza l'investitura dello stato di Milano, ed il diritto di ripetere tutti i territorî distaccati da quel ducato e tenuti da'Veneziani; che tutti i principi concorrenti nella lega fossero singolarmente solleciti in difendere la s. Sede, ed in mantenere illeso il rispetto, che le

---

a) *Ermanno Conringio riporta nel suo trattato de'confini dell'impero il manifesto, che fece pubblicare Massimiliano I nell'anno 1509 contro la repubblica di Venezia.* " *Considerati i gravissimi* „ *pregiudizi, torti e danni, che i Veneziani hanno con violenza* „ *inferito, non solo alla santa Sede, ma ancora al Romano* „ *Impero, alla casa d'Austria e ad altri principi, con occupare* „ *i loro stati, come se avessero cospirato alla loro rovina.* „

b) *L'istoria della lega di Cambrai comprende ancora le città di Imola e di Cesena, ciò che il Muratori non accorda.*

è dovuto, che finalmente gli alleati dovessero ratificare il trattato nel termine di due mesi, e veruno di loro non potesse senza il comune consenso stabilire nè tregua, nè pace co' Veneziani.

Questi furono gli articoli della famosa lega di Cambrai; epoca del maggior pericolo e della gloria maggiore della repubblica di Venezia.

II.

Incursione degli alleati negli Stati della repubblica di Venezia nell' anno 1509.

Un altro trattato, che fu sottoscritto lo stesso giorno per terminare le discrepanze fra il principe di Spagna, ed il duca di Gheldria, e le asserzioni di Antonio Condulmero ambasciadore di Venezia in Parigi, annunziavano una piena tranquillità alla repubblica sopra il congresso di Cambrai. Giacopo Coraldo, residente veneto in Milano, ne diede al Senato il primo cenno, e la condotta di Giulio II ne svelò intieramente l'arcano. Questi, capo d'una corte feconda di ripieghi, tentò, per evitare ogni altro impegno, di persuadere ai Veneziani di cedere spontaneamente le città sopra cui aveva le sue pretensioni. Il Senato, o che per le recenti vittorie si fidasse delle sue forze, o che volesse acquistar tempo per vantaggiare le sue condizioni, non diede udienza alle proposizioni del pontefice. Non tardò però egli molto a mutar consiglio, e mentre che mostravasi disposto a condiscendere alle premure di Giulio, impiegava tutti i mezzi per distorre dalla lega Massimiliano ed il re d'Aragona. Vano ed inutile si rese ogni tentativo dei Veneziani. Non potè distaccarsi il pontefice, che aveva con solenne bolla (**29 marzo 1509**) ratificato il contratto, e gli altri principi furono inesorabili. Non rimase alla repubblica altro partito, che di opporre forza a forza, non lasciando però di procurarsi l'assistenza ed il soccorso dell'Inghilterra, dell'Ungheria, e fino quello della porta Ottomana (*a*), da' quali non riportò che inefficaci promesse.

Venne intanto Lodovico re di Francia accompagnato dalla più scelta e valorosa gioventù con un esercito floridissimo in Italia.

---

a) Andrea Mocenigo. Libro 1.

Giulio II, che aveva già fulminato interdetti e censure contra la repubblica, mosse nel medesimo tempo le truppe della Chiesa comandate da Francesco Maria della Rovere suo nipote, ed in pochissimi giorni conquistò tutte le città, le quali pretendea che appartenessero alla s. Sede. Con eguale facilità s'impadronirono le truppe di Ferdinando de'porti sull'Adriatico.

La repubblica impegnava tutte le sue forza nella difesa della Lombardia, e quantunque il suo comandante conte di Pitigliano, conoscendo il pericolo e le conseguenze d'un fatto d'armi, cercasse contra il sentimento dell'Alviano ad arte d'evitarlo, ciò non ostante seppe Lodovico cogliere ed il tempo, ed il modo d'attaccarlo, e d'impegnarlo alla famosa battaglia della Ghiarra d'Adda, nella quale l'esercito veneziano fu intieramente disfatto, e l'Alviano ferito in volto, cadde prigioniero di guerra. Questa sconfitta tolse al Senato tutta quella speranza che aveva riposta nel coraggio de'suoi cittadini, e nelle richezze dello stato, e convinto della superiorità della lega, abbandonò il partito d'una vana resistenza, e prese quello d'assolvere tutte le città ed i sudditi di terra ferma dal giuramento di fedeltà, di rivolgere le sue provvidenze alla salvezza delle proprie lagune (a), e di placare con supliche ed atti di sommessione il pontefice e l'imperadore Massimiliano (b).

---

a) *Cardinale Bembo. Libro 8.*

b) *Senza far cenno dell'orazione di Antonio Giustiniano inviato della repubblica a Massimiliano, riportata dal Guicciardini, vediamo quello, che dice in quest'occasione Andrea Mocenigo scrittore veneto. Libro 1.* " *Al re dei Romani, dice egli,* „ *furono consegnate le città di Verona, di Vicenza, e di* „ *Padova, perchè i Francesi non s'inoltrassero d'avantaggio,* „ *e fu accordato a Massimilano quanto egli sapea chiedere,* „ *incessantemente pregando, rimostrando, avendo egli sempre* „ *disposto di tutte le cose venete, le quali ora correvano sì* „ *gran pericolo, come di cosa propria, e potendone disporre* „ *ancora pell'avvenire; stare ora in lui d'avvantaggiare, o di* „ *rovinare i propri interessi.* " *Il cardinale Bembo al libro 8* *si esprime nei seguenti termini:* " *Fu eziandio ordinato, che a* „ *messer Antonio Giustiniano, il quale eletto dal Senato* „ *provveditor a Cremona era in cammino per andarvi, a* „ *Massimiliano dirittamente se ne andasse, e con lui, se fare* „ *il potea pace con qualunque dure condizioni conchiudere; e*

Così Lodovico dopo la rotta de' Veneziani, non solamente riunì in brevissimo tempo il ducato di Milano, ma occupò ancora (**nel giug.**) a nome di Massimiliano Verona, Vicenza e Padova; e se l'imperadore avesse sollecitamente radunato l'esercito, che poi non men tardi che infruttuosamente mandò in Italia, avrebbe senza difficoltà estese le sue conquiste sino a Trevigi, la cui nobiltà gli aveva delegato ambasciadori.

L'imperadore, rigettando da una parte le illimitate proposizioni della repubblica, ma non usando dall'altra nè rigore, nè diligenza nelle sue disposizioni militari, restrinse tutti i provvedimenti e le misure in destinare Giorgio di Neideck vescovo di Trento con un corpo sufficiente appena al presidio d'una sola città, per occupare tutta quella parte di paese, che di quà del Mincio era da Lodovico a lui riserbata. Questa lentezza ravvivò il coraggio de' Veneziani, i quali ricuperarono (**17 lugl.**) Padova, e la conservarono malgrado gli sforzi che si fecero per riacquistarla. Solamente alla fine di Agosto giunse Massimiliano colla sua armata, ne intraprese egli stesso l'assedio, ma il valore della gioventù veneta che la difendeva, unito all'odio de' contadini di quei contorni, irritati contra i saccheggi e le violenze del soldato tedesco, gli oppose un' insuperabile resistenza, di maniera, che l'imperadore si vide costretto a levare (**27 sett.**) l'assedio, ed a ritirar le sue truppe nel Vicentino. I Veneziani non tardarono molto a riprendere la stessa città di Vicenza, e del pari recuperata avrebbero Verona, se le truppe francesi non avessero rinforzato il presidio di quella piazza. Ecco come essi ristabilirono in Lombardia gli affari della repubblica, la quale al principio della campagna era ridotta al punto d'abbandonare tutta la terra ferma, e di restringersi nelle sole lagune di Venezia.

Non è agevol cosa il dare un preciso ragguaglio de' fatti seguiti nella contea di Gorizia e nel Friuli, non solo in questa campagna, ma in tutto il corso della guerra. I noti ed accreditati storici, che ne hanno tramandate le memorie, intenti particolarmente a' principali avvenimenti d'Italia, non ci hanno lasciato intorno alla nostra

---

„ *dissegli che il Senato era presto a restituirgli e Trieste, e*
„ *Pordenone e le altre terre, che la repubblica l'anno*
„ *innanzi della dizion di lui prese avea, e che quelle altre terre*
„ *della dizione dell'imperio, che nel Friuli e nella Lombardia,*
„ *e in quella contrada che Venezia è detta, la repubblica*
„ *possedeva, ella tutte, come da lui ricevute estimerebbe.* „

provincia notizie sufficienti ad appagare la curiosità dei nostri cittadini (a).

Se le truppe di Cesare fossero state nel loro arrivo più sollecite, non avrebbero dovuto se non mostrarsi per ricuperare la contea ed i luoghi, che l'antecedente anno erano stati da' Veneziani conquistati. Il Senato aveva ordinato ai comandanti nell'Istria, nella Contea e nelle altre piazze del Friuli di non fare resistenza alle armi di Massimiliano, come abbandonate aveva le città ed i territori d'Italia; ma la ricuperazione di Padova, e le conseguenze che ne risultarono, fecero cangiare le disposizioni della repubblica ed accesero un nuovo fuoco di guerra in queste parti.

Nel tempo stesso che Rodolfo principe d'Anhalt con un corpo di truppe discese da quelle montagne, per cui pochi mesi prima Massimiliano era passato nel Cadore, il duca Enrico di Brunswick, che nel precedente anno era stato inutilmente desiderato, entrò nella contea colle truppe raccolte nelle provincie austriache. Divise egli il suo corpo in tre colonne, dando il comando d'una a Cristoforo Frangipani, della seconda a Cristoforo Rauber vescovo di Lubiana unito a Marco Sittich d'Embs, ed a Giovanni d'Auersperg, riserbando a sè stesso il comando della terza.

S'attribuisce all'attività dell'Embs la coraggiosa impresa eseguita all'ingresso della campagna con un distaccamento della colonna, che commandava il vescovo di Lubiana. Aveano i Veneziani raccolta la milizia urbana, ch'erasi con alcune truppe regolate trincierata nelle adiacenze di *Trevignano*. Note essendo all'Embs la situazione, le forze ed altre circostanze del nemico e quella singolarmente, che non n'era comandante l'Alviano, si mise prima del giorno alla testa d'un grosso numero di cavalli, e lasciato a parte il castello di Gorizia, e traversati i colli che a ponente lo circondano, senza esser osservato da' presidi veneti di Gorizia e Gradisca, marciando in fretta, si presenta al campo nemico, lo sorprende, lo attacca, e riporta que' vantaggi, che per lo più da un inaspettato assalto derivano. I nemici, ai quali il terrore ingrandiva il pericolo, posti in confusione, si dànno alla fuga. La cavalleria alemanna

---

a) Oltre i noti storici veneti ed altri, la cronica della Carniola del Valvasor, e la storia scritta da Giovanni Fugger, Giustino Göbler, Michele Coccineo e Sigismondo di Herbenstein, che lasciarono di questa guerra compendiose memorie, sono gli scrittori, di cui ci siamo serviti.

4

fa strage nel campo, ed inseguisce i fuggitivi fino alle porte di Udine. (lugl. **1509**).

L'arditezza dell'Embs eccitò nell'animo del comandante di Gradisca l'idea di vendicare l'onore delle armi venete, e di rendere fatale la vittoria agli austriaci, tagliando loro tutte le strade del ritorno. Lasciando pertanto uno scarso presidio in quella fortezza, e condotto seco il rimanente della milizia rinforzata di molti fanti aggregati nei circonvicini villaggi, raggiunse sollecitamente gli Austriaci, ma i Veneziani non trassero da questa spedizione altro vantaggio se non quello d'essere stati spettatori de' movimenti dell'Embs, il quale, impadronitosi di Cormons, scorse co' suoi cavalli sino a Monfalcone.

In questo intervallo la città ed il castello di Gorizia eransi resi al dominio di Massimiliano, ed il duca di Brunswick, passata la rassegna delle sue truppe e convocato un consiglio di guerra, fatte avea le sue provvidenze per le operazioni della campagna. Si dispose che il corpo del Frangipani non solo occupasse i luoghi nell'Istria perduti, ma fosse anche impiegato in altre imprese e conquiste in quella provincia, riserbata la colonna del duca, e quella del vescovo alle militari operazioni in Friuli.

Credette il duca di Brunswick d'incominciare le sue imprese coll'acquisto di Gradisca, di cui i Veneziani aveano accresciute le fortificazioni, e poste in istato di valida difesa. Si presentò esso con tutte le sue truppe alla vista della fortezza, e le intimò per mezzo d'un araldo la resa. Il comandante veneto rispose col cannone e dichiarò di voler difendere la piazza fino all'ultima goccia di sangue. O che il generale austriaco dubitasse della riuscita del suo piano, o che stimasse miglior consiglio l'impiegare il tempo e le truppe in operazioni più facili e più sicure, abbandonò Gradisca, e fatta avanzare una parte del suo corpo verso Meriano, e l'altra verso Cormons, fissò il suo campo nelle adiacenze di *Manzano*. L'Embs che profittava d'ogni circostanza, condusse un piccolo distaccamento verso il castello dell'abbadia di Rosazzo guardato da gente, che era accorsa da diverse parti, più per salvarsi dagli Austriaci, che per la difesa del luogo. Il comandante prese il partito di rendere il castello per capitolazione. I Veneziani sortirono illesi, gli abitanti conservarono le loro sostanze, ed il capitano austriaco messovi un piccolo presidio, raggiunse colla sua gente il campo del duca di Brunswick.

Questo generale, lasciato il posto di Manzano, prese quello di Cervello luogo poco distante d'Udine. Scorse egli e danneggiò

que' territorî ad oggetto d'irritare i Veneziani che in molto numero
si erano rinchiusi in quella città, e d'impegnarli ad una sortita, che
gli somministrasse l'occasione d'un fatto d'armi da lui ardentemente
bramato. Ma Giovanni Paolo Gradenigo provveditore veneto, uomo
saggio ed avveduto non volle mettersi a rischio di perdere un corpo
che difendea la capitale del Friuli, e che tenea gli Austriaci in tale
soggezione, che sebbene vaganti quà e là, non aveano però potuto
riportare alcun vantaggio di conseguenza. Osservò il Gradenigo con
animo tranquillo i movimenti d'un generale, il quale non potendo
con un fatto d'armi veder decisa la sorte della campagna, e disperando
d'impadronirsi di quella città colla forza o coll'arte, abbandonò
(**29 lugl.**) quei contorni, e ripigliando la stessa strada, per cui
si era avanzato, fermossi la prima notte nelle campagne di Manzano.
I villaggi di Bolzano e d'Oleis, il castello di Stricca, ed altri vicini
luoghi furono esposti al furore, alla licenza, ed all'avvidità della
soldatesca. Più crudelmente ancora furono trattati gli abitanti di
Rosazzo, assoggettatosi di nuovo al dominio veneto pel soccorso
d'alquanti soldati venutigli da Cividale. Gli Austriaci assalirono
(**30 lugl.**) quel castello, e passarono tutti quei che vi si trovarono,
a fil di spada. I Turchi, che avevano infestato pochi anni prima il Friuli,
non furono più crudeli.

Animato il duca di Brunswick, ed impaziente d'intraprendere
fatti più decisivi, passò colle sue truppe il Natisone a Pilla, e piantato
il campo alla vista di Cividale, si trasferì cogli ufficiali maggiori in
una eminenza chiamata Zuccola, per riconoscerne la posizione, e per
determinare il sito più atto a poter inalzare le batterie. In una
notte si compirono nel campo austriaco le disposizioni per l'assedio
di Cividale, e prima che il giorno spuntasse, principiò a giuocare
l'artiglieria, il cui fuoco era sì forte e continuato, che fece crollare
le mura che circondano il borgo di san Domenico. Ma il valore
degli assediati superò talmente l'impeto e l'attività degli Austriaci,
che il duca, in luogo di poter impadronirsi della città, dovette nello
stesso giorno far fronte ad un distaccamento di ottocento cavalli e
cinquecento fanti, condotti dal provveditore Gradenigo d'Udine in
soccorso di Cividale (a). Queste milizie respinte e poste in fuga,
furono da' nostri inseguite fino alle porte d'onde erano uscite.
Ristorarono nella seguente notte i Cividalesi quanto poterono le
diroccate mura, opposero ripari alle brecce, e renduti più coraggiosi

---

a) *Andrea Mocenigo. Libro 2.*

e più avveduti dall'imminente pericolo, si prepararono ad una più vigorosa difesa.

Convinto da una parte il duca di Brunswick, che gli assediati non erano punto disposti a cedergli la città, e conoscendo dall'altra il pericolo, che sovrastar poteva alle sue truppe circondate da numerosi presidî, che di giorno in giorno rinforzavansi in Udine ed in Gradisca, e confidando nella prodezza della sua milizia, deliberò (**2 agosto**) di dare un assalto generale alla città. Fu uguale il coraggio ed il valore d'amendue le parti. Nella difesa s'affaticò non solo il soldato, ma ogni abitante. Le donne ed i fanciulli con intrepidezza superiore al sesso ed all'età, esponevansi sulle mura, e con dardi e con acqua bollente e pece liquefatta ne respingevano coloro, che con maggior ardore si presentavano (*a*). Gli Austriaci, benchè replicatamente respinti, rinnovavano con indefesso vigore gli assalti, mentre che il cannone batteva incessantemente le mura. Ad un impeto sì violento e continuato di gente e d'artiglieria, avrebbe dovuto cedere la fermezza degli assediati, quando il comandante veneto Federico Contarini, nell'estremo pericolo non avesse preso l'estremo partito d'aventurare alla testa dei più valorosi soldati della sua guarnigione una sortita. L'arditezza del veneto capitano quanto scoraggiò i nostri, altrettanto animò i suoi. S'impadronì egli di alcuni cannoni ed altri ne inchiodò, e dopo una strage di molti austriaci, fugati gli altri, salvò la città, e liberò quel territorio dalle truppe imperiali ritiratesi per la via di Cormons a Gorizia. Tanto potè in un campo aperto la disperazione d'un indebolito presidio, diretto da un perito condottiere, contro un corpo ch'era il giorno prima bastantemente coraggioso per intraprendere e sostenere un assalto.

Riflettendo sulle operazioni di questa campagna, e conoscendo la situazione di questi territorî, è facile il dedurre, che tutti i movimenti si facessero a caso. Senza combinare i piani con la possibilità della riuscita, sortivano i capitani in campagna colle truppe sprovvedute del più necessario al loro sostentamento. *Per quattro settimane* (**30 agost.**) *girammo nei contorni d'Udine e di Cividale, mancanti per quindici giorni di pane. Fummo costretti di nutrirsi di sola carne. Molti fanti s'ammalarono, e muore l'uno dopo l'altro. Abbiamo dato due assalti a Cividale, ed amendue senza effetto. In quest'occasione abbiamo perduto il Gutenstein, ed altri*

a) *Giovanni Candido. Libro 8.*

quaranta fanti, ed i feriti se ne muojono ancora. Siamo stati obbligati di ritirarsi con vergogna, e la cavalleria è quasi tutta senza cavalli (a).

I castelli di *Tolmino* e di *Pletz*, che tagliavano ogni comunicazione della contea colla Carintia, erano tuttavia in potere de' Veneziani, nel tempo che i nostri scorrevano il Friuli circondato dalle truppe nemiche. Dopo l'infelice esito della spedizione di Cividale marciarono gli Austriaci soltanto verso Tolmino, e non avendo potuto rendersi padroni di quel castello, passarono a Pletz. Gli abitanti di quel territorio, affezionati a Massimiliano attendevano con impazienza l'incontro di sottomettersi al dominio di lui. Questa circostanza è stata tramandata per tradizione da padre in figlio, e quei sudditi tuttavia se ne gloriano. La presa di Pletz fu seguita (**18 sett.**) da quella di Tolmino. Questo è l'ultimo fatto di quella campagna, tutti gli altri non meritano che se ne faccia special menzione. Le truppe d'amendue le parti condotte senza quell'ordine che ne'tempi posteriori si è introdotto, scorrevano quà e là più depredando, che combattendo.

Altre militari operazioni s'intrapresero nell'Istria. I Veneziani a' cui quella provincia bagnata dal mare premeva più che il Friuli, furono solleciti non solo di preservare quella parte, che già possedevano, ma di riprendere eziandio l'altra, che in principio della campagna avevano ceduta a Massimiliano (b). Vi spedirono perciò Girolamo Contarini con tre galere, e poco appresso con altre sedici Antonio Trevisano. Fiume fu da' Veneziani presa, saccheggiata e distrutta; Trieste all'incontro sostenne con valore due assalti, e respinse il nemico. Il coraggio degli Istriani naturalmente alle armi inclinati, e sostenuti dai soccorsi della repubblica, ne secondò le premure e disposizioni. Cristoforo Frangipani colla presa di Raspo avrebbe terminata la campagna, se il duca di Brunswick, che cercava miglior sorte in Istria di quella che incontrata avea in Friuli, non si fosse con nuova truppa a lui unito (**nel sett.**), e se non avesse occupato tutto il territorio sino al fiume Quieto. Si avanzavano i nostri, ma non però senza combattere. Michele Gravisi passato tra Marenfels e Raspo il Monte maggiore, penetra con un corpo ne'nostri più opulenti villaggi, ma sopraggiunto (**26 ott.**) da Sigismondo di Herberstein viene steso per mano del medesimo a terra morto, e le truppe austriache, uccisi molti nemici, e molti fattine prigionieri

---

a) Valentino Prevenhuber negli annali della città di Steyer,
b) Andrea Mocenigo. Libro 2.

riacquistarono il bottino. Sebbene l'assedio di Marenfels invano tentato da' Veneziani chiudesse la campagna di quest'anno, non però cessò il nostro soldato dal molestare con iscorrerie continue quella provincia.

III.

Continuazione della guerra negli anni 1510 e 1511.

Sprovveduto Massimiliano di danaro e di truppe, rinnovò i suoi maneggi per impegnare i principi di Germania a prendere parte nella guerra d'Italia. Convocò a tal fine gli stati dell'impero in Augusta, dove si trasferì (**10 febb. 1510**) in persona con magnifico e numeroso accompagnamento. I principi disposti a sostenerne con zelo la causa, avevano già delegato i loro commissari nel Tirolo per anticipare all'imperadore gli uffizî di congratulazione sopra le sue conquiste, quali si fossero in Italia. Si trovarono quattro elettori con trentasette principi in Augusta all'apertura della dieta, ma le pubbliche insinuazioni non meno, che l'accortezza del pontefice Giulio II, e del Senato di Venezia, attraversavano le premure di Massimiliano, e ne indebolivano il partito.

Ottenuto ch'ebbe il pontefice ciò, che egli pretendeva dai Veneziani, non trovò più ragione d'esser loro nemico, e principiando a temere dell'imminente loro rovina, più che prima temesse della loro potenza, malgrado le più valide opposizioni dei ministri dell'imperadore, e di Lodovico re di Francia, rivocò l'interdetto, e divenne (**24 febb.**) loro amico.

La riconciliazione col papa rendea meno ristretta, ma non però di molto avvantaggiata la condizione della repubblica. La lega di Cambrai era indebolita, ma restava abbastanza forte, perchè il Senato veneto facesse nuovi tentativi, onde conciliarsi l'amicizia di Massimiliano. A tal effetto deputò due ambasciadori, i quali fermatisi in Ospitaletto, spedirono un monaco in Augusta, ad oggetto d'ottenere da Cesare la permissione di presentarsi. Malgrado l'instanze di molti principi, singolarmente del re d'Inghilterra, ed i consigli di Paolo di Lichtenstein ministro di Cesare, e le insinuazioni della stessa imperatrice, tutti inclinati alla pace (*a*), Massimiliano ricusò di vedere i veneti inviati, facendoli incontrare da Corrado di Zillenhart, senza conferirgli però autorità alcuna di trattare, nonchè di convenire (*b*). Questo fu il secondo fortunato momento ch'ebbe Massimiliano per conchiudere coi Veneziani una vantaggiosa pace, e l'ambizione di lui non meno, che la politica della Francia glielo fecero perder di vista. Per quanto generose fossero le proposizioni della repubblica, negò egli d'accettarle, risoluto di continuare una guerra, della cui riuscita aveva già deciso la prima campagna (*c*).

Frattanto impiegava Achille Grasso nunzio pontificio ogni mezzo, onde inspirare ai principi dell'impero sentimenti di moderazione e di pace, ed il Senato veneto vi aveva spedito agenti segreti per frapporre difficoltà ed impedimenti alla somministrazione dei sussidi (*d*), ma il nunzio ebbe la mortificazione di vedersi cacciato d'Augusta, e gli esploratori veneti furono testimoni dell'ignominiosa esecuzione sulla forca d'un loro compagno (*e*). Ciò non ostante il commercio, che i Veneziani esercitavano in quei tempi quasi privatamente nell'impero, conciliava loro la propensione di molte città dell'Alemagna (*f*), e parecchi di quei principi posponendo le

---

a) *Cardinale Bembo, libro 9. Lo stesso storico al libro 10 dice, che i due ambasciadori portarono seco " malvagie finissime, " cere bianche e frutti canditi in Egitto, quasi d'ogni maniera " da conviti regali in molta copia. "*

b) *Giovanni Fugger. Libro 6.*

c) *Andrea Mocenigo dando ragguaglio al libro 2. di questo negoziato ci lasciò scritto così: " Alvise Mocenigo e Giovanni " Cornaro ambasciadori della repubblica trattarono lungo " tempo in Ospadaletto coi ministri imperiali per conchiudere " la pace, e benchè i Veneziani vi ponessero vantaggiosissime " condizioni, furono tutte dagli ambasciadori di Massimiliano " rigettate. "*

d) *Andrea Mocenigo. Libro 2.*

e) *Fugger. Libro 6.*

f) *Il celebre segretario della repubblica Fiorentina nel suo ritratto dell'Alemagna fa la seguente nota: " e li Veneziani per il " commercio, ch'egli hanno con gli mercanti delle comunità " della Magna in ogni cosa ch'egli hanno avuto a fare, o " trattare con lo imperadore, hanno intesa meglio che alcun " altro, e sempre sono stati in su l'honorevole. "*

convenienze e la gloria di Massimiliano al proprio interesse, ripugnavano ad una guerra, che dovea sostenersi in gran parte a loro spese. Anche le pratiche del pontefice avrebbono più sospesi gli animi dell'adunanza, se Lodovico sollecito d'opporre maneggi a maneggi, e raggiri a raggiri, non avesse delegato in Augusta Luigi Eliano, ministro in cui le qualità d'uomo di stato e di lettere vieppiù spiccavano pel talento d'una singolar eloquenza. Questi con una arringa la più veemente, che si fosse mai intesa, persuase (**10 apr.**) la dieta, e superò tutti gli ostacoli.

Promisero gli stati a Massimiliano il mantenimento per un anno di sei mila fanti e di mille ottocento cavalli. Lodovico non contento della risoluzione dell'impero, ebbe l'avvertenza di procurare a Massimiliano ancora l'alleanza di Ladislao re d'Ungheria. Era questo principe già stato prevenuto a favore della repubblica dal pontefice per mezzo del suo nunzio scacciato dalla dieta. Lo stesso Eliano fu inviato in Ungheria per parte del re di Francia, e per quella di Massimiliano Cristoforo Frangipani ed Andrea di Lamberg. L'oratore francese seppe dipingere con colori sì vivi i torti fatti da' Veneziani all'unghera nazione, ch'eccitò nell'animo d'essa uno spirito d'odio e di vendetta contro di loro (*a*). Fu presa la deliberazione di attaccare la Dalmazia, ma tutte le disposizioni si restrinsero poi ad intimare una guerra, che non fu mai intrapresa. In fine Lodovico, dopo essersi assicurato con un particolare trattato del re d'Inghilterra, congiurò coll'imperadore l'estremo eccidio della repubblica, e dispose i mezzi più vigorosi per eseguire tale disegno.

All'incontro ugualmente forte ed efficace dimostrossi in favore della repubblica l'amicizia del pontefice. Accordò egli a' suoi sudditi la facoltà di prendere servizio sotto le insegne di lei; adunò in pochissimo tempo un corpo di dieci mila fanti e quattro mila cavalli, e verso il fine dell'anno si pose egli stesso in età di settant'anni alla testa delle sue truppe contro il duca di Ferrara, uno de' collegati nell'alleanza. Non vantaggiavansi perciò punto gli affari de'Veneziani. I loro comandanti tentarono due volte inutilmente la presa di Verona, e le militari spedizioni nei nostri contorni finirono tutte con loro discapito. Gli Udinesi, irritati dai danni prodotti l'antecedente anno dalle truppe austriache, aprirono la campagna nel Friuli. Girolamo Savorgnani, che godea la confidenza tanto del Senato, quanto dei cittadini, unì un corpo di dieci mila fanti, di cui la maggior parte

_____

a) Andrea Mocenigo. Libro 2.

fu impiegata a coprire quel tratto di paese, ch'è situato oltre la Piave, mentre gli imperiali scesi dai monti molestavano frequentemente il bellunese, il feltrino ed il trevigiano, anzi passato quel fiume, si impadronirono d'Oderzo, della Motta e di Sacile.

Il castello di Cormons, di cui ora si veggono appena le rovine, era in quei tempi riguardo alle sue mura, non meno, che alla sua posizione, di molta importanza. Innalzato all'estremità di quella catena di colli, che a ponente circondano la contea, e sostenuto dal castello di Gorizia, copriva un tratto di paese, da cui potevano i nostri molestare, e danneggiare il nemico. Il provveditore veneto Luigi Delfino si propose la conquista di detto luogo, e per renderla meno malagevole, dispose di tagliarne prima la comunicazione, che aveva col presidio di Gorizia. Sortito con un corpo di milizia d'Udine **(sul fine di febb.)** giunse nel primo giorno sino a Meriano. Il movimento del Delfino dagli stessi suoi soldati non meno che dagli austriaci, si credette diretto verso Cormons. Tutte le truppe imperiali che aveano l'opportunità di soccorrere quella piazza, ne accorsero alla difesa. Frattanto il provveditore lasciatola a sinistra, investe il castello di Vipulzano, il quale privo di bastante presidio si rende. Animato il veneto comandante dalla prima spedizione, si avvanza nei colli ed attacca, ma con diversa sorte, il castello di San Martino. Gli Austriaci, scoperte le vere intenzioni del nemico, uniscono le loro truppe, e lo costringono a ritirarsi a Gradisca, dopo aver dato di passaggio il sacco alla terra di Cormons.

Nello stesso tempo si rinnovarono le ostilità in Istria. Avevano i Veneziani verso la fine dell'anno precedente data ad Andrea Tarsia, cittadino di Capodistria, la commissione di raccogliere un corpo per opporlo a quello del Frangipani. Unì il Tarsia quattro mila fanti divisi in due colonne, una delle quali era da lui comandata, e l'altra da Domenico Civrano. Avanzossi questi sin sotto Tersatto, di cui non sì tosto intraprese l'assedio, che l'abbandonò disanimato dalle frequenti sortite degli Austriaci. Ugual sorte ebbe il Tarsia in una altra spedizione, imperocchè proponendosi egli la conquista di Pisino, diresse la sua mossa a Castelnuovo e a Piemonte, ed occupati questi due luoghi tentò d'invadere Galignana. Gli assediati non solamente si difesero valorosamente, ma respinsero inoltre i nemici con grave lor perdita.

Non furono in altra parte sì felici le operazioni del Frangipani. I suoi distaccamenti per Rozzo e per Rovigno, dovettero retrocedere dopo alcune zuffe, ed inseguiti dal Civrano alla testa d'un corpo di lancie a cavallo, e raggiunti nelle vicinanze di Castelnuovo furono attaccati, e dopo un combattimento sostenuto con valore costretti di cédere alla superiorità delle forze.

Frattanto gli Austriaci non meno che i Veneziani ricevevano nuovi rinforzi; ciò che cagionava tra loro piccole bensì, ma frequenti scaramuccie. La dubbia sorte delle armi eccitò una reciproca emulazione nei capitani, che accrebbe loro la voglia di venire spesso alle mani nell'Istria. I Muggiesi avevano respinta una nave di Trieste, che èra loro di disturbo. I Triestini impazienti di vendicarsi armarono altre quattro navi, colle quali infestarono tutta quella costa, e tagliarono agli Istriani la comunicazione delle vettovaglie, e dei soccorsi per mare. Dalla parte di terra il Frangipani, inviato nelle adiacenze di Pisino un corpo di cavalleria, per divertire il nemico, penetrò coi suoi croati nel territorio di Capodistria. La gente di campagna riempiuta di spavento, abbandonando e terre e case, le lasciò alla discrezione del soldato. Gli abitanti di Capodistria uniscono con sollecitudine un corpo numeroso, risoluti non solo di far fronte al Frangipani, ma eziandio d'attaccarlo e respingerlo. Il capitano austriaco finge di ritirarsi, imbosca nelle vicinanze di Cervical un distaccamento de' suoi, ed ordina per sorprendere nel aguato i nemici, che alquanti scorrano l'aperta campagna. I Veneziani s'impegnano in una zuffa, ed investiti dalla gente imboscata cadono tutti, o morti o prigionieri (a). Tali piccoli fatti, e continue prede comprendono tutti i progressi di questa campagna nell'Istria.

Non furono più considerabili in quest'anno le imprese nel Friuli. Lo stesso giorno (4 lugl.), che gli Austriaci incominciarono l'assedio di Gradisca, il fuoco del cannone nemico fecelo ancora abbandonare. I vantaggi degli assediati superavano allora di molto l'arte degli assedianti. Le truppe arruolate secondo le circostanze del luogo e del bisogno esercitavano, senz'ordine e disciplina una guerra, la quale era di gran lunga più molesta ai sudditi, che vantaggiosa ai principi. Ignoravasi l'arte di piantare e condurre un assedio, ed ogni piazza in situazione eminente, e cinta di solide mura riputavasi inespugnabile. Le principali spedizioni militari si rivolgeano in danno delle campagne, dei villaggi e dei borghi aperti; onde frequenti erano le scorrerie, che spogliavano i cittadini della vita e delle sostanze, e rarissimi i fatti, che decidessero della sorte d'intiere provincie.

---

a) Andrea Mocenigo. Libro 3.

In questo mentre aveva il Senato veneto richiamato il provveditore Delfino, e nominato in sua vece Giovanni Vittori, che aveva una generale riputazione di prudente ed esperto capitano. Sortì questi (12 nov.) con un buon numero di soldati da Gradisca, e passato alla Mainizza l'Isonzo, ne ascose la maggior parte sotto le alte sponde del fiume, e s'avanzò coll'altra alla volta di Gorizia. Un distaccamento del presidio del castello lo raggiunge e l'attacca, inseguendolo sino al varco del fiume, dove gli Austriaci cadono in agguato colla perdita di molti, o morti o condotti prigionieri in Gradisca. La peste insorta in questa fortezza sospese le ostilità di questa campagna, e rese necessaria una tregua, che fu più pericolosa della guerra medesima. Non esiste memoria che il contaggio abbia passato i nostri confini, e non istendendosi oltre Udine nello stato veneto, sfogò in pochi mesi tutto il suo furore, colla morte di dieci mila persone rapite in quella capitale (a).

Massimiliano prese intanto le più vigorose misure per la nuova campagna, che fu nel Friuli la più strepitosa di questa guerra. Le militari operazioni principiarono nell'anno 1511 in Istria, dove i Veneziani oltre la superiorità delle forze navali, avevano un altro importante vantaggio. Quel popolo guerriero di sua natura, e ben affetto alla repubblica formava un corpo stabile e regolato, capace di sostenere nel proprio territorio una guerra non interrotta. All'incontro le truppe di Massimiliano raccolte da molti stati, e dipendenti da molti padroni, arruolate con impegno periodico, e con poca esattezza osservato (b), non pratiche di quelle contrade, nè

a) *Candido libro 8, e Giovanfrancesco Palladio. Parte II. lib. 2.*
b) *L'autore del mentovato ritratto dell'Alemagna, parlando della guerra di Massimiliano dell'anno 1508, fa su tal proposito la seguente osservazione:* " *quando l'imperadore la prima volta volle passare contro la volontà de'Veneziani e Francesi in Italia, che gli fu promesso dalle comunità della Magna nella dieta tenuta in quel tempo a Costanza mila persone e tre mila cavalli, e non se n'essere mai potuto mettere insieme tanto, che aggiungessimo a cinque mila: e questo perchè, quando quelle d'una comunità arrivavano, quelle d'un altra si partivano per avere finito, e qualcuna dava in cambio danari, i quali per pigliar luogo facilmente, e per questa e per l'altre ragioni, le genti non si raccozzavano, e la impresa andò male.* "

puntualmente pagate, e spesso sprovvedute di tutto, erano dominate più dallo spirito di preda, che da quello di gloria, e di zelo. Alcuni legni di Muggia sorpresero di notte, ed incendiarono tutte le barche, che si trovarono nel porto di Trieste. Quest' insulto irritò a segno quegli abitanti, che presero la determinazione d'assediare Muggia con alcune navi per mare, e con un corpo di fresche truppe per terra; ma respinti con perdita, costretti furono ad abbandonare l'impresa.

Non contenti gl' Istriani d'aver renduti infruttuosi i disegni dei *Triestini* congiurarono alla total distruzione della città e di quel territorio. Tutti i navigli d'Istria si unirono avanti Trieste nel tempo stesso, che un corpo di milizia veneta marciò a quella volta per terra. Si devastano le campagne, si recidono dalle radici le piante, s'incendiano le case e si passano a fil di spada i cittadini. Il Civrano anima la barbarie de'soldati, e con un distaccamento porta la strage e la desolazione a *Postoina*. Malgrado l'orribile spettacolo che lasciava dietro a sè il furore dei nemici, non si perdè d'animo il *Frangipani*. Raccolti sollecitamente gli avanzi delle disperse sue truppe, le pone in agguato nelle vicinanze di Senosechia, sorprende i vincitori, che ritornano carichi di spoglie, li disordina e li sconfigge. Il capitano veneto solo trovò con pochi cavalli la strada di salvarsi. Rinforzato il generale austriaco il suo corpo, penetra nel territorio nemico, e pone tutta la sua gloria in desolarlo. La distruzione del suddito era l'unico frutto, che traevano amendue le parti da questa spedizione.

Non prima della mezza state s'accese il fuoco in *Friuli*. Gli imperiali condotti dal duca di *Brunswick* passate le montagne erano penetrati nel *feltrino*, ed avevano occupato in breve tempo tutto il *Friuli*. Col vescovo di Lubiana e con Cristoforo di Rogendorf, Giorgio di Lichtenstein giunse (**19 sett. 1511**) colle sue truppe sino nel villaggio chiamato Ripa del Tagliamento, da dove intimò ai cittadini d'*Udine*, che delegassero al suo campo ambasciadori a prestargli quell'omaggio, ed a implorare quella protezione, che poteva salvare loro le sostanze e la vita, che ricusando questo atto d'ossequio e d'ubbidienza, sarebbono eglino esposti all'estremo eccidio del ferro e del fuoco, onde la città loro servisse d'esempio e di terrore a tutti coloro, che ardissero opporsi alle armi di Cesare. Una tale dichiarazione avvalorata da un numero considerabile di soldatesca disarmò le braccia di tutti gli abitanti. Luigi Gradenigo abbandonando di notte la città, tolse ogni esitazione ai cittadini, i quali nel seguente giorno inviarono ai comandanti imperiali, che si erano avanzati a *Coloretto di Prato* sette ambasciadori, per annunziare la resa volontaria **(20 sett.)** della capitale del Friuli. Gli inviati, dopo aver promesso lo sborso di tre mila ducati d'oro nel termine di sette giorni, ritornarono accompagnati con lettere d'aggradimento dei comandanti austriaci; e *Giovanni di Neyhaus* fu destinato al governo d'*Udine*, e di tutta quella provincia.

Sola *Gradisca* era ancora in potere de' Veneziani. La repubblica nulla risparmiò per la speranza di conservarla. Il presidio fu rinforzato di truppe, di munizioni, ed il nuovo provveditor Luigi Mocenigo non trascurò diligenza alcuna, che servisse alla difesa di lei. Gli Austriaci piantano la più forte artiglieria a fronte della porta situata a tramontana, si mette in opera il fuoco con egual furore d'amendue le parti, la resistenza dei nemici anima, ed irrita il valore de'nostri, e l'impegna in un assalto, ch'era allora l'unico mezzo di terminare gli assedî. Gl'imperiali respinti con perdita di gente rinnovano gli attacchi, e la fortezza finalmente si rende.

La gloria di queste conquiste fu oscurata dalla vergogna di non averle saputo conservare. Parte delle nostre truppe, spirato il termine dell'impegno, si licenziò, e l'altra parte intraprese inutilmente l'assedio di *Trevigi* e di *Osoppo*. I Veneziani seppero cogliere il tempo, e scegliere i mezzi di riacquistare il *Friuli*. Giovanni Paolo Gradenigo provveditore di Trevigi alla testa di un corpo considerabile di fresca milizia, fu incaricato dell'impresa. Le città aprirongli le porte, il popolo lo accolse a braccia aperte, ed il *Friuli ritornò* **(primi nov. 1511)** *sotto il dominio veneto* in minor tempo di quello, ch'era caduto in potere di Massimiliano.

Tutta la cura dei comandanti austriaci fu di raccogliere gli avvanzi delle lor truppe, e di condurli alla difesa di *Gradisca*. Questo forte già bastantemente provveduto d'artiglieria e di munizioni fu rinforzato con un numeroso presidio, e con abbondanti vettovaglie. Queste provvidenze non furono inutili: il Gradenigo impadronitosi del castello di *Cormons*, e demolitene **(20 nov.)** per ordine del Senato le mura, non tardò d'avanzarsi verso Gradisca, di occupare con destrezza le adiacenti eminenenze *di là dell'Isonzo*, e di piantare il suo campo nella spianata dirimpetto alla torre detta Marcella (a). L'araldo veneto spedito secondo il costume di quei tempi per dimandare la resa della fortezza, ebbe in risposta un colpo di

a) *Andrea Mocenigo. Libro 3.*

falconetto, che servì a vendicare la morte d'un araldo austriaco ucciso nello stesso modo sotto Capodistria. Una dichiarazione fatta col cannone era troppo precisa, perchè i Veneziani non intendessero l'animo risoluto, che gli imperiali avevano di difendersi. Il comandante veneto inalbera alla testa della sua truppa le insegne di s. Marco, e dà principio ai lavori delle trincee. Il presidio gradiscano senza perder tempo avventura una sortita, attacca i nemici con felice successo, s'impadronisce delle insegne venete, e le innalza alla vista del Gradenigo sopra una delle torri della fortezza. Irritato il comandante veneto batte col cannone le mura della piazza; ed il fuoco infierendo vieppiù continuò nel giorno susseguente, in cui gli Austriaci si risolvettero di far nuova sortita. Le trincee nemiche furono nello stesso tempo, e sforzate e coperte di morti, ed inchiodati dodici pezzi d'artiglieria, molti vennero condotti *prigionieri in Gradisca*. Il danno e lo scorno ravvivarono lo spirito dei Veneziani, che inseguirono la guarnigione nella ritirata, ma con nuovo scorno e maggiore danno furono respinti dal cannone della fortezza. Non abbandonò però il Gradenigo l'impresa, proseguì l'assedio, e gli Austriaci con reiterate sortite riportarono reiterati vantaggi.

Ma questi medesimi vantaggi indebolivano il presidio di *Gradisca* in tempo che il corpo del Gradenigo rinforzavasi di giorno in giorno con nuove truppe. Si lusingò quindi il comandante veneto, che la più vigorosa fermezza cedere in fine dovesse a replicati tentativi, e confidando nel numero e nel valore dei suoi soldati, diede gli ordini per un assalto generale. La fortezza fu da ogni parte con ugual impeto investita, ma con pari vigore fu sostenuto l'assalto dagli assediati. Mille, e più dei nemici caddero nelle fosse, senza che avessero avuto la sorte di occupare nemmeno un palmo di terreno nella piazza. Il Gradenigo desiste dall'assalto senza desistere dall'assedio, ristora con nuova milizia le sue perdite, e spera di vincere col tempo coloro, che non si lasciavano vincere colla forza; ciò che sarebbe seguito, se il *Frangipani* non avesse liberata *Gradisca* dal pericolo di doversi rendere, e tolta a'Veneziani tutta la speranza d'impadronirsene. Sortì questo generale da *Gorizia* con buon numero di soldati, impegnò il corpo del Gradenigo in una zuffa, e guadagnò coi suoi movimenti tanto tempo, che *Giovanni Grubler*, capitano d'una compagnia di milizia regolata, potè dall'altra parte della fortezza introdurvi fresche truppe, le quali unite al presidio presero l'opportuno partito d'una nuova sortita, sconfissero il nemico, e lo costrinsero ad abbandonare col campo l'assedio. Questo fu il fine della campagna di quell'anno nelle nostre parti. Il rigore della stagione sospese le operazioni militari, ed il soldato d'amendue le parti ritirossi ne' quartieri d'inverno.

Mentre che il *Friuli* passò da' Veneziani in potere degli Austriaci, e da questi nuovamente a quelli, non cessavano le ostilità e le stragi nell'Istria. Un certo Jacominich di Fiume armati aveva alcuni navigli, coi quali infestava quel mare, molestando e quasi tagliando tutto il commercio degl'Istriani. Non potendo questi battere il corsale, se la presero contro la patria di lui, saccheggiandola ed incendiandola in tempo che il *Frangipani*, rendutosi padrone di Moçco, castello fortificato dall'arte e dalla natura, s'incamminava con un grosso corpo direttamente a Muggia. La repubblica, cui singolarmente premeva la conservazione dei luoghi bagnati dal mare, accorse per mare e per terra con vettovaglie, con munizioni e con gente al soccorso di quella cittadella. Si ripararono quanto poteronsi le muraglie, si diede una maggiore profondità e larghezza alle fosse, in somma nulla si trascurò di ciò, che servisse alla salvezza di quella piazza. Le sollecitudini, e l'attività adoperate in questa occasione non riuscirono infruttuose: il *Civrano*, l'unico capitano, che i Veneziani potevano opporre al *Frangipani*, vince gli Austriaci, e costringe il generale ferito nella zuffa, a levare l'assedio.

Tutti gli altri avvenimenti succeduti nell'Istria sono di sì poco momento, che non meritano d'esser da noi riportati. Vi sono delle minuzie, che non possono aver luogo neppure nelle memorie d'una istoria particolare.

IV.

Tregua fra Massimiliano e la repubblica di Venezia; e trattato d'alleanza dell'imperadore con papa Giulio II contro la medesima nell'anno 1512.

L'esito infelice dell'ultima campagna cambiò tutti i piani di *Massimiliano*. O ch'egli fosse persuaso, che il re Lodovico non s'adoperasse in suo favore con quella premura, che aveva dimostrata sul principio della lega, o che lusingato dal pontefice e dal re di Aragona credesse di poter conchiudere colla repubblica di Venezia una pace a sè vantaggiosa, l'animo di lui si andava sempre più alienando dal partito francese. Dopo che il vescovo di Gurck a nome dell'imperadore non solo aveva ratificato con particolare trattato sottoscritto in Blois (**17 nov. 1510**) con Lodovico la lega di Cambrai; ma secondata eziandio la risoluzione di lui di convocare contro il papa Giulio un concilio generale, e dopo che questo stesso ministro spedito (**sul princ. d' apr. 1511**) da Massimiliano a *Bologna* per trattare col pontefice un accomodamento, aveva ricusato di conchiudere la pace colla repubblica, perchè volevasi dal trattato esclusa la Francia, e se ne era partito sdegnato per la renitenza di Giulio, non poteva certamente riuscire che inaspettato al re di Francia ogni cangiamento nella condotta dell'imperadore.

Ma il *trattato d'alleanza* fra il papa, il re d'Aragona ed i Veneziani (**5 ott. 1511**) con solennità pubblicato in Roma, l'apparenza che il re d'Inghilterra si determinasse anche egli contro la Francia, ed i non interrotti maneggi, con cui la corte di Roma ed i Veneziani tenevano tuttavia a bada l'animo di Massimiliano, lo persuasero a conchiudere una *tregua* (**6 apr. 1512**) di dieci mesi colla repubblica. Fu stabilito da'ministri dell'uno e dell'altro in Roma, che l'imperadore ricevesse da'Veneziani cinquanta mila fiorini, e fosse lasciato nel tranquillo possesso di *Vicenza*, di *Verona*, di *Gradisca* e di tutti gli altri luoghi stati da lui occupati nella guerra. In questa guisa voltaronsi tutte le armi, che nella confederazione di Cambrai congiurato aveano alla rovina ed alla oppressione della repubblica di Venezia, contro il solo re Lodovico, che ben tosto fu costretto dalla superiorità dei suoi nemici ad abbandonare con gran disagio della sua armata lo stato di Milano.

La troppo grande fortuna delle armi collegate suscitò nuove discordie fra gli stessi alleati. Pretendeva l'imperadore di conferire il Milanese ad uno dei suoi nipoti; la repubblica in forza de'trattati voleva la sua porzione conquistata ultimamente da'Francesi, e finalmente gli Svizzeri, i quali in numero di trenta mila uomini formavano il nervo dell'esercito confederato, e perciò credevansi in maggior diritto degli altri di decidere su questo articolo, proponevano di ristabilire in quel ducato Massimiliano Sforza. Per accomodare queste differenze si convenne di convocare un *congresso in Mantova*, dove comparve il vescovo di Gurck, come ministro plenipotenziario dell'imperadore. La conclusione fu, che sì le dispute per l'investitura del ducato di Milano, come quelle, che s'opponevano ad una solida pace fra Massimiliano e la repubblica di Venezia, fossero avvocate e discusse in Roma avanti il pontefice, arbitro in quei tempi de'più importanti affari fra i maggiori principi dell'Europa.

I trattati sospesi in Mantova furono ripigliati avanti papa Giulio in *Roma*. Non si durò fatica a far accordare da tutti i ministri, che il ducato di Milano fosse restituito allo Sforza, ma tutte le difficoltà incontraronsi nel conciliare le condizioni della pace fra l'imperadore ed i Veneziani. Espose il vescovo di Gurck con gravità, e sostenne con fermezza le sue proposizioni, e per prevenire tutti gli obbietti, che potessero frapporsi dal Senato veneto, e dal pontefice, protestò, che non si dovesse più trattare d'altro, se non se o di accettarle o di ricusarle. Eccone le condizioni : che la repubblica conservasse Trevigi e Padova come *feudi imperiali*, di cui ricevesse dall'imperadore l'investitura con l'annua contribuzione di cento libbre d'oro a titolo di censo, e collo sborso di due mila e cinque cento pel diploma; che a Massimiliano conferito fosse il possesso di Vicenza e di Verona, e che le pretensioni riguardanti il *Friuli* rimesse fossero al giudizio del pontefice. Il ministro imperiale persistendo nelle sue pretensioni senza punto recedere dalla sua prima proposizione, gli ambasciadori veneti si videro ridotti al caso di dover rinunziare ad ogni condizione. Tentò Giulio II di conciliare i dispareri dell'una e dell'altra parte, ma non riuscendovi, prese l'ambizioso partito di dettare la capitolazione, e d'intimare imperiosamente alla repubblica l'accettazione delle condizioni proposte dal ministro di Massimiliano.

Benchè il Senato di Venezia conoscesse indebolite le sue forze, e prevedesse conseguenze pericolose dall'indignazione del pontefice, non volle però condiscendere alla capitolazione proposta, ed il papa, nel cui spirito prevaleva ad ogni altra considerazione la premura di allontanare i Francesi dall'Italia, e di sciogliere il concilio da essi convocato, stipulò un trattato d'alleanza coll'imperadore contro la medesima repubblica (**15 nov. 1512**). Si stabilì che il pontefice dovesse riguardare i Veneziani come nemici suoi e della Chiesa, e perseguitarli colle armi temporali e spirituali; che sciolto fosse l'imperadore d'ogni vincolo della tregua fatta colla repubblica, e che il pontefice non potesse con questa riconciliarsi, se prima data non fosse a Massimiliano una piena soddisfazione: che all'incontro l'imperadore entrasse nella gran lega l'anno antecedente conchiusa in Roma, aderisse al concilio lateranense, e rivocasse tutti gli atti del conciliabolo di Pisa.

V.

Gl'Imperiali si impadroniscono di Marano nell'anno 1513; inutili sforzi de' Veneziani per riacquistarlo.

Nè la morte di papa Giulio (**20 febb. 1513**), nè l'elezione del suo successore cangiò l'aspetto degli interessi di Massimiliano. La repubblica di Venezia, che aspettava il nuovo pontefice, senza aspettare nuove ragioni di stato per la corte di Roma, conchiuse prima dell'elezione di Leone X (**13 marzo 1513**) un'alleanza col re Lodovico. Questa è una giustizia che bisogna rendere all'avvedutezza di quel Senato. Il fuoco della guerra si riaccende in Lombardia, dove i combattenti diedero lo spettacolo della più viva e più segnalata campagna per i disagi del soldato, e per le calamità del popolo, ma la meno decisiva pe' vantaggi delle potenze collegate. I Francesi da una parte condotti dal Trivulzio maresciallo di Francia, capitano esperto ed ardito, e le milizie veneziane comandate nuovamente dall'Alviano rilasciato dalla sua prigionia, uomo incapace di moderare il suo genio impetuoso, ponevano nei forti assalti delle piazze, e nelle frequenti battaglie tutto il vigore delle loro armi; dall'altra parte gli Svizzeri assoldati dal papa, avidissimi delle taglie che traevano dalle città e da' territori nemici, dirigevano ogni impresa al proprio loro interesse. Gl'Imperiali sotto il comando del vescovo di Gurck, la cui principal mira fu la presa di Padova, perdettero gente e tempo nell'infruttuoso assedio di questa città, e finalmente Raimondo Cardona vicerè di Napoli, condottiero delle truppe spagnuole, irritato dal infelice esito dell'*impresa di Padova*, s'avanzò fino a Marghera, luogo nelle lagune di Venezia, donde fece giuocare l'artiglieria verso quella capitale, come insultando quel Senato a cui non poteva recare verun danno.

Nel corso di tanti avvenimenti in Italia non succedette nella *contea di Gorizia*, nè in *Friuli* alcun fatto, che abbia meritata l'attenzione degli storici. Il solo Candido (*a*) fa menzione di alcune piccole scaramuccie e di frequenti scorrerie d'amendue le parti, ma non ne riporta veruna particolare circostanza.

----

a) Libro 8.

Eransi riassunti verso il fine di quest'anno in Roma i trattati di pace fra Massimiliano e la repubblica, e fu convenuto durante il negoziato, il quale poi senza successo si sciolse, di sospendere ogni atto d'ostilità, quando il *Frangipani* profittò del tradimento d'un prete per impadronirsi della fortezza di *Marano* guardata con poca milizia da *Alessandro Marcello*. Un certo sacerdote, che reggeva la chiesa di *Mortegliano* poco distante da Marano, trasportato forse da falso zelo di partito contro i nemici dell'ecclesiastico suo capo, abusò della confidenza del provveditore veneto, e concertata l'esecuzione dell'indegno tradimento col *Frangipani*, persuase il Marcello ad aprirgli prima del giorno la porta della fortezza. Il comandante austriaco, che si teneva fuori delle mura nascosto colle sue truppe, penetrò nella piazza (**13 dic.**), e fatto prigioniero il presidio e il provveditore, lo fortificò con numerosa guarnigione alemanna.

Non dee qui omettersi un fatto annesso alla presa di *Marano*. Gli abitanti di Muzzana, gente avvezza in quei tempi alle rapine, molestavano il convoglio delle vettovaglie dirette al mantenimento degli Austriaci in Marano. Non potendo il *Frangipani* pei foltissimi boschi, in cui s'intanavano i Muzzanesi, mettersi colle armi al coperto delle loro insidie, impiegò l'arte e l'inganno, per trarli nel suo partito, e senza diffidare delle promesse d'un offeso nemico, diedero eglino udienza alle lusinghe del comandante austriaco. Quei semplici riportarono ben presto il premio della loro credulità, poichè il generale crouto, incendiata la villa di Muzzana, fece cavare gli occhi e tagliar il dito pollice a dugento di que' villani (*a*). Un tal procedere praticato da un uomo, a cui dovevano essere note le leggi dell'umanità, scema di molto l'orrore, che risveglia la memoria dei fatti de' popoli barbari.

Giunta appena in Venezia la notizia della *presa di Marano* deliberò il Senato di non lasciare alcun mezzo intentato, onde ricuperare una piazza che interessava la sua navigazione, e che premeva alla repubblica sopra tutte le piazze del Friuli. Giace questa fortezza in mezzo alle lagune del mare non lungi d'Aquileja, ed indipendentemente dalle spese, che impiegate avevano i Veneziani in fortificarla, la sua vantaggiosa situazione, e comunicazione col mare, dava loro tutto il comodo di soccorrere con milizie e vettovaglie tutto il Friuli.

---

a) *Andrea Mocenigo. Libro 5.*

Determinò dunque il Senato di far assediare *Marano* per mare e per terra. All'esperto capitano di mare Francesco Mosto fu confidato il comando di cinque galere, e dodici fuste, le quali furono raggiunte da cento legni armati, e condotti dai podestà di Chioggia, di Murano, di Torcello, di Caorle, di Pirano, e d'altri porti, e si commise l'impresa per terra a Baldassare Scipione, ed a Girolamo Savorgnano. Sortirono questi da Udine con buon numero di fanti, e maggiore di cavalli di truppe regolate, e con quattro mila uomini di milizia urbana. I comandanti veneti avidi di gloria, ed impazienti di ricuperare una piazza, la cui perdita affligeva il Senato, intrapresero un assalto prima che la piccola flotta si fosse tutta unita, e credettero facile impresa il riprendere ciò, che si credeva non aversi potuto perdere senza un tradimento. Il coraggio e l'intrepidezza delle truppe, secondavano la vivacità dei capitani: da tutte le parti si tenta la scalata delle mura; la resistenza che s'incontra, anima il coraggio dei Veneziani, ed il coraggio radoppia le loro forze, per una parte e per l'altra si sostiene l'assalto, ma la guarnigione tedesca oppone coll'artiglieria una valida difesa, respinge i nemici, li disperde, e superato il primo pericolo provvede ai nuovi che le sovrastano (a).

Non tardò guari ad unirsi tutta la flotta, ed a concertarsi dai comandanti veneti il piano delle ulteriori operazioni. Disposta la *milizia urbana* nelle trinciere, fu conchiuso, che il Savorgnano attaccasse la fortezza dalla parte di terra, e, poichè dalla parte di mare erano le mura più basse, si pensò d'impiegare in quella maggiori forze, facendo che lo Scipione con un distaccamento montasse le galere, e su quelle dirigesse l'assedio. Gli storici non convengono nelle circostanze di questa impresa. Certo è che la guarnigione prese il partito d'una sortita generale, ed una banda combattendo in terra, e l'altra salita sulle barche nemiche, combattendo in mare, dopo un sanguinoso conflitto vinse, e sconfisse le truppe venete. Gli Austriaci s'impadronirono di quasi tutta l'artiglieria, e d'una galera; lo Scipione ferito fuggì abbandonando al valore degli imperiali una piazza, la cui difesa fu più gloriosa della conquista (b).

Il rinforzo condotto dal *Frangipani* in soccorso di Marano liberò i nostri contorni dalle truppe nemiche, le quali si rinchiusero in Udine. Questo generale, rinvigorito il presidio della piazza, saccheggia nel ritorno il *castello di Strassoldo*, s'impadronisce dopo un'inutile

a) *Candido. Libro 8.*
b) *Candido. Libro 8.*

resistenza della *rocca di Monfalcone*, e per la stagione già avanzata licenzia il rimanente de' suoi soldati.

VI.

Campagna dell'anno 1514, e sospensione d'armi conchiusa fra i sudditi d'amendue le parti.

La fortezza di Marano era troppo interessante per la repubblica di Venezia, perchè il Frangipani non dovesse da una parte dubitare che per riaverla non si facessero sull'aprire della nuova campagna i più vigorosi tentativi, ed egli non dovesse disporsi dall'altra ad una valida e sufficiente resistenza. Penetrato un corpo di Tedeschi sotto il comando del capitano Rizzano nel Cadore e nel feltrino, adunò nella contea le sue forze, accresciute da nuova milizia condotta da Giovanni d'Auersperg, e da Sigismondo di Herberstein, e furono gli Austriaci in istato non solo di difendersi, ma di fare eziandio maggiori conquiste in Friuli.

I preparativi del Frangipani posero in imbarazzo Giovanni Vitturi ed il Savorgnano, a cui era commessa la difesa della provincia sprovveduta di vettovaglie, e d'artiglieria, e guardata da pochi uomini di truppa regolata, e da soli due mila di milizia urbana. Si tenne in Udine (**11 febb.**) un consiglio di guerra, e si consultò sul partito da prendersi il meno pericoloso, ed il più opportuno alle circostanze (*a*). Tutti furono d'accordo, che la capitale d'Udine per la sua estensione non potesse essere difesa da sì scarso numero di milizia, ma che la truppa potrebbe all'incontro in una più vantaggiosa posizione opporsi con forza agli Austriaci; che si lasciasse perciò in quella città l'ordinario presidio, e che s'incamminasse col restante delle truppe alla volta di Sacile.

Marciando il Frangipani col formidabil treno di quarantasei pezzi di grossa artiglieria giunse nelle vicinanze d'Ajello, quando

---

a) *Conservasi ancora il discorso fatto in questa occasione da Girolamo Savorgnano agli abitanti di Udine, animandoli alla difesa della loro patria.*

gli abitanti d'Udine persuasi, che i movimenti del comandante austriaco diretti fossero contro la stessa loro capitale, e spaventati dai tratti di sua ferocia, furono solleciti a prevenire, o almeno a minorare i disastri, onde si vedevano minacciati. Deputarono essi ventidue cittadini al campo imperiale, per offerire volontariamente la resa della città, ed impetrare, colla sommissione que'sentimenti di umanità, che ogni popolo ha diritto d'esigere dal suo nemico. I deputati incontrarono (**13 febb.**) gli Austriaci in Manzano, ed esposero l'atto d'ubbidienza e di soggezione, che prestava la città alle armi di Massimiliano. Erasmo di Dornbergo, uno dei principali capitani, accettò in nome di tutta la truppa la resa esibita, a condizione però che la città contribuir dovesse il soldo d'un mese alla milizia imperiale. La contribuzione fu limitata a quattro mila ducati d'oro sulle rappresentazioni dell'impotenza dei cittadini desolati non tanto da una disastrosa guerra, quanto dal recente flagello della peste.

Gl'imperiali renduti padroni della capitale del Friuli, sottomisero facilmente tutta quella provincia, ove fu delegato per la seconda volta luogotenente *Giovanni di Neyhaus*. Si convocò un parlamento in *Gemona*, dove comparve il vescovo di Lubiana Cristoforo Rauber in qualità di commissario cesareo. Questo in nome di Massimiliano consigliò quella radunanza ad imitare l'esempio della capitale, non meno nella volontaria ubbidienza alle armi di Cesare, che nella contribuzione pel mantenimento delle sue truppe. La forza è sempre eloquente; il commissario imperiale persuase i parlamentari, e Massimiliano s'impadronì nuovamente del Friuli senza sacrifizio delle sue truppe, e col vantaggio di generose contribuzioni.

Avrebbe potuto il Frangipani senza grandi fatiche conservare le sue conquiste, se l'arditezza e l'impeto del suo spirito non lo avesse spinto a tentare la presa d'Osoppo, l'unica piazza, che restava sotto il veneto dominio. Il Savorgnano col solo presidio di dugento uomini guardava questo castello, situato su d'un'erta rocca, che rendevalo inespugnabile. Poteva il comandante austriaco alla testa di sei mila soldati bloccarlo, ed obbligato dalla fame costringerlo ad arrendersi; ma avido d'una gloria intempestiva sagrifica molta gente in un fatale assedio di quaranta giorni, che non servì ad altro se non a rendere gloriosa la difesa, e celebre il nome del Savorgnano.

In quest'incontro mostrò il Frangipani di non conoscere il prezzo nè degli uomini nè del tempo.

Mentre il generale croato perdeva in questo assedio la sua gente, il Senato di Venezia commette all'Alviano di distaccare segretamete un corpo del suo esercito d'Italia, e di condurlo in Friuli per soccorrere Osoppo, e ricuperare la provincia. Il capitano Rizzano, sceso co'suoi soldati dai monti si era accampato in Pordenone, ed infestava tutto quel territorio. Giunto l'Alviano (**in marzo**) in Sacile, un suo distaccamento incontra il Rizzano, il quale dopo una viva zuffa restò ferito, e colla perdita di molti de'suoi, parte morti, e parte prigionieri, cadde egli stesso prigione. L'avanzo della sua truppa si salva colla fuga in Pordenone, lo inseguisce l'Alviano, pianta l'artiglieria, batte quella città, la prende, la saccheggia, passa a fil di spada gli abitanti, e s'incammina al soccorso d'Osoppo.

Disanimato il Frangipani dalla sconfitta del Rizzano, e dalla presa di Pordenone (**1 apr.**), abbandona a precipizio l'assedio d'Osoppo, e divide le sue truppe in due corpi. Uno ne destina per coprire la contea di Gorizia e conduce l'altro in difesa delle piazze conquistate nella Carnia. Il Savorgnano inseguisce quest'ultimo senza perderlo di vista, ed il Frangipani si ritira colla sua truppa sbandata ne'monti, lasciando in preda dei nemici tutta l'artiglieria.

Riesce facile all'Alviano di riprendere il Friuli abbandonato dagl'imperiali. Il luogotenente cesareo abbracciando quei cittadini partì da Udine (**23 marzo**). Si pretende che il comandante veneto si avanzasse sino a Gorizia coll'intenzione d'intraprenderne l'assedio, ma che poi non vi s'impegnasse considerando le nuove fortificazioni del castello, e la numerosa guarnigione, che lo custodiva (*a*). Comunque fosse, tutte le conquiste fatte dagli Austriaci ritornarono sotto il dominio della repubblica, e l'Alviano ritornò trionfante in Padova, rimettendo a Giovanni Vitturi il comando delle truppe in Friuli.

Dipendendo spesso la sorte delle armi, ed il successo delle operazioni militari dal solo nome d'un generale, l'Alviano, che si aveva acquistata la confidenza della sua truppa, e che aveva saputo imprimere il timore nella nemica, aveva una superiorità decisiva, e combatteva con doppie forze. Tosto che egli si ritirò dal Friuli, radunatosi un piccolo distaccamento del presidio di Gradisca entrò in campo, e coraggiosamente attaccò, e riacquistò le terre di *Cormons* e di *Monfalcone* (*b*).

Frattanto il Senato veneto non perdeva di vista l'importantissima piazza di Marano. Un lieve vantaggio riportato in quelle vicinanze dal Savorgnano sopra pochi fanti tedeschi ravvivò le speranze della

---

a) Andrea Mocenigo. Libro 5.

b) Andrea Mocenigo. Libro 5.

repubblica, la quale commise a questo capitano la direzione dell'assedio per terra, e confidò il comando di quello per mare a Vincenzo Cappello (a). Unisce il Savorgnano un corpo di milizia, prepara il Cappello una numerosa flotta, e si dispongono tutte le cose più necessarie per l'impresa. Contavansi nella fortezza soli trecento cavalli, e dugento cittadini, nè potevasi promettere da veruna parte alcun soccorso. S'incominciò l'assedio collo scavamento di profonde trincee, le quali mettevano i Veneziani al coperto de' colpi dell'artiglieria della piazza, e giunsero in pochi giorni quelle operazioni sino alle fosse. Quantunque il presidio distruggesse di notte con frequenti sortite i lavori fatti di giorno da' nemici, pure s'avanzava, e si stringeva sempre più l'assedio, consumavansi le munizioni da guerra e da bocca nella fortezza, e si rendeva di giorno in giorno più critica la situazione degli assediati.

Impaziente il Frangipani di far una diversione alle forze nemiche sortì (in giug.) con una banda del presidio di Gradisca. Giovanni Vitturi, che con un corpo di milizia si era posto in agguato tra Gradisca e Marano, per osservare i movimenti degli imperiali, lo sorprende. Gli Austriaci si difendono con valore, ma sopraffatti dal numero debbono cedere, ed il Frangipani con parte della sua gente (b) fatto prigioniero, venne condotto in Venezia, dove il popolaccio insultandolo con ischiamazzi e scherni, nella sua disgrazia ne aggravò la situazione. Fu questo il fine sfortunato d'uno dei più valenti capitani di Massimiliano, che non la cedeva a nessuno in valore ed attività, e superava ogni altro nelle qualità militari di quei tempi le quali più consistevano nel molestar frequentemente i nemici, nel saccheggiare le città, ed infestare le campagne, che nell'arte di conquistarle.

Aveva frattanto Massimiliano provveduto, che un nuovo rinforzo s'incamminasse in soccorso di Marano; al qual effetto si trasferì egli stesso nella Carintia e nella Carniola, ed unito un corpo di fresca milizia ne confidò il comando a *Nicolò di Salm*. Ignota non doveva essere al Savorgnano la mossa di queste truppe prima ancora, che penetrassero nella contea, ed i Veneziani ne presero tanto timore, che il loro comandante, dopo un assedio di due mesi, si credetto costretto ad abbandonarlo, e a tenere dietro a' suoi soldati, che lasciando il campo e le trincee, cercavano un asilo in Udine ed

---

a) *Nel luogo citato.*
b) *Fra cui trovossi un Ottone della Torre.*

in Cividale (a). Il Salm munisce la piazza di vettovaglie e di milizia, disperde una banda veneta presso *Strassoldo*, e pone il suo quartiere generale nella fortezza di *Gradisca*.

Benchè fosse passata appena la metà della state, e continuasse la stagione opportunissima per le spedizioni militari; e benchè al Salm non mancasse nè gente, nè valore, con tutto ciò nulla seguì degno di rimembranza, fuorchè la piccola zuffa presso di Castiglione nella quale sorpreso in una imboscata e *sconfitto il Vitturi*, fu condotto prigioniero in *Gradisca*; quel Vitturi stesso, che poco prima aveva sorpreso, e condotto prigione in Venezia il *Frangipani*. O che i maneggi di pace dessero occasione all'oziosità di Salm, o che questo generale trovasse il popolo stanco di continuare la guerra malgrado i nuovi rinforzi, che gli venivano dalle vicine provincie; trovossi egli sì poco disposto alle operazioni militari, che approvando la sospensione d'armi conchiusa (**27 sett.**) fra la città di Trieste, e le città venete dell'Istria, non s'oppose a simile convenzione concertata in favore delle raccolte fatte da' sudditi del Friuli, e ridotta ad un formale trattato (**18 ott.**) da due deputati veneti (b), e da quattro commissarî austriaci Erasmo di Dornbergo, Giovanni Abfalter, Feliciano Petsocher, e Giovanni Goltmosner.

Fu convenuto, che i sudditi de' due dominî potessero reciprocamente passare e dimorare senza molestia, e con piena libertà in ambedue i territorî, esclusi gli abitanti di *Monfalcone*, della contea e delle sue adjacenze, che appartenevano prima della guerra a Massimiliano, ai quali non fosse permesso nè il transito nè il trasporto dei loro prodotti nello stato veneto, senza speciale licenza de' commissarî imperiali, che all'incontro senza eguale licenza de' Veneziani fosse inibito ai sudditi imperiali il passaggio, come ancora il trasporto delle derrate loro dalle pertinenze di *Belgrado*, di *Codroipo*, di *Castelnuovo* e di *Pordencne*.

Disponeva in oltre il trattato, che la convenzione riguardasse i soli sudditi delle due potenze, e non s'estendesse alle stesse potenze nè alle loro truppe, così ancora che non derogasse a' salvocondotti antecedentemente conceduti, e che finalmente la convenzione dovesse sussistere, ed avere il suo vigore per quel tempo, che piacesse alle parti, imponendo a quella che volesse scioglierla l'obbligazione

a) *Andrea Mocenigo. Libro 5.*
b) *Leonardo Emo, e Pietro Marcello coll' assistenza dei consultori Giacomo Florio e Giacomo de' Recinoralis.*

di dichiararsi tre giorni prima (a). Non dee parere strano, che fosse ai sudditi permesso il porre de' limiti ad una guerra, in cui avevano più luogo le devastazioni e le calamità del popolo, che gl' interessi de' principi.

VII.

Quiete nella contea ed in Friuli nell' anno 1515; ultimo fatto d' armi di questa guerra nell' anno 1516.

Quantunque avesse Massimiliano rinnovato nel principio dell'anno 1515 col re d'Aragona, e cogli Svizzeri l'alleanza contro Francesco I successore di Lodovico al trono di Francia, e contro la repubblica di Venezia, e quantunque non mancassero dalla Carintia e dalla Carniola i sussidi di milizia, nondimeno tutto il fuoco della guerra in quest'anno si concentrò in Lombardia, e nelle memorie non si incontra vestigio di fatti militari nella contea. La tregua, onde abbiamo fatto menzione, rese non solo gli abitanti delle nostre parti, ma anche le milizie più tranquille. Si rispettava la vita ed il sangue dei cittadini e de' soldati, ed al ferro ed al fuoco si era sostituito l'artifizio e la finezza, con cui si sorprendevano reciprocamente per far de' prigionieri, i quali poi riscattavansi a prezzo di danaro (b).

Taddeo della Volpe, comandante dei sudditi veneti, turbò nell'anno seguente (**sett. 1516**), che fu ultimo della guerra, la quiete, ruppe la convenzione, e tinse nuovamente di sangue umano le campagne. Lodovico della Torre, posta una banda d'Austriaci in agguato nel bosco di Butrio, per sorprendere e far prigioniero qualche distaccamento nemico, condusse pochi uomini fino alle porte d'Udine. Un mal accorto cittadino cadde nelle sue mani; sopraggiunge il Volpe, libera il suddito veneto, fa prigioni alcuni austriaci, inseguisce gli altri, cade egli stesso nell'agguato, raccoglie, ed ordina con presenza di spirito le sue truppe, ma irritato dalla sorpresa, e posta in obblio la tregua, si presenta colle armi, e provoca gli austriaci alla zuffa. Lodovico della Torre, giovane di singolare qualità, ferito

---

a) *Archivio del vicedominato di Trieste.*
b) *Candido. Libro 8.*

nella testa fu condotto prigioniero in Udine, dove in pochi giorni terminò la vita, ed il Volpe ancora ferito dovette rendersi, e lasciarsi condurre prigioniero in Gradisca.

Ecco l'ultimo fatto d'armi nella guerra, ch'ebbe origine dalla famosa confederazione di Cambrai, e che fu sostenuta dalle susseguenti leghe di Massimiliano contro la repubblica di Venezia.

VIII.

Tregua fra l'imperadore Massimiliano e la repubblica di Venezia dello stesso anno 1516.

La gelosia, che eccitarono i progressi delle armi francesi nell'ultima campagna in Lombardia, fece pensare seriamente ad una pace, la quale doveva essere a tutti più vantaggiosa, che all'imperadore. Non ritenea Massimiliano in Italia che la sola città di Verona, e di questa disponevasi da' suoi alleati, non meno che da' suoi nemici, in favore della repubblica di Venezia.

Il trattato di Noyon (**15 agos. 1516**), che fu dal nuovo re Carlo delle Spagne conchiuso con Francesco I per accomodare le particolari controversie tra loro esistenti, ed in cui furono anche prese in considerazione le pretensioni di Massimiliano contro la repubblica di Venezia, diede bastantemente a conoscere all'imperadore l'impossibilità di continuare la guerra, e la necessità d'appigliarsi al meno svantaggioso partito alle sue circostanze. Gli articoli del trattato di Noyon riguardanti Massimiliano furono i seguenti: ch'egli cedesse per lo sborso di cento mila scudi d'oro da farsi da' Veneziani, e pel rilascio delle somme da lui ricevute dalla Francia, la città di Verona al re Francesco, il quale s'obbligava di restituirla alla repubblica di Venezia; che fosse stabilita fra Cesare ed i Veneziani una tregua di diciotto mesi; che l'imperadore ritenesse Riva di Trento, Roveredo e tutti i luoghi dalle sue truppe occupati nel corso della guerra in Friuli; che i rispettivi confini si determinassero da' re di Spagna e di Francia; e finalmente che, se Massimiliano non si piegava al trattato nel termine di due mesi, fosse in libertà del re cristianissimo il soccorrere contro lui la repubblica.

Per quanto dispacevoli fossero queste condizioni, non rimaneva all'imperadore altro partito, se non quello di accettarle. Persuaso

di non poter ricevere soccorsi di truppe dagli Svizzeri, i quali
stabilita avevano allora in Friburgo colla Francia la celebre convenzione
di pace, e d'alleanza perpetua (*a*), e stretto altresì dalla necessità
di denaro approvò il trattato di Noyon in Brusselles (**4 dic. 1516**),
e cedette Verona alla repubblica di Venezia (*b*).

IX.

Massimiliano prolunga nell'anno 1518 per cinque anni la tregua colla repubblica di Venezia.

La tregua dell'imperadore coi Veneziani restituita aveva intieramente
la pace e la quiete alla contea di Gorizia. Ricordevole il Senato di
Venezia de' disastri e dispendî della guerra, e mosso dalle insinuazioni
del pontefice, desiderava di convertire la tregua, prima che spirasse
il suo termine, in un trattato di pace. Proponeva il papa, e sollecitava
un congresso nella sua capitale, ed il Senato, poco fidandosi delle
intenzioni di Leone X, ne preferiva la convocazione in Parigi (*c*).

Non furono mai ai disegni della repubblica circostanze più
favorevoli. Aveva il pontefice con bolla sollecitati i principi cristiani
ad una tregua di cinque anni, e ad una lega generale contro Selim
sultano de' Turchi, che, distrutta la monarchia del Soldano d'Egitto,
preparavasi con una strepitosa armata a dilatare il suo impero nelle
provincie cristiane. Il disordine e la scarsezza di denaro, in cui trovavasi
l'erario di Massimiliano, secondavano di molto le intenzioni del
Senato dispostissimo di procacciarsi a qualunque prezzo la pace già
da tanto tempo desiderata. Ma dispiacendo al re Francesco, che la
riconciliazione fra queste due potenze si confermasse con solenne
trattato di pace, il quale dasse all'imperadore e tempo e forza di
tentare nuove imprese, e rendesse alla repubblica meno necessaria
la sua amicizia, seppe maneggiare gli affari con tal destrezza, che
condusse solamente ad una nuova tregua (**31 lugl. 1518**) per
cinque anni il trattato sottoscritto in Angers da Filiberto Naturale,

---

a) 29 *novembre 1516.*
b) 13 *gennaio 1517.*
c) *Paolo Paruta. Libro 4.*

abbate comendatore di Esnai, e da Girolamo Braner capitano di Breisach, commissari cesarei, e da Antonio Giustiniani ambasciadore di Venezia (a).

Si convenne, che pel corso di cinque anni cessar dovesse ogni ostilità per mare e per terra tra i sudditi d'amendue le parti, con piena libertà di trattarsi, e di commerciare reciprocamente, come se fosse tra le due potenze conchiusa una perpetua pace; che, durante la tregua, il Senato di Venezia in differenti rate rimettesse a Massimiliano nella città d'Augusta la somma di *cento mila ducati d'oro*, e che indipendentemente da questa somma la repubblica in tutto il corso della tregua dovesse corrispondere nella stessa città la quarta parte del valore delle rendite spettanti a que' sudditi veneti che seguitato avevano il partito di Massimiliano. Disponeva in oltre il trattato, che si rilasciassero reciprocamente i prigionieri, eccettuatone il conte *Cristoforo Frangipani*, che doveva essere inviato al re di Francia, a cui il Senato veneto prima del trattato di tregua lo aveva dato in dono; che l'imperadore e la repubblica restassero nel tranquillo possesso delle città, e dei territori accordati loro dal trattato di Noyon ratificato in Brusselles. Finalmente il re di Francia costituivasi mallevadore per le somme di denaro promesse dalla repubblica a Massimiliano. Questi sono i principali articoli della tregua, che servirono di base alla convenzione, che indi stipulossi in Wormazia tra l'imperadore Carlo V, e la repubblica di Venezia.

Ecco il termine d'una guerra, la quale mirava alla piena rovina della veneta repubblica, se la lentezza dei primi movimenti di Massimiliano (b), non le avesse dato tempo di poter con arte

---

a) *Francesco Guicciardini. Libro 13.*
b) *L'autore del principe, parlando di quest'imperadore ne pinge il carattere coi seguenti tratti: " perchè l'imperadore è uomo*
  „ *segreto, non comunica li suoi segreti con persona, non ne*
  „ *piglia parere. Ma come nel mettergli ad effetto, s'incominciano*
  „ *a conoscere, et scuoprire, gli incominciano ad esser*
  „ *contradetti da coloro, ch'egli ha d'intorno, et quello come*
  „ *facile, se ne stoglie. Di qui nasce, che quelle cose, che*
  „ *fa l'un giorno, distrugge l'altro, et che non s'intenda*
  „ *mai quel, che vogli o disegni fare, et che sopra le sue*
  „ *deliberazioni non si può fondare. " L'ambasciadore Quirini*
  da noi spesse volte citato ne fa un quadro più compiuto: " è
  „ *di bono inzegno, et tanto solerte che meglio de niun delli*

deviare, e colla forza trattenere l'impeto del torrente, che minacciava d'inondarla.

      „ sui; il trova ad ogni bisogno molti espedienti, ma in una
      „ cosa manca, che di quanti espedienti il trova, el non sa
      „ poi in tempo eseguirne alcuno; et così come l'abbonda in
      „ inventione, el manca in esequtione. Et benchè talhora se
      „ li rappresenti all'intelletto do, over tre remedj ad una sola
      „ cosa, el de essi ne eleza uno per il migliore, tamen el
      „ non lo eseguisse più, perchè subito innanzi l'esequtione li
      „ nasce nella mente qualche altro disegno, che esso estima
      „ migliore; et va tanto di meglio in meglio, che l'tempo e
      „ la occasione passa di eseguir cosa alcuna: et per tal suo
      „ natural diffetto si può dire, ch'el non sia in tutto prudente;
      „ et da questo ancora procede, che non eseguendo in tempo
      „ quello, che talhora voleze, il salta d'una deliberation in
      „ un' altra. „

CAPITOLO QUARTO.

Successione
nel dominio della contea di Carlo V,
e dell'arciduca Ferdinando suo fratello:
trattati fra loro e la repubblica di Venezia.

I.

Carlo V e l'arciduca Ferdinando confermano negli anni 1521 e 1522 i privilegi della contea.

DOPO la morte di Massimiliano I (**22 genn. 1519**), la sovranità della contea, come delle altre provincie austriache, passò a' due suoi nipoti *Carlo* re di Castiglia e d'Aragona, eletto pochi mesi dappoi imperadore quinto di questo nome, e Ferdinando arciduca infante di Spagna. Siccome l'uno e l'altro erano assenti, così tutti gli stati delle provincie si congregarono in Bruck sulla Mura (**nel marzo del 1519**) per prendere quelle misure giudicate opportune alla tutela delle leggi e della sovranità in uno stato privo della presenza del suo principe. I deputati degli stati stipularono in questo congresso una confederazione di soccorrersi vicendevolmente in caso di qualche invasione nemica. Provvidero all'amministrazione delle rendite camerali, ed alla custodia de' sigilli, delle scritture e gioje del defunto imperadore, e deliberarono di deputare nella Spagna e nelle Fiandre commissari per far coi nuovi sovrani gli atti di sommessione e fedeltà, a nome di tutte le provincie austriache.

Gl'inviati raggiuntisi in Villacco (**19 giug.**) proseguirono il viaggio per la strada d'Italia. Passando per Venezia complimentati nel giorno dell'arrivo da dodici nobili, furono introdotti nel seguente giorno in Senato, e presentati al doge ed alla signoria. Prima che giungessero in Ispagna, *Carlo* e *Ferdinando* avevano già nominati (**27 lugl. 1519**) per reggenti, e supremi luogotenenti della provincie austriache il cardinale Matteo Lang arcivescovo di Salisburgo, Bernardino Clesio vescovo di Trento, e Pietro Bonomo vescovo di Trieste, ed ingiunto a tutti gli stati provinciali di prestare l'omaggio a' medesimi, o a quelli, che da loro fossero a tal atto autorizzati. *Erasmo di Dornbergo* luogotenente della Carniola, e Federico Frantz (*a*) ricevettero (**5 nov. 1520**) l'omaggio dalla contea di Gorizia, il qual atto fu dall'imperadore Carlo ratificato (**19 giug. 1521**) unitamente a tutti i privilegi ed alle *antiche consuetudini* degli stati di Gorizia.

Quest'imperadore, la cui grandezza s'accrebbe con un nuovo mondo che alla vasta di lui monarchia fu unito, cesse (**1522**) all'arciduca *Ferdinando* suo fratello il dominio di tutti gli stati in Germania: epoca memorabile, in cui furono gittate le fondamenta della potenza della casa d'Austria divisa in due linee, una della Spagna, e l'altra dell'Alemagna. Pervenuta a Ferdinando la contea di Gorizia, quantunque Carlo avesse già confermato in nome anche del fratello gli statuti e privilegi della nostra provincia, nulla di meno gli stati deputarono al nuovo principe, *Erasmo di Dornbergo*, che ne impetrasse la speciale ratificazione, la quale anche conseguirono nel medesimo anno (**12 sett. 1522**).

Noi vedremo sotto il regno di questo principe, il quale unì alle antiche austriache provincie i regni d'Ungheria e di Boemia, per l'ostinata guerra da lui sostenuta contro la Porta ottomana, i *soccorsi* spediti dai *Goriziani* in comune difesa delle austriache provincie, i mezzi, onde si servirono i Veneti per torgli la fortezza di Marano, e finalmente posti nella contea i fondamenti d'un regolato ordine nelle pubbliche imposizioni, e d'un sistema generale d'*interna amministrazione*.

___

a) *Le lettere credenziali per questi due commissari sono date dalla reggenza d'Inspruck il dì 1 d'ottobre 1520.* " *Scritture del magistrato fiscale di Gorizia.* „

II.

Capitoli conchiusi in Wormazia fra Carlo V° e la repubblica di Venezia nell'anno 1521.

Malgrado i trattati di Noyon, di Brusselles, e di Angers, non erano mai stati determinati con precisione i confini, però insorgevano continue contese, che si sono perpetuate sino a' nostri giorni. La morte di Massimiliano, come se la tregua finisse colla vita del principe, che l'aveva conchiusa, risvegliò la discordia e l'animosità fra i sudditi d'amendue gli stati. I presidî di *Marano* e di *Gradisca* penetrati nel veneto territorio molestarono quelle campagne, e saccheggiarono diversi villaggi. I comandanti austriaci ebbero l'attenzione di porvi ripiego, e la premura di sedare le turbolenze: ma non si tagliava la radice del male, perchè i confini rimanevano tuttavia indecisi, ed il suddito dell'una, e dell'altra parte col pretesto di sostenere i pubblici diritti cercava nella confusione delle cose le occasioni di promuovere i suoi particolari vantaggi.

Questi tumulti somministrarono al Senato di Venezia un titolo per non adempiere il pagamento delle stipulate somme. In tali circostanze l'imperadore Carlo delegò (**14 ag. 1519**) a Verona Andrea di Burgo, ed Antonio Rorario, coll'ordine alla reggenza d'Inspruck d'aggiungere due de' suoi consiglieri (*a*), ad oggetto di trattare, ed ultimare coll'ambasciadore veneto l'accordo per le controversie dei confini in conseguenza delle antecedenti convenzioni tra Massimiliano e la repubblica. L'ambasciadore, a cui premeva allora che restassero i confini indecisi, pretese che l'imperadore restituisse tutte le città, ed i territorî occupati nell'ultima guerra, e che i nuovi confini si determinassero sui vecchi limiti del veneto dominio (*b*). La commissione si sciolse, come si sciolgono tutte quelle, in cui i ministri o non possono, o non vogliono aderire a veruna proposizione.

Importava però molto all'imperadore *Carlo* l'accomodamento di queste contese. Il ducato di Milano sotto il dominio del re di Francia era un oggetto, che non cessava d'inquietarlo. Per toglierlo dalle mani di lui, e restituirlo agli Sforza, convenivagli accrescere

---

a) Archivio del vicedominato di Trieste.
b) Paolo Paruta. Libro 4.

6

in Italia il numero dei suoi amici. Ordinò dunque nel tempo, che egli trovavasi alla famosa dieta di Wormazia, a *Mercurio di Gattinara* suo gran cancelliere d'abboccarsi con Francesco Cornaro, ambasciadore veneto alla sua corte e di formare con esso i seguenti capitoli, che furono anche in quella città sottoscritti (**3 mag. 1521**).

Dichiarava il primo articolo, che l'ultimo trattato di *tregua* di cinque anni conchiuso in *Angers* dovesse avere un pieno effetto con certe condizioni, le quali dopo il prescritto termine non potessero recar pregiudizio alcuno alle parti contraenti, come se non fossero state stipulate. Le condizioni furono: che si soddisfacesse immediatamente dal Senato all'imperadore la rata di venti mila ducati, che restavano da sborsarsi fin dal primo di settembre di quell'anno, che s'intendesse liquidata, ed accordata nell'annua somma di *diciotto mila* ducati, da pagarsi in tre rate per tutto il corso della tregua, la quarta parte delle rendite de' Veneziani, che seguirono il partito dell'imperadore defunto; che fermi ed illesi restassero i diritti della giurisdizione di prima instanza competenti prima della guerra ai particolari, purchè eglino prestassero all'imperadore il giuramento d'ubbidienza e di omaggio, come l'avevano prima prestato alla repubblica; ché questa nel corso della tregua non potesse, nè dovesse esercitare atto alcuno giurisdizionale ne' seguenti luoghi e territorî, cioè: *Villanuova, Mossa, Porpetto* di quà dell'acqua, *Chiarisacco, Sangervasio, Gonars, Campo molle, Rivarotta*, i quali in tutti i tempi appartenevano alla fortezza di *Marano, Castelporpetto* col sobborgo, e colla metà della sua villa, *Ontagnano, Fauglis, Villanuova, Sangiorgio, Nogaro* e *Carlino*; così parimenti nelle ville di *Monastero, Cervignano, San Martino* e *Terzo* appartenenti al monastero d'Aquileja, *Ruda, Visco, Villavicentina, San Nicolò* di *Levata, Fiumicello, Ajello, Tapogliano, Joanniz, San Vito* di *Crauglio*, la città d'*Aquileja*, riserbati però i diritti del patriarca; il castello di *Zuins*, la villa di *Fornelli*, il castello di *Tolmino* e la chiusa di *Pletz* posseduti prima, e dopo la tregua dall'imperadore, e molto meno in *Gradisca, Marano, Partistagno*, ed *Ampezzo*, che rimangono dal dominio veneto esclusi.

All'incontro tutti gli altri luoghi del *Friuli*, i quali prima della guerra erano sottoposti alla repubblica di Venezia, dovessero sotto il dominio di lei restare nel corso della *tregua*, comprese ancora la città, e le pertinenze di *Pordenone*, di *Belgrado*, di *Castelnuovo* e di *Codroipo*; che i sudditi d'amendue le parti fossero reciprocamente ristabiliti nel pacifico possesso de' beni, e delle facoltà, escluse da tal capitolazione le possessioni de' fuorusciti, e quelle porzioni di

miniere d'*Idria*, ch'erano state concedute a private persone da
Massimiliano; finalmente si convenne, che la restituzione de'mentovat
beni dovesse eseguirsi immediatamente dopo la ratificazione de'capitolii
e la loro pubblicazione in *Trento, Roveredo, Verona, Vicenza, Udine,
Marano, Gorizia, Gradisca, Trieste* e *Capodistria*.

III.

Pace e lega fra l'imperadore Carlo V,
l'arciduca Ferdinando e la repubblica di Venezia
nell' anno 1523.

I punti della *capitolazione di Wormazia* furono così poco
adempiuti, come gli altri antecedenti trattati. Le rate stipulate non
furono soddisfatte da' Veneziani; altri luoghi e territori che doveano
reciprocamente restituirsi, restavano sotto il dominio di quelli, che
se n'erano impadroniti, e non fu corrisposta l'accordata pensione
delle rendite degli esuli spogliati delle loro possessioni. Tutta volta
questa convenzione servì a stabilire il trattato di pace, e la lega
tra Carlo V, l'arciduca Ferdinando e la repubblica di Venezia, la
cui amicizia rendevasi sempre più necessaria alle mire dell'imperadore.

I Francesi scacciati dallo stato di Milano impiegarono (**1522**)
tutti li sforzi per ricuperarlo: e Carlo geloso della sua conquista,
non lasciò mezzo intentato per alienare il Senato di Venezia dall'amicizia
del re Francesco. Aveva l'imperadore già conchiusa una lega con
Arrigo re d'Inghilterra, onde Alfonso Sanchez ambasciadore imperiale,
ed il ministro inglese in Venezia impiegarono tutti quegli uffizi e
maneggi capaci di persuadere la repubblica, perchè accettasse il luogo
riserbatole nel trattato di quest'alleanza.

Girolamo d'Adorno, consigliere di Carlo, spedito come ambasciadore
straordinario dalla Spagna (**1522**), ed incaricato di questo negozio
propose in Venezia l'alleanza coll'imperadore (*a*). Il Senato sempre
accorto, e felice ne'suoi ripieghi, non volendo senza gran vantaggi
nè abbandonare il partito d'un alleato, che prometteva con numerosa
armata di calare in Italia, nè disgustare con positiva risposta

---

a) Andrea Morosini. Libro 1.

l'imperadore, intavolava con destrezza proposizioni tali, che o accordate contrapesavano l'amicizia del re Francesco, o negate davano occasione di differir la sua' determinazione, lasciando in tal guisa un bel campo di poter prendere dal tempo il più sicuro consiglio. Pretendeva la repubblica nulla meno che la restituzione di tutte le città e dei territorî, che possedeva prima dell'ultima guerra. Si oppose costantemente a tal proposizione Baldassare Clesio ministro in Venezia dell'arciduca Ferdinando, e la repubblica otteneva il suo intento (a).

La morte sopravvenuta all'Adorno (b) sospese, ma non troncò l'orditura de' maneggi riassunti dai nuovi delegati cesarei. Marino Caracciolo, protonotario apostolico, delegato in luogo del defunto Adorno a Venezia, ed Alfonso Sanchez sostenuti dai ministri di Ferdinando, infastiditi dell'irresoluzione ed accortezza del Senato lo eccitarono ad una decisiva determinazione, prescrivendogli il termine di tre giorni per dichiararsi (c).

Il Senato non vedendo effettuata la spedizione d'un armata francese in Italia condiscese ad un trattato di pace e di lega conchiuso (**29 lugl. 1523**) in Venezia fra la repubblica, l'imperadore, l'arciduca Ferdinando e Francesco Sforza duca di Milano. A questo trattato s'uniron pochi giorni dappoi il pontefice Adriano VI, che fu uno dei principali autori dell'alleanza, i re d'Inghilterra e di Ungheria, i Fiorentini, Sanesi ed i Genovesi.

Si stabilì, che aperto, e libero si mantenesse il commercio per terra e per mare a' sudditi Austriaci e Veneti; che si lasciasse alla repubblica il pacifico possesso di tutte le città, terre e luoghi, che in allora possedeva; che la repubblica fosse tenuta a contribuire all'imperadore *dugento mila ducati d'oro* nel termine di otto anni; che ai sudditi, i quali nell'ultima guerra avevano seguite le parti dell'imperadore, si concedesse il perdono, e si restituissero i beni, di cui erano stati spogliati; ed in compenso de' beni già confiscati si contribuisse dalla repubblica l'annua somma di *cinque mila ducati*, de' quali era riserbata all'imperadore la ripartizione; finalmente che

a) *Paolo Paruta. Libro 5.*
b) *Morì in Venezia. I suoi funerali furono celebrati con tanta pompa, che Nicolò Ponte, uno de' più eloquenti oratori di quei tempi, fu scelto per dire in presenza del doge, e del Senato l'orazione funebre.* " *Pietro Giustiniani. Libro 12.*
c) *Guicciardini. Libro 13.*

dovesse eseguirsi senza ritardo la reciproca restituzione delle terre, e ville convenuta nella *capitolazione di Wormazia*, e sino allora non adempiuta.

In conseguenza di questo trattato l'arciduca Ferdinando conferì a *Vito della Torre* la commissione di trattare e di accomodare con Giacomo Florio, famoso giureconsulto de' suoi tempi e con altri due deputati del Senato le controversie riguardanti i *confini* del *Friuli* e dell'*Istria*, dalla cui determinazione dipendeva il possesso e la restituzione delle città e de' territorî. Si destinarono le Fortezze di *Gradisca* e di *Marano* pel congresso, ed i punti più importanti si agitavano in Venezia. Le contese, di cui si trattava, erano per la maggior parte appianate e condotte quasi all'atto dell'esecuzione, quando la commissione delegata in Riva di Trento (**1523**) pei confini del Veronese, appena incominciati i maneggi, si sciolse e rovesciò il concertato ancora riguardante le provincie del *Friuli* e dell'*Istria* (a).

IV.

Convenzione ed alleanza fra papa Clemente VII, l'imperadore Carlo V, il re Ferdinando duca d'Austria suo fratello, la repubblica di Venezia e Francesco Sforza duca di Milano nell'anno 1529.

Appena il trattato d'alleanza tra la casa d'Austria, e la repubblica di Venezia fu sottoscritto, che si vide la Lombardia coperta di truppe francesi, ed il nuovo eletto (b) pontefice Clemente VII, anzi che ratificare la lega del suo antecessore, instigava il Senato veneto a distaccarsi da Cesare, ed unirsi col re Francesco, in cui favore inclinare vedeasi la sorte delle armi in Italia dopo la presa di Milano. Ma gli avvenimenti di guerra pari a tutte le umane vicende cangiano, quanto spesso, altrettanto velocemente, aspetto. Dopo un fiero combattimento sotto Pavia (**24 febb. 1525**), dove il re di Francia restò prigioniero, le cose si dichiararono favorevoli all'imperadore. Con tutto ciò la repubblica di Venezia, abbandonando il partito di

b) *Paolo Paruta. Libro 5.*
a) *il dì 19 di Novembre dell'anno 1523.*

Carlo, entrò nella famosa *alleanza* conchiusa in *Cognac* (**22 mag.** 1526) fra Clemente VII, Francesco I, la repubblica di Firenze e Francesco Sforza. Questa lega fu chiamata la *santa*, per aver il pontefice assolto il re cristianissimo da tutti i solenni giuramenti, e dalle promesse fatte all'imperadore in Pavia (*a*), affine di ottenere la sua libertà.

Questo medesimo pontefice che fu il promotore della *lega santa*, vedendo che la forza unita di tante potenze non era bastevole, onde far fronte ai progressi di Cesare, e che gli imperiali avevano per iscopo il dirigere la loro vendetta contro la sua capitale, senza riguardo alla sagra sua persona costretta a ricoverarsi nel castello Santangelo, cangiò sentimento, e stabilì segretamente (**25 mag. 1527**) senza saputa dei Francesi e de'Veneziani suoi alleati, coll'imperadore una tregua di otto mesi, la quale poi in Barcellona fu ridotta (**29 giug. 1529**) ad un formale trattato d'alleanza. In tali circostanze si determinò il re Francesco ad accomodarsi con Cesare, e sottoporsi alle condizioni convenute in Pavia con nuovo e particolare trattato celebrato in Cambrai (**5 agos. 1529**).

Questi due trattati indussero il pontefice e Carlo V, cui forse altre occulte ragioni avevano già condotti in Bologna, a maneggiare e stabilire una pace generale (**22 dice. 1529**) tra loro, e tra Ferdinando, re d'Ungheria e di Boemia, e la repubblica di Venezia, e Francesco Sforza duca di Milano. Noi riporteremo di questo famoso trattato solamente gli articoli, che riguardano la *contea* di *Gorizia*. La repubblica s'impegnava di corrispondere in due rate all'imperadore la somma di *dugento mila ducati* convenuta col trattato di Venezia dell'anno 1523, la prima di ducati *venticinque mila* alla fine del mese di gennajo del prossimo anno, colla condizione che si eseguisse reciprocamente la restituzione de'luoghi e territori prescritta nel medesimo trattato. Rispetto poi alle controversie, che potessero insorgere pe'confini, si convenne, che nel termine di venti giorni si eleggessero due arbitri, ed un terzo ancora superiore coll'incarico di appianarle. Si obbligava in oltre la repubblica di contribuire l'annuo promesso esborso di *cinque mila ducati* per le rendite degli esuli, come ancora di sborsare a Carlo altra somma di ducati *cento mila* in due rate nel termine d'un anno. Le lamentanze del patriarca d'Aquileja contro i ministri del re Ferdinando furono rimesse alla decisione del mediatore insieme cogli arbitri. Finalmente

---

a) Nel principio dell'anno 1526.

si ratificò l'articolo della convenzione, che ammetteva gli esuli al perdono, e li ristabiliva nel possesso de' proprî beni.

V.

Sentenza di compromesso proferita in Trento nell' anno 1535, intorno alla restituzione de'luoghi convenuta col trattato di Venezia dell' anno 1523, e colla convenzione di Bologna dell' anno 1529.

L'interesse, ch'ebbero le potenze nell'osservanza delle capitolazioni di Bologna, fu il più forte vincolo della lega: rimaneva solamente d'adempirsi la restituzione de' luoghi in Italia, nel *Friuli* ed in *Istria*. Pel corso di tre anni non potè convenirsi sulla scelta, nè degli arbitri, nè del terzo arbitro più autorevole, nè della città pel congresso. Il re Ferdinando proponeva il marchese di Mantova, il vescovo d'Augusta, e Vincenzo Pimpinella, allora nunzio pontificio alla sua corte. I Veneziani desideravano o il vescovo Teatino, o l'arcivescovo di Salerno, o il nunzio del papa residente in Venezia; ma questi non furono grati ad amendue le parti (a). Finalmente si elesse nell' anno 1533 con unanime consenso per sopraarbitro *Lodovico Poro*, senatore di Milano, e si destinò pel congresso la città di Trento. Girolamo Bulfarch, giurisconsulto di Costanza, fu nominato arbitro di Ferdinando; Sigismondo di Thun, *Raimondo di Dornbergo*, Antonio Queta cancelliere di Trento, Nicolò Basileo, Pietro Alessandrino, il dottore Girolamo Toner, e *Girolamo d'Attems*, furono deputati commissarî regi. Il cavaliere Matteo Avogaro, dottore bresciano, era l'arbitro nominato dal Senato, e suoi commissarî il cavaliere Andrea Rossi, segretario della repubblica, e Giacomo Florio, a' quali indi s'unì Giovanni Delfino, podestà allora di Verona. Alla fine di giugno del medesimo anno si aprì il congresso, e s'incominciò ad agitare la causa con regolari dimande e risposte delle parti. Il preambolo della sentenza dimostra la premura ch'ebbero i giudici di procedere con ordine e maturità in un affare, il quale per molti titoli e riguardi era difficile, ed inviluppato.

a) *Paolo Paruta. Libro 7.*

Due erano gli oggetti i più delicati ed importanti per Venezia;
la restituzione delle due fortezze di *Marano* e di *Gradisca*, e la
cessione della città d'*Aquileja* a quel patriarca. Confidava la repubblica
non tanto nel valor delle sue ragioni, quanto nella forza del suo
denaro, ch'ella credeva necessario al re *Ferdinando* impegnato nei
gravissimi dispendî d'una guerra contro Solimano (*a*).

Terminate le prime discussioni riguardanti il Tirolo, il Delfino
persuase i commissarî a trasferirsi nel *Friuli* e nell'*Istria*, per
disaminare, e procedere collo stesso metodo nelle controversie
relative a queste provincie. Si trasportò perciò il congresso *in
Gradisca* (18 ott. 1533), dove i commissarî dopo molte deliberazioni
convennero della restituzione di molti luoghi, riservata l'approvazione
ai rispettivi principi, mediante una convenzione (22 nov.) in iscritto
che comprendeva i seguenti articoli: Cedevansi alla repubblica di
Venezia, *Gradisca* di Belgrado, *Gorizizza*, *Visco*, *Flambro inferiore*,
Driolassa e *Sivigliano*, come altresì le ville di *Mortegliano*, *Pozzo*,
Sanavvocato, *Muzzana*, *Guriz*, *Chiarmacis*, *Rovereto di Torsa* e
Ronchis. Si rimetteva Giacomo Gavardo di Capodistria nella giurisdizione
di Castelnuovo sul Carso salvo il supremo dominio al re Ferdinando.
Il castello di *Sanservolo*, e le ville di *Bruma*, *Mainizza*, *Petegliano*,
e *Sdraussina*, poste nelle vicinanze di Gradisca, restavano sotto il
dominio austriaco, riservata al capitolo d'Aquileja la giurisdizione
sopra i detti quattro villaggi.

Indi i commissarî si restituirono in Trento (3 febb. 1534)
per riassumere la discussione dei punti contenziosi, intorno a' quali
non era loro riuscito di poter convenire, e giunse a' commissarî
veneti la ratificazione degli articoli stabiliti in *Gradisca* coll'espressa
condizione, che le rimanenti dissensioni dovessero essere decise
dagli arbitri. La morte dell'arbitro di Ferdinando *Girolamo Bulfarch*
sospese il trattato: e benchè fossegli sostituito (17 sett. 1534) il
cancelliere Antonio Queta, il congresso si sospese un'altra volta,
dovendo egli accompagnare il cardinale Clesio vescovo di Trento,
che si portava a Roma per l'elezione del nuovo pontefice. Si riaprì
il congresso nel seguente anno (febb. 1535), e dopo essere
stata tentata indarno dal comune arbitro sopra intendente ogni strada
di amichevole accomodamento, non solo nelle cause private, ma
nelle contese ancora fra i principi, si pronunciò e si pubblicò la
sentenza (27 giug. 1535), della quale non riporteremo che gli

a) Paolo Paruta. Libro 7.

articoli riguardanti la nostra provincia. Fu ristabilito il duca Giovanni Federico, elettore di Sassonia nel possesso de' castelli di *Belgrado*, e di *Castelnuovo* del *Friuli*, ed in tutti i territorî, le ragioni e pertinenze, che erano a' detti luoghi prima della guerra annesse e furono rigettate le sue pretensioni sopra il Castello di *Codroipo*. Le instanze del *capitano* di *Tolmino*, come ancora le dimande degli Austriaci sopra le rendite, e i beni di *Fiumicello*, e di *Gonars*, e quelle del priore di *Precinico*, contro i Vendramini patrizî veneti restarono indecise. Fu rimesso il *patriarca d'Aquileja* nel possesso di quella città ed in quel territorio, salvi i feudi, ed i diritti riservati prima della guerra alla repubblica, e devoluti al re Ferdinando. Furono dichiarate austriache le ville di *Tomnizza*, di *Novella*, di *Castagnavizza*, e di *Jamiano* colla metà di quella di *Doberdò*, e dichiarossi veneta la villa, e il territorio di *Sagrado*. La comunità di *Tolmino* fu rimessa nella prerogativa di giudicare in seconda instanza i sudditi dei consorti di Tolmino, come altresì nei diritti ch'ella aveva sopra la strada di *Pletz*, e gli Austriaci furono obbligati a rilasciare, a benefizio della comune medesima e de'consorti di Tolmino, tutti gli adiacenti castelli. Aggiudicossi la giurisdizione di *Villavicentina* a' consorti *Gorgo*, e quella delle ville di *Caporetto*, *Starasella*, *Tognero*, *Ruda*, *Visco* e *Crauglio* a' consorti *Zucchi*. Finalmente fu ristabilito il capitolo di Cividale nella decima della villa di *Volzana*, e furono rimesse le comunità di *Malisana*, e *Muzzana*, nei diritti della *pesca* delle paludi fra il Tagliamento, ed Aquileja.

Questa è la sentenza, contro la quale fecero anche prima della sua pubblicazione amendue gli arbitri le loro proteste: e la poca esecuzione, che si diede a questo giudizio di compromesso, serve di prova, che la forza, e le armi sono per lo più i soli mezzi, onde deffinire le controversie de' principi.

CAPITOLO QUINTO.

Perdita della fortezza di Marano nell' anno 1542, inutili tentativi degli Austriaci per ricuperarla.

ABBIAMO veduto nella guerra contro i Veneziani gli sforzi, e le sollecitudini della repubblica per riacquistare *Marano* occupato dalle armi austriache. Malgrado la pace stabilita (1523) dall'arciduca Ferdinando col Senato di Venezia, diffidavasi nella contea d'un vicino, che, vedendo di mal occhio quell'importante piazza in potere degli Austriaci, non cessava di pensare ai mezzi di ricuperarla. Quindi un anno dopo la pace impiegò il sovrano erario non piccole somme in ripararne, ed accrescerne le fortificazioni e non si risparmiò cura veruna per tenerla presidiata con buona guarnigione, e provveduta di munizioni e di viveri.

In tempo che il re Ferdinando era involto in una dispendiosissima guerra contro i Turchi, colse il Senato veneto l'occasione di fargli la proposizione dell'acquisto di *Marano* collo sborso d'una considerabile somma di denaro che gli fece offerire. Esiste fra le nostre carte una lettera, che il capitano *Ermanno Grünhoffer*, a cui era commesso il comando di quella fortezza, scrisse a Lopez di Soria, allora ambasciadore in Venezia di Carlo V, e del re Ferdinando, per impegnare quel ministro ad opporsi per quanto da lui dipendesse alla vendita d'una sì importante piazza. "*Ho inteso,* dice il capitano (26 **marzo** 1536) *che il veneto dominio abbia spedito al re il gentiluomo Dolfino (a) con*

a) *Si può con molta probabilità supporre, che sia stato il medesimo Giovanni Dolfino, il quale fu ai congressi di Trento e di Gradisca.*

grande somma di denaro per comperare, o per fare in qualunque altro modo l'acquisto del porto di Marano, perchè conoscono i Veneziani, che sia uno dei migliori d'Italia, e sì vicino a Venezia, che in sei ore di tempo si possa d'uno all'altro luogo venire: conoscono ancora di quanto danno questa piazza a loro sarebbe in tempo di guerra, imperciocchè quantunque tutti i passi in Italia fossero chiusi, sempre la Maestà Sua potrebbe per questo porto spedire e riavere de' soccorsi di truppe dalla Spagna, e dal regno di Napoli, come conoscono il pregiudizio, che lo stesso luogo arreca al loro commercio, per essere molto frequentato. Riflessi sì giusti farebbero onore a' lumi del secolo, in cui viviamo.

Ma quello, che non poterono fare le armi, nè i maneggi della repubblica per riacquistare il porto ed il forte di Marano, lo fece l'inganno, e la frode de' suoi sudditi. *Giulio Cipriani*, nativo di Brescia, denominato il Turchetto, in compagnia di Bernardino di Castro piranese, e di *Beltrando Sacchia* udinese, si presentò sotto le mura di *Marano* (**2 gen. 1542**) con due barche cariche in apparenza di grano, ma in fatti armate di sessanta uomini, tutti sudditi veneti. Questi smontati a terra s'introdussero nella fortezza, e la sorpresero. (*a*). Alcuni occuparono la casa del capitano Ermanno Grünhofer assicurandosi della persona di lui, ed altri animati dal rinforzo d'un corpo di gente situata nella vicina villa di *Muzzana*, che coll'avviso d'un segnale sopraggiunse, s'impadronirono delle porte della piazza (*b*). Furono costretti gli Austriaci a cedere alla sorpresa, e gli usurpatori alternavano, e confondevano le voci di *Francia, Francia*, con quelle di *Savorgnano* e *S. Marco*.

Nicolò della Torre capitano di *Gradisca*, non meno suddito fedele, che valoroso soldato, ne ricevè il primo la notizia. Si trasferì egli incontinente a Gorizia, per concertare col governo le misure da prendersi contro un attentato, quanto audace, altrettanto offendente l'austriaca sovranità. Dimandasi perciò ragione al luogotenente di Udine, d'una violenza ripugnante ai diritti delle nazioni, ed a' trattati di pace tutt'ora in vigore fra il re Ferdinando e la repubblica, si fanno le opportune insinuazioni all'ambasciadore imperiale residente in Venezia, se ne rende esatto conto al sovrano, si sollecitano dal Cragno i necessari soccorsi, si sequestrano le merci e le derrate condotte da' mercadanti udinesi alla fiera di Gorizia, si rinforzano

a) Andrea Morosini. Libro 6.
b) Giovan: Franc. Palladio, p. 2 lib. 4.

colla milizia urbana gli scarsi presidî delle fortezze, si arruolano dugento archibugieri, si prendono le possibili disposizioni e misure, e *Nicolò della Torre* non perde di vista i movimenti, ed i progressi d'una fazione, della quale tanto meno potevano penetrarsi di certo l'origine ed i disegni, quanto più il Senato veneto assicurava di non esser concorso nè coll'opera, nè coll'assenso, alla sorpresa di Marano. Il capitano di Gradisca raggiunse i faziosi, che, occupato *Precinico*, *Castelporpetto* e *Cervignano*, molestavano que' territorî, e depredavano le sostanze di quegli abitanti. Il solo aspetto delle truppe austriache li pose in fuga, e li obbligò a ritirarsi in *Marano*. Destinati gli archibugieri sotto il comando di *Antonio Papst* al presidio di Porpetto, dove Mattia Schwarz fu nominato capitano, e posta una guarnigione in Precinico, il rimanente delle truppe accampossi sotto Marano, per tagliar alla fortezza ogni comunicazione per terra.

Benchè le milizie fossero rinforzate da nuove *truppe urbane* raccolte nella provincia, tuttavolta il comandante austriaco non volle arrischiarsi di tentare alcuna impresa, contro quella piazza munita di buone fortificazioni, e credette miglior partito, e più sicuro quello di bloccarla, sì dalla parte del mare che da quella della terra per impedire a' faziosi ogni soccorso, e sforzargli ad abbandonare la piazza, che senza vettovaglie non poteva sostenersi. I capitani di Trieste e di Fiume approvando questa saggia direzione, sollecitarono una spedizione di truppe e di navigli onde impedire agli assediati ogni comunicazione per la via del mare, e perchè il tutto camminasse di concerto, nominò Ferdinando per commissarî di guerra i capitani di Gorizia, Trieste, e Gradisca ed altri esperti ed intelligenti soggetti, onde prendessero cogli stati provinciali quelle provvidenze, che le circostanze loro suggerir potevano. *Pietro Strozzi*, fuoruscito fiorentino, acerrimo nemico della casa d'Austria, il quale era al servizio del re di Francia, seppe prevenire le disposizioni e la vigilanza de' comandanti Austriaci. Arruolata negli stati della repubblica un'altra banda di truppe, la introduce in Marano, spiega la bandiera francese, e dichiarandosi d'occupare la piazza a nome del suo re, minaccia di cederla agli Ottomani, anzi che restituirla al re Ferdinando (a). Questo rinforzo

_____

a) *Paolo Paruta lib. 11. Si trovano fra le scritture del magistrato fiscale di Gorizia parecchi scritti segnati da' comandanti di Marano. V'ha fra gli altri una lettera del dì 27 d'aprile 1542 diretta a' commissarî di guerra austriaci, in cui essi si sottoscrivono:* " I veri servidori di S. R. M. del cristianissimo re di Franza. "

raccolte dallo *Strozzi* nei territori della repubblica, unito alla prima fazione composta di sudditi veneti (a) accrebbe gli indizî, e confermò negli animi degli Austriaci, che il Senato di Venezia fomentasse, o almeno secondasse l'attentato contro *Marano*, e tutte le circostanze smentivano i replicati uffizî e le dichiarazioni, con cui egli riprovava la fazione, e le sue violenze, e protestava il suo sincero attaccamento per Ferdinando. Spedì questo principe espressamente in Venezia il vescovo di Trento Cristoforo Madruccio, per chiedere al Senato la dovuta soddisfazione dell'offesa fatta alla propria sovranità da' suoi sudditi, rappresentandogli che non potrebbe mai purgarsi dalla taccia di principale autore della fazione, sinchè non inquiriva, e non castigava i faziosi, aggiungendo che lo *Strozzi* non poteva aver alcun diritto d'occupare e ritenere *Marano* a nome del re di Francia, mentre sussisteva fra di loro la pace e la tregua coll'imperadore suo fratello. Rispose il Senato di aver dimostrato il suo risentimento contro l'arditezza degli usurpatori di Marano con tener prigione nelle carceri di Udine il padre del Sacchia, uno de' principali autori dell'attentato, e di nulla più desiderare, quanto che il re Ferdinando ricuperasse la piazza di *Marano*. A tal effetto esibì la repubblica il transito pel suo territorio alle truppe austriache, e promise di cooperare per sopire i disordini (b). Ma quel Senato, cotanto attento a tutti i movimenti de' suoi vicini, nulla pensò ad estinguere, o indebolire una fazione, la quale avrebbe dovuto risvegliarne la gelosia, se non ne avesse egli conosciuto a fondo tutti i disegni.

La parte che i Veneziani prendevano nelle cose di Marano, venne finalmente a scoprirsi alla prova della critica condizione, che gli sovrastava, per l'allestimento de' navigli, che (nel apr.) sotto il comando del capitano spagnuolo Giovanni Godinez facevasi in Trieste e Fiume, e per la spedizione del capitano Rodrigo di Loes con quattro fuste da ottanta diretta da Pietro di *Toledo*, vicerè di Napoli, in soccorso di Ferdinando, poichè si videro per ordine del Senato entrare due galere venete nel golfo per disturbare la piccola flotta austriaca (c): e si seppe ben presto, che Pandolfo Contarini, capitano del golfo per la repubblica, aveva costretto il Loes ad entrare co' suoi navigli in Zara, dove lo tenne prigioniero (d). I

---

a) *Andrea Morosini. Libro 6.*   b) *Andrea Morosini. Libro 6.*
c) *Paolo Paruta. Libro 11.*   d) *Trovasi la lettera di Loes fra le scritture del magist. fiscale di Gorizia, scritta da Zara li 30 aprile 1542 al capit. di Fiume, sollecitandolo a cooperare al suo riscatto.*

faziosi animati dall'aperta protezione ed assistenza della repubblica tentarono pochi giorni dappoi una sortita con successo tanto felice, che superato il corpo di Nicolò della Torre, si resero nuovamente padroni di *Precinico*, e saccheggiato il monastero di Aquileja da una parte, e scorso dall'altra il territorio austriaco sino a *Gonars*, vi spogliarono quelle contrade di grani, di armenti, e di abitanti (*a*).

Questi fatti combinati colla voce sparsa de' preparativi militari, che facevansi in Udine, portarono la costernazione in tutta la contea: e la recente memoria de' disagi, e danni sofferti nell'ultima guerra faceva maggiormente temere agli abitanti nuove calamità, tanto più che da una parte poco o niun soccorso potevano sperare dalle vicine austriache provincie molestate dalle continue scorrerie dei Turchi, e dall'altra, perchè trovavasi la contea spogliata di truppe pei soccorsi somministrati alle stesse provincie, ed indebolita nelle interne sue forze a segno, che i castelli di *Gorizia*, e di *Gradisca* erano guardati da' contadini, e da uno scarso numero di cittadini.

Esposta l'infelice condizione della provincia al re Ferdinando, e richiesta l'assistenza dalla Carniola, presero gli stati goriziani la risoluzione di dare lo sfratto a tutti i veneti rifuggiti nella contea, de' quali la condotta si era resa sospetta, di proibire a' coloni di pagare i fitti a'creditori e possessori veneti, di chiamare ad una mostra generale tutti i sudditi atti alle armi, di formare una compagnia regolata, di cui fu dato il comando a *Corrado di Orzon*, di delegare dei commissari per l'ispezione delle fortificazioni, di piantare sui luoghi più esposti la poca artiglieria, che si ritrovava in paese, e di ravvivare la confidenza ed il coraggio degli abitanti, i quali tutti concorsero a secondare colla vita e colla roba le misure del governo intento non tanto a riacquistare Marano, quanto a difendere la patria comune. I più facoltosi s'incaricarono della spedizione di certa quantità di carri, destinati alla condotta delle munizioni di bocca e di guerra, e degli attrezzi militari, e concordemente si ripartirono le guardie de'bastioni, e dei posti avanzati nella città inferiore.

Era tutta la contea molto occupata nell'esecuzione delle sue misure, quando la repubblica di Venezia seppe sì bene maneggiare l'affare di Marano, e confonderlo colle dissensioni insorte dopo la sentenza di Trento in riguardo a'confini, che Ferdinando, rallentando

---

a) *Scritture del magistrato fiscale di Gorizia.*

le vigorose disposizioni militari, condiscese di venire ad una convenzione, lasciandosi indurre ad inviare due ministri per quest' oggetto a Venezia. Il congresso non servì se non a rinforzare il partito dei faziosi nel possesso di Marano, ed a renderne sempre più lontana e difficile la conquista.

Se tardi conobbero gl'inviati di Ferdinando la finezza del Senato di Venezia, i *Goriziani* diffidandosi sempre delle sue vere intenzioni non sospesero giammai le loro militari disposizioni nella contea. Piantato dagli Austriaci nel principio dell'anno 1543 il piccolo forte di *Maranuto* in tale vicinanza di Marano, che l'artiglieria poteva battere questa fortezza: ed elevata un'altra batteria nell'isola di San Pietro, si riprese alla metà dell'anno con maggior vigore l'assedio; ma rinforzata la guarnigione nemica con fresche truppe da Francesco re di Francia, che sulla fine dell'antecedente anno aveva rotta la tregua con Carlo V, i *Goriziani* si videro costretti a far nuove instanze per soccorsi di terra alla Carniola, ed al principe, e per quelli di mare alla città di Trieste.

Non potendo gli stati della Carniola dare alcun soccorso, spedì Ferdinando nella contea, non ostante la guerra in Ungheria, sotto il comando di Giovanni Savello alcune compagnie regolate, e si armarono in Trieste due brigantini, ed una fusta. Il Senato veneto facendo servire di pretesto la solita gelosia, con cui riguardava ogni armamento nel mar Adriatico, nel porgere le sue instanze al re Ferdinando, affinchè richiamasse i suoi navigli in Trieste, spedì due galere, e due fuste armate per opporsi alle fuste austriache *(a)*.

In questo intervallo lo *Strozzi* spedito aveva a Venezia Giovanni de' Pazzi fiorentino per significare a quella repubblica, che potendo disporre della fortezza di Marano conferitagli in proprietà dal re di Francia per ricompensa de' servigi prestati, egli era disposto di alienarla in favore della repubblica pel prezzo di *trenta cinque mila ducati;* altrimenti la cederebbe pel medesimo prezzo agli Ottomani. Accettarono i Veneziani l'esibizione, si conchiuse (**19 nov. 1543**) il contratto, collo sborso della somma richiesta, ed Alessandro Condolmero nominato provveditore, prese possesso (**29 nov.**) del nuovo acquisto con quattro legni armati, con una fregata, ed alcune galere, le quali dopo aver scacciati da Lignano la piccola flotta che unirono i Triestini *(b)* non abbandonarono più quel porto, e gli Austriaci videro al rimbombo dell'artiglieria, accompagnato dalle

---

a) Paolo Paruta. Libro 11.   b) Andrea Morosini. Libro 6.

acclamazioni del popolo inalberare sulla torre della fortezza lo stendardo di s. Marco (a).

I commissari di guerra avutane la notizia, spedirono incontinente due soggetti in Marano coll'incarico d'istruirsi de'capitoli e delle condizioni del contratto, onde poter poi regolarsi riguardo all'assedio, che tuttavia continuava per parte degli Austriaci. Benchè l'acquisto non s'estendesse oltra le mura della fortezza, che sola era in potere dello *Strozzi*, ciò non ostante il governo goriziano non volle riposarsi sulle asserzioni de'ministri della repubblica, che trovavansi in Marano: sollecito però d'esserne certificato dallo stesso Senato riferì lo stato delle cose a *Diego di Mendozza*, ambasciadore cesareo in Venezia, nè volle prima levarne l'assedio, che l'ambasciadore non avesse ai commissarî ratificati per parte della repubblica i patti precisi del contratto. " *Ebbi la lettera*, (10 gen. 1544) scrive il Mendozza, *delle SS.* " *VV., ed intesa la commissione del Sig. Mattia Hoffer capitano di* " *Duino, e di messer Giacomo Campana, la quale prudentissimamente* " *mi fu da loro riferita: subito conforme al comandamento della* " *real Maestà parlai con questa Signoria, la quale mi promise,* " *che dal canto loro non si innoverà, nè intenterà cosa alcuna,* " *sì in quello di mare, come anco in quello di terra* " (b). L'unica circostanza disaggradevole per la repubblica di Venezia, che accompagnò quest'acquisto, si fu l'apparenza di aver avuto parte nelle direzioni prese dallo *Strozzi*, quindi Marino Cavalli ambasciadore veneto presso Ferdinando, ebbe ordine di rappresentare a quel principe, che il Senato nella dura alternativa proposta dallo *Strozzi* abbracciato aveva il partito di acquistare la piazza di *Marano*, per non lasciarla passare in potere del comune nemico (c).

Quanto mendicate fossero state le ragioni, e quanto deboli tutti gli sforzi del Senato per colorire questo acquisto, fanno bastantemente palese le espressioni, di cui si servì Ferdinando non molto dopo in un'istruzione ch'egli diede a'commissarî da lui delegati per le differenze de'nostri confini (d). *La compra di Marano fatta da'Veneziani non è fondata sul diritto nè civile, nè delle genti, imperocchè essi non possono ignorare, che quella fortezza non sia stata a Noi presa da una potenza, colla quale eravamo in guerra. Nè prima nè dopo la sorpresa di Marano avevamo guerra colla corona di*

---

a) *Scritture del magistrato fiscale di Gorizia.*
b) *Archivio di Duino.*   c) *Paolo Paruta. Libro 11.*
d) *Trovasi fra le scritture del magistrato fiscale di Gorizia.*

Francia, alla quale per altro i venditori di quella piazza si riferirono; conseguentemente debbono questi come pirati e traditori essere considerati : ciò che dee esser bastantemente noto anche ai Veneziani, i quali furono da' nostri ministri reiteratamente avvertiti, come furono essi ancora testimoni degli armamenti da noi fatti per ricuperare la piazza. Si lascia a giudicare ad ognuno, se il Senato di Venezia abbia potuto contrattare con pirati e traditori. Questo basta per convincerlo, aver esso avuto arte e parte ad uno spoglio, di cui rendesi esso tanto più sospetto, quanto che sulle nostre ricerche e sulle insinuazioni dei nostri ministri, anzichè punire i suoi sudditi che furono colpevoli del tradimento, prestò loro assistenza e soccorso. Per quanto i Veneziani asserir possono essere tutto da' loro sudditi stato eseguito senza il proprio assenso, si resero essi nulla di meno colla loro susseguente condotta complici di un malizioso e malvagio acquisto.

In questo modo dopo tanti inutili sforzi venne la fortezza di Marano nelle mani della repubblica, e l'ostinata guerra, che Ferdinando dovette sostenere contro la Porta ottomana non solo gliene assicurò il possesso, ma le lasciò il campo aperto ad altre successive conquiste.

CAPITOLO SESTO.

Successione di Carlo arciduca
e di Ferdinando suo figlio nel dominio
della contea di Gorizia.

I.

*Ferdinando I dispone della contea di Gorizia
in favore dell' arciduca Carlo suo terzo figliuolo.*

FERDINANDO re d'Ungheria e di Boemia, succeduto
(1563) al trono imperiale dopo la solenne rinuncia di
Carlo V suo fratello, volle in vita provvedere al ripartimento
de' suoi stati tra gli arciduchi Massimiliano, Ferdinando,
e Carlo suoi figli. Questa disposizione faceva cadere la
contea di Gorizia unita a' ducati della Stiria, della Carintia
e della Carniola, colle città e coi territorî di Trieste, di
Gradisca e d'Aquileja sotto il dominio di *Carlo* suo terzo
figliuolo arciduca d'Austria.

Urbano Sachstetter vescovo di Gurck, Gaspero di
Herberstein, Gasparo di Vels, Giorgio Teuffel e Guglielmo
Graswein furono delegati da Ferdinando I per significare
alle mentovate provincie la paterna sua sovrana ripartizione
e presentar loro l'arciduca Carlo, come legittimo padrone
delle stesse. Privi furono allora gli stati di Gorizia dell'onore, e
del piacere dell'augusta sua presenza; poichè Carlo dopo aver ricevuto
personalmente in Lubiana (28 apr. 1564) l'omaggio dagli stati
della Carniola non proseguì il viaggio, ma per riceverlo dalla contea,
e per confermare gli statuti, ed i privilegî della provincia deputò
(4 mag.) Leonardo Pichler di Weiteneg, Guglielmo Graswein,
Gasparo di Breuner e Giacomo d'Attems. Pochi anni dappoi volle

l'arciduca corroborare quest'atto (**7 sett. 1567**) con un particolare
rescritto confermando ad esempio degli augusti suoi predecessori le
consuetudini ed i *privilegi della contea.*

Ritornando pochi anni dappoi l'arciduca Carlo dalla Croazia, dove
aveva visitate le frontiere di quel régno, per fare delle provvidenze
contro le forze ottomane, che minacciavano di nuove invasioni le
provincie di lui, dopo aver convocati gli stati della Carniola in
Lubiana, volle intervenire personalmente ad una dieta congregata
(**1 mag. 1567**) in Gorizia, per trattare del modo, de' mezzi e
de' sussidî provinciali in difesa del comune nemico. Facil cosa non
è descrivere il giubilo del cuore de' fedelissimi sudditi della contea.
Il principe incontrato in *Cernizza* dal corpo de' patrizi, fece a suono
di trombe e di timpani il suo ingresso in città, decorata d'archi
trionfali, ed avvivata da giostre, da fuochi artificiali, e d'altre pubbliche
feste. *Francesco di Dornbergo* ebbe l'onore di testificargli in nome
degli stati con una rispettosissima arringa i più affettuosi sentimenti
di fedeltà, ed Annibale d'Eck e Lorenzo di Lantieri ebbero quello
di presentargli in dono un vaso d'argento con eleganza propria di
quei tempi lavorato. Girolamo Lippamano, inviato dalla repubblica di
Venezia, complimentollo in quest'occasione da parte del Senato (*a*).
La nobiltà tutta l'accompagnò al suo ritorno fin alla prima stazione,
ed il medesimo Francesco di Dornbergo unito a Giuseppe Reschaver
fu deputato per corteggiarlo sino a Trieste, e per attestargli l'ossequio,
la gratitudine e lo zelo di tutti gli abitanti della contea.

Profittarono gli stati di Gorizia dell'incontro del matrimonio di
Carlo (**1571**) con Anna di Baviera, per dare al sovrano nuove
testimonianze dell'amore e della divozione loro. Seguendo questi
l'esempio delle altre provincie delegarono a Gratz, *Giorgio della
Torre capitano di Tolmino*, che in nome di suo padre Francesco
della Torre reggeva la contea, *Giacomo d'Attems capitano di
Gradisca*, Cristoforo Sigismondo Remer capitano di Trieste, Annibale
d'Eck, Raimondo della Torre, Sigismondo d'Eck, Andrea, e Bernardino
d'Attems, Ulvino di Neyhaus, e Lorenzo di Lantieri, per complimentare
l'arciduca in quella occasione. Il capitano di Gradisca parlamentò
in tal incontro; e gli fu presentato in dono un vaso d'oro da
Giorgio della Torre.

Al governo di questo principe deesi principalmente attribuire
la forma, che prese nella contea il sistema della pubblica economia,

---

a) Andrea Morosini. Libro 8.

della generale interna politica, e di tutti gli oggetti di pubblica amministrazione. Morì (**1 sett. 1590**) dopo ventisei anni di governo in Gratz, compianto da'suoi sudditi. Invitati gli stati della contea a'funerali, che celebraronsi (**18 ott. 1590**) con pompa, Sigismondo Turriano portava il gonfalone della nostra provincia; e conducevano il cavallo della contea tutto coperto di panno nero, Lorenzo di Lantieri, e Ruggiero Formentini. Furono ammessi al luttuoso incarico di sostenere la bara i nostri patrizî Ermanno d'Attems, Francesco Formentini, Giovanni d'Orzon, Sigismondo e Lorenzo d'Eck, Lodovico della Torre, e Sillo di Strassoldo.

II.

Amministrazione degli stati dell' arciduca Ferdinando nel tempo dell' età sua pupillare.

Lasciò l'arciduca Carlo dopo la sua morte Ferdinando suo primogenito, giunto appena all'età di dodici anni, erede de'suoi stati. Rodolfo II imperadore, l'arciduca Ferdinando del Tirolo, la vedova arciduchessa madre, e Guglielmo duca di Baviera, istituiti con testamento di Carlo curatori dell'arciduca, confidarono l'amministrazione de'suoi stati all'arciduca *Ernesto* fratello dell'imperadore. La determinazione dei curatori fu notificata agli stati di Gorizia da Rodolfo (**18 genn. 1591**), ed ingiunto loro di prestar l'atto d'omaggio, e di fedeltà all'arciduca Ernesto, come amministratore degli stati dell'arciduca.

Ernesto, trattenuto dagli affari della dieta di Stiria, delegò Lorenzo Rainer abbate di Sitticina, e Giovanni conte d'Ortenburg a ricevere (**15 marzo 1591**) l'omaggio nella nostra contea, prestato loro dagli stati nella parte superiore della città di Gorizia avanti la chiesa dello Spirito Santo. Chiamato poi l'arciduca Ernesto dopo la morte d'Alessandro Farnese da Filippo II re delle Spagne al governo delle Fiandre, gli augusti curatori di Ferdinando commisero l'amministrazione delle sue provincie all'arciduca *Massimiliano* gran maestro dell'ordine teutonico, a'cui commissarî gli stati di Gorizia rinnovarono (**9 nov. 1593**) lo stesso atto d'omaggio e d'ubbidienza, che prestato avevano a'commissarî dell'arciduca Ernesto.

CAPITOLO SETTIMO.

Altre spedizioni ed altri armamenti di guerra, fatti nella contea di Gorizia nel corso del XVI secolo.

I.

Soccorsi spediti dai Goriziani contro il Turco, e provvedimenti per difendere la contea da questo nemico.

NON erano ancora interamente sedati nella nostra contea i tumulti di guerra co' Veneziani, che Solimano II imperadore de' Turchi, entrò (**1522**) in Ungheria, e prese Belgrado, l' antemurale della cristianità. Siccome questo regno confinava cogli stati dell' arciduca Ferdinando, così anche le provincie di lui erano esposte al furore ottomano, e ne sperimentarono le funeste conseguenze ne' due seguenti anni, in cui il Turco estese le scorrerie nella Carniola fino a *Gotschee*, conducendo il popolo in servitù, e mettendo a fuoco le terre, ed i villaggi. Ferdinando eccitò gli stati delle sue provincie a porgere i necessari soccorsi. Gli abitanti della contea non meno solleciti nel pericolo, che divoti verso il principe, e ricordevoli de' sussidi ricevuti dalle altre vicine austriache provincie nell' occasione della guerra co' Veneziani, secondarono le premure del sovrano con arruolare dugento fanti, ed alquanti cavalli. Se si riflette allo stato deplorabile a cui fu ridotta la contea per la sofferta guerra, deesi riputare per uno sforzo quello, che altrimenti sembrar potrebbe un debole soccorso.

Solimano tentava ed eseguiva imprese straordinarie nè vi era cosa che paresse impossibile all' ardito suo spirito. La isciplina militare, che aveva renduti gli Ungheri famosi sotto il regno del virtuoso e felice principe *Corvino*, sostenuta dai provvidi suoi regolamenti, aveva già principiato a declinare, e Lodovico re di Ungheria e di Boemia, poteva riputarsi simile a' suoi sudditi, dei quali il coraggio non era secondato nè dall'arte, nè dall'esperienza.

Le guerre d'Italia impegnavano e trattenevano le forze dei maggiori principi dell'Europa, e fin dello stesso pontefice Clemente VII; onde tutte le circostanze si combinavano a favore delle armi, e delle ambiziose mire di Solimano. Invase egli (**1526**) per la seconda volta l'Ungheria con un esercito di dugento mila combattenti, ed il re Lodovico s'impegnò in una battaglia (*a*), che gli costò la vita e la disfatta del suo esercito.

I sudditi, e le provincie dell'arciduca Ferdinando, al quale pel matrimonio contratto colla sorella del defunto re, devoluti erano i regni d'Ungheria e di Boemia, divennero l'oggetto del furore e della potenza di Solimano. Quest'è l'epoca del principio d'una guerra tanto calamitosa, quanto ostinata, che durò pel corso d'un intero secolo. Opera nostra non è d'esporre tutta la serie de' fatti; basterà solo indicare quelli, che hanno qualche rapporto colla contea.

Giovanni di Zapolia *voivoda* (*b*) di Transilvania, ad onta dei diritti di Ferdinando nella successione d'Ungheria, formatosi un partito in quel regno, ne aveva assunta la corona. Ferdinando lo attacca (**1527**), lo vince, e avendolo sforzato a ricoverarsi con vergogna in Polonia, si fa coronare in Albareale. Profittano di tal circostanza le truppe ottomane, e portano il terrore e la strage nella Carniola. Penetrano nella marca slava, e scorrono con un corpo di quattro mila uomini fin a *Gotschee* e *Ribniza*. Merita singolar menzione l'assedio della città di Vienna da Solimano intrapreso con un'armata, che la storia di que' tempi fa ascendere al numero di *trecento mila* uomini. Dopo un mese di vigorosa resistenza Solimano fu costretto d'abbandonare l'impresa, e Ferdinando, onde perpetuare la memoria di sì particolare epoca, fece coniare una moneta con l'iscrizione allemanna:

IL TURCO ASSEDIA VIENNA 1529.

Il grave pericolo, di cui erano colla capitale minacciati tutti gli stati austriaci, accrebbe le sollecitudini di Ferdinando contro un sì

---

a) *Nelle vicinanze di Mohacz il dì 29 d'agosto del 1526.*

b) *V o i v o d a ossia capitano, nome che esiste ancora in Polonia e in Dalmazia, e che equivale alla parola p a l a t i n o.*

formidabil nemico. Convocò gli stati delle sue provincie, e rappresentati loro i disagi ed i danni, che sovrastavano, quando non si avesse posto freno al furore di que' barbari, impegnolli a concorrere con tutte le forze alla comune difesa. Convenuti (**nel mag. 1530**) nella terra di Windischgratz i deputati della Stiria, della Carintia, della Carniola, e della *contea di Gorizia* deliberarono sulle provvidenze, che conveniva prendere, e sul giusto ripartimento dei paesi d'ogni provincia. Antonio della Torre era a questa convocazione delegato dagli stati goriziani, e si determinò di somministrare il mantenimento per un corpo stabile di due mila uomini a fine di custodire le frontiere della Stiria dalla parte dell'Ungheria, e quelle della Carniola dal canto della Croazia. Ai tempi nostri un così scarso numero non sarebbe sufficiente a guardare quelle vaste frontiere neppure da qualche banda di ladri. Durante il congresso fecero i Turchi un altra incursione nella Carniola, ed arrivati nuovamente fin a *Gotschee* condussero seco più di tre mila persone in ischiavitù.

Solimano agitato dal suo spirito naturalmente inquieto, ed irritato dall'infelice successo di Vienna nell'assedio, e sopra tutto animato da Francesco I, re di Francia, nel cui animo ad ogni altro riguardo prevaleva l'odio contro il nome austriaco, minacciò d'invadere (**1532**) nuovamente gli stati di Ferdinando con un esercito di *trecento mila* uomini, se fede prestar dobbiamo alla storia, la quale si rende per lo più sospetta di esagerazioni, specialmente dove tratta di fatti e di spedizioni di popoli barbari. Comunque però siasi la cosa, gli apparati militari di Solimano mossero l'impero ad unire un'armata di *ventiquattro mila* uomini, e determinarono Carlo V a soccorrere con truppe spagnuole, ed italiane gli stati del fratello Ferdinando. Quindi anche le provincie austriache si credettero in obbligo di accrescere i loro soccorsi. La *contea* spedì *Corrado d'Orzon* alla testa d'una compagnia di cavalli in Stiria per rinforzare le truppe, che erano destinate a coprire i confini della Croazia.

Per quanto forti fossero state le armate da' principi cristiani unite per respingere il Turco dall'Ungheria, gli effetti non corrisposero alle comuni premure. L'impero spedì nell'anno 1542 in quella contrada sotto il comando di Gioachino elettore di Brandenburgo, *quaranta mila* fanti e *otto mila* cavalli; a questi s'unirono *tre mila* combattenti papalini condotti da Alessandro Vitelli, senza annoverare le truppe di Ferdinando congregate nelle sue provincie. Ma il tempo perduto nelle vicinanze di Vienna in aspettare l'unione di sì differenti corpi rese vana ogni impresa. Onde, malgrado i soccorsi di tante potenze, e gli sforzi delle austriache provincie, gli stati di Ferdinando si trovavano mal sicuri, ed in pericolo di restare oppressi dalle forze superiori degli Ottomani. Congregavansi gli stati delle provincie austriache ora in Vienna (a), ora in Praga (b), ora in altre città (c). Comparivano i deputati provinciali sino alle diete dell'Impero (d), per implorare soccorso di gente e di denaro. Si moltiplicavano i sussidî, si rinforzavano le truppe: ma ogni forza che si opponeva, non serviva a resistere che per poco tempo, e lo stato senza una stabile difesa continuava ad esser esposto al furor de'nemici. Ferdinando confidando nella divina provvidenza ordinò (**1539**) che fossero fatte pubbliche preghiere. I Goriziani non contenti degli ordinarî sussidî destinarono al soccorso della Carniola nuovamente una compagnia di cavalli condotta da *Bonaventura d'Eck*, ed altra simile spedirono pochi anni dappoi (**1552**) a *Senosechia* in difesa della stessa contea. Finalmente nel medesimo anno, in cui Carlo V ceduta aveva a Ferdinando già re de'romani (e) la corona imperiale, mandò questi suo figlio l'arciduca Ferdinando alla testa della sua armata in Ungheria (**1556**), e non tralasciò d'impiegare diligenza ed attività per resistere agli Ottomani, e per procurare a'suoi sudditi quiete, e sicurezza. Ma questo principe morì (**26 lugl. 1564**) non solo col rammarico di non aver potuto raffrenare la ferocia del Solimano, ma col dispiacere altresì di veder rientrato in Ungheria Giovanni Sigismondo figlio di Zapolia col titolo di re, che gli era stato accordato nel trattato della tregua conchiusa (**1562**) con Solimano.

Abbiamo già di sopra accennate le disposizioni di Ferdinando I riguardanti il ripartimento e l'assegnazione fatta a'figliuoli de'suoi stati. Benchè le provincie riserbate all'arciduca Carlo, in cui si comprendeva la contea di Gorizia, non confinassero coll'impero ottomano, tuttavolta quelle della Stiria, e della Carniola per la loro vicinanza coll'Ungheria e colla Croazia, e per le passate scorrerie de'Turchi erano interessate nella difesa di questi regni, e l'arciduca doveva avere eguale premura di prestare soccorso al fratello

a) *Negli anni 1536, 1544 e 1547.*

b) *Nell'anno 1541.*

c) *In Windischgratz, come si è già detto, nell'anno 1530, in Gratz nel 1537, in Bruck nel 1545 e 1546, ed un'altra volta in questo stesso anno in Petavia.*

d) *In Augusta nell'anno 1525, ed in Spira nell'anno 1542.*

e) *Nel dì 5 giugno dell'anno 1531,*

Massimiliano II imperadore e di difendere i propri sudditi dalle incursioni de' nemici.

In fatti trovossi Massimiliano al suo innalzamento al trono imperiale in nuovi timori pei preparativi di guerra, che andava facendo Solimano con risoluzione, di prendere egli stesso benchè in età di sessanta sei anni il comando delle sue armate. Non si vide mai per lo addietro un esercito sì numeroso, unito da' principi cristiani in Ungheria, quanto fu quello, con cui andossi incontro alle formidabili forze del Sultano. Emanuele Filiberto duca di Savoja, ed il duca Cosimo di Firenze vi spedirono delle milizie, i duchi di Ferrara e di Mantova, ed il duca Carlo di Ghisa condussero eglino stessi le loro schiere. L'imperadore Massimiliano stesso volle portarsi in persona al campo, onde inspirare maggior coraggio e confidenza alla sua armata composta di ottanta mila combattenti. Tutte queste forze da tante nazioni riunite non furono bastanti a salvare la fortezza di Sighetto (a), contro la quale inaspettatamente principiò Solimano le sue operazioni.

In questo spazio di tempo una flotta Turca passata dall'Arcipelago nell'Adriatico, avendo saccheggiate le coste della Puglia, e dell' Abruzzo, minacciava la stessa sorte a tutte le coste d'Italia, e così ancora a' lidi austriaci. L'arciduca Carlo secondò le misure, che il governo di Gorizia, ed i commissari di guerra avevano deliberato di prendere in difesa della contea, per cui richiedevansi tanto più pronti provvedimenti, quanto era più imminente il pericolo. Si commise a *Baldassare Reschauer*, e *Giacomo d'Attems* di visitare le fortificazioni del castello, e di assistere all'innalzamento delle sue mura, e ad altre riparazioni allora per tal motivo intraprese. Si conferì a *Lodovico di Dornbergo*, ed a *Giacomo Fontana* la commissione di provvedere vettovaglie, e di scegliere i posti più opportuni per la disposizione delle guardie. Fu stabilito il giorno per la mostra di tutti i nobili, e cittadini, e delle truppe urbane, affine di conoscere lo stato di difesa della provincia, di cui fu creato capitano *Erasmo di Dornbergo* uomo nell'armi esperto. Distaccossi un corpo di dugento fanti in soccorso della città di Fiume, e si delegò Andrea Ferenz per concertare co' capitani di *Trieste* e di *Duino* il modo di darsi opportunamente i segni all'avvicinarsi de' nemici, e per disporre di tutte le altre provvidenze necessarie alla comune difesa. Frattanto *l'arciduca Carlo* conoscendo, che la contea non poteva difendere

a) *Presa il dì 4 settembre dell'anno 1566.*

7*

da sè tutti i lidi, ordinò, che dalla Cerniola un corpo di cinquecento archibugieri rinforzasse le nostre milizie, e provveduto fosse il *castello di Gorizia*. Tante pubbliche e private premure, sarebbono forse rimaste inefficaci, se non fossero state rinforzate dalle galere siciliane, e da quelle della repubblica di Venezia, le quali, purgando il mare da que' pirati, ristabilirono la tranquillità nell'animo de'nostri maggiori.

Benchè Selim II figlio e successore di Solimano morto in tempo dell'assedio di Sighetto, n'ereditasse l'odio implacabile contro il nome cristiano, diede tuttavia a conoscere, che le sue passioni lo facevano più inclinare ad una vita molle e tranquilla, che all'ambizione, ed alla gloria per la guerra. Non durò quindi fatica l'imperadore Massimiliano a conchiudere (**1567**) con esso una tregua per otto anni. Maggiori difficoltà incontraronsi in acquietare Giovanni Sigismondo, il quale benchè compreso nel trattato non pareva a principio disposto di piegarsi alle convenzioni della tregua: ma troppo debole per resistere solo alle armi di Massimiliano, ebbe l'ambizione di entrare separatamente in trattato (**1570**) coll'imperadore. Dichiarò di rinunziare al titolo di re d'Ungheria, e di non servirsene, che nelle corrispondenze e nei dispacci colla Porta ottomana; promettendo con giuramento, che mancando egli di vita senza maschile successione, la Transilvania, e tutto ciò ch'ei possedeva fuor dei confini di quel principato, come parte del regno d'Ungheria, ricaderebbe a Massimiliano o ai successori di lui. Nulla di ciò fu adempito. Morto poco dopo (**1571**) questo accomodamento senza successione l'ultimo de'Zapolia, i Transilvani elessero *Stefano Battori* per loro principe, e spirati appena gli anni della tregua, il Bascià di Buda ricominciò le invasioni e le stragi in Ungheria. L'imperadore sollecitò alla dieta dell'impero congregata in Ratisbona (**1576**) nuovi soccorsi, e l'arciduca Carlo v'inviò una delegazione dei suoi stati provinciali, dove per parte della contea si trovò *Giorgio della Torre* capitano della medesima, dopo di aver ad esempio di suo padre, delegati (**1573**) alcuni deputati delle sue quattro provincie al pontefice, allora regnante Gregorio XIII, per impegnarlo a somministrargli soccorso di gente e di denaro.

In tempo della dieta (**12 ott. 1576**) morì in Ratisbona Massimiliano II, a cui succedette negli stati, e nella corona imperiale Rodolfo II di lui figliuolo. Adottando il novello imperadore le disposizioni dell'augusto suo padre, studiossi di ristabilire la sicurezza e la tranquillità nel proprio dominio, ed in quello dell'arciduca Carlo suo zio, che da lui stimolato assunse, per l'assegnatogli annuo sussidio di cento quaranta mila fiorini, l'impegno della difesa dei confini, del mantenimento delle truppe, e delle riparazioni de' forti e de' castelli della Croazia. Un monumento della diligenza, e vigilanza dell'arciduca Carlo è la fortezza da lui fabbricata (1579), nominata Carlstadt, in memoria dell'augusto suo autore.

Non trascurò questo principe alcun mezzo, nè risparmiò fatica, onde porre sempre più in miglior stato di difesa le sue provincie. Erano fino allora gli affari di guerra negletti, e sconosciute tutte le regole d'amministrazione dell'economia militare. Le milizie non erano ancora stabili e regolate, s'ignorava il numero dei suddi atti alle armi, spesso mancava, e quasi sempre tardava il denaro pel mantenimento delle truppe, e l'armata marciava senza le necessarie vettovaglie. Riconoscevasi il disordine, e se ne sperimentavano le dannevoli conseguenze. Desideravasi perciò un provvedimento, e se ne tentavano i mezzi, ma incontravansi sempre mai difficoltà nella riuscita, éd ogni cosa rimaneva nella sua primiera confusione. L'importanza dell'affare impegnò l'arciduca a non restringersi a' soli progetti ed alle insinuazioni de' ministri, ma a consultare i suoi stati provinciali convocati a quest'oggetto in Bruck alla Mura in una dieta generale tenutasi nel primo giorno dell'anno 1578. Non fu mai alcun congresso di stati così numeroso. V'intervennero 39 deputati per parte della Stiria, 25 per quella della Carintia, 14 per la Carniola, e per la contea comparvero il dottore *Giovanni Tautscher*, parroco ed arcidiacono di Gorizia, *Giacomo d'Attems*, capitano di Gradisca, Annibale barone d'Eck, ed Ungerspach, con Paolo Zobl segretario.

L'arciduca Carlo aprì la dieta con un'arringa piena d'espressioni le più forti e le più commoventi. Dopo aver rammentata la gloria e la grandezza dell'augusta sua casa, rappresentò l'infelice condizione de' suoi stati, ed il grave pericolo, al quale un nemico non meno potente, che feroce, riduceva i suoi popoli. Fece inoltre conoscere l'inutilità degli sforzi, e delle immense spese già fatte per sostenere una guerra, che nel corso di mezzo secolo non aveva servito, che ad irritare ed inferocire maggiormente quella barbara nazione. Espose l'urgente necessità, ch'eravi di ulteriori, ma assai più validi provvedimenti militari, e conchiuse che sottoponeva l'affare alla consulta dei fedelissimi suoi stati, da' quali promettevasi quell'assistenza, che conveniva al bene, ed alla salvezza non meno di sè, che di tutte le sue fedeli provincie. La verità avvalorata dalla voce del sovrano che fa la propria causa comune con quella de' suddi, è sempre eloquente, e penetrante. Unanime fu la deliberazione degli stati di concorrere con tutte le forze alla comune difesa. Ed affinchè l'esito corrispondesse più efficacemente all'intenzione della dieta, e più facilmente si sostenessero le spese della guerra, s'inculcò la rigorosa osservanza della prammatica già emanata contro il lusso, e si prescrissero pel corpo degli stati provinciali quelle leggi medesime di economia, che contribuir potevano al risorgimento delle private famiglie.

Non si sciolse l'assemblea prima della metà di marzo. Si determinò d'istituire un consiglio di guerra rappresentato da'soggetti più esperti delle provincie, di deputare due *questori di guerra*, l'uno ai confini della Croazia, l'altro a quei della Schiavonia; di conferire ad un supremo commissario la cura delle vettovaglie, e di nominare un capo ispettore sopra l'artiglieria. Furono inoltre assegnati cento trentacinque mila, e quattrocento fiorini per l'artiglieria medesima, venticinque mila per le vettovaglie, venticinque mila quattro cento cinquantuno per le spese straordinarie, e per gli stipendi del consiglio di guerra, e finalmente trecento tredici mila trecento quarantaquattro per le truppe: e fu riservato alla *contea di Gorizia* il peso del mantenimento d'una compagnia d'archibugieri a'confini del comune nemico.

L'attenzione della dieta non si restrinse al solo sistema generale, ma si estese ancora a regole particolari, e fino all'istruzione pel consiglio di guerra e de'ministri subalterni. Si stabilì la quantità di grano, che ogni provincia dovea annualmente contribuire per la milizia, si determinarono i luoghi pei magazzini delle vettovaglie, e le strade per la loro spedizione, si prescrisse l'ordine per rimettere il denaro, ed il metodo di renderne conto. In somma non si lasciò parte veruna riguardante le bisogne della guerra, che non fosse in questa occasione regolata. Si tralasciano quì altri oggetti non confacenti al nostro proposito, benchè trattati nella stessa radunanza celebre per molti riguardi, ma singolarmente per la confederazione rinnovata dalle quattro provincie oggidì comprese sotto il nome d'*Austria inferiore*, nella quale impegnaronsi di prestarsi sempre scambievólmente soccorso contro i loro nemici.

Era appena sciolto il congresso di Bruck, che gli Ottomani accostumati alle rapine, infestarono con nuove incursioni la Carniola. Allora la contea allestì con sollecitudine la compagnia d'archibugieri determinata nella dieta, la quale marciò nel luglio dello stesso anno (**1578**) condotta da *Fortunato Catta* ai confini della Croazia, e siccome i *Turchi* minacciavano maggiori violenze, la nostra provincia nella state seguente (**1579**) rinforzò i suoi soccorsi in difesa della Carniola, inviando altre tre compagnie comandate da *Sigismondo d'Eck*, e prestò con puntualità l'annua contribuzione di cento fanti sino all'anno 1584, e successivamente ne somministrò dugento, poichè i sussidî ed i soccorsi si aumentavano a proporzione del pericolo e del bisogno. Tali erano in quegli anni le urgenze e le angustie, a cui furono ridotte le alemanne provincie, che Rodolfo II, e l'arciduca Carlo vollero assistere in persona alla dieta convocata nell'anno 1582 in Augusta, onde muovere quella radunanza a soccorrere vigorosamente l'Ungheria. In fatti ad onta della tregua, che fu stabilita (**1590**) fra l'imperadore ed Amurat III successore di Selim, penetrò nel detto anno dalla Bosnia nella Carniola un corpo di dieci mila Turchi, i quali attaccati dagli Austriaci, vinti, e fugati lasciarono quattro mila dei loro sul campo.

Questa rotta irritò il Bascià della Bosnia, il quale spiando l'occasione ed il tempo di vendicarsene, seppe talmente insinuarsi nello spirito di Amurat, che lo indusse ad attaccare (**1591**) l'Ungheria, ed a farsi lasciar il comando d'una numerosa armata per invadere la Croazia, ed aprirsi la strada nelle austriache provincie. Gli Ottomani incontrarono validissima resistenza ai confini, ma rinforzatisi nell'anno seguente (**1592**) acquistarono una superiorità decisiva, e minacciarono insino d'innondare la contea; imperocchè essendosi impadroniti di quel tratto di paese, ch'è situato fra la Culpa e la Sava, posero nel loro passaggio a ferro ed a fuoco tutto ciò, che incontrarono. Il popolo di que'territorî, abbandonati i villaggi, e facilitati così i progressi a'Turchi, accresceva l'orrore e lo spavento degli abitanti della Carniola. Si diede pertanto sollecito avviso dell'universale costernazione all'arciduca Ernesto, che reggeva in Gratz gli stati del principe Ferdinando, e s'implorò soccorso da tutte le parti. Il Tirolo, la Baviera, e l'arcivescovo di Salisburgo somministrarono delle truppe, che ravvivarono in parte la confidenza, ed il coraggio nella Stiria, nella Carniola e nella contea, e raccolte con prontezza in quelle provincie le possibili truppe, furono queste fatte marciare in Croazia unite ad un corpo di cinque cento fanti arruolato dai Goriziani, e fidato al comando di *Baldassare Reschauer*.

Tali provvidenze, se non bastarono ad impedire, rallentarono almeno il corso impetuoso del furore ottomano. Andrea d'Auersperg, capitano generale delle truppe austriache, ristabilì con questi mezzi gli affari, e la sorte della Croazia. Riportò egli (**22 giug. 1593**) sopra l'esercito nemico numeroso di cinquanta mila combattenti sotto

Sighetto una compiuta vittoria, nella quale rimasti dodici mila Turchi col Bascià della Bosnia uccisi sul campo, molti annegati nella Culpa, due mila appena salvar poterono colla fuga la vita. Questo fatto fece tanto strepito in Europa, che se da una parte mosse il pontefice Clemente VIII ad esprimere con un breve indirizzato all'Auersperg il giubilo, che ne provava, ed a rendere un pubblico atto di giustizia al merito di lui, dall'altra inviperì talmente il sultano Amurat, che dichiarò di nuovo la guerra all'imperadore, dopo aver fatto arrestare ed incatenare Federico Crecovicio di lui ambasciadore in Costantinopoli. Quindi s'accese in Ungheria (**1594**) ed in Croazia un nuovo incendio di guerra tanto più sanguinosa e feroce, quanto che appena intimata, fu da Mahomet III figlio (**1595**), e successore di Amurat, il più crudele sultano, di quanti n'ebbero gli Ottomani, non solo approvata ma ancora con forza, e con animosità maggiore, continuata. L'arciduca Massimiliano fratello dell'imperadore, si pose nell'anno 1594 alla testa delle truppe in Ungheria, e due anni dappoi volle anche il novello sultano in persona dirigere la sua armata. Il maggiore vantaggio ch'ebbero gli imperiali in queste circostanze, fu l'alleanza conchiusa fra Rodolfo, e *Sigismondo Battori* principe della Transilvania (**28 giug. 1595**) a cui si sottomisero gli stati della Valachia, e della Moldavia; ma con tutto ciò non si potè impedire, che Mahomet, preso Giavarino ed Erlau, non si aprisse la strada, onde portar le armi insino nell'Austria e nella Moravia. A tanti progressi de'Turchi si cercò di opporre nuove forze, l'imperadore convocò sulla fine dell'anno 1597 gli stati dell'impero in Ratisbona, e vi delegò l'arciduca Mattia per rappresentare a que' principi il pericolo, a cui erano esposte le provincie alemanne, e per disporli a prestare i più pronti e valevoli soccorsi. La contea, sebbene sospettasse continuamente de' Veneziani, non solo non trascurò di dare le accordate contribuzioni di milizia, ma somministrò di più tutti quegli ajuti, che le permettevano le sue forze, e le sue circostanze.

II.

Provvedimenti generali fatti nella contea per la propria difesa.

Era in quei tempi il castello di Gorizia per la sua situazione di somma gelosia, ed importanza. Ne fanno fede le espressioni di una instanza (1525) avanzata dagli stati della contea a Ferdinando allora arciduca, onde impetrare un annuo assegnamento per riparare ed accrescerne le fortificazioni. *Poichè Gorizia, così esprimevansi gli stati, è la chiave della Carintia, della Carniola e del Carso, supplichiamo l'Altezza Vostra di somministrarci i mezzi per rifare le mura della fortezza, che si trovano in cattivo stato, potendo in pochi anni essere rimesse, ed uguagliate a quel pezzo, che dai Veneziani fu costrutto, come ancora per terminare le torri, che da Massimiliano I sono state incominciate, senza cui questa piazza resterebbe tanto debole da una parte, quanto ella è forte dall'altra.* Acconsentì il principe alle loro premure, e quantunque le considerabili spese della guerra co'Turchi lo avessero obbligato a dare in ipoteca per certa somma di denaro buona parte delle rendite camerali della contea; tuttavia assegnò, per ristaurare le fortificazioni del castello, il residuo delle medesime. Questo sovrano sussidio fu accresciuto di *tre mila* fiorini contribuiti spontaneamente dagli abitanti della provincia, e d'altri *nove mila accordati* dagli stati, per impiegarne due terzi nelle fortificazioni di *Gorizia*, e l'altro in quelle di *Gradisca*.

Non minori furono le premure del governo goriziano d'avere un luogo fortificato nelle adjacenze di *Marano*, la cui guarnigione dal momento che questa piazza ritornò in potere della repubblica di Venezia, molestava i territori austriaci. Il ministero di Ferdinando, anzi che levare i commissari di guerra deputati nella contea per le turbolenze di *Marano*, fu costretto a confermarli pei continui motivi di lamentanze, ch'ebbero i sudditi austriaci inquietati dai loro vicini sino alla fine del secolo.

Era al Senato di Venezia poco vantaggioso il possedimento d'una piazza, qual era *Marano*, circondato tutto all'intorno dal territorio austriaco, e soggetto alle leggi e tariffe della dogana di Ferdinando. Niuna barca veneta poteva entrare nel canal veneto di *Turgnano*, senza prima passare per le nostre acque della Muzzanella: nel porto stesso di *Marano* v'era un ministro austriaco, il quale riscuoteva le gabelle di tutto ciò che entrava o sortiva dalla fortezza (*a*). I Veneziani protetti dalla forza del presidio cercavano ogni strada per sottrarsi dalla soggezione delle gabelle, a cui erano sottoposti ogni volta che passavano dall'uno all'altro territorio. Tanti e sì grandi furono le prepotenze, che praticavansi contro i sudditi austriaci, che le replicate rimostranze, portate al trono di Ferdinando da'commissari

———

a) Archivio del vicedominato di Lubiana.

di guerra, lo determinarono a chiederne ragione in Venezia da quel Senato, il quale attribuendo le violenze de' suoi sudditi all' incertezza de' confini, sollecitò con instanza che fossero definite le antiche loro dissensioni mercè d'una elezione di commissarî, i quali invece di troncare la radice dei vicendevoli sconcerti, non servirono che a far dimenticare gli eccessi passati, ed a risvegliare delle nuove pretensioni.

Antonio Queta fu spedito (1545) a questo effetto da Carlo V, e dal re Ferdinando in Venezia. Il Senato deputò due de'più illustri senatori (a) per trattare col ministro Austriaco. Si convenne, che sì nell'*Istria* come in *Friuli*, fosse ripigliato l'esame de' veri confini. Ma nel discutere i punti principali, anzi che levare le antiche difficoltà, ne insôrsero di nuove. Dai congressi de' commissarî non si ottenne verun effetto. La premura che aveva Ferdinando di procurare la tranquillità ai suoi sudditi, lo fece condiscendere, come vedrassi tantosto ad altre elezioni di commissarî, ch'ebbero il medesimo esito della prima; anzi moderando queste piuttosto il risentimento, che le più forti relazioni del governo goriziano ispiravano nell'animo del principe, somministrarono al Senato un motivo d'incolpare i suoi sudditi di baldanza.

Non cessarono in questo intervallo gli stati della contea di rappresentare al principe la necessità, che vi era di rinforzare *Maranuto* con nuove fortificazioni, e con un presidio atto a prevenire e reprimere gl'insulti de'maranesi. Era *Maranuto* un piccolo forte, circondato da terrapieni sostenuti da pali già infraciditi, che neppure meritava un tal nome. Qualunque egli si fosse, coperto di gente, e d'artiglieria, era per la sua situazione tanto più opportuno agli Austriaci in tempo dell'assedio di Marano, quanto che il cannone giungeva a battere quella fortezza; ma ridottosi a poco a poco in istato di non poter più sostener un attacco, restò quasi abbandonato; poichè per le troppo scarse somme di denaro distribuite per le riparazioni, oltre che non fu mai abbastanza fortificato, fu ancora unitamente a Porpetto presidiato solamente da semplici contadini, i quali per la loro inabilità, anzi che difendere il territorio austriaco, lasciavano maggior campo agli insulti della soldatesca nemica. Malgrado la cura, che si ebbe sin dal principio della guerra coi Veneziani, di tenere regolata la milizia urbana, tuttavia la nostra provincia, dovendo somministrare soccorsi di truppe alla Stiria, ed

_____

a) *Francesco Contarini e Girolamo Grimani.*

alla Carniola, fu sempre nella necessità di fidare le piazze a gente rozza, ed inesperta nell'armi.

Il nostro principe pieno di zelo e di premura, non mancò di replicare i suoi ordini ai commissarî di guerra per esser informato dello stato delle nostre fortificazioni, e di tutto ciò ch'era necessario per la generale difesa della provincia; ma per mancanza di mezzi derivata dalla dispendiosa guerra contro i Turchi, il paese continuò ad essere esposto alle violenze de' suoi vicini. Entravano essi a lor talento nel territorio austriaco, contrastavano a' sudditi nostri i pascoli, ed ai nostri magistrati la giurisdizione, rubavano i frutti nelle campagne, volgevano altrove il corso delle acque, e dirigévano quelle della Muzzanella ne' boschi del principe; disponevano di questi come di cosa propria, tagliandovi a lor piacere le legna, e trasportandone quelle, che trovavano tagliate, impedivano agli Austriaci l'ingresso nel pórto di Muzzanella, ed esigevano con violenza gabella in quello di Lignano, benchè l'uno e l'altro fosse austriaco; obbligavano le mercanzie, che da Gorizia passavano a san Giovanni nelle pertinenze di Doberdò, d'andare alla loro dogana di Monfalcone, opponevansi al doganiere di Maranuto, e colle armi scortavano nel passaggio le merci sottoposte alla gabella, e distruggevano a chiaro giorno i pochi lavori che eseguivano in Maranuto, conducendo seco con la forza in Morano i lavoratori e trattenendoli prigioni *). I richiami del governo goriziano (1558) diedero motivo a nuove commissioni in cui i Veneziani, lungi dal discutere i punti contenziosi, ebbero la franchezza d'intavolare nuove pretensioni riguardo a'diritti del patriarca d'Aquileja. La fermezza di Francesco della Torre ambasciador cesareo in Venezia (a) a cui era poggiata la direzione dei trattati, deluse ben presto, come si vedrà a suo luogo (b) le lusinghe della repubblica, ed il congresso si sciolse così presto che appena ce ne restò qualche traccia.

_____

*) In taluno degli esemplari manuscritti che si trovano di questa storia. dopo la parola "prigioni„ si trova la seguente giunta: *Le mire della repubblica di Venezia era di mantener le antiché dissensioni fra i sudditi dell'uno e dell'altro stato, per confondere ed imbrogliare così le sue pretensioni ed i suoi acquisti:* questi ed alcuni altri simili passi come scritti in stile troppo pungente, si trovano ommessi dall'autore nei manoscritti posteriori.

a) *Non bisogna nel corso di questa istoria confondere questo ambasciador con un'altro Franc. della Torre capitano di Gorizia, di cui spesso farassi menzione.*   b) *Al lib. II capit. V num. 1.*

I sudditi veneti sempre più arditi si impadronirono nel corso di venti anni dopo l'acquisto della fortezza di *Marano* non solo di tutto quel tratto di paese, che lungo il mare da *Lignano* fin sotto *Aquileja* si estende, ma ancora delle isole adiacenti. La moltitudine delle rimostranze, che ci sono rimaste, comprova i mezzi impiegati dal Senato di Venezia, per profittare delle infelici circostanze a cui era ridotto Ferdinando per la guerra colla Porta. Cercò egli eziandio di abbagliare l'ambasciadore *Francesco della Torre*, lagnandosi contro il nostro *capitano* di Maranuto, perchè esercitava i diritti di giurisdizione, che gli competevano, nell'isola austriaca di *Sanpietro* vicino a *Marano*. *Abbiamo presa non poca amiratione*, scrivono i commissarî (**9 ag. 1559**) nello stile di que' tempi, *che quell'illustre Prencipe, e Signoria abbino dissimulato aver così poca informatione della verità di quella cosa, e non voler sapere da chi, e per cui l'isola di s. Pietro* (a) *sia sempre fino al presente giorno posseduta quietamente: perchè avendo, come ben troppo hanno notizia delle cose successe nel tempo, che per nui in nome della Cesarea Maestà fu assediato Marano contra li derobatori, o ingiusti occupatori d'esso, quel loco per nui fu subito recuperato, in quello fabbricato un bastione, et mediante quello tenuto, et anche fin ora conservato, e posseduto, come è notorio a tutto il mondo: Et veramente se il Proveditore di Marano è stato ardito di far simili informationi, quel loco aspetti a esso Dominio, e sia posseduto per esso, egli s'ha partito molto*

---

a) Un'altra relazione data da Giuseppe di Rabatta luogotenente di Gorizia all'arciduca Ferdinando il dì 2 nov. 1595 di tutte le usurpazioni fatte da' Veneti, ci instruisce di certe particolarità toccanti quest'isola, che non debbono restare in oscuro. " È
„ noto a Vostra Altezza, dice *il Rabatta*, con qual a r t i f i c i o
„ abbiano i Veneziani agito allorchè s'espressero non aver fuori
„ del recinto delle mura di Marano veruna pretensione; e
„ poco a poco si impadronirono non solo di quello, ma ancora
„ degli altri adjacenti porti di Lignano, di Buso, e di s. Andrea,
„ ed estesero in quei contorni i loro confini dove loro più
„ aggradiva, coll'appropriarsi i boschi, e le pesche non meno
„ che la vicina isola di s. Pietro appartenente a V. A., dove
„ con cannoni diroccarono la chiesa, e fecero accompagnare
„ dalle guardie il prete da loro arrestato colle vestimenta
„ sacerdotali all'altare, obbligandolo così a celebrare la messa. „
Scritture di Giuseppe di Rabatta.

lungi dal vero, ed il medemo ha fatto il suo precessor, se ha detto, che quel Dominio sia possessor di quel loco; come prossimo a Marano, per essere la verità troppo dal tutto in contrario; ma non è maraviglia; che facino tal relationi, perchè per gli atti da loro diversamente intentati in volerne usurpare il fiume della Muzzana, li boschi della C. M., ivi propinqui, et li porti, nelli quali mai ha avuta, nè poteva aver giusta ragion alcuna; stante che, quanto per loro era tenuto, o ver occupato, che era la sola terra infra le muraglie di Marano, et non più, perchè tutti li porti et lagune insieme, con tutto il territorio da fuori è stato recuperato per nui a S. C. M., e per nui quietamente si possedeva, tanto per lo esercito nostro di terra, quanto per la gente dell'armata nostra del mare, porti ed lagune predette, nè era in potestà nè del *Strozzi*, nè de sui, di respinger l'esercito nostro, nè per terra, nè per mar, nè conseguentemente puoteno con fondamento alcuno di verità dire d'aver comprato da tutti occupatori quello, che non havevano. Anzi dovriano pur ricordarsi che per le leggi cristiane è proibito comprar cosa rubata: massime avendo loro per special capitulatione obbligati per sè, e sudditi loro de astenersi in Marano ed altri luoghi, come in essa capitolazione. Et sapendo, che el *Sacchia* era suddito loro; ma per quanto vedemmo per questi due ultimi sui provveditori in Marano sono state fatte ed, alla giornata si tentano di far diverse innovationi, come hanno fatto delli Boschi di S. M. e della Massone di Precinis, e del loco della China, che ora di nuovo hanno fatto funditus ruinare con presuposito di fabbbricarla pro sè essendo tamen certi, ch'è della M. C., et come ora hanno fatto col capitanio di Maranuto nella predetta isola, che essendo andato ivi perseverando nel suo justo, e solito antiquo possesso, il detto Proveditore gli ha scaricato adosso molte cannonate di foco, cosa troppo diforme alla buona vicinanza, et pace fatta a Sig. D. Diego di Mendozza, quando nel principio del 1544 dapoi che mostrarono aver comprata la terra dal *Strozzi*, ed avanti che nui levassimo totalmente la obsedione di quel loco, ma mandassimo el Sig. capitanio di Duino col Campana Cancelliero di Gorizia per saper in che termine se ritrovavano, e come si dovessimo governare (a). Avremmo creduto di diminuire il valore di questa memoria, se non l'avessimo trascritta dal suo originale.

Il Senato incolpando l'ignoranza de' sudditi, e disapprovando

a) *Atti di Francesco della Torre ambasciadore cesareo in Venezia.*

la condotta de' suoi ministri teneva a bada il ministro di Ferdinando, e stendeva frattanto i limiti del suo dominio. Nello stesso anno si inoltrarono per sì fatta guisa le cose, che Ferdinando in assenza del suo ambasciadore, spedì Massimiliano di *Dornbergo* in Venezia per chiedere ragione a quella repubblica di quanto era avvenuto.

Quindi si destarono nel Senato di Venezia de' sospetti, che i principi Austriaci alla prima opportuna occasione potessero far valer colla forza rapporto ai territorî i loro diritti. La tregua stabilita (**1559**) da Ferdinando colla Porta, e il ripartimento degli stati da lui fatto a' suoi figli, per cui l'arciduca Carlo dovea stabilire la sua residenza in Gratz, dove più dappresso avrebbe scoperti i danni recati al proprio dominio, accrescevano maggiormente questi timori. Quindi in Venezia si rivolsero a nuove negoziazioni. Per tagliare dalla radice il germe di tutti i contrasti, fece la repubblica proporre a Ferdinando per *confine* de' rispettivi dominî il *fiume Isonzo*, offerendo di cedere il *territorio di Monfalcone* per cambio de' villaggi austriaci situati di là dello stesso fiume, e della città di Segna, e di Fiume, con un compenso di denaro per quel di più, che potesse importare. Le ristrettezze della camera di Ferdinando esausta per le continue spese della guerra, e la trascuratezza del suo ministero, occupato dagli urgenti bisogni dello stato, per questa piccola provincia, avrebbero forse facilitato l'esito d'un tale maneggio, se l'ambasciadore Francesco della Torre, cui in Venezia furono fatte le prime proposizioni, non avesse a tempo istruito il sovrano ed il ministero intorno alla sproporzione che eravi fra il *territorio di Monfalcone* esibito dalla repubblica, e quei territorî, che ella in cambio dimandava. *Non si tratta niente meno* (rappresenta (**18 mar. 1559**) a Ferdinando l'avveduto ambasciadore) *che di spogliare Vostra Maestà di settanta e più villaggi, e giurisdizioni e di tutti i porti suoi marittimi* (a).

Fu troppo chiaro e preciso il parere dell'ambasciadore, perchè il veneto-progetto non fosse rigettato. La repubblica abbandonò bensì il partito di far nuove proposizioni, ma non tralasciò di pensar a' mezzi d'assicurarsi il possesso di parecchi luoghi, che gli Austriaci incessantemente le contrastavano. Non contenta perciò d'avere con grossi stipendî accresciute le fortificazioni di *Marano*, giudicò per assicurare i suoi acquisti in Friuli necessaria un'altra piazza più atta a sostener un lungo, e regolato assedio. A tal effetto fu chiamato (**1559**) a Venezia Guidobaldo duca d'Urbino, uno dei più abili ed

---

a) *Archivio di Duino.*

esperti capitani di que' tempi, per consultarlo intorno al sito più opportuno alle mire di quel Senato. La comparsa, che fece questo soggetto ai nostri confini, cagionò delle impressioni e risvegliò dei riflessi nel ministero di Ferdinando, che non permisero di riguardare con indifferenza le disposizioni della repubblica. Si commise pertanto (**1561**) al capitano della Carniola Giacomo di Lamberg, ed al luogotenente di Carintia Erasmo Magher di scoprire in compagnia dei commissarî di guerra nella contea le intenzioni dei Veneziani, di rilevare i pregiudizî, a cui la provincia sarebbe esposta, e di concertare, e proporre i necessarî provvedimenti. Quattro erano le piazze, che i commissarî credettero doversi fortificare: *Gradisca, Castelporpetto, Tolmino* e *Cormons*. Dai piani che tutt'ora esistono, si può scorgere quanto poco estese sieno state le idee dei commissarî, e quanto mal impiegate si sarebbono quelle somme, che furono per tal impresa proposte. O che non si fosse in Venezia convenuto intorno al sito di piantare la nuova fortezza, o che altri riguardi si fossero frapposti, i piani dei commissarî austriaci fondati unicamente sulle supposizioni restarono senza effetto, ed i Veneziani spedirono (**1562**) in Vienna Giovanni Formento loro segretario, coll'ordine di sollecitare unitamente all'ordinario ambasciadore presso Ferdinando, la scelta d'altri commissarî per fissare i confini fra i due dominî. L'imperadore vi acconsentì, e volle in principio appoggiare l'affare di Lamberg, ad Antonio della Torre, capitano di Trieste, e a Giacomo d'Attems, capitano di Gradisca, ma furono riguardati dalla repubblica come fautori di molti eccessi, pe' quali si dichiarava costretta a ricusarli. Ferdinando scelse per suoi commissarî (**1563**) Andrea Pögl barone di Reiffenstein, Giovanni Giuseppe barone d'Eck ed Ungherspach, Massimiliano di Dornbergo, il dottore Stefano Schwarz, e il dottore Antonio Schrattenberger (*a*). Il Senato veneto nominò Sebastiano Venier, Marino Cavalli, Pietro Sanudo, Giovambattista Contarini, ed Agostino Barbarigo. Oltre questi comparirono Giacomo Campana come procuratore, e Giovanni Degrazia, come avvocato fiscale dell'imperadore. Il villaggio di *Gonars* fu scelto pel luogo del congresso, ma insistendo i commissarî imperiali sul principal punto della loro instruzione, che era la restituzione di *Marano*, senza il quale non potevasi entrar in esame di verun altro articolo (*b*), tutti

---

a) Conservasi fra le scritture del magistrato fiscale di Gorizia sì la prima instruzione del dì 9 marzo 1562, che la seconda in originale del dì 14 marzo 1563. b) Vedi pag. 68.

i trattati si ridussero a sole sottigliezze, di cui fecero pompa le persone legali, che componevano una parte dei commissarî.

Nulla di meno non interruppe il Senato di Venezia i suoi maneggi in Vienna, affine di conchiudere l'affare riguardante i luoghi e territorî contenziosi. Adottò esso questo partito, perchè gli serviva ad estendere le sue conquiste, e perchè lo credeva mezzo opportuno per un vantaggioso accomodamento, che dal tempo e dalle circostanze sperava di ottenere. Quindi proseguì la sua pratica alla corte imperiale col mezzo di Leonardo Contarini, ordinario suo ambasciadore in Vienna, e due altri ambasciadori straordinarî (a) spediti a complimentare il nuovo imperadore Massimiliano II, sollecitando che d'accordo con una parte, e coll'altra si fissassero i veri confini, dai quali solamente sperar poteasi la tranquillità fra i rispettivi sudditi. La proposizione fu all'arciduca Carlo comunicata. Questo principe instrutto delle intenzioni della repubblica, fece rispondere a' veneti ambasciadori (**6. ott. 1564**) ch'egli non intendeva d'entrare in alcun trattato intorno ai confini, se prima non fosse dalla repubblica restituito Marano, appartenente al suo patrimonio, e che solo dalla cessione di quella piazza riconoscerebbe la sincera volontà, che dimostra il Senato veneto di stabilire la tranquillità tra i rispettivi sudditi, e di accomodare le dissensioni, che fra lui stesso e la repubblica esistevano (b). Tale fu la fermezza con cui insistette l'arciduca nella sua dichiarazione, che i Veneziani, malgrado i maneggi ripigliati nel seguente anno alla corte imperiale, non trovarono mai il mezzo di rimoverlo. La risposta che diedesi in suo nome all' ambasciadore della repubblica (**16 sett. 1565**) era del seguente tenore.

Il serenissimo Principe, e Signore l'arciduca Carlo con bontà intese ciò, che gli scorsi giorni gli fu proposto dal magnifico Sig. Oratore veneto, toccante l'affare dei confini, e benchè sua Serenità non sia stata istruita dal magnifico ambasciadore cesareo in Venezia di quanto esso ambasciadore abbia su di ciò nuovamente proposto all' Illustr. Signoria, nulla ostante riescì a sua Serenità molto grato il vedere che l'Illustrissima Signoria, qualunque ne fosse stato il motivo, inclinasse di nuovo ad un componimento, e fosse disposta ad assicurare una stabile pace ai sudditi d'ambe le parti, e poichè ella desidera, che sua Serenità abbia i medesimi sentimenti, il

_____

a) *Marino Cavalli, ed un Mocenigo.*
b) *Archivio di Duino.*

Serenissimo Arciduca farà a tutti conoscere, che la comune quiete e la sincera amicizia, e reciproca armonia fra la serenissima Casa d'Austria, e l'Illustrissima Signoria di Venezia si sarebbe già stabilita qualor ciò avesse da sua Serenità soltanto dipenduto. Ma poichè con due anteriori scritti era stato al magnifico Signor Oratore e suoi compagni significato che il punto principale di tutte le controversie giravasi circa la restituzione di Marano, piazza appartenente al Serenissimo Arciduca, su di cui sua Serenità finora non ricevette veruna risposta, così insistendo esso serenissimo Principe alle sue anteriori dichiarazioni, non dubita che, accordata la restituzione di Marano, facile sarebbe la via, onde determinare con certezza i confini, e ristabilire fra i rispettivi sudditi la tanto desiderata quiete (a). L'arciduca Carlo aveva bastante fermezza per ricusare un men vantaggioso accomodamento colla repubblica, benchè forse non si trovasse abbastanza forte per prescriverne le condizioni.

Tolta ogni speranza al veneto Senato d'indurre l'arciduca ad una convenzione, rivolse il suo pensiero ad altri mezzi, onde assicurarsi il possedimento di tanti territorî, che non era disposto di rilasciare. Riprese l'idea di costruire una piazza d'armi in Friuli per poter con la forza contrastare agli Austriaci ciò, che aveva conquistato. A tal effetto spedì esso in Friuli (**1566**) Sforza *Pallavicino*, accreditato capitano di que' tempi, col disegno di fortificare la città d'Udine. Questa seconda delegazione risvegliò nell'animo degli abitanti della contea un'impressione maggiore della prima. Il nostro governo, sprovveduto di truppe, prese le misure dei Veneziani come un preludio d'una vicina guerra, e ripieno di timore dimandò (**5 ag. 1566**) dei soccorsi alla Carniola. Benchè col piano della nuova fortezza svanisse anche ogni sospetto di guerra, ciò nonostante l'arciduca Carlo, dubitando che le idee dei Veneziani fossero bensì sospese, ma non intieramente abbandonate, ebbe cura in questo spazio di tempo di assegnare tratto tratto qualche somma di denaro per conservare le fortificazioni di *Gorizia*, di *Castelporpetto* e di *Tolmino* nello stato in cui si trovavano.

Frattanto aprironsi i Veneziani una nuova via per ripigliare i trattati coll'arciduca riguardo ai confini. Guadagnarono essi il ministero di Rodolfo II, e siccome la restituzione di *Marano* era pel passato il maggiore ostacolo in tali trattati, così ebbesi in Venezia la sagacità di separare questo punto da tutti gli altri, rimettendone la discussione

---

a) *Archivio di Duino.*

alla corte imperiale, e lasciando ai commissarî l'accomodamento delle
contese, che riguardavano unicamente i confini. *Vito di Dornbergo,*
cesareo ambasciadore in Venezia, dimostrò l'inutilità d'un congresso
di commissarî, assicurandolo che la repubblica non solo non era
disposta a cedere *Marano,* ma che lusingavasi eziandio di estendere
la linea del confine di suo dominio fino alla sponda dell'Isonzo.
Avendosi vostra Altezza, dice il Dornbergo (**2 mag. 1570**), *lasciata
intendere di essere aliena di qualunque trattatione, se primieramente
non si trattava l'articolo di Marano, essi mostrando di contentarsene
hanno acconsentito, che questi, e gli altri si trattino alla corte di
S. M. C. ma così riservatamente, ché di questi non si potrà mai
vedere risoluzione, fin tanto che non sii risoluta anco la trattazione
dei commissarî in Friuli, volendo che tutti i negotii, che si trattano
così in Friuli, come nella corte cesarea, vadino procedendo con
passi uguali, e pari, la qual conditione è stata da loro senza
dubbio procurata con presupposito, che riuscendo i loro artifiziosi
disegni d'essere destramente trattati dai commissarî loro nel modo
che di sopra è stato narrato, venghino insieme ad essere estinte
le sopradette pretensioni, o non potendo sperare buona conclusione,
la trattatione dalla corte non sii passata tanto innanzi, che non
possina con nuove, et intricate difficoltà impedire ogni cosa, et in
questo modo procedere sicuri o d'acquistare, o almeno di non
perdere.* Termina finalmente col dire: *et che per conseguenza
non s'abbia da riportar altro da questa trattatione che perdita di
tempo, spese superflue, dispute argute, lunghe, tediose e senza
frutto* (a).

La rimostranza del Dornbergo fu come un oracolo. Il congresso
s'unì con solennità (**4 mag. 1570**). Tre senatori (b) furono
delegati dalla repubblica unitamente a tre dei suoi più accreditati
giurisconsulti, e l'arciduca Carlo delegò Andrea Rapizio vescovo di
Trieste, Giorgio conte d'Ortenburgo e Massimiliano di Dornbergo.
Quelli presero alloggio in *Brazzano,* e gli Austriaci in *Cormons.*
Dopo molte formalità, ed ufficiose attenzioni praticatesi da una parte
e dall'altra, l'esenziale si ridusse a proposizioni, che dall'arciduca
non potevano esser accettate senza la perdita de' territorî, che sono
di là dell'Isonzo. Per tal motivo scioltosi senza effetto il congresso,

————

a) *Scritture del magistrato fiscale di Gorizia.*
b) *Marino Cavalli, Agostino Barbarigo: non ci riuscì di scoprire
    il nome del terzo.*

acconsentì nonostante questo principe pochi anni dappoi, che si ripigliasse di nuovo l'affare alla corte dell'imperadore Rodolfo. L'ambasciadore *Dornbergo* fu consultato in questa occasione come nelle altre, e la sostanza del parere di lui si fu questa, che î Veneziani a nulla meno aspiravano, che a far *confine* del dominio loro l'*Isonzo*. Malgrado la precisione di questo avviso l'arciduca Carlo dovette condiscendere alle brame di Rodolfo II, inclinato a contentare nell'uno o nell'altro modo il Senato di Venezia, e a interporvi la sua mediazione. Giovanni Cobenzl e Massimiliano di Dornbergo con Girolamo Garzonio vicario di Gradisca comparvero prima in Vienna, indi in Praga in qualità di commissarî dell'arciduca; Giovanni Micheli, Girolamo Lipomano, e Giovanni Gritti furono i procuratori della repubblica. L'ambasciadore *Vito di Dornbergo* fu incaricato di tener pratica in *Cormons* con Marco Antonio Barbaro, il quale dimorava in *Brazzano*, e di dare ai commissarî intorno alla situazione e natura de' luoghi i lumi più necessarî.

Si aprì la trattazione (**1584**) colla massima di fissare fra l'uno e l'altro territorio, i più stabili e naturali confini, e troncare tante e sì varie controversie pubbliche e private. Ma quanto facile era il conoscere l'efficacia di questo mezzo, altrettanto era difficile il mandarlo ad effetto. La repubblica non abbandonava l'idea di estendere più che fosse possibile i suoi confini. I delegati di lei proposero l'uno dopo l'altro molti piani: ma tendendo tutte le loro proposizioni a trasportare sino all'*Isonzo* la linea di confine con la seducente offerta di dar l'equivalente in denaro per quanto di più potesse essere ceduto dall'arciduca, il congresso, che durò quasi due anni, ebbe lo stesso esito di tutti gli altri precedenti, rimanendo per altro questa volta convinto il veneto Senato, ch'era meglio pensare ai mezzi, onde mantenere e conservare i confini nello stato, che allor si trovavano, che cercare d'estenderli. Non avrebbe forse il Senato per tal oggetto differito di gettar i fondamenti d'una piazza d'armi capace di far fronte alla forza dei nostri principi, se non gli fosse stata d'ostacolo l'attenzione, con cui l'arciduca Carlo vegliava su ogni menomo andamento dello stesso.

Il corpo delle *truppe urbane* non era ancora ben regolato. Un solo capitano, al quale erano sottoposte, reggeva con difficoltà una milizia sparsa per tutta la provincia. L'arciduca Carlo trovò necessario (**1587**) di ordinarla, e di dividerla in quattro compagnie. Assegnò a ciascheduna un distretto determinato, prescrisse il luogo, ed il tempo da esercitarsi nelle armi, e nominò alla testa di tutto il corpo

8*

un colonnello da cui dipendere dovessero i capitani (a). Il governo di questo principe formò l'epoca più interessante per la nostra patria. Egli conoscendo l'importanza dei suoi territorî, diede i più opportuni provvedimenti per difendere i confini, e custodir illesi i suoi diritti contro gli attentati dei Veneziani. Ma ad onta del suo zelo e della sua vigilanza, ebbe un anno prima della sua morte il disgusto di vedere per ordine della repubblica sotto la scorta di cinquecento fanti e d'un corpo di cavalli (b), collocato (**9 ott. 1599**) in Saciletto, riempire con sassi, e terra un canale, che la sovrana camera in favore del traffico delle legna aveva fatto scavare nelle vicinanze di Fiumicello, affinchè comunicassero insieme le acque dell'Isonzo, e quelle del Tiel: e dolendosene l'ambasciadore cesareo in Venezia, gli fu risposto, che quel partito era l'unico, onde ovviare ai danni, che quelle acque, potevano recare alle lagune di Grado, in cui sboccavano. La guerra coi Turchi, che teneva occupata la Casa d'Austria, non le lasciava campo di ricorrere ad altri spedienti.

Mancato l'arciduca Carlo, non tardò il veneto Senato a dar principio (**1590**) nelle vicinanze del villaggio di *Palmada* alla fortezza da tanto tempo divisata. La reggenza di Gratz priva del suo sovrano, fece le più forti rimostranze all'imperadore Rodolfo, come capo della Casa d'Austria, e curatore dell'arciduca Ferdinando, il quale non era ancora fuor di tutela, onde persuaderlo ad opporsi ad una impresa, dalla quale doveva temersi, che derivassero a'vicini territorî austriaci molestie tanto maggiori, quanto che la nuova fortezza per le sue fortificazioni, e per la sua estensione doveva esser molto più considerabile di *Marano*, e per la sua situazione inquietare poteva più comodamente i suoi sudditi. *Le ville, che la circonderanno*, così s'esprime (**1592**) la reggenza, *di Jalmico, di Visco, d'Ajello, di Joanniz, d'Ontagnano, di Fauglis e di Gonars, sperimenteranno i danni nelle case e nei campi loro. I ministri veneti avendo occupato nel 1542 la fortezza di Marano, e dichiaratisi di tenerla fino che fosse trattato, o di restituirla, o d'acquistarla mediante una qualche convenzione, senza pretendere cosa alcuna fuor delle mura, in progresso di tempo s'impadronirono di tutti i*

a) *Questa regola è del dì 1 di luglio del 1587, e trovasi fra le scritture del magistrato fiscale di Gorizia.*
b) *La fanteria era condotta da Giacomo Malatesta, e la cavalleria da Federico Savorgnano.*

porti, delle isole di s. Pietro, e de' Domini (a). Quindi deesi conchiudere, che i Veneziani fabbrichino questa fortezza per occupare quello, che non hanno potuto con denaro ottenere dalla Casa d'Austria, come tante volte hanno tentato. Si perderanno nuove boche dei fiumi austriaci, e con quelle gli utili, che Sua Altezza ricava dalle gabelle, e la serenissima Casa verrà interamente esclusa dalle sue ragioni tanto chiare per la restituzione di Marano e degli importanti porti di Lignano, di Buso, e di s. Andrea (b).

Queste rimostranze non ebbero altro effetto che la fatalità di avere predetto il vero. L'imperadore Rodolfo, troppo irresoluto per opporsi da sè alla determinazione del Senato veneto, tentò di impegnare Filippo II re delle Spagne a farlo desistere da un'impresa, che presagiva tanti disavantaggi, e tante perdite nel Friuli per la Casa d'Austria. Ma Filippo non si curò degli interessi de' suoi cugini, e le fondamenta della nuova fortezza di *Palma* furono senza alcun impedimento gittate (**1593**) sui confini dell'austriaco dominio.

---

a) *Il Rabatta nella suddetta relazione parlando di quest'isola la nomina delle Domine, vicina a Monton.*

b) *Khevenhüller. Annali di Ferdinando.*

LIBRO SECONDO.

CAPITOLO PRIMO.

Governo civile della contea
dall' anno 1500 all'anno 1600.

I.

Del Capitano capo della contea.

I principi, e quelli singolarmente al cui dominio sono soggette vaste provincie, non possono da sè soli sostenere il peso del governo, e però ad oggetto che sia la giustizia fra i sudditi amministrata, la pubblica tranquillità conservata e provveduto alla comune felicità, forza è che dividano l'amministrazione, e vi sostituiscano soggetti idonei, i quali operino spesse volte più come depositari immediati che come subalterni ministri della sovranità. Reggeva sul piano delle altre austriache provincie un ministro col titolo di *capitano* anche la nostra contea, la cui vigilanza e rettitudine sino verso la fine del secolo, tanto più decidevano della sorte della provincia, quanto che il governo della stessa non aveva allora dal sovrano, e dal superiore suo consiglio quella diretta dependenza, che si stabilì più tardi sotto il dominio dell'arciduca Carlo. Al principio del secolo non solo appartenevano al capitano unitamente col cancelliere della contea la suprema amministrazione della giustizia, e la regola interna, ma vi si appoggiavano ancora le rendite, e le ragioni camerali del principe; e tutte le disposizioni dell'esterna sicurezza della nostra patria. Non v' era parte di governo, sopra cui non si estendesse la sua vigilanza ed autorità. Donde avvenne, che il principe, essendo la provincia nei primi anni del dominio austriaco molestata continuamente dalle guerre, scelse per primi capitani tre uomini intelligenti, ed esperti nell'arte militare: e siccome il massimo di tutti i bisogni era la difesa del cittadino, così il maggiore impegno della provincia era il custodirla dagli insulti de' suoi nemici. L'autorità militare nei capitani continuò nella contea, benchè fossero cessate le ostilità, ed essendo eglino alla testa de' commissari di guerra, istituiti verso la metà del secolo, non si faceva negli affari della milizia e delle fortificazioni e nella comune difesa della provincia, alcun provvedimento senza il consenso, e l'approvazione di loro.

Oltre gli accennati commissari di guerra esisteva ancora il magistrato fiscale, il quale come immediato custode delle ragioni del principe unitamente col capo della provincia invigilava al loro mantenimento. Ignorasi l'epoca di tale istituzione. Il primo *procuratore fiscale*, che incontrasi nelle nostre memorie è Nicolò di Rabatta, il quale nel 1545 fu uno dei commissari eletti per riconoscere le terre feudali nel capitanato di Gradisca. L'archivio di questa magistratura, che ci è rimasto, fa fede di quanta importanza e considerazione fosse stato questo offizio in quei tempi.

Il capitano dirigendo solo tutte le ruote, che concorrono al governo generale d'un paese, e sapendo metterle in moto in guisa, che, l'una non distruggesse, nè incrocicchiasse l'altra, la macchina sostenevasi con armonia e semplicità. Si alterò l'ordine, dopoi che la gelosia d'autorità spogliando il capitano della direzione d'alcune parti della pubblica amministrazione sciolse tutti i ministri camerali dalla dipendenza del medesimo, e li sottomise al *vicedomino* di Lubiana.

Oltre questi cambiamenti, cui soggiacque l'autorità dei nostri capitani, giova qui avvertire, che questo carattere non era in tutti eguale. Giorgio d'Eck, che assunse (**1512**) il governo della contea dopo Enrico duca di Brunswick, quantunque soldato, nientedimeno aveva soltanto l'immediato governo civile, ed il supremo comando delle truppe negli ultimi anni della guerra di Massimiliano I colla repubblica di Venezia era ad altri affidato. Così Gabriele conte di Ortenburg, che governò la provincia per alcuni anni, non ottenne il capitanato di Gorizia per elezione del principe, ma come annesso al dominio utile della contea datagli in ipoteca per certa somma di denaro, ch'egli aveva somministrato al re Ferdinando. Perciò al tempo che fu levata l'ipoteca della contea convien fissar solamente l'epoca della nominazione de' capitani scelti dal principe al governo della medesima.

II.

Serie dei Capitani della contea nel XVI secolo.

Andrea di Lichtenstein, primo Capitano di Gorizia.

Si è già di sopra accennato, che essendo la contea pervenuta sotto il dominio dell'imperadore Massimiliano I. n'era stato conferito il governo ad Andrea di Lichtenstein. I gelosi riguardi, che convenne avere per una nuova provincia, dànno argomento di credere, che questo capitano avesse dato pruove non incerte de' suoi meriti, e delle sue qualità.

Enrico duca di Brunswick, e Lüneburgo, secondo Capitano di Gorizia.

Enrico nato (**1470**) da Guglielmo duca di Brunswick, e da Elisabetta contessa di Stolberg e Vernigeroda, educato nella corte d'Alberto di Baviera, ch'era allora una delle più colte e magnifiche, dopo aver intrapreso secondo il costume di que' tempi il viaggio della terra santa, si trasferì alla corte di Massimilano I. I suoi talenti gli conciliarono la stima e la confidenza di sì magnanimo principe a segno, che commise alla cura di lui (**1493**) malgrado l'età sua giovanile, il comando militare di mille cinquecento uomini contro de' Turchi in Croazia. Maggiori, e più segnalati servigi rese egli a Massimiliano nel corso della guerra contro Roberto conte palatino del Reno. Nella battaglia data presso Ratisbona (**1504**) salvò la vita all'imperadore, ed avendo sostenuto, senza curare le proprie ferite il comando dell'armata, riportò sopra l'inimico una piena e decisiva vittoria. Massimiliano sollecito non solo di ricuperar le rotte, che gli Austriaci avevano ricevuto dall'Alviano, ma ancora di ricompensare i servigi del duca, dopo averlo dichiarato capitano generale delle sue truppe in Friuli (**1508**), e nella nostra provincia, gli cedette parte delle rendite della contea di Gorizia (a).

———

a) Fugger. Libro 6.

Giorgio d'Eck, terzo Capitano di Gorizia.

Cessate le ostilità nella contea, il duca di Brunswick col comando delle truppe rassegnò (1512) ancora il governo della medesima. Ma perchè le ostilità contro i Veneziani non erano per la tregua, se non sospese, nominò Massimiliano come suo successore nel governo civile di Gorizia il suo *vicedomino* della Carniola, Giorgio d'Eck (a), uomo nelle armi perito, e che nel corso della guerra aveva dato prove non equivoche di coraggio, e di buona condotta. Egli fu quello, che con destrezza seppe indurre il territorio di Pletz a sottoporsi volontariamente al dominio austriaco. Discendeva questi da Simone d'Eck goriziano, e d'Anna di Brazzi. Non solo non esiste veruna memoria di cosa lodevole da lui intrapresa nel tempo che resse la provincia, ma abbiamo eziandio dei fondamenti di poter credere che intento unicamente ai particolari suoi interessi, trascurasse quei del principe e della patria. Non ostante nella occasione che la contea fu impegnata (1528) al conte d'Ortenburg, continuò egli in qualità di luogotenente di lui, nel governo del paese: ma ne fu sì poco moderata la condotta, che rimosso dal suo impiego, non ebbe più niuna parte negli affari della contea.

Gabriele di Salamanca, conte d'Ortenburg, quarto Capitano di Gorizia.

Gabriele di Salamanca condotto dalle Spagne dall'arciduca Ferdinando, dopo aver esercitato l'officio di suo segretario, fu promosso all'eminente posto di gran cancelliere di corte, e seppe talmente guadagnare la grazia del principe, che ottenne l'investitura della contea d'Ortenburg (1524). Divenuto l'oggetto del favore sovrano lo fu ancora dell'invidia e dell'odio comune. I deputati delle provincie austriache presentarono nella dieta in Augusta (1525) delle querele contro questo ministro, e ne chiesero la rimozione con forti instanze, alle quali cedendo Ferdinando, allontanò il Salamanca dall'amministrazione degli affari delle sue provincie. Le strettezze di denaro a cui le spese della guerra contro i Turchi avevano

a) *Nell'anno 1504 occupava l'Eck già questo posto.*

ridotto questo stesso principe, l'obbligarono ad impegnare al conte d'Ortenburgo (**1528**) le rendite della contea di Gorizia. Quest'è l'epoca, da cui si dee riguardarlo come capitano della medesima.

Francesco conte della Torre, barone di s. Croce, quinto Capitano di Gorizia.

Uno scritto sovrano (**14 mar. 1542**) notificò agli stati di Gorizia la ricuperazione delle rendite della contea date in ipoteca al conte d'Ortenburg, e la nomina di Francesco della Torre, figlio di Vito della Torre, e di Bianca Polissena Simonetti e Guarti al capitanato di Gorizia. Seguendo questi l'esempio di suo padre, allora maggiordomo delle figlie di Ferdinando, era entrato in corte in qualità di gentiluomo di camera, e di siniscalco della reale di lui consorte Maria, dove meritossi (**1527**) la benevolenza de'suoi sovrani. Militò egli nella sua gioventù in Ungheria, e trovossi rinchiuso in Vienna, allora che questa città fu nell'anno 1524 assediata dai Turchi (a).

Lo zelo dell'amministrazione degli affari della contea, l'equità delle sue intenzioni, la prudenza e l'avvedutezza de'suoi provvedimenti, onde avremo spesso motivo di farne parola, autenticano le qualità ed i superiori talenti di questo capitano. Il minimo affare riguardante il suddito della provincia era da lui creduto degno della sua assistenza. Gli scritti del tempo del suo governo sono in gran parte di suo pugno, e quasi tutti si trovano colle annotazioni di suo carattere. Desideroso egli d'istruirsi in tutto ad ogni cosa anche di poco rilievo estendeva la sua attenzione. Allor che assunse il governo della provincia, quasi tutte le parti dell'interna amministrazione erano sconosciute, e non ignorando che le regole d'una provincia dovevano farsi con gradazione, e che un provvedimento chiamava l'altro, ne distribuì le parti senza confonderle, sciegliendone le più necessarie. Al principio dell'anno prendeva di mira quell'oggetto, che proponevasi di trattare e regolare. Ci è rimasta una sua lettera (**13 genn. 1532**), con cui, secondo l'uso d'allora, come capitano nel cominciamento dell'anno nuovo faceva degli auguri di felicità agli stati. Incontrasi in questa lettera di sua mano la seguente postilla: *Conviene, che pensiamo alla correzione dello statuto, ed*

a) *Khevenhüller. Annali di Ferdinando.*

a regolare le misure ed i pesi. In tal modo questo valent' uomo trasse la nostra patria da quella rozzezza, in cui trovavansi tutte le parti dell'interna amministrazione, e pose i primi fondamenti del suo governo.

Conobbe Ferdinando le qualità ed i meriti di Francesco della Torre, e li premiò inalzandolo alla carica di maggiordomo dell'arciduca Ferdinando figlio secondogenito, e principe ereditario del Tirolo. Fece esso l'acquisto in Boemia della signoria di Teitschenbrod, e di quella di Wastiz nella Moravia, dove morì in età molto avvanzata.

Giorgio conte della Torre barone di s. Croce, sesto Capitano di Gorizia.

Giorgio della Torre figlio del precedente, e di Lodomilla Perkin e Duba, succedette nella carica di suo padre. La differenza del suo governo sarà stata tanto più osservabile, quanto che i talenti di questo capitano furono inferiori a que' del suo antecessore. Resse Giorgio della Torre ne' primi anni a nome del padre (*a*) la contea; indi governolla solo fino all' anno 1587. Sarebbe rimasta grata la sua memoria, se avesse avuto tanta premura di conservare le provvidenze ed ordinazioni, quanto suo padre n' ebbe in istabilirle: ma siccome per ideare nuovi provvedimenti richiedesi molto senno, e molta fermezza per conservarli, quindi è, che mancando a Giorgio queste qualità, si deviò a poco a poco dall'ordine introdotto, e molte delle regole di Francesco della Torre furono poste affatto in dimenticanza. Morì in Rubbia nel dì 29 maggio dell' anno 1592.

Giovanni Khevenhüller, barone di Aichelberg, settimo Capitano di Gorizia.

Benchè Giovanni Khevenhüller non abbia avuto, per così dire, che il nome di capitano della contea, l'ordine tenuto finora esige che in questo luogo se ne faccia menzione. Nacque egli da Cristoforo

---

a) Nelle scritture dell'anno 1563 incontransi le date più vecchie della sua amministrazione.

Khevenhüller, e da Elisabetta di Mansdorf (Obereich). (**16 apr. 1538**)
Allevato in corte di Ferdinando I fu scelto per accompagnare (**1567**)
l'arciduca Carlo, che l'imperadore suo padre spedì nelle Spagne.
Diede il Khevenhüller in questo viaggio tali contrassegni di destrezza
nel maneggiare i pubblici affari, che Massimiliano II lo prescelse per
accomodare (**1571**) in Madrid le contese insorte rispetto al Finale.
Queste incumbenze aprirongli il cammino al posto di cesareo
ambasciadore alla corte di Filippo II e di Rodolfo II, fino alla sua
morte. In questo intervallo di tempo l'arciduca Carlo, per dare
anch'esso al Khevenhüller un attestato di benevolenza e stima, gli
conferì (**1587**) il capitanato di Gorizia.

Quantunque questo capitano, toltone brevissimo tèmpo, fosse
stato sempre assente dalla contea, tuttavia la nostra patria ha motivo
di avere grata la sua memoria. Sostituì egli (**1588**) in sua vece
come luogotenente al governo della provincia Giuseppe di Rabatta,
uno de' più meritevoli cittadini di quei tempi, ma questa medesima
scelta cagionogli ben presto degl'inaspettati disturbi. La trascuratezza,
che accompagnò il governo del suo antecessore Giorgio della Torre,
fece rinascere nel paese per sì fatto modo l'antico spirito di
independenza, che la fermezza del luogotenente eccitò reiterati
ricorsi fatti in corte contro di lui. Per accomodare i dispareri, e
conciliare gli animi de' Goriziani colle rette intenzioni del luogotenente,
il Khevenhüller, allor che trovavasi in Carintia sul punto di partir
per la Spagna, ebbe ordine di trasferirsi in Gorizia, dove arrivò
accompagnato (**1 febb. 1593**) dalla nobiltà, che con dugento
uomini di milizia urbana andò ad incontrarlo, e fu accolto da tutta
la città collo sparo de' cannoni del castello. Dopo due mesi di
soggiorno partì (**4 apr.**) prendendo la via di Venezia.

Morì questo capitano in Madrid, dove guadagnossi a tal segno
l'estimazione di Filippo II, che li 8 maggio 1606 lo decorò della
collana del tosone.

III.

Del Luogotenente della contea.

La necessità, in cui trovavansi i primi capitani, di autorizzare
soggetti, che la reggessero in loro assenza, diede origine a luogotenenti

la cui elezione non dipendeva che dall'arbitrio, e dalla volontà dei suddetti. Giorgio d'Eck, benchè terminasse il suo capitanato, allor che (**1528**) fu impegnata la contea al conte d'Ortenburg, nonostante continuò a reggere la nostra patria. Egli è il primo *luogotenente*, di cui parlino le nostre scritture. Nominato a tal posto dal conte d'Ortenburg abusossi con un arbitrario governo dell'autorità depositata nelle sue mani per modo, che sdegnati gli stati provinciali dell'amministrazione di costui, inviarono (**1532**) reiteratamente dei deputati al loro capitano per esporgli i giusti loro lamenti contro il suo luogotenente. Il conte d'Ortenburg delegò de' commissari per esaminare i ricorsi, e in conseguenza della loro relazione l'Eck fu rimosso, ed in luogo di lui fu eletto Girolamo d'Attems.

Tentarono gli stati verso la fine del secolo d'arrogarsi l'elezione del luogotenente, che fino a quel tempo era d'assoluta nomina del capitano. Giovanni Khevenhüller, capitano della contea trovandosi come ambasciadore in Ispagna, allora che fu promosso il suo luogotenente di Rabatta alla carica di *vicedomino* della Carniola, gli stati vennero (**1595**) alla scelta del nuovo luogotenente, in cui Sigismondo Turriano superò gli altri dodici suoi competitori (*a*), ma l'elezione fu cassata da un sovrano decreto, il quale dichiarava competere al capitano la presentazione dei concorrenti, ed esserne riservata al principe la scelta. Sigismondo Turriano fu appresso confermato luogotenente secondo l'ordine prescritto dalla sovrana risoluzione.

I lugotenenti non potevano assentarsi senza sostituire un altro, il quale intanto s'incaricasse del governo della provincia. Siccome spesso assentavansi massimamente per servizio della patria, ch'era solita d'appoggiare ad essi le più gravi commissioni alla corte del principe, così frequentissime erano le sostituzioni, onde i luogotenenti vennero tanto a moltiplicarsi in progresso di tempo, che ogni tentativo usato per esporne l'ordinata serie è riuscito infruttuoso.

Benchè questa carica nella prima sua istituzione non fosse stata creata, se non per dare alla provincia un superiore in assenza del capo, la moltiplicità degli affari in progresso richiese che i luogotenenti

___

a) Antonio d'Orzon commendatore di Friesach, Sigismondo barone d'Eck, Gasparo Lantieri, Corrado d'Orzon, Bernardino di Rabatta, Ermanno d'Attems, Giacomo di Neuhaus, Gaspero Formentini, Giovanni Giacomo d'Edling, Lodovico barone di Colloredo, Vittore di Wagenring, e Sigismondo d'Orzon.

fossero nominati per sollevare i capitani dal peso del governo.
Quindi una delle principali loro incumbenze era quella d'intervenire
in vece del capitano alle sessioni del tribunale di giustizia, fino che
sotto il capitano Giorgio della Torre con sovrana risoluzione **(2 mar.
1593)** fu al luogotenente ingiunto d'intervenire anche alle deliberazioni
dei deputati degli stati, e d'assistere loro nell'amministrazione della
pubblica economia. Nelle altre parti dell'interno governo della contea
non avevano alcuna ispezione, dipendendo esse unicamente dal
capitano.

IV.

Del Capitano di Gradisca e di altri capitani.

Quel tratto di paese, che da Massimiliano fu conquistato sopra
la repubblica di Venezia, e che oggidì sotto la contea di Gradisca
si comprende, benchè non fosse incorporato con la contea di Gorizia,
tuttavolta per la relazione, che ebbe sempre colla medesima, si può
riguardare come una stessa provincia. Sinchè il capitanato di Duino
fu incorporato colla Carniola, benchè i capitani di Gradisca, di Tolmino,
di Pletz, d'Aquileja, di Porpetto e di Marano avessero ciascuno nel
suo territorio il medesimo incarico, ciò nulla ostante il capitano di
Gradisca sosteneva un carattere, e un grado distinto, essendo superiore
non solo ai capitani dipendenti dal capitano di Gorizia, ma ancora a
quelli dei suoi territorî, sì per la maggiore estensione del suo governo,
come per l'appellazione delle cause civili de' giudizî dei tre suoi
subalterni capitanati a lui competenti, come competevano al tribunale
del capitano di Gorizia quelle dei subalterni capitani della stessa
contea.

Questi capitani non solo amministravano nei loro distretti la
giustizia, ma riscuotevano nel principo del secolo gabelle, ed altre
rendite camerali del principe, vegliavano indistintamente sopra tutti
gli affari della provincia, sempre con dipendenza dal capitano di
Gorizia.

V.

Degli stati provinciali della contea di Gorizia.

Gli abitanti della contea, distinti in tre ordini, costituivano al principio del secolo XVI, come nelle altre provincie austriache gli stati provinciali di Gorizia. Erano questi formati dal clero, dall'ordine patrizio, e dal non patrizio, composto di due classi, di cittadini l'una, e l'altra delle comunità dei contadini. Quindi la città di Gorizia, e dopo la conquista del distretto gradiscano la comunità d'Aquileja, le gastaldìe d'Ajello e di Mossa, rappresentate dal loro gastaldo, e da alcuni principali del loro corpo, comparivano sin verso la metà del secolo alle pubbliche adunanze degli stati, in cui trattavansi gli affari concernenti i comuni interessi di tutta la provincia. Le comunità de' contadini, che in quei tempi formavano una considerabile parte dei possessori di terre, si trovano essere concorse col loro assenso ai primi sussidì in denaro, che gli stati prestarono al principe. Cominciando la sovrana camera a conoscere in seguito il vantaggio, che il principe poteva trarre da un corpo unito di sudditi possessori di tutte le rendite delle provincie, la cui salvezza e custodia assorbiva assai più di quello, che lo stato raccoglieva, e pensando essa di soggettare i fondi ad annuali e fisse contribuzioni, le nostre comunità dei contadini vollero, come dirassi altrove, segregarsi dal corpo degli stati, colla lusinga di disimpegnarsi così da ogni comune graveza, e trassero ben presto seco il corpo dei cittadini, che seguirono il loro esempio. Amendue le classi non ottennero con questa separazione, se non lo svantaggio di restar prive del diritto di essere ammesse alla ripartizione delle pubbliche contribuzioni, e d'essere obbligate a pagare le rate, che loro venivano imposte dall'ordine patrizio ed ecclesiastico, i quali *ad esclusione d'ogni altra classe* costituirono sino ai giorni nostri gli stati provinciali della contea.

Oltre il diritto, ch'ebbero gli stati di ripartire ed esigere le pubbliche graveze, ebbero ancora quello di amministrar giustizia in presenza del capitano, o suo luogotenente nelle cause di persone patrizie, e di quelle che o erano in servizio degli stati, o di qualche famiglia patrizia, e di vegliare a tutti i provvedimenti dell'interno governo. La diversità di questi oggetti rendendo necessaria una non interrotta vigilanza ed attività, e non ammettendo l'esecuzione di alcuni urgenti affari veruna tardanza nel convocare gli stati, ricercò il buon ordine che si eleggesse annualmente un certo numero dl soggetti, affinchè negli affari, ne' quali era loro conferito un pieno potere, rappresentassero il corpo degli stati. Questi furono gli assessori, che componevano il tribunale di giustizia, del quale ci riserviamo di tenere altrove discorso; ed i deputati, che adoperavano in nome colla malleveria di tutti gli stati.

Non era nel principio nè determinato ii numero dei deputati, nè regolata la loro elezione, perchè accettavansi quelli, che da sè stessi esibivansi, e si eleggevano senza prescrivere alcun termine quelli, che riputavansi atti al servizio della patria. Solamente verso la metà del secolo (**30 apr. 1568**) se ne fissò il numero di quattro. Dalla più antica istruzione, di cui si conservò memoria, si osserva, che nel periodo d'un anno cessava l'uffizio di tutti i deputati e venivasi ad una nuova elezione. Quest'ordine fu modificato poco dappoi (**1574**), e si desume da un'altra posteriore istruzione, che nel termine dell'anno soli tre deputati terminavano il loro impiego, e che uno a scelta degli stati continuar doveva nel suo posto pel corso d'un altro anno. Dopo la metà del secolo s'introdusse, e si conservò sino ai nostri giorni la consuetudine di eleggere fra i quattro, un deputato dell'ordine ecclesiastico. Finalmente l'elezione dei deputati e delle persone scelte per gli altri uffizi provinciali, la quale poteva prima farsi in tutti i congressi degli stati, fu per legge dell'arciduca Carlo (**31 ott. 1576**) riserbata al tempo delle sole diete, che si convocavano per ordine sovrano. Da ciò ne avvenne, che accumulandosi gli affari, e non potendo essere trattati e decisi in una, o due sessioni, le diete frequentemente continuavano pel corso di più giorni, ed anche di settimane, e in queste si deliberava intorno agli affari più gravi, come erano quelli de'sussidi straordinari al principe e delle pubbliche occorrenze dell'interna amministrazione; si concertava il piano economico e civile, e si formavano le istruzioni, che prescrivevansi ai deputati, e che servivano loro di scorta e di legge nel maneggio degli affari.

Non crediamo fuor di proposito di far menzione di alcuni provvidi articoli prescritti nelle mentovate istruzioni. Si dichiaravano illegittime le deliberazioni dipendenti dai congressi, in cui non fossero intervenuti almeno tre deputati, si prescriveva loro l'incarico d'incassare ogni anno le pubbliche contribuzioni, senza aver particolare riguardo ad alcuno, e si raccomandava l'esatta osservanza delle leggi e consuetudini della contea. Essendo le cure commesse a più persone alle volte neglette, fu prescritto, che tutti i decreti ed ordini si custodissero partitamente di tre in tre mesi da un solo deputato, a cui principalmente aspettava il vegliare alla loro esecuzione. Regolate finalmente le spese ordinarie della provincia, per le straordinarie veniva accordata a' deputati una somma determinata, che non poteva nè diminuirsi, nè aumentarsi senza il consenso e l'approvazione di tutti gli stati. Finchè il *corpo dei cittadini* unito al clero, ed all'ordine patrizio aveva parte nelle deliberazioni degli stati, i congressi provinciali li tenevano in una *casa comune* situata nella parte superiore della città, ma quando il corpo suddetto si separò dagli stati, questi non volendo più avere comune coi cittadini nemmeno il luogo delle adunanze, per tal oggetto fecero erigere (**1545**) quella casa provinciale, che tuttavia esiste.

Malgrado questa segregazione, in riflesso all'aumento della popolazione nella città inferiore, accordarono gli stati nella città di tenere le sue sessioni giudiziali sotto la loggia della loro casa. Ma non contenta dell'uso della loggia abusò in sì fatto modo di tale compiacenza, che cercò di disporre per via di prepotenza anche della casa stessa. *) Alle replicate instanze del governo, ordinò (**1562**) il principe al *corpo dei cittadini* di fabbricarsi nella parte inferiore della città una casa, che fosse di loro proprietà, e del tutto separata da quella degli stati, e per sollecitarne l'erezione somministrò (**1568**) del suo erario *dugento ungheri*, appoggiando al luogotenente Vito di Dornbergo la distribuzione di quel denaro.

Fra le molte prerogative, di cui s'ebbe altrove occasione di parlare, e che dimostrano l'uguaglianza del grado, e la uniforme costituzione della nostra colle altre austriache provincie, deesi riportare l'instituzione di nuove cariche di corte, che furono in questo secolo presso di noi perpetuate quai feudi in certe famiglie patrizie, chiamate comunemente cariche ereditarie della provincia. La carica di *maresciallo* era la sola ereditaria conosciuta sotto gli antichi conti. I signori di Luegg n'erano investiti, ed estinta questa famiglia, Ferdinando I la conferì (**1552**) alla linea d'Antonio barone della Torre, e di Santacroce. L'arciduca Carlo aggiunse a questa nello stesso anno

----

*) Nella prima edizione del Saggio storico Vol. I stampato in Gorizia nel 1773, fa il Morelli menzione a pagina 113 del gastaldo Antonio Moscon, come uomo ardito che osava con la prepotenza occupare la sala degli stati: questa circostanza è ommessa nel manuscritto posteriore.

le cariche di *gran siniscalco*, e di *cameriere maggiore*, concedendò
(**14 apr. 1568**) l'investitura della prima a Giovanni Khisel di
Kaltenbrun, e dell'altra (**16 giug. 1568**) a Vito di Dornbergo. Così
fu dal medesimo principe in favore di Lorenzo Lantieri istituita (**1570**)
la carica di *gran coppiere*, e finalmente dall'arciduca Ferdinando
(**1597**) quella di *cavallerizzo maggiore*, conferita a Giseeppe di
Rabatta.

Questo fu il sistema degli stati provinciali della còntea di
Gorizia fin al principio del secolo XVII.

VI.

Aggregazione alla nobiltà patrizia.

Per onorare e premiare quei cittadini, che si distinsero, le
nazioni più colte ebbero in uso di esaltarli agli uffizî più distinti, e
di affidar loro il maneggio degli affari più rilevanti della patria. Da
sì lodevoli principî ebbe origine la distinzione dei gradi, e degli
ordini 'nella nostra patria. Questi erano divisi nell'ordine nobile, e
nell'ordine ecclesiastico.

Il corpo del clero, che aveva diritto di sedere, e voce nelle
pubbliche adunanze degli stati, era composto da' capitoli d'Aquileja,
e di Cividale d'Austria, dai monasteri di s. Benedetto d'Aquileja, e
di Santa Maria della valle di Cividale, dal priore di Precinico, e dal
commendatore di s. Nicolò di Levata, dagli abbati di Rosazzo, e di
Moggio, dai piovani di Gorizia, di s. Pietro, di Canale, di Bigliana,
di Cormons, di Lucinico, di Mossa, di Romans, di Fiumicello, di
Porpetto, di Comen, di Reiffenbergo, di Prebacina, di Cernizza, di
Schönpass (*a*), e finalmente da' piovani di Merna, e di Camigna (*b*).
Non v'è epoca precisa, in cui li parrochi della contea cominciassero
a costituire l'ordine ecclesiastico negli stati provinciali. Siccome

---

a) *Questa è una copia del registro presentato nel 1590 dagli
     stati all'arciduchessa Maria, vedova dell'arciduca Carlo.*

b) *Questi due furono ommessi nel mentovato registro in tempo, che
     certamente ambe le parocchie già esistevano, e che què curati
     godevano i medesimi diritti degli altri parrochi di nomina
     regia, come le nostre scritture lo dimostrano.*

tutti esistevano prima del secolo XVI; così è probabile, che tutti ancora sieno stati compresi nella prima loro istituzione.

Maggiori difficoltà s' incontrano nell' assegnare l' epoca dell' aggregazione delle famiglie nobili. Prima dell'anno 1569, o non si osservavano, o non sono state tramandate a noi le formalità praticatesi nell'aggregare le famiglie alla nobiltà patrizia, che prima ancora di quel secolo costituiva sotto gli antichi conti la nobiltà del paese. Ma siccome fu introdotto, e continuato per tutto il secolo il saggio uso d'invitare alle convocazioni degli stati de' soggetti distinti per senno e per condizione, onde profittare del loro consiglio, singolarmente quando trattavansi affari di qualche considerazione; così non resta alcun dubbio, che que' soggetti, i quali più spesso, e quasi sempre erano chiamati, non fossero col tacito consenso degli stati, e senza altra formalità tenuti, e reputati per patrizi.

Gioverà intanto trascrivere le famiglie ed i consorzî laici, che prima dell' anno 1569 poteano sedere, e aver voce nelle pubbliche adunanze. Questi sono i seguenti: Attems, Canusio, Cobenzl di Proseck, Degrazia, Dornberg di Dorneck, Eck di Ungerspach, Edling, Fontana, Hais di Kienburg, Hoijos, Khevenhüller di Aichelberg, Khisl di Kaltenbrun, Lantieri di Schönhaus, Neuhaus di Neijkoffl, i conti d' Ortenburg, Orzon, Rabatta, Reschaver di Ratscha, Ribisin, Richieri, Strasoldo, Suardi, della Torre, Zernozza, Formentini consorti di Tolmino, Ascanio di Colloredo, che aveva la giurisdizione di Driolassa, Urbano e i consorti Savorgnani, che avevano la giurisdizione di Zuins, i consorti Frangipani, che avevano quella di Porpetto, Lodovico e i consorti di Codroipo, che avevano la giurisdizione di Jesernico, i signori di Cusano, che avevano quella di Vidrignano, Giorgio e i fratelli di Mels, che avevano quella di Albana, Bernardo ed i fratelli Conti di Cividale, Luigi ed i consorti Roncon di Visnovichio, la comunità d' Aquileja, e finalmente Giovanni Petazzi, posseditore pignoratario della signoria di Schwarzeneck (a).

La prima memoria della formale aggregazione alla nobiltà patrizia fu quella di Nicolò Arrardi accettato (**17 feb. 1569.**) con tutta

---

a) *Questa memoria fu presa dal mentovato registro 1590, colla sola differenza, che vi sono aggiunte alcune famiglie, le quali furono nel registro ommesse, perchè non dimoravano nella contea, come Hoijos, Khevenhüller di Aichelberg, Khisl, Ortenburg, e tralasciate quelle, le quali dopo il 1569 furono colle introdotte formalità accettate.*

la descendenza, dopo aver dimostrata, come dicono le scritture, la nobile sua origine e condizione. Sì è creduto opportuno di riportare questa circostanza come una prova, che gli stati per antica consuetudine non conferivano la nobiltà patrizia a soggetti, che non fossero nobilmente nati. Anzi nella stessa dieta (**19 febb.**) fu stabilita la legge, che i concorrenti alla nobiltà patrizia, oltre il requisito di quattro generazioni nobili dalla parte sì paterna che materna, dovessero possedere nel paese una facoltà sufficiente a mantenersi con decoro, corrispondente al loro grado. Con questa legge ottennero la nobiltà patrizia della contea i seguenti: Giulio Campana, Gasparo Bellino, Martino Knes, Francesco Capella (*a*), i fratelli Branden (*b*), Cristoforo Urschenbech, Potschah (*c*), Federico e i fratelli Zucco (*d*), Elia Nadoliz di Cronz (*e*), Sigismondo Turriano conte di Valsassina, Girol. e Fortunato fratelli Catta (*f*), Gasparo e Bartolommeo fratelli Bertis di Bertiseg (*g*), e Giorgio Vittore Wagenring (*h*).

Gli accennati requisiti richiedevansi con tanto rigore, e con tal gelosia, che Cristoforo di Urschenbeck, benché per le sue qualità fosse stato elevato al posto di maggiordomo dell'arciduchessa Maria moglie dell'arciduca Carlo, fu ascritto coll'espressa condizione, che nel caso ch'egli facesse citar in giudizio qualche patrizio di Gorizia, prestar dovesse una cauzione sin a tanto che possedesse de' beni nella contea. Così avendo ancora l'arciduca Carlo con ordine sovrano (**1571**) spiegato agli stati, che avrebbe a grado, se Giorgio Liberale venisse aggregato alla nobiltà patrizia, eglino non ebbero riguardo d'esporre il loro dispiacere, di non poter secondare le sovrane insinuazioni, perchè non concorrevano nel Liberale i requisiti ricercati dalle provinciali costituzioni. Erano i nostri antenati ancora attaccati alla massima, che le leggi una volta prescritte dovessero esattamente osservarsi.

Molte famiglie, che possedevano beni nella contea, ma dimoravano nello stato veneto, desiderose di partecipare de' privilegi e delle prerogative annesse alla nobiltà patrizia, la cercavano con molti brogli ed impegni, onde nacquero partiti sì forti che sconcertarono l'armonia fra lo stato nobile. Si fece però nota (**4 Maggio 1598.**) la

---

a) *Fu conferita a questi quattro la nobiltà patrizia il dì 18 ottobre 1569. b) 3 settembre 1576.. c) 3 marzo 1579.*
d) *19 dicemb. 1580. e) 17 gennajo 1582. f) 19 genn. 1582.*
g) *23 marzo 1584.*
h) *9 aprile 1587.*

legge già per lo innanzi stabilita (*a*), che non poteva proporsi all'aggregazione alcun soggetto, il quale non avesse prima fissato pel corso di venticinque anni il suo domicilio nella contea. Questa costituzione fu confermata (**3 apr. 1519**) dall'arciduca Ernesto governatore degli stati dell'arciduca Ferdinando ancora pupillo. Col medesimo decreto si abolisce l'uso de' voti raccolti col bossolo, e si ordina di raccoglierli a voce: ma ,o che tal ordine fosse stato rivocato, o per fondato motivo non mai eseguito; non ci resta alcuna memoria, che il modo dello scrutinio fosse sospeso. Dopo prescritte queste nuove formalità sino alla fine del secolo, si contano ascritti i seguenti: Antonio Panizoli, Lodovico e Lelio fratelli di Colloredo, baroni di Valsè (*b*), Livio Brandenstein (*c*), Daniele e i fratelli Grabiz (*d*), e Carlo Zengraf (*e*).

Non sarà inutile il rammentare un'altra deliberazione presa dagli stati (**18 sett. 1592.**) intorno a questo oggetto, ed è, che in tutti questi scrutini di grazia, e conseguentemente in quello anche dell'aggregazione alla nobiltà patrizia, dovessero concorrere due terzi di voti; e che ai parenti sino al quarto grado del candidato fosse sospeso il dare il loro suffragio: all'incontro gli stati rilasciarono nel medesimo giorno il rigore della legge (*f*) pei gradi di nobiltà richiesti, e stabilirono, che bastasse agli aspiranti l'essere da padre ed avo civilmente nati, e di non aver esercitata professione disdicevole allo stato nobile. È cosa spiacevole dover riportare certe deliberazioni, che dettate dallo spirito di particolari viste s'allontanano da quella fermezza necessaria a sostenere le leggi, e le consuetudini d'una provincia.

Non tutti i patrizi, nè tutti gli ecclesiastici, che avevano voce, e facoltà di sedere nelle radunanze degli stati, godevano indistintamente gli stessi diritti e le medesime prerogative. Il disordine, e le dispute, che insorgevano ne' congressi provinciali tra coloro, che dimoravano nello stato veneto, e gli abitanti della contea, eccitarono l'attenzione del principe, che distinguendo i veri sudditi con sovrano decreto (**8 ag. 1586.**) privò i patrizi stabili nello stato veneto della voce passiva nell'elezione dei deputati, e degli esattori; disponendo in oltre che non potesse più di uno de' consorti comparire come

---

a) 24 marzo 1584.   b) 22 aprile 1591.
c) 27 giugno 1591 .   d) 18 settembre 1592.
e) 1 aprile 1596.   f) du' 19 febbrajo 1569 di cui sopra si fece menzione.

rappresentante tutto il consorzio nelle pubbliche radunanze. Riguardo poi agli ecclesiastici insorse nell'aggregazione dell'anno 1592 un'altra contesa, la quale durò sino alla fine del secolo. Lo stato nobile fondando le sue ragioni sopra un'antica consuetudine, li volle esclusi dalla prerogativa di concórrere colla loro voce all' aggregazione dei nuovi patrizî; ma lo stato ecclesiastico s'oppose nella dieta dell'anno seguente ad una esclusione, ch' ei sosteneva, anzi che conforme, essere contraria all'uso nella provincia introdotto; e si difese con tanto vigore (**21 mag. 1593.**) che i commissarî del principe non solo lo riputarono capace di dare il suo voto, come qualunque altro patrizio; ma fecero in modo, che la loro dichiarazione venisse con sovrano decreto (**23 lug. 1593.**) confermata, ed annullato ogni atto, a cui gli ecclesiastici non fossero concorsi colla loro voce.

La principale prerogativa comune alla nobiltà patrizia era quella d'avere un proprio tribunale di giustizia composto di persone del loro ordine. Godeva il patrizio del diritto privato della caccia, e della pesca, coll' esclusione di certi distretti, de' quali il principe con particolare suo decreto disponeva. Finalmente nella generale ripartizione delle contribuzioni sopra le terre, ventiquattro campi d' ogni patrizio ne restavano esenti. Se si fa riflesso a questa esenzione, che pone sì notabile differenza fra un suddito e l'altro, *non si ha motivo di lodare la giustizia de' nostri maggiori.*

VII.

Archivî e custodia delle pubbliche scritture.

In una provincia degli antichi conti, per così dire, abbandonata come fu la contea di Gorizia, e confidata piuttosto al governo arbitrario dei ministri, che diretta da leggi, e da provvedimenti dettati dal principe, non poteva la massa delle scritture aumentarsi a quel segno, che videsi nei tempi posteriori. Per quanto fosse stato grande il numero delle scritture prima del secolo XVI, trattene alcune, che si trovavano nelle mani dei particolari, *tutte perirono nel tempo che i Veneziani impadronironsi di Gorizia.* Quindi dopo la pace colla repubblica ebbe solamente principio il nostro archivio, e siccome il governo della contea per tutto quel secolo era affidato all'autorità dei capitani coll'assistenza degli stati, così tutté le scritture appartenenti al governo della provincia furono nel principio del secolo senza distinzione unite non solo con quelle, che riguardavano immediatamente i pubblici affari, ma ancora cogli atti del tribunale di giustizia nelle cause dei nobili.

Allor che si fabbricò nella parte inferiore della città la nuova casa della provincia, non si perdette di vista di erigere un luogo comodo, e sicuro per depositare le scritture giudiziali, le quali di anno in anno moltiplicavansi a misura che cresceva il numero delle famiglie e de' causidici. Il luogo fu assegnato al cancelliere del tribunale con preciso ordine di separare le scritture appartenenti al tribunale di giustizia da tutte le altre, e di riporle sotto la sua custodia nella nuova cancelleria: ma il cancelliere di quel tempo *Giacomo Campana*, non solo fu tardo nell'eseguire l'ordinato trasporto, ma abusando eziandio dell'indulgenza del suo tribunale, si servì del sito a uso proprio, di modo che vedendo i cittadini quel luogo così occupato, non senza ragione tentarono d'averlo per ridurlo a qualche pubblico uso. La dimanda del magistrato della città trasmessa (**1557**) da Ferdinando I agli stati, risvegliò la loro attenzione, e si determinò di far eseguire immantinente l'ordinato deposito delle scritture giudiziali.

Tutte le altre scritture restarono nelle mani del segretario della provincia, il quale continuò a dimorare in castello, dove risiedeva anche il capo della provincia: e perchè quelle scritture divenivano giornalmente più copiose, la loro custodia rendevasi meno sicura, e trovandosi senza ordine e senza indice, riuscivano spesso di poco uso. Deliberarono perciò (**15 dic. 1562**) gli stati di far erigere un luogo proprio per custodirle, ed ordinarono nel medesimo tempo ad *Erasmo Warsch* loro segretario, di farne un regolato registro. Il segretario eseguì gli ordini, ed esiste ancora il registro, il quale comprende tutte le scritture ripartite in tante classi, secondo la varietà degli oggetti, ma perchè egli nel suo lavoro ebbe più in mira il proprio uso, che quello dei suoi successori: il registro, non indicando con alcuna nota, nè la carta che si cercava, nè il sito dove era collocata, divenne ben presto di pochissima utilità. Laonde nell'istruzione (**1 ag. 1565**), che diedero gli stati al nuovo segretario *Paolo Zobl*, fu questi di nuovo incaricato d'aver cura e custodia delle pubbliche scritture, di farne un registro, e di depositarne copia nelle mani dei deputati, proibendogli in oltre di estrarre alcuna scrittura, nè copia per chicchessia, senza ordine o permissione degli stati.

Quanto era lodevole il provvedimento, altrettanto fu esso mal eseguito.   Le scritture, anzi che essere regolate, venivano a perder giornalmente quell'ordine che vi aveva introdotto il segretario *Warsck*. Si replicarono gli ordini (**1567**) ma sempre invano, tutti sapevano comandare, ma nessuno vi era, che invigilasse all'esecuzione di ciò, che veniva ordinato.   Si pensò in fine che l'opera non potesse intraprendersi, quando non fosse appoggiata a più d'un soggetto. Destinarono dunque gli stati a questo effetto tre patrizî, si replicò nell'anno seguente l'ordine stesso.   Ad onta di tutto ciò ogni cosa restò sospesa, e non se ne parlò più pel corso di dieci anni.

Nell'occasione, che l'arciduca Ferdinando delegò i suoi commissarî a ricevere (**1597**) dagli abitanti della contea l'atto d'omaggio, insorsero fra i commissarî, e gli stati alcune discrepanze intorno la formalità del giuramento e volendosi consultare gli atti dell'omaggio prestato all'arciduca Carlo, nè potendosi ritrovare le scritture, deliberarono di acquistare la casa vicina a quella della provincia, ad oggetto di formar un luogo per l'archivio, e stabilirne un'abitazione pel segretario, commettendo al medesimo di cominciar senza indugio a porre in ordine le scritture.   La casa fu eretta, *Giovanni Frosch* allora segretario, vi trasportò le scritture, le separò, le ordinò, le numerò, e le corredò d'un copioso indice.   In mezzo alla confusione nasce alle volte qualche accidente che fa eseguire in poco tempo ciò, che invano si cercò di effettuare in molti anni.

Non regnava maggiore attenzione per le scritture pubbliche negli altri uffizî dipendenti immediatamente dal principe.   Il ministero dell'arciduca Carlo, che conosceva l'importanza di questo oggetto nella nostra provincia, ordinò (**14 lug. 1572**) sì al capitano di Gorizia, che a quello di Gradisca, che tutte le scritture de' privati riguardanti le loro possessioni situate ai confini, fossero consegnate a *Girolamo Garzonio* consigliere dell'arciduca per gli affari dei confini, e quelle, che riguardavano i sovrani diritti, si riponessero, e si registrassero nelle pubbliche cancellerie, eccitandoli nel medesimo tempo a suggerire ciò, ch' essi credevano opportuno alla conservazione di sì importanti monumenti (*a*).   Ma non esiste veruna memoria, che questo provvedimento fosse stato posto ad effetto.

---

a) Scritture del magistrato fiscale di Gorizia.

CAPITOLO SECONDO.

Amministrazione di Giustizia
dall'anno 1500 all'anno 1600.

I.

Leggi municipali.

ALLORA che incominciarono ad incivilirsi i popoli, si moltiplicarono secondo le varie circostanze le leggi, fra le quali il principal luogo occuparono quelle, che riguardano la privata giustizia. I Romani superarono colla loro saviezza in questo punto tutte le altre nazioni, e la loro giurisprudenza fu in vigore per molti secoli in tutta l'Europa. Fra le leggi generali e comuni a tutto l'impero, vi furono presso i medesimi delle leggi adattate ai luoghi particolari, donde ebbero origine le leggi municipali, da noi chiamate statuti particolari delle provincie. Si è già detto (*a*), come le leggi del Friuli pubblicate da *Marquardo* patriarca d'Aquileja servissero di norma a quelle, che furono introdotte, ed accettate nella contea di Gorizia. Nei paesi che hanno i medesimi rapporti, servono senza contraddizione le medesime leggi; ma siccome il nuovo governo della Casa d'Austria cangiò in parte l'interna costituzione della contea; così fu necessario non solo di riformarne le leggi municipali, ma anche d'aggiungerne di nuove. Questa parte di governo occupò pel corso quasi di tutto il secolo XVI le pubbliche cure, delle quali noi riferiremo i principali provvedimenti.

Francesco della Torre, capitano di Gorizia, uomo non meno intelligente, che zelante della pubblica amministrazione, non contento

---

a) Vedi Introduzione pag. IX.

delle riforme fatte di tempo in tempo nelle consuetudini delle contee, animò gli stati ad applicarsi ad una *totale riforma*, e si esibì di prestare la mano ad un affare, che interessava cotanto il pubblico bene. Gli stati, secondando le insinuazioni del capitano, dopo aver fatte alla corte reiterate instanze, implorarono nella dieta dell'anno 1556 per un'opera sì necessaria la sovrana protezione di Ferdinando I.

Dispose il principe, che si tenesse un congresso in Gorizia; ed avendo delegati (**26 aprile 1556.**) per suoi commissarî il dottore Martino Bondonario preposto del capitolo di Vienna, e Girolamo d'Attems, ordinò che gli stati deputassero altri due soggetti del loro corpo, e ne assumessero un altro per parte della comunità de' contadini. Morti i commissarî prima che si ponesse mano all'opera, furono sostituiti dal principe, Antonio della Torre, Giovanni Giuseppe d'Eck di Ungerspach, ed il dottore Giorgio Pardt. Gli stati nominarono Massimiliano di Dornbergo, e Giuseppe Reschauer; ed esclusero *dal congresso il deputato delle comunità de' contadini*. Non dee sembrare strano, che nel tempo, in cui il pregio dell'agricoltura era sconosciuto, il contadino non abbia avuto altra parte nella società civile, che i pesi, ed il disprezzo.

Il congresso cangiando alcune consuetudini, e combinandole colle costituzioni de' principi austriaci compilò lo statuto, che comprendeva cento ottantasei rubriche *(a)*. Riuscirebbe troppo nojosa una minuta descrizione dello statuto; tanto più che da una parte non si vede un retto metodo nella distribuzione degli articoli, e dall'altra quelli, che in maggior numero risguardano l'ordine giudiziale, furono con posteriori ordini sovrani prima del fine del secolo o corretti, o aboliti. Riservandoci quindi a far menzione di molte *leggi municipali*, secondo che ne verrà l'incontro, qui soltanto parleremo sì delle leggi civili, che

_____

a) *Ci è riuscito di trovare di questo statuto una copia in iscritto, la quale ci fu tanto più cara, quanto meno se ne conosceva il valore. Mancando il titolo si poteva dubitare se fosse autentica; ma dagli scritti dei giurisconsulti, a cui nel secolo XVII fu appoggiata la riformazione delle leggi, chiaramente si scorge, che questo sia un autentico esemplare delle leggi municipali, di cui ora si fa menzione: imperochè il numero delle rubriche della nostra copia, e le materie, che vi si trattano, corrispondono esattamente al numero delle rubriche, ed alle materie, a cui que' giurisconsulti si rapportano nelle loro scritture.*

hanno rapporto col cittadino come posseditore di beni, dalla cui possessione derivarono sempre, e derivano sin a quest'oggi le contese ed i processi civili, e così delle leggi penali da' nostri legislatori dettate onde por freno a' delitti, e costringer il cittadino all'osservanza degli ordini generali.

La legge più degna d'osservazione, che ci sembrò meritare il primo luogo, si è quella, che stabilisce l'ordine della successione *in favore dei maschi*, i quali benchè sieno della linea collaterale, vengono preferiti alle femmine discendenti del defunto (*a*). Questa costituzione che si discosta dalle disposizioni del diritto comune, è un avanzo delle leggi *longobarde* e *feudali* mescolate colle consuetudini dei Sassoni e Turingi, che esclusero dalla successione le femmine. La nostra costituzione è ancora ad esse più gravosa, che non lo sono le stesse leggi longobarde (*b*), poichè non obbliga l'erede, che alla sola assegnazione della dote alle figlie. Il lustro delle famiglie, che da' maschi deriva e si perpetua, e la conservazione delle loro sostanze hanno consigliate, e quasi giustificate queste disposizioni, che sembrano ripugnanti a' principî della natura.

Sotto lo stesso punto di vista dee riguardarsi ancora la costituzione (*c*), la quale uniformandosi ad altre leggi longobarde (*d*), ordina, che le figlie debbano contentarsi di quella porzione, che sotto qualunque titolo con testamento fosse loro lasciata, benchè non giungesse ad una proporzionata legittima, colla sola riserva, che se sufficiente non fosse alla congrua loro dote, ne potessero addimandare un qualche supplimento. Per garantire poi le femmine da ogni arbitraria assegnazione di dote, come ancora dalle dilazioni degli eredi nel costituirla, lo statuto dispone (*e*), che la figlia, o uno dei suoi congiunti ne implori l'assegnazione dal giudice, il quale sia tenuto di prescrivere all'erede il termine d'un anno, per procurare alla stessa un conveniente partito di matrimonio, e di obbligarlo in questo intervallo ad alimentarla.

---

a) *Rubrica 137.* " *De successionibus ab intestato.* „
b) *L. L. Longob. lib. 2 cap. 14 leg. 2, 6, 20,*
c) *Rubrica 226.* " *De legatis filialibus, et aliis fœminis ab* „ *hæreditate exclusis.*
d) *L. L. Longob. lib. 2 cap. 14 leg. 14.*
e) *Colla rub. 140.* " *De hæredibus compellendis alimentare,* „ *maritare, et dotare fœminas ratione sexus ab hæreditate* „ *exclusas.*

Queste tre costituzioni ci dànno motivo di parlar d'altre riguardanti le *doti delle femmine*. Ve ne ha una (*a*), che concede da una parte alle donne la facoltà di disporre con testamento della dote costituita de'beni avventizi, del *dono* detto da noi *mattutino*, e di quel corredo di gioie, abiti ed ornamenti, che avessero portato in casa del marito, o che dal medesimo in tempo delle nozze avessero ricevuto, e dall'altra parte le priva della disposizione della dote costituita loro dal padre, da'fratelli e parenti, nella quale succede la prole, o in loro mancanza ritorna, a *norma dell'antica consuetudine della contea*, alla casa ond'era uscita. Così in un altra costituzione (*b*) si determina la restituzione della dote alla casa che la formò, se dopo la morte della madre morissero i figli e le figlie, in età pupillare. Questa costituzione *contraria al diritto romano* era derivata dalle leggi feudali (*c*), le quali tutte tendevano alla conservazione delle facoltà nelle famiglie. Quindi per la stessa ragione la poco anzi mentovata costituzione (*d*) priva la donna della facoltà di testare dei doni fattile dal marito dopo il tempo del matrimonio, quando non avesse dal medesimo speciale consenso di poterne disporre: e finalmente un'altra legge (*e*) dichiara, che tutti gli acquisti delle donne fatti durante il matrimonio dovessero riputarsi fatti con la facoltà del marito, se non si provasse evidentemente che fossero derivati dalle proprie loro rendite.

Non si perdette di vista nello statuto la condizione delle vedove e la sicurezza delle doti. Colla medesima costituzione (*f*), per cui fu disposto, che l'erede non potesse essere astretto alla restituzione della dote prima del termine d'un anno ed un giorno, viene provvidamente prescritto, ch'egli sia tenuto in quel intervallo di alimentare la vedova, e quando questa non voglia ricevere gli alimenti, debba corrisponderle il censo del 15 per cento dell'importar della dote. Parimente in un altra costituzione (*g*) si dà alle doti

a) Rub. 119. " *De bonis uxoris portatis ad domum mariti, et potestate disponendi de ipsis.* "
b) Rub. 124. De restitutione dotis fienda liberis ante, aut post obitum matris defunctis. "
c) Lib. 1 tit. 13 et lib. 2 tit. 13. d) Contenuta nella rub. 119.
e) Rub. 120. " *De aquisitis per dominam maritatam constante matrimonio præsumendis aquisitis de bonis mariti.* "
f) Rub. 114. " *De alimentis uxoribus viduis præstandis.* "
g) Rub. 121. " *Quibus creditoribus ratione dotis mulier præferetur.* "

la preminenza sopra ogni altro credito, attribuendo a quelli, che hanno diritto di ripeterle, i medesimi privileggi, che competevano al fisco ed agli stati provinciali. Affinchè poi nè dalla moglie, nè dal marito potessero essere distratti i fondi dotali, o quelli assegnati per sicurezza della dote, lo statuto (a) dichiara nulle ed invalide le *alienazioni* in pregiudizio delle ragioni dotali, se non sieno approvate da due prossimi parenti della donna, e con decreto del giudice confermate.

Le ragioni dei pupilli, e la conservazione della loro facoltà meritarono l'attenzione dei compilatori del nostro statuto. Con ispecial legge (b) si stabilisce, che la madre, ed i più prossimi parenti dei pupilli sieno tenuti nel corso d'un anno dopo la morte del padre ad implorare dal giudice la scelta d'un tutore, o curatore sotto pena di decadere da ogni diritto, che potesse loro competere dopo la morte del pupillo sopra i suoi beni; e si ammonisce il giudice di preferire nella tutela, o procurare i più vicini parenti, ed in mancanza di questi, due altre oneste persone. Dalla stessa legge sono dichiarate incapaci della tutela le madri, che passano a nuove nozze, così ancora quelli, che non posseggono facoltà proprie, e sufficienti per sicurezza di quelle del pupillo. Dichiara in oltre questa costituzione, che i tutori in riflesso alle loro fatiche possano ricevere un'annua gratificazione da determinarsi dal giudice. Se taluno poi ricusasse la tutela, si stabilisce che dal giudice sia dichiarato incapace di succedere per qualunque ragione, o titolo nella facoltà del pupillo, e finalmente viene proibito ai tutori d'accasarsi colle pupille, d'acquistare in qualunque modo beni pupillari, riservandosi bensì al tutore il diritto di far valere le sue ragioni dopo il termine della tutela.

Con altra costituzione (c) si prescrive a tutori testamentarî il termine di dieci giorni per accettare, o ricusare la tutela, e s'ingiunge indistintamente a tutti i tutori e curatori di assumere nel termine di trenta giorni dall'accettazione della tutela, per mezzo d'un notajo, coll'assistenza di due parenti più prossimi del pupillo, l'inventario della sua facoltà, di presentarlo nel termine di otto giorni al

---

a) *Rub. 117.* " *De solemnitate servanda in alienatione rerum dotalium.* "

b) *Rub. 127.* " *De tutoribus dandis.* "

c) *Rub. 129.* " *De inventariis a tutoribus, aut curatoribus conficiendis.* "

giudice, e di pubblicarlo in presenza dei suddetti assistenti. Riguardo poi al rendimento de' conti dell'amministrazione delle facoltà pupillari, il nostro statuto (*a*) ordina, che i conti sieno annualmente rassegnati al giudice, ed in presenza di due parenti più prossimi del pupillo, ed in mancanza loro, di due oneste persone giustificati; ordinando di più, che i mali amministratori debbano essere astretti a risarcire senza dilazione ogni danno cagionato al pupillo.

Non sarà inutile il far menzione di altre due costituzioni, che contribuivano alla conservazione delle facoltà delle famiglie. Eravi allora la consuetudine, non senza danno ita a' tempi nostri in disuso, che quasi tutte le famiglie vivevano unite di sentimenti, e d'interessi; ed il governo della casa, e l'amministrazione de' beni si sosteneva dal capo. I legislatori del nostro statuto furono solleciti d'autorizzare questa buona consuetudine con ispezial costituzione (*b*). Dopo d'aver interdetta a' figli di famiglia, ed a tutti coloro, che vivevano sotto altrui potestà, ogni alienazione di beni, ed effetti, dichiaravansi di niun valore i contratti di vendita, e i debiti dei fratelli di quelle famiglie, le cui rendite erano amministrate da un fratello maggiore. Rilevasi dalla susseguente costituzione (*c*), che all'età di *vent'anni* si finiva d'essere sotto tutela; allontanandosi così dalla disposizione del diritto comune, ed approssimandosi alla legge longobarda (*d*). Si deduce ancora dalla stessa rubrica, che si confidava l'amministrazione dei beni a quei pupilli, che avevano dato saggio di prudente, ed economica condotta; proibendo bensì loro ogni alienazione, e dichiarando nullo ogni contratto di vendita, senza il consenso di due prossimi parenti.

Dalle mentovate *costituzioni municipali* scorgesi chiaramente, che tutte le mire de' nostri legislatori tendevano alla conservazione, ed all'incremento delle famiglie; ma siccome tutte le provvidenze non potevano privare l'uomo del diritto primitivo, che lo costituisce arbitro delle sue facoltà; così le nostre leggi hanno voluto, che la decadenza d'una famiglia serva almeno di vantaggio, e d'innalzamento a' suoi parenti. Si stabilisce quindi (*e*), che in caso di vendita, o

---

a) *Colla rubr. 130.* " *De ratione redenda singulis annis per tutores et curatores.* „

b) *Rub. 103.* " *De his, quibus alienatio est interdicta.* „

c) *Rub. 104.* " *De prohibita alienatione minoribus viginti annis.* „

d) *L. L. Longob. lib. 2. cap. 29. leg.* ... e) *Colla rubr. 97.* " *De agnatis, et vicinis vindicantibus bona agnatorum, et vicinorum vendita.* „

alienazione di case, terre, campi situati nella contea, e di qualunque altro diritto, o fondo immobile, i parenti del venditore possano nel termine d'un anno, e un giorno *ripetergli, e ricuperargli* al medesimo prezzo, pel quale furono alienati, non ostante che nell'acquisto fosse concorsa l'autorità del giudice. Dopo dei parenti si concede il diritto di ricuperazione a' confinanti del fondo abitanti nella contea. Questo diritto chiamato *ritratto prelativo*, ignoto presso i romani, deriva da una costituzione dell'imperadore Federico inserita nelle *leggi feudali*. Siccome lo spirito della legislazione, che accordava a' parenti il diritto di ricuperare, era quello della conservazione delle facoltà nelle famiglie, così *la prelazione in favore dei confinanti* era appoggiata su quel principio dell'unione dei fondi, e delle possessioni, la quale diminuendo la moltiplicazione dei confini diminuisce il numero dei litigi, che ne insorgono, e risparmiando al contadino inutili fatiche, gli facilita il lavoro, e la custodia delle sue terre.

Non furono dimenticate nella compilazione del nostro statuto alcune provvide leggi in favore della *coltura delle terre*. Interdicono queste (a) la carcerazione degli agricoltori per cagione di debiti. In favore della conservazione e sicurezza delle campagne e de' frutti colla scorta di altra costituzione di Federico (b) si stabilisce (c), che la comunità sia tenuta o a denunziare il danneggiatore de' campi, e delle vigne, o a risarcire i danni. Per allontanare i rubamenti sopra le terre s'impone (d) al contadino il debito di abitare nei villaggi; gli vieta di fabbricare la casa di sua abitazione nei terreni coltivati, e se la fabbricasse, il confinante, o l'altro contadino ha l'autorità di abbatterla e demolirla. E non mancando nella contea degli usurai, i quali profittando dell'indigenza del contadino lo aggravavano a titolo di somministrazione di denaro o di vettovaglie con illeciti censi, e cercando nel sudore dell'agricoltore un inonesto guadagno, rovinavano i coloni con grave danno dei padroni del fondo : così il nostro statuto fondandosi sopra un'anteriore deliberazione presa dagli stati (**26 mar. 1547**) dispone (e) che nessun creditore

---

a) *Colla rubr. 133.* " *De homine rurali non personaliter detinendo nomine depositi.* "

b) *Const. 26.* " *De maleficiis clandestinis.* "

c) *Colla rubr. 154.* " *De rusticis gaudias imponentibus in praejuditium habentium jurisdictionem.* "

d) *Colla rub. 194.* " *De villicis in campis laboratis aedificare non debentib.*

e) *Colla rubr. 175.* " *De creditoribus alienos colonos pignorantibus.* "

possa chiamare in giudizio i coloni per debiti contratti senza l'assenso dei padroni del fondo: ma per una fatal sorte della patria le sue leggi più salutari nella riforma posteriore delle sue costituzioni municipali furono obbliate. Il saggio e zelante capitano Francesco della Torre, aveva già antecedentemente fatto promulgare (a) due severissimi editti tendenti all'estirpazione di sì perniziosi abusi, e Bonavventura d'Eck, commissario degli stati in Vienna nell'anno 1557 aveva per l'effetto implorato la sovrana autorità. Finalmente trovasi nel codice delle nostre patrie leggi la costituzione (b), che prescrivendo al giudice l'obbligo di *tassare il prezzo delle vettovaglie* e merci, che fossero somministrate nel corso dell'anno, ordina che se il debitore per mancanza di denaro dovesse soddisfare il debito coi frutti delle sue terre, debbano questi calcolarsi secondo il prezzo corrente al tempo di s. Michele, proibisce inoltre tutti i censi livellari istituiti sopra le somministrazioni di merci e vettovaglie, e dichiara nulli simili contratti. Queste sono le principali *leggi civili* dello nostro statuto, che si è creduto opportuno di accennare in questo luogo. Nel progresso del capitolo si avrà occasione di far memoria di altre, le quali riguardano i magistrati, e l'ordine giudiziale di quei tempi.

Le sostanze, il buon nome, e la vita stessa del cittadino avrebbono una troppa debole difesa, se non vi fosse altro per la sicurezza che una serie di leggi puramente proibitive. Fu però necessario stabilire delle pene per reprimere la prepotenza dell'uomo, il quale spesso abbandonasi all'impeto delle sue passioni. Le pene pecuniarie, e le afflittive furono creduti i mezzi più efficaci a sottoporre all'obbedienza delle leggi la sfrenatezza, poichè non vi ha chi senza scuotersi paghi a proporzione delle sue sostanze una pena e non abbia in orrore tutto ciò che può privarlo della civile libertà, o travagliarlo nel corpo. Non si ha precisa notizia di tutte le *leggi penali*, che furono in uso nella contea prima della compilazione dello statuto municipale. Si può congetturare, che non fossero dissimili da quelle, che si vedono scritte nel medesimo. Il codice criminale pubblicato nell'anno 1532 da Carlo V nell'impero fu trasmesso (c) dai ministri di Ferdinando, come nelle austriache provincie, anche in Gorizia, ma non si sa di certo se esso fosse mai stato osservato. Tre sono i casi, ne' quali il nostro statuto

a) *Negli anni 1546 e 1547.*   b) *Rub. 131.* " *De usuris.* „
c) *Nell' anno 1544.*

prescrive la *pena di morte*. Vi ha una legge (*a*), che condanna senza distinzione di grado (*b*) al supplizio *della forca* non solo gli autori di latrocinî commessi sulle pubbliche strade, ma eziandio quelli, che prestassero assistenza, o somministrassero ricovero ai perturbatori della pubblica sicurezza. Altra legge (*c*) impone egualmente la *pena di morte* contro i rei d'omicidio volontario, finalmente la terza (*d*), dopo aver prescritto la pena pecuniaria di dugento lire contro i falsi testimonî, ordina distintamente quella di morte, se la falsa testimonianza facesse cader l'accusato nello stesso supplizio. Questi sono i soli delitti puniti colla morte dal nostro statuto. I ladri comuni castigavansi col bando dalla contea, o vendevansi alle galere venete. Il prezzo del suddito non era ancora conosciuto, e la repubblica, contenta di ricevere un uomo, contribuiva di buon grado per ogni condannato una somma determinata. La pena della corda avanti la compilazione dello statuto era in uso nella contea. Un editto (*e*) del capitano Francesco della Torre prescrive quella di tre tratti di fune contro i bestemmiatori recidivi. Lo statuto non parla di questa pena, ma si vede all'incontro minacciata negli ordini decimali tolti dalle antiche consuetudini della provincia, ed in altre sovrane costituzioni. Si pretendeva di punir i colpevoli con uno slogamento di braccia, e si pregiudicava allo stato rendendo quasi disutile un cittadino.

Tutti gli altri delitti, che recavano danno alla società, erano corretti con le pene pecuniarie. Se taluno commetteva qualche violenza in terreno altrui, o s'impadroniva colla forza degli altrui effetti, lo statuto (*f*) lo condannava alla restituzione del doppio, alla compensazione dei danni e delle spese, ed al pagamento di cinquanta lire per isportula del giudice: all'incontro non risguardando qual violenza il pascolare degli animali nel fondo altrui, come se l'erba non fosse frutto della terra al pari degli altri, dispone (*g*) la sola

---

a) *Rub. 142.* "*De predatoribus viarum pubblicarum, et committentibus crimen privati carceris.*"

b) "*Sive nobilis, sive popularis.*"   *Sono le parole del testo.*

c) *Rub. 153.* "*De homicidiis puniendis, aut extra comitatum banniendis.*"

d) *Rub. 143.* "*De pœna falsis testis.*"   *e*) *Dell'anno 1545.*

f) *Colla Rubr. 60.* "*De exfortiis, et his, qui ingrediuntur injuriose domos atque habitationes eorum.*"

g) *Colla rubr. 61.* "*De his, qui cum animalibus pasculant non committentibus exfortium.*"

compensazione del danno, e la pena d'otto denari a benefizio del giudice. Così ancora coloro, che avessero dato in ipoteca, o venduto un effetto già prima venduto, o dato in ipoteca, come parimente gli artefici, che si fossero appropriato, o che avessero venduto materie d'oro, d'argento, e simili, state loro fidate per porle in opera, non erano condannati (*a*), se non alla compensazione del danno, e delle spese, ed alla pena pecuniaria a benefizio del giudice, ed alla carcere fino al pieno risarcimento. La forza della consuetudine, che fa supporre dalla maggior parte per ragionevoli i più grossolani assurdi, impediva che si scorgesse la contraddizione di simili leggi.

I compilatori delle nostre costituzioni mal conoscendo il rispettabile carattere de' magistrati, risguardavano con eccessiva indulgenza i gravi delitti, che offendevano la dignità dei ministri del principe delegati ad amministrare la giustizia. Prescrivevano essi (*b*) alla comunità, che ardisse di congregarsi per opporsi al giudice, o a' suoi ministri, la pena di cinquanta lire a favore del giudice medesimo. Non si conosceano a que' tempi i funesti effetti d'una tumultuante comunità, nè si sapeva di quanta importanza si fosse il rispetto, e la subordinazione del suddito alla pubblica autorità. Per conoscere in che siamo superiori a' nostri maggiori, bisogna tratto tratto paragonare le nostre colle loro idee. Osservasi, che i nostri legislatori aderendo alle consuetudini longobarde (*c*) preferiscono le pecuniarie alle pene afflittive, senza riflettere, che la stessa pena riusciva grave, e rigida in riguardo al povero, o indulgente, ed inefficace in rapporto al benestante. È ben vero, che le *pene pecuniarie* impegnavano il giudice per una parte a vegliare su' delitti, ed a perseguitarli: ma lo esponevano per l'altra all'occasione di far servire le ragioni leggittime della pubblica sicurezza agli oggetti del suo particolare interesse. Provvide in qualche modo a' disordini di tal natura lo statuto, disponendo (*d*), che le pene pecuniarie per la prima disubbidienza

---

a) Colla *Rub. 102.* " *De alienantibus eamdem rem duobus aut* „ *pluribus, et artificibus alienam materiam ad proprium usum* „ *vertentibus.* „

b) Colla *rubr. 144.* " *De comunitatibus revelantibus.* "

c) *I longobardi punivano l'omicida con pena pecuniaria. L'imperadore Enrico II fu il primo, che alla metà del secolo XI fece pubblicare la pena di morte contro gli omicidi.*

d) Colla *rubr. 153.* " *De poenis exigendis per habentes garitum,* „ *vel simplicem jurisdictionem primae instantiae.* „

verso i *gastaldi* e coloro, che avevano giurisdizione non possano eccedere la somma di quaranta soldi, nè quella di quattro lire per la seconda, nè quella di una *marca* per la terza. Affinchè poi i decani, ed i principali delle comunità non si abusassero del diritto fondato sopra le antiche consuetudini di punire gli abitanti de' villaggi con pene pecuniarie, stabiliscono le nostre leggi (*a*), che l'arbitrio delle comunità non si estenda oltra la somma di otto soldi.

Benchè si scorga tutta la sollecitudine e la vigilanza per allontanare l'oppressione della gente di campagna nelle accennate due leggi, tuttavolta non poche strade restarono aperte a qualche giudice per oltrepassare i prescritti limiti. Le *angherie* e le *estorsioni*, che dall'insaziabile cupidigia d'alcuno di loro sotto varî pretesti soffrirono in quei tempi i contadini della nostra contea, furono uno di quei motivi, che li hanno spogliati dalle loro possessioni, e ne fecero passare una buona parte dallo stato di padroni a quello di coloni.

Ecco le leggi del nostro *patrio statuto* che si credette opportuno di riferire in questo luogo. Altro non resta d'aggiungere senon che queste si mantennero in vigore ed osservanza sino al principio del susseguente secolo nella nostra contea di Gorizia; poichè nel territorio gradiscano la fortezza di Marano colle sue adiacenze aveva le sue particolari consuetudini, le quali confermate da Massimiliano I (*b*), ed indi dall'arciduca Ferdinando (*c*) non furono cangiate sotto il dominio austriaco. Aveva ancora statuti suoi particolari la fortezza di *Gradisca*, ed una mal intesa gelosia di autorità di non uniformarsi alle goriziane leggi municipali persuase quel capitano Giacomo d'Attems di far raccogliere in un separato codice (**1560**) quelle consuetudini dal suo vicario civile *Girolamo Garzonio*. Benchè questa raccolta non fosse mai stata dalla sovrana potestà ratificata, si è osservata fino a' giorni nostri non solo in quella fortezza, ma in tutta la *contea di Gradisca*. Quindi si può vedere, che furono compilati due distinti statuti in due territori, che distinti non erano nè di dominio, nè d'interesse, nè d'interna costituzione.

---

a) La già accennata rubr. 154.
b) 30 settembre 1524.
c) 8 gennajo 1524.

10*

II.

Costituzioni del principe.

Dopo aver data una breve notizia delle leggi e consuetudini municipali, ragion vuole che si parli anche di quelle, che nel XVI secolo derivarono immediatamente dalla suprema autorità dei nostri principi.

I. La prima, di cui siasi conservata memoria, è di Massimiliano I (**7 mag. 1508**). Risguarda questa una regola di *caccie* e di *pesche*. Competendo il diritto della caccia e della pesca per antiche consuetudini a' soli patrizî, volle questo principe provvedere ancora ai disordini ed agli abusi, che potevano introdursi nell'esercizio di questo diritto con tanto maggiore facilità, quanto che lo stesso si estendeva a molti particolari. Questa costituzione inibisce le caccie forzate delle lepri, e prescrive la forma delle reti per la pesca. Per altro nello statuto, il quale esclude (*a*) il contadino, e la plebe dalla pesca e caccia, come occupazione contraria al loro stato, non si trova vestigio veruno di questa costituzione; tutta volta si ha motivo di presumere, che fosse osservata: poichè oltre reiterati provvedimenti fatti dall'arciduca Carlo intorno la caccia (*b*) gli stati provinciali alcuni anni dappoi (**12 ott. 1574.**) nominarono nella contea dei guardiani, che vi dovevano invigilare. Il capitano Giorgio della Torre tentò di privare lo stato nobile di questi diritti: ma essendo state presentate contra tal arbitraria novità delle instanze all'arciduca Carlo, con sovrano decreto (**29 apr. 1580.**) confermò questo principe la prerogativa in favore de' patrizî, e disapprovò la preminenza pretesa dal capitano nell'esercizio d'un diritto, che competeva egualmente agli altri.

II. La guerra co'Veneziani, le continue molestie, che provavano gli abitanti della provincia, ed il timore, che ispiravano gli Ottomani colle frequenti incursioni negli stati austriaci, avevano armato indistintamente il braccio del cittadino, e della gente di campagna. Avezzo l'abitante della contea all'*armi* ed alle zuffe, incontrava facilmente risse, e commetteva

---

a) Colla rubr. *170.* " *De piscatione* „ e colla rub. *172.* „ *De* „ *venatione et aucupatione.* „

b) Del dì *13 dic. 1569. 11 agosto 1571. 19 aprile 1580.*

violenze ed omicidi fra gli stessi suoi concittadini. Per provvedere a sì violenti disordini, dichiarò il re Ferdinando (**28 genn. 1522**), che niun contadino e nessuna persona non nobile ardisse di sortire di casa con armi, ch'erano loro confidate per la sola difesa contro i nemici della patria.

III. Con altra costituzione (**30 genn. 1524**) il medesimo re Ferdinando vieta a tutti i suoi sudditi di *servire principi nemici* suoi e dell'impero, condanna al bando, ed alla confiscazione dei beni sì i contraffacenti, che le mogli ed i figli loro, priva della competente eredità paterna e materna coloro, che non fossero ammogliati, e la dichiarava devoluta al fisco, e si riserba l'arbitrio della pena corporale contro i delinquenti, che cadessero nelle forze de'suoi magistrati (*a*).

IV. I coloni nel principio del secolo si prendevano varî arbitrî in pregiudizio dei padroni dei fondi. Pretendevano quelli di poter *fabbricare* a loro talento *case*, *stalle*, e simili comodi sulle terre prese a fitto, colla pretensione in oltre, che queste fabbriche dovessero bonificarsi in denaro dal proprietario del fondo, quando li licenziasse. Arrogavansi il diritto di dividere i terreni tenuti in affitto, e di cedere ed alienare arbitrariamente i miglioramenti, e sostenevano che la perizia, e stima dei medesimi competesse solamente all'ordine loro. Tali pretensioni fomentarono delle dissensioni e contese, che giunsero sin al trono di Ferdinando. Questo principe delegò (**1524**) a tal effetto nella contea in qualità di commissarî Pietro Bonomo vescovo di Trieste, Michele Bucignola, e Domenico Burlo. Esaminate le pretensioni dei coloni, e presentatane la relazione, sortì il rescritto decisivo dalla reggenza dell'Austria inferiore (**25 ott. 1527**), il quale stabilisce, che i coloni senza il consenso del padrone della terra non possono erigere fabbriche sopra fondi tolti in affitto semplice, eccettuatene quelle che indispensabili si rendono alla loro abitazione, ed al ricovero delle raccolte e del bestiame, o che sieno riparazioni di quelle, che già esistevano, disponendo che le mentovate fabbriche debbano erigersi con *legni* e *paglia*, e non con mattoni e pietre, ed in quei soli siti, dove prima esistevano case coloniche, e stalle. Se poi il colono intraprendesse fabbriche senza il consenso del padrone, la costituzione inerendo alle leggi feudali, ed a molte disposizioni del diritto comune riguardanti gli usufruttuarî, dichiara, che al colono non competa alcun risarcimento,

---

a) Questa costituzione fu dal medesimo principe per quattro volte rinnovata negli anni 1535, 1536, 1546 a 1563.

riservatagli la sola facoltà di demolire tali fabbriche, e di trasportarne i materiali. Prescrive inoltre, che il terreno preso in affitto semplice non possa dividersi dal fittaiuolo senza assenso del proprietario. Approvasi e confermasi indi l'antica consuetudine che in occasione della terza *stima di miglioramenti* del colono, il giudice nomini, ad esclusione degli stimatori della comunità un agrimensore, il quale presti il giuramento di fare giusta stima. Finalmente determina, che i coloni, sotto pena della perdita di ogni pretensione non possono alienare, nè dare in ipoteca i miglioramenti senza prima insinuare l'ipoteca, o la vendita al proprietario, a cui viene prescritto il termine di sei settimane, per manifestare la sua deliberazione. In riguardo al valore dei miglioramenti medesimi, che si pretendeva alterato dai coloni, la reggenza sospese la sua decisione, e delegò nuovamente i medesimi commissarî per esaminare e dilucidare maggiormente la quistione. Questa costituzione unita alla definitiva sentenza della reggenza (**22 magg. 1542**) in riguardo alla stima de' miglioramenti ha servito di scorta ad una (*a*) di quelle leggi municipali, che registrata nel moderno nostro statuto si mantiene tuttavia in pieno vigore.

V. Un'altra costituzione di Ferdinando (**8 giug. 1540**), proibisce sotto gravissime pene in tutti i suoi stati l'*incetta di grani,* d'ogni cosa commestibile, e di quelle merci, che servono a vestire la povera gente. Lodevole fu l'intenzione, che promosse questa legge, ma se si riflette, che essa è stata in breve tempo sino a sei volte rinnovata (*b*), è necessario supporla o non curata, o difficile ad osservarsi.

VI. La costituzione (**12 genn. 1542**), colla quale Ferdinando volle rimediare ai *furti,* ed altri disordini, che si commettevano dai *Zingani,* ordina a' governi d'interdire loro ai confini l'ingresso, e di scacciare quelli, che si fossero introdotti.

VII. Le non interrotte guerre coi Turchi tennero Ferdinando fin dal principio del suo impero sì occupato al di fuori, che l'intimo governo doveva in qualche modo trascurarsi. In tutte le diete generali i deputati delle provincie non cessavano di supplicare il principe, perchè desse opportuni provvedimenti a tutte le parti della pubblica amministrazione abbandonate al capriccio, ed al disordine:

---

a) Rubr. 173. " *De jure dominorum super fundis, et proprietatibus* „ *suis, et limitatione aestimationis melioramentorum.* „
b) Negli anni 1540, 1543, 1548, 1549, 1555 e 1558.

ma tutti i congressi, stabilito il principal oggetto dei sussidi, si scioglievano colla precisa sovrana promessa, che non mancherebbesi di prendere in considerazione le istanze degli stati, e di determinare quelle ordinazioni, che crederebbonsi opportune alla buona amministrazione delle provincie.   Sortì finalmente una ben lunga prammatica (**9 apr. 1542**) in ventinove articoli, la quale dee considerarsi come una delle leggi fondamentali del nostro codice di governo.   I nove primi articoli contengono le pene contro i *bestemmiato*, ed altre prescrizioni per tenere lontani i sudditi dagli eccessi del bere e del giuocare. I susseguenti sette articoli, prescrivono ad ogni classe di persone le qualità delle *stoffe*, di cui fosse lecito *vestirsi*, ed i contrassegni distintivi fra uno, e l'altro stato dei cittadini.   L'articolo decimo ottavo proibisce ai mercatanti il vendere drappi di lana, che non sieno prima stati nell'acqua bagnati.   Coll'articolo decimonono si prescrive la quantità di *banchetti*, ed il numero delle vivande in occasione di nozze.   Ordinasi nel ventesimo, che alla fine dell'anno il governo formi ai locandieri, ed osti la tariffa, per regola dei passeggieri.   Gli articoli ventesimoprimo e ventesimosecondo riguardano i rivenditori, e prescrivono la vigilanza per l'esattezza dei *pesi*, e delle *misure*.   L'articolo ventesimoterzo determina, che quelli, i quali dessero in prestito denari sopra i frutti venturi, non potessero ricevere il frumento a prezzo minore di quello, che corre a s. Michele, ed il vino a quello di s. Martino, e che dovessero contentarsi dell' interesse del cinque per cento, se al debitore piacesse di soddisfargli in denaro.   L'articolo ventesimoquarto inculca ai magistrati la vigilanza sopra le persone vagabonde ed oziose, ordinando tutte le vie, onde impiegarle.   Col ventesimo quinto si proibisce agli scozzesi e savojardi, ed altri mercatanti forestieri, di girare e vendere per le provincie, fuori del tempo delle fiere.   Prescrivesi col ventesimosesto per ovviare ad ogni frode nella vendita de' drappi ricchi, che non possano essere introdotti nello stato, se non sieno prima visitati dai soprantendenti alle merci.   Gli ultimi tre riguardano alcune regole per la *gente di servizio*, e per altre mercenarie persone.   Avremmo qui con piacere aggiunte le misure, che furono prescritte, perchè gli accennati provvedimenti sortissero il loro fine: ma sembra che in que' tempi si contentassero solamente di conoscere i disordini, e disapprovarli.

VIII. Poichè Ferdinando colla terza costituzione aveva inibito ai suoi sudditi di prendere servigio presso i principi nemici suoi e dell'impero, con altra legge (**28 giug. 1544**) proibì a' medesimi di ricevere l'investitura di qual si sia fondo fuori del suo dominio. Ogni dipendenza, che il suddito aver poteva da estere potenze, dava gelosia in un tempo, in cui l'arte, e l'inganno avevano la maggior influenza negli affari dello stato.

IX. La nona costituzione è un editto generale dello stesso principe (**18 sett. 1544**) contro gli *astrologi*, e le *streghe*. Nel secolo, in cui viviamo, la ragione, ed il fatto avendo dimostrato l'assurdità dell'astrologia, e l'illusione della magìa, la legislazione ha cessato di perseguitarle.

X. Si erano introdotti, e moltiplicati nelle provincie austriache i rivenduglioli esteri, i quali non contenti di frequentare le pubbliche fiere, scorrevano tutto il tempo dell'anno i villaggi, provvedendoli di merci, e trasportandone somma non indifferente di denaro. Ferdinando provvide con ispeciale decreto (**16 nov. 1544**) a' danni, che queste sanguisughe recavano alla monarchia, vietando loro l'accesso nelle sue provincie, senza una prova d'avere stabilito domicilio in qualche luogo del suo dominio.

XI. Lo stesso principe fece promulgare un'altra prammatica (**13 ott. 1552**), la quale comprendendo varie provvidenze legislative riguardante il costume, ed il *lusso*, rinnova la settima costituzione. Ordina questa contro i bestemmiatori la pena della prigione, inibisce l'intemperanza nel bere e gli eccessi nel giuoco, condanna le usure prescrivendo l'annuo interesse del cinque per cento, regola la forma del vestire, e della tavola, e commette a' magistrati d'invigilare zelantemente, e di punire severamente i contraffacenti.

XII. Alcuni monasteri e capitoli, ed altri ecclesiastici veneti possedevano nello stato austriaco molte terre, dalle quali licenziavano i coloni austriaci per affittarle a' loro nazionali. Ferdinando stabilì (**5 giug. 1553**) con decreto, che il colono, il quale pel corso di *quarant'anni* avesse preso in affitto con censo sempre uguale terreni appartenenti agli ecclesiastici, non potesse nè esser licenziato da quelli, nè aggravato nella pensione che i sudditi austriaci dovessero essere posti in luogo di coloro, che avessero somministrato al proprietario giusto motivo di congedo. Questa costituzione fu dall'arciduca Carlo estesa (**23 giug. 1588**) in favore dei coloni, i quali tenuto avessero a fitto pel medesimo corso d'anni, senza rinnovar le locazioni, e soddisfare al loro dovere, un terreno appartenente a qualunque chiesa. Legge, che fu dal medesimo principe nello stesso anno (**2 ott. 1588**) confermata. Dalle accennate tre costituzioni derivò nella provincia, in ciò che riguarda gli affittuali di terre ecclesiastiche, il diritto di perpetua colonia, fondato ancora sulle leggi longobarde (a).

XIII. Erano gli *ebrei* già dall'anno 1544 confinati in pochi luoghi del dominio austriaco, e per due sovrane disposizioni (b) tenuti a portare un segno, che li distinguesse dagli altri abitanti, quando Ferdinando sopra i ricorsi delle sue provincie intorno alle usure, ch'essi commettevano, con sovrana risoluzione (**2 genn. 1584**) dichiarò, che generalmente fossero esclusi da tutti i suoi stati nel termine di sei mesi. Questa determinazione fu sostenuta dal principe con tanta fermezza, che avendo il governo di Gorizia interposte suppliche a favore d'alcuni, gli manifestò con particolare rescritto (**7 sett. 1561**) il suo dispiacere, e gli ingiunse di non tollerarne alcuno sotto qualsivoglia titolo, o pretesto. Tuttavolta si ha motivo di credere, che si usasse qualche convenienza, mentre, rinnovato (**1565**) dall'arciduca Carlo l'editto della loro espulsione, si trovano memorie, che i nostri stati avessero implorata, e conseguita dal principe la grazia per due famiglie nella contea. I Goriziani sino d'allora erano di sentimento, che la differenza della religione non s'opponesse all'armonia generale dello stato.

XIV. Proibì (**13 mar. 1584**) Ferdinando I nei suoi stati i mercati pubblici ne' *giorni festivi*, eccitato forse dalle dispute di religione, che insorsero nel secolo XVI, a sostenerne coll'osservanza dei precetti della chiesa la santità delle *costumanze*.

XV. La decimaquinta costituzione è la patente generale del medesimo principe, con cui si commette ai magistrati di procedere indistintamente colle più severe pene contro gli autori di *libelli infamatori*, o di pasquinate.

XVI. Siccome, malgrado la mentovata seconda costituzione, le animosità fra i sudditi confinanti d'ammendue le parti, ed il gran numero di gente facinorosa *bandita* dallo stato veneto, a cui la provincia serviva d'asilo, inducevano spesso un cittadino ad imperversare contro l'altro, e a commettere degli omicidi, così l'arciduca Carlo fece pubblicare la costituzione (**7 febb. 1588**)

a) Lib. 2 cap. 35 *legge* 3, *in virtù della quale un servo, o una serva, che pel corso di trenta anni aveva prestato il suo servigio al medesimo padrone, non potevano essere licenziati, nè aggravati d'alcuna nuova fatica.*

b) L'una dell'imperadore Ferdinando dell'anno 1490, l'altra di Ferdinando I dell'anno 1551.

colla quale inibendo di portar *armi da fuoco* ad ogni sorta di persone determina ai trasgressori nobili la pena di cinquecento ducati d'oro, di cento alle persone non nobili, e di cinquanta a' contadini, e surrogò a riguardo degli ultimi la *pena afflittiva* di tre tratti di fune se non potessero soddisfare alla pecuniaria. La medesima legge condanna indistintamente al taglio della testa nel termine di 24 ore coloro, che scaricassero un'arma contro un'altro, benchè non lo uccidessero, nè lo colpissero, e ordina la confiscazione dei loro beni riserbandone la sola metà ai figli. Si ha voluto curare il male estremo con un pronto ed estremo rimedio. Dispone in oltre la costituzione, che i nobili abbiano bensì la libertà di farsi accompagnare da quanti servitori piacerà loro, purchè sieno sudditi austriaci, o dell'impero : ma non possano ricevere al loro servizio sudditi forastieri, senza spezial assenso del governo, e senza costituirsi mallevadori d'ogni disordine. In caso di contravvenzione restano condannati i padroni alla pena di cento ducati d'oro, ed a quella di tre tratti di fune i servi. Indi passa la legge a dichiarare, che nella distanza d'un miglio da'confini i contadini non possano portare alcuna sorte d'armi, nemmeno di taglio, e nella prescritta distanza permette solamente la spada a quelli, che arruolati fossero alla milizia urbana. Commette di più agli osti, ed ai locandieri di levar ai passeggieri esteri i fucili al loro arrivo, e di non restituirli fino alla partenza, sotto pena di cinquanta ducati d'oro, se il passeggiero fosse nobile, di venti, se tale non fosse, e di dieci, se fosse contadino : ma non potendo a ciò soddisfare, resta condannato a tre tratti di fune. Per purgare la provincia dai *banditi vagabondi*, e d'altre simili persone, che turbano la quiete, e la sicurezza pubblica e privata, vuole la costituzione che tutti gli esteri, i quali non fossero scortati da passaporti, debbano nel termine di quattordici giorni ritirarsi dalla contea sotto pena di cinquecento ducati d'oro ai nobili, di cento ai non nobili, e di cinquanta ai contadini, e sostituisce quella della galera alla pena pecuniaria nel caso, che non potessero soddisfarla.

XVII. Ogni aggravio benchè indiretto sopra una merce, o vettovaglia torna in pregiudizio del consumatore. Il vino fu sempre com' è tuttavia una delle principali derrate della contea, onde la legislazione attenta all'incremento dell'agricoltura, non potè vedere con indifferenza, che la stessa derrata fosse aggravata con imposta abusiva. Per tale si considerava sempre la mercede de' sensali, che impiegavano la mediazione loro nella vendita del vino. Nel voler rimediare a questo inconveniente, s'incontrarono molti ostacoli sostenuti dalla comodità, che indi ne traevano molti possessori di terreni: ma pernicioso poi per tutti i titoli era riputato l'abuso, che l'ufficio di sensale fosse esercitato da' forestieri. Il governo di Gorizia con pubblico editto (**9 sett. 1572**) li proscrisse sotto la pena di tre tratti di corda, e questa determinazione fu dall'arciduca Carlo con un suo ordine (**29 apr. 1583**) confermata.

XVIII. Aveva già sin dal principio dell'anno 1582 il pontefice Gregorio XIII coll'approvazione di tutte le potenze cattoliche pubblicato il suo nuovo calendario romano, mediante il quale correggevasi ogni alterazione seguìta rispettivamente a noi nel moto solare nel secolo d'Augusto fino a quei tempi. Sopprimeva il nuovo calendario dieci giorni nel mese d'ottobre dello stesso anno, e stabiliva altre regole per fissare l'equinozio della primavera nel giorno 21 marzo a norma della determinazione del concilio Niceno. L'arciduca Carlo con suo decreto (**22 ott. 1583**) ordina l'osservanza del nuovo calendario gregoriano fatto pubblicare in tutti gli stati dell'Alemagna dall' imperadore Rodolfo II, e dispone che dopo il *quarto* giorno del mese d'ottobre si conti il *decimoquinto*, con ingiungere a' magistrati di prendere in considerazione a favore dei debitori la soppressione de' dieci giorni nel calcolo degli annui interessi, e conti.

XIX. Dopo aver confermato questo principe le provvidenze dell'augusto suo padre Ferdinando relativamente agli interessi (*a*), con particolare decreto (**1 genn. 1587**) accordò, che potesse darsi denaro, e stipularsi contratto di censo annuo al *sei* per cento.

XX. La costituzione vigesima, regola la *decima* in tutta la contea Appartenevano sul principio di questo secolo la maggior parte delle decime alle rendite patrimoniali del principe, ed usavansi nelle riscossioni per parte degli amministratori del sovrano quelle connivenze, che praticansi per l'ordinario relativamente ai sovrani diritti. Alienate dai particolari tutte le *decime*, seppero questi scoprire le frodi, che si commettevano pel passato dai proprietarî dei terreni soggetti alle medesime, e ristabilirne tutte le ragioni, e tutti i diritti. Le innovazioni dei nuovi padroni irritarono i possessori dei fondi, i quali ebbero il coraggio di presentare al principe le loro mal fondate querele. Esistono memorie, che Ferdinando delegasse nell'anno 1534 nella contea il suo *vicedomino* della Carniola Cristoforo Purgstaller colla commissione di accomodare le contese: ma non consta che l'accomodamento si effettuasse, anzi non si trova

———

a) La **undicesima** *costituzione 15 ottobre 1552.*

traccia di alcuna determinazione su tal proposito, se non dopo che il governo di Gorizia fece pubblicare alcune leggi (**6 sett. 1552**), le quali incominciarono a fissare i diritti del padrone delle decime, e dei proprietarî dei terreni a quelle soggetti. Queste leggi medesime si trovano trascritte nelle nostre prime costituzioni municipali (*a*). Si dichiara che ogni proprietario di terreno soggetto a decima, sia tenuto a soddisfarla con rettitudine ed integrità, si condanna alla perdita del terreno colui, che per tre anni seguenti il lasciasse incolto. Se poi un posseditore volesse alienare un terreno soggetto a decima, dispone che esso debba esibirlo al padrone della medesima, il quale in prelazione d'ogni altro, potrà nel termine di sei settimane acquistarlo, mediante il prezzo da un altro offerto: e se il possessore lo vendesse senza insinuarne la vendita, dispone allora, che il padrone della decima possa nel termine d'un anno e d'un giorno recuperarlo dalle mani del compratore, mediante la somma da questo esborsata. Questa regola non fu giudicata sufficiente. Non molto dopo la sua promulgazione si diede mano ad altre provvidenze (**14 ott. 1580**) tendenti ad un più perfetto sistema. Commessa dall'arciduca Carlo agli stati la compilazione delle leggi decimali, essi ne incaricarono il loro segretario Paolo Zobl, e Vito Kelbl allora *gastaldo* del paese, dai quali esteso un piano di legislazione su questa materia, e dagli stati inviato all'arciduca, se n'ebbe dal medesimo l'approvazione, e la conferma (**1 genn. 1588**). Siccome da una parte la costituzione sovrana, di cui si tratta, non fu mai renduta pubblica colle stampe, e dall'altra si è mantenuta, e si mantiene sino ai giorni nostri in piena osservanza, così abbiamo creduto opportuno il dare di tutti gli articoli un succinto ragguaglio.

La prima parte degli *ordini decimali* contiene ventisette articoli riguardanti la decima del vino. I tre primi appartengono all'ordine ed alle formalità da osservarsi nei giudizî decimali; ed i tre seguenti prescrivono il modo, con cui debbonsi tener chiusi e difesi i campi, le vigne, e le terre sottoposte alla decima. Dal settimo sino al decimoquarto articolo dichiaransi i diritti del padrone nella riscossione delle decime del vino, ed i modi onde pagare si debbono da chi vi è soggetto, prescrivendo nel tempo stesso, le pene contro i trasgressori. Conferisce l'articolo decimoquarto a chi ha il diritto di decimare l'autorità di procedere co' più validi sequestri de' frutti contro i renitenti a soddisfare le pene, in cui fossero incorsi,

---

a) Rub. 177. " De jure decimarum. „

ingiungendo la pena di venticinque lire a quelli, i quali temerariamente violassero il sequestro: così il decimo quinto prescrive la medesima pena contro quelli, i quali avessero l'ardire d'opporvisi. I cinque seguenti articoli provvedono ai danni cagionati nelle terre decimali e dettano le pene contro i danneggiatori. Condanna il ventesimo primo ugualmente alla pena di sole venticinque lire colui, che ardisce di trasportare i segni dei *confini* (a), e colui, che cercasse di estendere sopra le pubbliche strade la sua possessione. L'articolo ventesimo quarto risguarda parimente la conservazione delle siepi, o altri segni, che dividono una vigna dall'altra. Col ventesimo secondo viene prescritta la pena d'una *marca*, e del risarcimento del danno contro quello, che ardisce di tagliare una vite. L'articolo ventesimo terzo aggiudica al padrone decimale la decisione nelle contese insorte per qualche pianta o albero, che potesse pregiudicare ad una terra soggetta alla sua decima. Ordina il ventesimo quinto, che quello, il quale facesse acquisto di qualche vigna, o terra soggetta alla decima, sia tenuto sotto pena di venticinque lire nello spazio d'un anno e d'un giorno, a far trascrivere il suo nome nel registro del padrone decimale. Prescrivesi nel seguente gl'incarichi de' *guardiani* detti corrottamente *saltari* (b), e si determina la pena di tre tratti di corda, qualora non denunziassero i danni cagionati nelle terre confidate alla loro custodia. Finalmente nell'ultimo si ordina di contribuire agli ecclesiastici secondo l'antica osservanza della contea, delle decime la quarta parte, ed in quei distretti, dove loro compete, la quarantesima parte (c) dei frutti raccolti nelle terre, che sono sottoposte alla decima.

Seguono indi altri dieci articoli riguardanti gli ordini decimali dei grani, de' quali i quattro primi prescrivono a' possessori di terre sottoposte a decima, il modo di contribuirla, ed al padrone decimale quello di riscuoterla. L'articolo quinto determina che un campo col consenso del padrone decimale ridotto in orto o in prato, resti

---

a) *Si discostano i nostri legislatori in questo caso di molto dalla barbara legge de' longobardi, i quali prescrissero la pena di morte, e quella di perdere la mano, a chi cambiasse, o levasse i segni de' c o n f i n i Lib. 1 cap. 27 leg. 4 e 6.*

b) *Incontrasi questo termine nelle leggi longobardiche, dove intendesi uno delle comunità de' contadini incaricato d'una particolare ispezione.*

c) *Detta comunemente " quartese. "*

sottoposto alla decima del fieno, all'incontro esime dalla decima quel campo, il quale essendo stato altre volte prato, e come tale non soggetto alla decima, venisse nuovamente ridotto in prato. Finalmente dichiara decaduto dal possedimento della terra quel padrone, che pel corso di tre anni senza coltura l'abbandonasse. Dichiara il sesto, che qualora un prato, quantunque non se ne pagasse in fieno la decima, venisse ridotto in campo, il possessore sia tenuto di contribuire dei frutti del medesimo la decima. Il settimo vuole, che quel posseditore, il quale ha pagata la decima della raccolta de'primi frutti, non sia tenuto di pagarla della raccolta dei secondi; se ne eccettuano per altro quelli, che per antica consuetudine avessero contribuito sempre la decima sì delle prime che delle seconde raccolte. Così nel seguente articolo ordinasi, che chi avesse seminati nel suo campo per la prima raccolta que'frutti, che sogliono seminarsi per la seconda, sia tenuto di tutti i frutti a pagar la decima. Il nono articolo ammonisce tanto quei possessori, i quali sono obbligati a contribuire la quarentesima parte dei loro frutti agli ecclesiastici, quanto i patroni decimali tenuti a cedere loro la quarta parte della decima, di soddisfarla a' medesimi fedelmente. Coll'ultimo articolo viene ordinato, che tutto ciò, che per antica consuetudine nella contea fosse stato praticato in riguardo alle decime resti nell'antica sua osservanza. Finalmente prescrivesi, che le accennate ordinazioni non solo nella contea di Gorizia, ma ancora nel capitanato di Gradisca abbiano il loro pieno vigore.

XXI. Coll'ultima costituzione fatta pubblicare dall'arciduca Massimiliano amministratore degli stati dell'arciduca Ferdinando (19 mar. 1594) ch'era in età pupillare, si proibisce l'introduzione e l'uso delle frange, e dei drappi d'oro, e d'argento, e si limitano a dodici piatti i più sontuosi conviti. Doveva essere molto pernicioso il lusso in uno stato senza industria e senza commercio, in cui non aveavi altri mezzi per sostenere i pubblici pesi, che l'economia ed il risparmio.

Ecco le leggi dettate in questo secolo immediatamente dal principe, riguardanti le ragioni civili del suddito, ed i diritti della sovranità. Ci riserbiamo di riportare altrove quelle particolari sovrane provvidenze, ch'ebbero relazione col governo interno, coll'amministrazione della pubblica economia, e colla direzione ecclesiastica della contea nel corso del XVI secolo.

III.

Tribunali di giustizia nelle cause civili dei patrizi,
e di altre persone privilegiate, nelle cause de' cittadini,
e nelle cause fiscali.

Non potendo bastar un giudice solo alla moltitudine delle controversie e dei litigi, che insorgono fra cittadini di varie condizioni e dispersi in diversi luoghi, fu d'uopo che l'autorità giudiziale si dividesse in tanti giudici, in quanti la diversità degli ordini dei sudditi, e l'estensione dei distretti lo richiedevano. Si additò nella introduzione il modo, con cui sotto il dominio degli antichi conti amministravasi la giustizia nelle cause dei patrizi della contea. La semplicità di quel metodo non si alterò fin verso la metà del secolo. Al capitano, ed al cancelliere della contea, ai quali singolarmente era commessa l'amministrazione della giustizia, si aggiungevano arbitrariamente alcuni patrizi, e tutti insieme costituivano il loro tribunale. Si vedeva però alle volte, per l'indeterminato numero e per l'arbitraria presenza dei giudici, sospendersi il corso, e prolungarsi il termine delle cause: e spesso accadeva, che per mancanza d'astanti (così li chiama lo statuto di que'tempi) il capitano o il suo luogotenente, dovevano ritornarsene senza poter ascoltare le parti. A questo inconveniente provvidero le nostre leggi municipali (a) con ordinare, che congregato dal capitano verso la fine d'ogni anno il corpo nobile della contea, si venisse all'elezione di sei esperti, e capaci assessori, i quali nel corso del seguente anno fossero tenuti tutti i Martedì d'intervenire al tribunale, per ascoltare e risolvere le questioni, che venissero proposte, obbligando i giudici, contro il diritto romano, sotto la pena d'una *marca* in caso di legittima loro assenza, di sostituire altro soggetto. Stabiliscono in oltre, che gli assessori eletti non possino ricusare l'uffizio senza motivo da addursi avanti il tribunale, per essere riconosciuto valevole; e finalmente privano del diritto d'impetrare nel corso di quell'anno la competente amministrazione della giustizia quei soggetti, che senza l'approvazione dell'adunanza ricusassero d'accettare l'incarico. Si credette dai nostri maggiori immeritevole d'ogni pubblica assistenza della patria

a) *Colla rubr. 4.* " *De assessoribus ordinariis eligendis.* „

quel cittadino, il quale non si facesse un dovere di servire in ogni incontro la medesima.   Oltre di sei assessori, che costituir dovevano il corpo stabile del tribunale de' patrizî, dispone la stessa patria legge, che quelli, i quali v' intervenivano una volta, potessero a lor talento continuare a frequentarlo, ed avervi luogo, e voce.

Vi è ragione di presumere, che questa prescrizione o non fosse mai stata in tutte le parti adempiuta, o ben presto negletta, perchè dopo la compilazione dello statuto (**18 ott. 1565**) deliberarono gli stati, che i loro deputati intervenissero nei giorni giudiziali al tribunale, ed assistessero al capitáno nell'amministrazione della giustizia: e trovasi che nel medesimo anno (**31 dic.**) gli stati fanno al principe premurose istanze, perchè fossero istituiti quattro assessori stabili, e stipendiati dal sovrano erario, in conformità delle altre austriache provincie.   Comunque fosse, certo si è, che malgrado la mentovata deliberazione ed istanza degli stati, si veniva nella contea alla statutaria elezione degli assessori: ma o dispiacessero le elezioni senza plausibile motivo reiterate nei medesimi soggetti o gli eletti ricusassero frequentemente l'uffizio, fu determinato (**24 nov. 1569**) di porre in un'urna i nomi dei più idonei, e di sostituire la sorte ai particolari voti.   Questo scrutinio non ebbe effetto. L'arciduca Carlo preferì di confermare con suo decreto (**5 ott. 1570**) la nostra disposizione municipale intorno all'elezione degli assessori. Collo stesso decreto rattificasi ancora un'altra legge statutaria (*b*) per cui gli assessori dovevano prestare il giuramento di esercitar l'uffizio loro con onestà, e rettitudine.

A questo tribunale, che si è mantenuto in vigore fin a' nostri tempi, competevano le cause civili non solo de' patrizî, e de' loro servi, ancora delle persone obbligate al servizio del principe, ed a quello degli stati.   Per tutti gli altri indistintamente, che dimoravano nella città di Gorizia, era istituito un separato tribunale, i cui assessori si eleggevano dall'ordine de' cittadini.   Si disse già che il capo della cittadinanza di Gorizia sotto il dominio degli antichi conti aveva il diritto di giudicare le cause civili de' cittadini nella parte superiore della città; e che prima ancora del XVI secolo si estendeva la sua giurisdizione in quella parte inferiore, che era cinta di mura. Dilattandosi poi ne' susseguenti anni la città, il re Ferdinando ampliò (**8 mag. 1556.**) colla piazza denominata Trauneck (*a*) la medesima giurisdizione.

_____

a) *Rub. 5.   " De jurejurando per assessores prestando. „*
d) *In lingua slava, "prato„.*

Questo tribunale, che col progresso del tempo prese, e conservò mai sempre il nome di magistrato della città, era nel *principio* del secolo rappresentato da un giudice col nome di *gastaldo*, e da principali cittadini, il cui indeterminato numero si fissò indi a *dodici*. Probabilmente per le stesse ragioni, per cui fu stabilito il numero degli assessori del tribunale de' nobili; e perchè i cittadini oltre la cognizione delle cause civili, sostenevano ancora varî incarichi, che avevano relazione col governo della città come dirassi a suo luogo; Ferdinando con suo decreto (**28 apr. 1561**.) ordinò l'elezione di un nuovo corpo di *quaranta* cittadini, il quale unito a quello dei dodici assessori dovesse essere consultato intorno a tutti gli affari concernenti l'economia della città, ed anche intorno a molti politici provvedimenti per tutta la provincia. Comandò in oltre, che il *gastaldo* dovesse eleggersi liberamente dal corpo unito de' sudditi di *cinquanta due* cittadini; e diede al capitano della contea l'autorità di confermarlo, riservando alla sua sovrana decisione dipendente dall'informazione del governo il non ammetterlo. Questo era uno stimolo a' cittadini di far cadere l'elezione in un soggetto meritevole, e capace: ed al capo della provincia toccava bensì l'impedire una capricciosa elezione, ma non era permesso di opporsi arbitrariamente ad una ragionevole.

Frequenti erano i dispareri de' sudditi contra il principe, come possessore in que' tempi nella contea di molti beni patrimoniali, e come padrone di altre rendite della sua camera. Dichiarati i ministri camerali non dipendenti dal capitano, la cognizione di tali controversie competeva immediatamente al *vicedomino* della Carniola con grave incomodo, e dispendio de' sudditi della contea. Fin dall'anno 1526 presentarono gli stati le loro instanze al principe, perchè rimettesse alla decisione del capitano le molestie, ed angherie, che si praticavano contra i sudditi da' ministri camerali. Le medesime istanze rinnovate furono parecchie volte, finchè Ferdinando con suo decreto (**5 febb. 1530**.) dispose, che detti ministri avendo qualche azione contra i sudditi fossero soggetti alla decisione del capitano, ed all'incontro fossero soggetti al giudizio del *vicedomino*, qualora fossero da' sudditi querelati. Questa disposizione anzi che curare il male, vie più lo aggravò; poichè nulla ostando all'abusiva autorità de' ministri camerali, e poco agli stancheggi del suddito, lo lasciava esposto come prima alla lunga e dispendiosa giudicazione del *vicedomino* della Carniola. In tutte le susseguenti diete, e singolarmente in quella dell'anno 1555 esposero gli stati a' cesarei commissarî le prepotenze, e le oppressioni che soffriva il suddito, obbligato a ricorrere, e cercar giustizia in

Lubiana contro una classe di persone, le quali spesso, prima di ponderare e ben conoscere le cause decidevano, e condannavano il suddito a pene arbitrarie, facendo da parte insieme, e da giudice senza poter esser citati dinanzi ad alcun tribunale della provincia.

La ragione, e la verità non sempre penetrano, anzi spesso si smarriscono nelle tortuose vie delle superiori magistrature. Malgrado la forza e l'evidenza delle rappresentazioni degli stati, l'arciduca Carlo con rescritto (**21 ott. 1584**) dichiarò; che, riservate al capitano della contea le sole cause camerali, le quali con particolare decreto dell'arciduca Ferdinando (**2 febb. 1594**) furono dichiarate sommarie, tutte le altre della camera e del fisco appartenevano al *vicedomino* della Carniola, lasciando così i sudditi nella dura alternativa o di aver la sofferenza di restare ministri camerali, o ricorrendo, di incontrar sempre nell'amministrazione della giustizia nuovi dispendi e molestie talvolta maggiori dell'oppressione stessa.

Finalmente non dobbiamo ommettere in questo luogo d'accennare che per sovrano ordine (**28 ag. 1586**) le *cause feudali* della provincia furono levate alla reggenza d'Inspruck, e sottoposte a quella di Vienna (a).

IV.

Tribunali di giustizia nelle cause criminali de' patrizi; nelle cause criminali d'altri sudditi.

Poiche le ingiurie recate alla persona all'onore, ed alle sostanze del cittadino debbonsi con tanta giustizia punire, con quanta si vuole diffenderne le civili ragioni, è necessario che il principe armi il braccio de' ministri destinati ad esercitare la giustizia criminale, onde gastigare i delitti, con cui le passioni violenti dell'uomo turbano il possesso di quei mezzi, che promuovono la felicità del cittadino. Abbiamo già veduto, che la giustizia criminale esercitavasi nella contea dal capitano in riguardo a' patrizi, ed a quelle persone, le quali nelle cause civili al loro tribunale erano sottoposte. Esiste una memoria del modo, con cui provedevasi allora nelle cause criminali. Il capitano

a) Archivi di Vipacco.

col mezzo del suo auditore criminale costituiva il reo, il quale, se non poteva purgarsi del delitto al confronto delle pruove e degli indizî, era posto alla tortura in presenza d'alcuni patrizî, e ne' casi più dubbî e più rilevanti in presenza di qualche giurisconsulto. Se resisteva alla tortura negando il delitto, dichiaravasi innocente, ed all'incontro condannavasi qualora lo confessasse.

Lo stesso modo si osservò dal *gastaldo del paese* ne' processi criminali delle persone non patrizie, sempre con dipendenza dalla suprema ispezione del capitano, sino a che Ferdinando I conferì al magistrato della città (**9 mag. 1556.**) la *giurisdizione criminale* accompagnata da molte prerogative, che restringevano l'autorità del capitano, contro la quale prescrizione si fecero replicati ricorsi dal governo goriziano. Disponeva la sovrana risoluzione che il non patrizio reo di delitto criminale commesso in città, fosse processato dal *gastaldo* della città e da sette cittadini, dal *gastaldo del paese*, e da sette decani delle comunità de' contadini. Se la sentenza era di *morte*, il reo doveva essere consegnato al *gastaldo* del paese, il quale lo accompagnava al luogo del supplizio. Se trattavasi della pena di bando, la sentenza non poteva eseguirsi senza la notificazione al capitano, o al luogotenente di lui. Davasi poi allo stesso *gastaldo* della città la facoltà d'arrestare i patrizî, che commesso avessero delitto criminale entro la città, per essere indi consegnati al capitano a cui era commesso il formarne il processo. Finalmente determinavasi, che gli arrestati per delitti criminali ne' luoghi sottoposti alla giurisdizione del *gastaldo del paese* e conosciuti per rei dal capitano, fossero successivamente consegnati al *gastaldo* della città, e da questo col prescritto ordine processati. Siccome questo sovrano rescritto confondeva una parte dell'interna amministrazione della città colla giurisdizione criminale; così sovvertiva tutto l'ordine, e tutte le leggi dell'antica dipendenza, e subordinazione. I cittadini fastosi di sì ampie prerogative non trascurarono alcuna occasione, in cui potessero abusarsi della loro autorità, per insultare l'ordine nobile; e il menomo strepito notturno esponeva il patrizio a cadere in mano delle guardie del *gastaldo.*

Gli eccessi de' cittadini da una parte, e le instanze del capitano e degli stati dall'altra, persuasero Fedinando a riformare (**28 feb. 1558.**) la sua ordinazione criminale con altro decreto, il quale restringeva al magistrato de' cittadini la facoltà di catturare i patrizî al solo caso, che fossero rei d'omicidio. Questo decreto rallentava, ma non toglieva affatto gl'inconvenienti; perchè non ristabiliva, nè la piena autorità del capitano, nè l'assoluta independenza de' patrizî dalla

11*

giurisdizione del magistrato de' cittadini. Gli stati delegarono alla sovrana corte Andrea d' Attems, soggetto de' più accreditati della contea, e sulle rappresentazioni da esso fatte, l' imperadore determinò (2 giug. 1562.), che la persona del patrizio dipendesse unicamente dalla giurisdizione del capitano e del suo luogotenente. Così terminossi fra il governo ed il magistrato della città questo conflitto di giurisdizione, il quale contribuiva non poco a fomentare fra l' ordine patrizio e cittadinesco quella scandalosa emulazione, che aliena gli animi dei sudditi gli uni dagli altri, e fa loro dimenticare il comune interesse, come se non fossero cittadini d' uno stato medesimo.

V.

Giurisdizione civile e criminale del capitano di Gradisca, e d' altri capitani; delle gastalderie, del gastaldo dal paese: giurisdizione civile e criminale conceduta dal principe a' particolari, chiamati giurisdicenti.

Si è già fatta menzione de' capitani istituiti nella contea di Gorizia, e ne' diversi territorî in Friuli per ciò che spetta all'amministrazione della giustizia. Le cause civili competevano senza distinzione a' giudizî di detti capitani; e ne fu riservata l' appellazione al tribunale del *capitano di Gorizia*, o a quello di *Gradisca*.

Molto più limitata era l'autorità degl' inferiori capitani nelle cause criminali, poichè non potevano procedere contra i rei de' delitti meritevoli della pena di morte. I delinquenti, se venivano presi nella contea, dovevano consegnarsi al giudizio del *gastaldo* del paese, e se fuori de' confini della contea, si consegnavano al capitano di Gradisca, il quale unitamente al suo vicario criminale formava il processo, e condannava il reo al meritato supplizio. Col medesimo ordine trattavansi le cause civili e criminali nelle signorìe, e *gastalderìe* al governo di *Gorizia*, ed al capitanato di *Gradisca* sottoposte. Terminò poi un tal metodo di giudicare allor che le accennate signorìe furono da' principi impegnate, ed indi alienate a' particolari. Le comunità, ed i territorî della contea di Gorizia non soggetti ad un proprio capitano e *gastaldo*, dipendevano nelle cause civili e criminali dal *gastaldo del paese*, la cui autorità, nel principio del secolo assai dilatata, successivamente si restrinse almeno rapporto alle cause civili, attesa la separazione di molte comunità, e molti villaggi assoggettati con sovrani diplomi alla giurisdizione di particolari.

Questa concessione di giurisdizioni, che diminuì l'autorità del *gastaldo del paese* nella contea, scemò ancora nel territorio gradiscano quella del suo capitano, ed ecco l'epoca delle *private gurisdizioni* nelle due contee. Crediamo cosa opportuna l'additare quelle, che furono concedute prima del XVI secolo, non solo nella contea di Gorizia, ma ancora nel capitanato di *Gradisca* avanti che quella pervenisse a' nostri principi, e questo fosse da Massimiliano conquistato.

Prima ancora di quel secolo gli Hoffer esercitavano la giurisdizione in *Ranzano*; gli Eck in *Medea*, in *Corona*, e *Moraro*; gli Zucco in *Crauglio*, in *Ruda*, in *Visco*, in *Caporeto*, *Starasela* e *Ternova (a)*: i Mels in *Albana*, i Ronconi in *Gradina*; gli Orzon in *Cosbana*, in *Savogna*, *Cosana*, ed in *Nosna*; così ancora apparteneva la giurisdizione di *Vertoiba*, di *Locaviz*, e di *Cerou inferiore* ai Van der Vesten, e quella di *Loka* ai Dornberg. I Colloredo aveano giurisdizione in *Driolassa*, i Codroipo in *Jesernico*, i Cusano in *Vidrignano*, ed i Gorgo in *Villavicentina*. I consorti di Castello esercitavano la giudicazione in *Castelporpetto*; i Savorgnani in *Zuins* ed in *Fornelli*, come il capitolo d'Aquileja in *Beligna*, nelle pertinenze della *Bruma* della *Mainiza*, di *Petigliano*, e di *Sdrausina*. Così ancora lo stesso capitolo sosteneva fin dal principio del secolo in *San Giorgio*, e *Nogareto* i diritti giurisdizionali, che gli erano contradetti dal governo gradiscano, ma che dal principe ad esso furono aggiudicati (**20 mag. 1580**). La gastaldia d'*Ajello* era sottoposta alla giurisdizione della città d'*Aquileja*, la quale spogliata dei diritti giurisdizionali fu poi per sovrano ordine (**1552**) ristabilita. O che la reintegrazione non avesse avuto luogo, o che questa città perduto avesse per la seconda volta la giurisdizione; certo si è, che questa *gastaldia*, fu conceduta sul finir del secolo (**28 genn. 1589**) a Giuseppe di Rabatta. Il monastero d'Aquileja univa a molte prerogative anche quella della giurisdizione sopra le comunità di *Cervignano*, di *Terzo*, e *San Martino*, ed essendone state le monache in tempo della presa di *Marano* spogliate, Ferdinando le reintegrò (**10 mag. 1530.**) negli antichi loro privileggi. Giova credere, che i diritti giurisdizionali

_____

a) *Ternova sotto il capitanato di Tolmino.*

fin dal tempo, di cui si ragiona, non fossero ben chiari. Esiste memoria, che sotto il governo del capitano Francesco della Torre, quel promotore dell'ordine nella nostra patria, l'imperadore abbia delegato (**20 ag. 1546**.) in Gorizia Giovanni Hoijos capitano di Trieste, Lodovico Brandis, Michele Bucignola, e Martino Bondanario, per esaminare la legalità delle giurisdizioni della provincia: ma siccome ignorasi il risultato di questo congresso, così ignorar dobbiamo l'origine di parecchie giurisdizioni (a).

Il più antico privilegio di giurisdizione conceduto da' nostri principi nel secolo XVI, di cui siasi potuta rinvenire l'epoca, è quello accordato da Massimiliano I, per parte del territorio di *Canale* a Simone d'Ungerspach (b), per *Raunizza* a Mattia, Vito, e Nicolò della Torre (c). Il medesimo imperadore investì nello stesso anno Vito della Torre della giurisdizione di *Santa Croce*, fregiando quella terra de' privilegi d'una città (d), e Giovanni Battista Balderoni suo medico della giudicazione di *Vilesse* (e).   L'arciduca Ferdinando dappoi imperadore, primo di questo nome, concedette la giurisdizione di *Senosecchia*, e di *Crasna* a Francesco zio, ed a Giovanni e Giorgio fratelli Conti (f).   Volendo lo stesso principe ricompensare i servigi militari prestati da Nicolò della Torre, accordogli la giurisdizione di Gorizia (g), e l'esercizio di quella nella *gastaldìa* di *Cormons* (h).

Il priorato di *Precinico* doveva la prerogativa della giurisdizione nel suo distretto all'arciduca Carlo, il quale la conferì al priore Giovanni Cobenzl, ed a suoi successori (i). Dal medesimo principe furono investiti Giovanni ed Ulrico fratelli Cobenzl della giurisdizione di *Capriva* e di *Russiz* (j); come Vito, Massimiliano e Francesco fratelli di Dornberg di *san Floreano* (k); Andrea d'Attems, di *Petzenstein* (l), e Pietro e Nicolò fratelli di Strassoldo di *Villanova* (m). Finalmente l'arciduca Ernesto amministratore degli stati dell'arciduca

---

(a) *Archivio del "vicedominato" di Lubiana, e scritture del magistrato fiscale di Gorizia. Non ne abbiamo solamente tratta questa particolarità; ma ancora tutte le notizie spettanti alle giurisdizioni concedute in questo secolo a' particolari.*

b) 5 agosto 1504.	c) 20 gennajo 1507.
d) 4 marzo 1507.	e) 22 giugno 1507.
f) 9 settembre 1525.	g) 1525.
h) 1528.	i) 7 agosto 1574.
j) 12 marzo 1572.	k) 1575.
l) 19 aprile 1580.	m) 20 luglio 1581.

Ferdinando, ch'era pupillo, concedette a Giorgio Vittore Wagenring i diritti giurisdizionali in *Romans* (a). Queste sono le giurisdizioni sino al fine del XVI secolo di diritto particolare, delle quali abbiamo potuto rintracciare qualche contezza.

VI.

Ordine giudiziale e provvedimenti curiali.

Sin dagli antichi tempi erano in uso le *appellazioni*, e le revisioni giudiziali, per cui bene spesso un distante tribunale superiore conosceva il difetto, o la rettitudine delle sentenze pronunziate da' giudici inferiori. Ad onta della semplicità dell'ordine giudiziale nel principio del XVI secolo, le parti, che avevano perduta la causa, non erano se non in pochi casi obbligate di acchettarsi ad una sola sentenza. La podestà legislativa colla retta intenzione di procurare al cittadino la più accurata giustizia, aperse più strade, ed eresse più tribunali, i quali non di rado, anzi che dilucidare, confondevano la verità.

Le sentenze civili del magistrato de' contadini, de' capitani subordinati, del *gastaldo del paese* di quelli che avevano giurisdizione, venivano nel principio del secolo portate in appellazione al tribunale de' nobili in Gorizia, come dalle sentenze di questo si promovevano le appellazioni alla camera sovrana in Vienna. Gli stati delle provincie austriache, convocati (**1510.**) da Massimiliano I alla dieta generale in Augusta, persuasero l'imperadore a levare il tribunale delle appellazioni della camera, ed a conferirlo ad una reggenza, composta di patrizi trascelti da tutte le provincie, ed esperti non men nelle leggi, che nelle consuetudini di ciaschedun paese. Non poteva farsi intorno a ciò un piano più provvido di questo. La reggenza fu stabilita in Vienna; e sostenne inalterabilmente l'incarico di giudicare nelle cause spedite in appellazione dalla contea, finchè l'arciduca Carlo, assunto il governo, e separati i suoi stati da quelli de' suoi fratelli, istituì in Graz la sua reggenza.

Non abbiamo memoria dell'ordine giudiziale osservato ne' *tribunali inferiori* della contea, e delle formalità usate nelle appellazioni prima che si compilasse il nostro statuto. Si dee credere tuttavia che l'ordine usato nel tribunale di Gorizia abbia da per tutto servito di regola

a) *16 sett. 1593.*

semplice affatto, e lontana da quelle moltiplicate formalità, che col progresso del tempo si sono ne' giudizî introdotte. Si è creduto d'aprire una strada più chiara e sicura alla giustizia, ed altro per avventura non si è fatto, se non che maggiormente invilupparla.

Scorgesi dalle leggi municipali, che verso la metà del secolo si erano già ne' tribunali di Gorizia introdotti i *causidici*, ed i procedimenti forensi, i quali avevano alterato l'antico e semplice modo d'amministrare la giustizia. Lo statuto, onde porre le parti al coperto dalle stiracchiature e da cavilli degli *avvocati*, sottrasse alcune cause dalle formalità giudiziali, e dalle arbitrarie dilazioni del giudice. Dichiara questo (a) che sieno *cause sommarie*, e non soggette allo strepito giudiziario, sì le cause dipendenti da qualche istrumento di una incontrastabile evidenza, e da un deposito; sì quelle, che riguardano l'esecuzione di sentenze arbitrarie, come ancora indistintamente tutte quelle delle persone miserabili e povere. Parimente vengono sottoposte(b) ad un sommario giudizio le cause delli spogli e delle violenze, quelle del congruo o ricuperamento, e finalmente le azioni procedenti da ragioni dotali. Del resto per maggiormente stabilire e fissare il prescritto sommario giudizio la legge dello statuto (c) dispone, che non si possa appellare dai tribunali inferiori al superiore della contea nelle cause sommarie non eccedenti l'importare d'una *marca*, nè da questo tribunale alla reggenza nelle cause, che non sorpassano la somma di *cinquanta lire*.

Troppo nojosa renderebbesi la esposizione minuta delle regole riguardanti l'ordine giudiziale che compongono la più voluminosa parte delle nostre *patrie leggi*, tanto più, quanto che le regole medesime sono state riformate da una costituzione dell'arciduca Carlo (**5 ott. 1570**), la quale determina gl'incarichi degli *assessori* ed il dovere dei *causidici*, fissa i giorni giudiziali, e prescrive le formalità concernenti le citazioni, le prove, e l'esecuzione; la qual costituzione fu poco dapoi in parte mutata, ed in parte accresciuta con altro sovrano rescritto (**31 ott. 1576**).

---

a) *Colla rub. 42. "De terminis actori et reo ad probandum limitatis.,,*

b) *Colla rub. 62. "De ordine judicij, et modo procedendi in causa "exfortij.,, Colla rub. 97. " De agnatis, et vicinis vendicantibus "bona agnatorum, et vicinorum, vendita, sive in solutum data.,, E finalmente colla rub. 212. "De dotibus, et juribus dominarum.,,*

c) *Colla rub. 72. " De appellationibus, et quibus causis appellare "non licet.,,*

Per sì fatta moltitudine, e varietà di leggi ed ordinazioni, o spesso non osservate, o forse mal osservate, e per la sottigliezza dei cavilli nei causidici, e per istrane confusioni nei giudizî, si erano introdotti nei tribunali di Gorizia tali e tanti disordini, che il congresso detto il riformatore, delegato (**1588**) dall'arciduca Carlo, per istabilire nuove provvidenze in tutte le parti del governo, di cui farassi altrove menzione, incaricò *Andrea d'Attems* uomo nelle leggi espertissimo di esaminare gl'inconvenienti del sistema giudiziale. Si scoprì che ogni disordine scaturiva dall'inosservanza del metodo prescritto, quindi deliberò il congresso di prescrivere che l'ordine giudiziale dovesse leggersi tutti i mesi in piena adunanza, d'ammonire il luogotenente e gli assessori, di non trasgredirlo, nè lasciarlo trasgredire, d'inculcarne a' medesimi il fedele adempimento con quella assiduità e con quello zelo, che il pubblico bene, ed il proprio dovere da essi esigevano, e di annunziar loro, che in caso di contravvenzione sarebbe il principe costretto ad abolire il tribunale, e a nominare un suo vicario o auditore, perchè amministrasse la giustizia coll'esattezza corrispondente alle sovrane intenzioni.

Avevano anche prima le nostre leggi municipali provveduto a molti inconvenienti, che dovevano nascere per una nuova classe di persone, che col nuovo ordine forse potevano nei nostri tribunali introdursi. Disponevano infatti (a), che si eleggessero *quattro avvocati*, in cui si unissero la scienza delle leggi, l'integrità dei costumi, e la buona fama, escludendo a norma delle costituzioni longobarde (b) dall'esercizio dell'avvocaria tutti quelli, che autorizzati non fossero da simile elezione. Così seguendo le disposizioni del diritto romano con altro canone (c) determinavano, che gli *avvocati eletti* non dovessero ammettersi all'esercizio dell'impiego prima di avere prestato il giuramento di difendere i clienti con probità, e sollecitudine. A norma d'una sovrana costituzione (**14 febb. 1545**) erano ammoniti con separato articolo (d) d'evitare negli scritti, e nelle aringhe ogni superfluità non meno molesta al giudice, che incongruente alla causa, e di astenersi dalle mordaci espressioni, che offendono tanto il rispetto dovuto a' tribunali, quanto il riguardo dovuto alle parti. Dopo la compilazione dello statuto leggiamo ancora la dichiarazione degli stati (**29 lugl. 1565**), colla quale ordinarono

---

a) *Colla rub.* 8   " *De Advocatis.* "   b) *Libro 2 cap. 52 leg. 1.*
c) *Colla rub.* 9.   " *De jurejurando per advocatum praestando.* "
d) *Colla rub. 11.* " *De advocatis suo juramento contravvenientibus.* "

che le istanze da presentarsi al giudice dovessero esser sottoscritte non solo dagli avvocati, ma ancora dalle parti.

Tralasciando molti articoli del nostro statuto, che concernóno i *procuratori*, ed altre persone forensi d'inferiore grado, si aggiunge che le patrie leggi (*a*) per avvalorare la pubblica confidenza, e rimuovere ogni ombra di parzialità dagli atti giudiziali, proibiscono ai coadjutori e scrivani della cancelleria, di scrivere nelle cause de'consaguinei, e parenti fino al terzo grado.

Resta da osservarsi che non si trova in questo secolo idéa di giudici delegati nelle *giurisdizioni dei particolari*. Le persone fregiate di questa prerogativa non solamente riputavano onorevole l'incarico di giudice, ma univano ancora al titolo una tale opinione che diede qualchè ombra fino al capo della provincia. Per sovrano ordine (**29 sett, 1549**) fu inibito a coloro, che avevano *giurisdizione* il porre il loro nome alla testa dei mandati giurisdizionali, ed a' loro scrivani di arrogarsi il titolo di *cancellieri* non competente se non al solo cancelliere della contea (*b*).

Si fecero in quel tempo dei provvedimenti anche rispetto ai *notai*, l'uffizio dei quali nulla meno geloso di quello degli avvocati era esercitato al principio del secolo da persone nobili, e almeno versate nella scienza delle leggi municipali. Il capitano Francesco della Torre ne' primi anni del suo governo (**1545**) pensò di far delle regole riguardanti il corpo de' notai. Infatti avendo per tal oggetto incaricato il *cancelliere* di Gorizia *Giacomo Campana*, stese questi un piano (*c*), che presentato al principe, fu dal medesimo autorizzato. Con questo s'interdice (**18 nov. 1559**) l'esercizio della notaria non meno agli ecclesiastici, che ai sudditi veneti; a questi perchè non avendo fisso domicilio nella contea, potevano i loro atti e le loro scritture facilmente smarrirsi; a quelli per cagione di molti istrumenti rogati da persone fra loro inesperte. A norma di questa costituzione il nostro

---

a) *Rub. 18.* " *De coadjutoribus cancellarie ad patrocinia causarum* " *et scribendi acta propinquorum non admittendis.* "

b) *Scritture del magistrato fiscale di Gorizia.*

c) *Queste regole si trovano fra le scritture del nostro magistrato fiscale, e si leggono a piè dello stesso di mano del capitano le seguenti porole:* "*Gregorio di Sepach, Pietro di Portis, ed* " *Alessandro Ungher notari rivederanno questo proclama, e* " *daranno il loro sentimento, perchè io possa prendere le* " *ulteriori determinazioni.* "

statuto vieta (a) a' chierici, e sacerdoti di rogare atti appartenenti alla noterìa sotto pena di venticinque lire. Nel caso solamente che un contadino infermo, o altro abitante in villa volesse testare, e non potesse avere un notajo, abilita il sacerdote, o chierico a poter notare un testamento coll'espresse condizioni, che sia scritto in presenza di cinque testimonî, e nel termine d'un anno e un giorno sia riveduto da un legittimo notajo, dichiarando nullo ogni altro atto, ed istrumento rogato da persona ecclesiastica. Per ciò che riguarda i notaî esteri deesi supporre, che per mancanza di nazionali, non sia stato possibile l'osservare la sovrana determinazione, poichè i compilatori delle leggi municipali proibirono (b) l'esercizio della notarìa solamente a quei forastieri, i quali non avevano dal governo una speziale licenza di esercitarlo. Imponeva in oltre il *patrio statuto* (c) ai notaî d'aver un libro almeno di quaranta fogli, nel qual dovessero registrar i loro atti, e leggerli di parola in parola alle parti, proibendo l'antico abuso di stenderli su fogli volanti, o di pubblicarli a memoria colla riserva di scriverli dopo la pubblicazione. Malgrado questa saggia disposizione, che tendeva a conservare gli atti de' notaî, da cui dipende talvolta la sorte d'intere famiglie, molti se ne sono smarriti, perchè lasciati nelle lor mani, e perduti in quelle de' loro eredi. Si rimediò ai disordini solamente per metà, onde il provvedimento riuscì di poco o di niun frutto.

---

a) Colla rub. 23 " De clericis tabellionis offitium exercentibus. "
b) Colla rub. 24. " De notariis alienigenis. "
c) Colla rub. 19. " De ordine servando per notarios in celebratione
" contractuum. "

ISTORIA
CAPITOLO TERZO.

Regole d'Amministrazione interna nella contea nel secolo XVI.

I.

Annona.

NON bastava compilare le leggi municipali, prescrivere gli ordini giudiziali, e provvedere all'amministrazione della giustizia nella contea, senza introdurre nello stesso tempo, e stabilire un generale e regolato governo. Consideravasi questa parte dell'interna amministrazione tanto più importante, quanto che essa tende non solo a prevenire ogni attentato, che potesse turbare la pubblica e privata quiete del cittadino, ma a procurargli eziandio una vita più comoda e meno stentata. I nostri maggiori riputavano quindi come uno dei principali oggetti di governo il *buon prezzo dei viveri*, e di quei generi singolarmente che la natura ha destinati al necessario sostentamento. Antichissima era la consuetudine nella contea d'invigilare sull'osservanza delle *tariffe del pane, dell'olio, e delle carni*. Sotto il capitano Francesco della Torre, le cui saggie provvidenze lo richiamano spesso alla nostra memoria si stabilì (**18 febb. 1549**) che due soggetti trascelti, l'uno dall'*ordine patrizio* e l'altro da quello *de' cittadini*, fossero incaricati di quella parte di governo, che risguardava l'*annona*. Da questa disposizione trassero la loro origine presso di noi i *deputati dell' annona*, che indi a pochi anni furono (**1569**) fissati al numero di *quattro*, ed il registro del prezzo de' grani venduti al pubblico mercato (*a*), che i medesimi deputati dovevano prendere come

---

a) *Non ci è riuscito d'avere le note rispetto a' prezzi del mercato di Gorizia, come abbiamo ritrovate quelle di Gradisca. La*

unica norma, onde regolare il peso del pane. Si stabilì nel medesimo tempo sotto la casa della provincia un *peso pubblico*, ed una *pubblica misura*, onde prevenire le frodi dei grani che portavansi a macinare. Fu ancora determinato, che nel principio dell'anno si fissasse il prezzo dell'olio, e d'altre grascie, che i venditori fossero tenuti a somministrargli a giusto peso e misura, e di buona qualità per il prezzo stabilito. Fu anche ordinato, che il prezzo d'ogni spezie di carni fosse fissato, e che le tariffe a comune vista restassero affisse. Finalmente si deliberò, che ai deputati dell'annona appartenesse l'ispezione e l'autorità tanto per l'osservanza de' provvedimenti, quanto per l'esecuzione delle pene contro i trasgressori.

Era facile dopo tali deliberazioni di viepiù regolare questa parte dell'interna amministrazione. Ci è rimasto un provvedimento (**1574**), alcuni articoli del quale crediamo degni d'essere qui riportati. I macellai erano obbligati di tenere provveduti i macelli di carne buona in tutto il corso dell'anno. Le carni d'inferiore qualità dovevano essere riconosciute da' deputati all'annona, che ne fissavano il prezzo. Non poteva macellarsi alcun manzo, se prima non era visitato da' deputati, nè vender se ne potevano le carni senza loro licenza. Non era permessa la vendita fuor di stato di alcun animale, fuorchè nel caso solo, che i macelli fossero provveduti pel consumo almeno d'un mese.

---

poca distanza non avrà di molto alterato il prezzo, e la differenza che passava fra qaella e la goriziana misura, può essere con facilità ragguagliata. È noto, che cinquantadue boccali e mezzo, di cui vent'uno e mezzo ne contiene il presente nostro pesinale, formavano uno stajo di Gorizia di tre pesinali, e cinquantaotto e un terzo lo stajo di Gradisca. Il registro principia nell'anno 1553. Si divise la serie degli anni sino al fine del secolo in tre parti, e si calcolò per ciascheduna il prezzo medio del frumento, ragguagliando il valore dello zecchino di quei tempi al valore d'oggidì. Ne' primi sedici anni, cioè dall'anno 1553 all'anno 1568 fu il prezzo di ventisette lire lo stajo di Gradisca, dall'anno 1569 all'anno 1584 di trentatre lire e sette soldi, e finalmente negli ultimi sedici anni montò il prezzo a quarantasette lire, e tredici soldi. Le frequenti carestie, che provaronsi negli ultimi anni di quel secolo, cagionarono prezzi sì alterati de' grani.

Questi ordini sono un monumento della cura e vigilanza, che i nostri maggiori prendevansi per tutti quegli oggetti, che avevano rapporto al sostentamento del popolo. Il loro zelo pel pubblico bene traluce in tutte le ordinazioni, che riguardano la roba commestibile e la grascia. Sin dall'anno 1549 abolirono il diritto privativo della vendita del pesce, che un interessato favore aveva ristretto in certo numero di persone: all'incontro per impedire le frodi dei fabbricatori delle candele di sevo disposero (**1585**) che la fabbrica data in appalto a colui, che si esibisse di provvederne il pubblico fosse a prezzo più moderato. Questo è uno di que' diritti privativi, che s'accordano colla voce di tutto il popolo.

Non si restrinsero simili provvidenze a queste sole cure. Le pressanti *urgenze di grani*, in cui sovente trovossi la contea nel corso di questo secolo, ridussero la patria nostra alle più grandi angustie. Le *carestie* frequenti sperimentate (a), la guerra sostenuta per tutto il corso del secolo nei confini della Stiria, e della Carniola, ed il falso principio in que' tempi dovunque invalso, di proibire l'estrazione dei grani negli anni di scarsa raccolta, addottato anche dalla Carniola e dalla Carintia, coi grani di cui cambiavansi i nostri vini, fecero, che la contea ne restasse sprovveduta e senza soccorso. In tali circostanze il governo goriziano rivolse le sue attenzioni a impedire, che non si trasportassero i grani fuori del suo territorio, e tentò nel medesimo tempo tutti i mezzi d'ottenere dalle mentovate provincie le necessarie provigioni. Ma incontraronsi tanti ostacoli, che i Goriziani furono spesse volte costretti a ricorrere al sovrano (b), affinchè dalla suprema autorità fossero obbligate a prestare alla loro vicina confederata provincia quel soccorso, che senza violare le leggi della buona corrispondenza non potevano ricusare. Queste urgenze, in cui spesso trovossi la nostra patria, suggerirono alla vigilanza del capitano Francesco della Torre l'idea di fare in Gorizia un deposito di grani, conosciuto sotto il nome di *fondaco*. Lo propose egli nel (**1542**) primo anno del suo governo agli stati, e dopo averne incontrata piena approvazione, col suo esempio animò i patrizî ad offerire determinate somme per l'esecuzione di questa

---

a) *Il Palladio fa menzione di molti anni di carestia che sperimentaronsi in questo secolo, così ancora il Valvasor nella sua cronica della Carniola.*

b) *Nel 1561 fu spedito per quest'oggetto a Ferdinando I, dagli stati di Gorizia Andrea d'Attems.*

impresa, deliberando nel medesimo tempo di raccogliere gli avanzi di denaro delle chiese, ed unirgli a queste. Ma quantunque si combinassero sì favorevoli circostanze, il fondaco non ebbe il suo effetto, e la contea soffrì parecchie volte sì grave *penuria di viveri*, che buon numero di abitanti furono costretti ad abbandonare per qualche tempo la patria, onde trovar pane, e sostentamento. Assai memorabile fu la carestia, che afflisse la contea nell'anno 1591. L'arciduca Ernesto, onde prevenirne le funeste conseguenze, le somministrò dei generosi soccorsi, e gli stati fecero distribuire il denaro delle chiese, e delle fraternite. Non ostante la *fame* nella città di Gorizia giunse a tal segno, che per ordine del governo i cappuccini trasferivansi di casa in casa per commuovere i più facoltosi a ripartire il pane col popolo, che periva d'inedia (*a*).

II.

Provvedimenti di sanità, di sicurezza e di nettezza.

Le frequenti incursioni fatte da'*Turchi* in questo secolo nella Stiria e nella Carniola, lasciarono dietro a sè tali segni di desolazione, che manifestaronsi forse più funesti delle stragi medesime. La peste, da cui restarono infette quelle provincie (*b*), inferocì talmente, che il numero dei sudditi periti da questo flagello superava il numero di quelli che caddero traffitti dal ferro di quella barbara nazione. Si presero le più provvide misure, e si pose in uso la più grande vigilanza nella contea, per tener lontano questo funesto contagio. Le

a) *Se si consulta la già mentovata tabella del prezzo dei grani, trovasi il loro prezzo nell'anno 1590 a lire cinquantadue, nell'anno 1591 a sessantasei, nell'anno 1592 a lire cinquantasette soldi dodici, nell'anno 1593 a lire sessanta, soldi dieci, e finalmente nell'anno 1594 a lire cinquanta soldi nove, allo stajo di Gradisca.*

b) *Sì il Valvasor, che il Mysinghero, cronichista della Carintia, hanno avuta particolar diligenza di rammemorare gli anni, in cui queste provincie furono malmenate da questo terribile flagello.*

prime memorie dell'attenzione de' nostri maggiori in questa parte incontransi nei pubblici archivi sulla fine dell'anno 1532 in occasione che il male si scoprì a'confini della Carintia. Gli stati goriziani avvertirono *Bonaventura d'Eck* capitano di Tolmino, che chiudesse e custodisse diligentemente tutti i passi, e singolarmente la chiusa di Pletz, e non permettesse il passaggio ad alcuno. Posero in Canale varie guardie per impedire ogni comunicazione con quel territorio, e delegarono due soggetti, uno dell'ordine dei patrizî, e l'altro di quello dei cittadini col titolo di provveditori alla sanità, incaricandoli di far tutte le disposizioni ed i provvedimenti necessarî per preservare la contea dal morbo pestilenziale introdottosi nella vicina provincia. Benchè queste fossero provvidenze, adottate dai confinanti veneti, primi maestri in questa parte tanto importante di pubblica amministrazione meritano tuttavia lode si belle copie, le quali vagliono più che cattivi originali.

Francesco della Torre nel medesimo anno (**1542**) che assunse il governo della contea, ebbe occasione di dar saggio della sua providenza in questa parte esenziale dell'interna amministrazione. La *peste* aveva attacati alcuni territorî della Carniola. Il capitano, úniti i più accreditati patrizî e cittadini, e consultatili sulle misure da prendersi per garantirne la patria, stabilì di custodire gelosamente i passi, e di stendere un *cordone* dal monte di Vipacco sino a Senosecchia, e di là pel Carso fin a Duino, ordinando la stessa custodia nei villaggi del capitanato di Tolmino, confinanti colla Carniola. Incaricò i più probi ed abili uomini delle comunità dei contadini a vegliare all'esatta osservanza degli stabiliti provvedimenti, riserbandosi di tagliare, se d'uopo fosse, la comunicazione coi territorî della contea più esposti al pericolo, come si fece ne' tempi posteriori (**1595** e **1599**) escludendo prima il capitanato di Pletz, ed un'altra volta tutto il Carso. Ripartì in oltre nell'ordine dei cittadini le guardie alle porte della città di Gorizia, ed introdusse un regolato carteggio colle vicine austriache provincie e collo stato veneto, per dare e ricevere le notizie ed i consigli opportuni alla salute. Deesi a quest'epoca ascrivere l'introduzione, e l'uso delle fedi, e dei passaporti di sanità nella Carniola, e nella Carintia, mentre il vigilante nostro capitano ordinò allora, che si negasse assolutamente l'ingresso nella contea a quelli, che non fossero d'un pubblico attestato proveduti.

Malgrado queste gelose cautele, la *peste*, che per lungo tratto di tempo aveva quasi fissato il suo domicilio nelle confinanti provincie, nell'anno 1544 (a) e nell'anno 1577, penetrò i confini della nostra patria, ma dalle provvide cure del governo troncato nel suo principio il corso, appena osservaronsi le conseguenze del funesto contagio. Un luogo isolato chiudeva gli infetti, e separavali dal consorzio comune. Il paese essendo ancora sprovveduto d'uno stabile ed ordinato *lazzeretto*, gli stati, estendendo le ordinanze di sanità, e prescrivendo pene pecuniarie contro i trasgressori, determinarono d'impiegarle per un sì necessario provvedimemto, il quale per mala sorte non fu allora eseguito.

Nel medesimo tempo, che il nostro capitano della Torre vegliava alla pubblica salute, non perdette di vista quella de' privati. Conosceva egli, che le regole di sanità che aveva introdotte, potevano non di rado o esser fuor di tempo osservate, o nel pericolo neglette, qualora i provveditori alla sanità non fossero diretti da un professore capace di conoscere i bisogni. Si prese egli quindi la cura di chiamare (**1542**) nella contea *Pietro Andrea Mattioli*, uno dei più celebri ed accreditati medici di quella età. L'Italia dava in quel secolo in ogni genere di scienze e d'arti gli uomini più insigni, e la nostra contea vi sceglieva sempre de' medici eccellenti.

Esiste fra le nostre scritture l'istruzione che fu data dagli stati al *Mattioli*. Era questi incaricato di assistere a tutti gli abitanti della provincia e tenuto a ricevere quella sola gratificazione, che spontaneamente gli fosse esibita. Non poteva assentarsi dalla città senza l'assenso del capitano e de' deputati degli stati, e doveva ogni mese in compagnia di due patrizi visitare le spezierie della contea, e del capitanato di Gradisca, per assicurarsi, che provvedute fossero di fresche e buone droghe, la vendita delle quali, come ancora d'ogni altro ingrediente di medicina fu riservata come privativa agli speziali.

Il celebre nostro medico, dopo aver prestato i suoi servigi al paese pel corso di dodici anni, nel qual tempo spesso era consultato e chiamato fuori della nostra provincia (b), passò al servizio dell'arciduca Ferdinando secondogenito dell'imperadore Ferdinando I. Gli stati solleciti di dare al *Mattioli* una pubblica dimostrazione della intima loro confidenza, rimisero all'arbitrio di esso la nomina del suo successore. Sapevano i nostri maggiori essere questo il più

a) *Consta dalle nostre scritture, che la peste si manifestò in quest'anno nelle ville di Battuja, Cernizza, Sella e Camigna.*
b) *Nell'anno 1550 fu egli richiesto in Salisburgo da Ambrogio di Lamberg, decano di quel capitolo.*

sicuro mezzo d'acquistare un soggetto capace, col rimetterne la scelta a chi era in istato di conoscerlo più d'ogni altro (a).

Furono uguali le premure dei nostri maggiori per la sicurezza della vita, e della roba del cittadino. Si sono esposte nel precedente capitolo le leggi e le pene, che furono pubblicate contro i banditi, e contro la gente facinorosa, di cui la guerra coi Veneziani, e la vicinanza col loro stato aveva riempiuta, e riempiva continuamente la contea. Sono ancora accennate le provvidenze fatte dal principe colla ripartizione delle *giurisdizioni*, per mantenere nella nostra provincia la possibile sicurezza e tranquillità. Ora non ci resta che di far memoria d'altre disposizioni, ed ordinanze dettate per lo stesso importante oggetto.

Era antico l'obbligo del magistrato di Gorizia di distribuire fra i cittadini le guardie del castello, e del recinto della parte inferiore della città, e nell'anno 1538 si sprofondò il *fosso*, che la cingeva e se ne alzavano le mura. Il capitano Francesco della Torre risguardava tuttavia le provvidenze relative a questa parte di governo come inefficaci, quando nella città di Gorizia non fosse mantenuto un corpo stabile, e perpetuo di custodi, i quali collocati di giorno e di notte in diversi siti della medesima, vegliassero alla pubblica e privata tranquillità e sicurezza. A tal fine supplicò egli (**1547**) Ferdinando di assegnare dal suo erario una somma per istipendiare e mantenere ventiquattro soldati o guardie, per esecuzione delle leggi e dei provvedimenti, senza cui tutti gli ordini dovevano rimaner vani ed infruttuosi; ma le gravi spese delle continue guerre resero inefficaci tutte le rappresentazioni del nostro capo, e la reggenza di Vienna giudicò d'aver bastantemente proveduto alla sicurezza della

---

a) *Le parole di questo celebre uomo, dirette agli stati in un suo scritto, mostrano quanto egli fosse stato sensibile alla comune confidenza della nostra patria:* " *Oltre alli altri obblighi*
„ *infiniti, che ho alle S. V. per infiniti benefitii ricevuti da*
„ *loro, metterò anchor questo per uno delli più segnalati, cioè*
„ *che in questo mio assentarmi (non voglio dir partirmi*
„ *rimanendo qui sempre il cuore et lo animo mio) quelle si*
„ *dimostrino d'aver tanta confidenza in me, perciò che questo*
„ *manifestamente mi dimostra, che non solamente sia io da*
„ *tutte loro cordialmente amato, ma che gratissima sia stata*
„ *loro la lunga servitù mia, e che le me habbino quella fede,*
„ *e quella affettione, che alle loro istesse persone.* „

città, concedendo (**1556**) al magistrato dei cittadini il diritto di giudicare le cause criminali, che partorì tante contese fra li patrizî ed i cittadini, di cui altrove si fece menzione *(a)*.

Gl'incendî, che spesso distruggono le abitazioni dei cittadini, non meno che le altre parti d'interna amministrazione, eccitarono lo zelo del nostro capitano Francesco della Torre. Non era ancora stabilito alcun pubblico provvedimento, questo oggetto era abbandonato alle spontanee premure dei cittadini. Egli compilò di propria mano rapporto agli *incendî* una norma, ch' esiste ancora nei nostri archivî da lui pubblicata (**1548**) dopo d'averla sottoposta alla censura degli stati e dei principali del magistrato della città. Questa ordinazione è troppo interessante per non essere riportata a nostra istruzione. Furono sei pubblici luoghi della inferiore, e tre della superiore parte della città destinati pel deposito delle scale e delle secchie di pelle per l'acqua. Prescrivesi, che ogni padrone di casa tenesse sotto il tetto alcuni mastelli, o vasi pieni d'acqua, che il guardiano situato sul campanile della parocchia al primo attacco del fuoco ne dasse subito avviso colla campana, al cui segno tutti i muratori e fabbri dovessero trasferirsi nel luogo dell'incendio, e tutti i servi de'patrizî trasportare colà le scale a tal uso esposte, che tutti gli artigiani prestassero mano all'estinzione del fuoco, che i fenili fossero segregati dalle case, finalmente che la città si dividesse in tanti quartieri, ognuno dei quali riconoscesse un capo, che in occasione d'incendî avesse il potere di congregare gli abitanti della sua contrada, e dirigerli.

Siccome i nostri pozzi in tempo di siccità non somministravano alle volte sufficiente acqua, ed attesa la loro profondità lentamente se ne cavava il bisognevole per l'estinzione del fuoco, così il sollecito capitano nel medesimo tempo propose anche agli stati di condurre in città l'*acqua corrente* di Salcano. Se non si eseguì allora questo utile progetto, ebbe la gloria di proporlo insieme con tanti altri, che dopo due secoli furono eseguiti.

Mentre che provvedevasi dai nostri maggiori ai principali oggetti di pubblica amministrazione, non furono dimenticate alcune regole dirette alla nettezza della città di Gorizia. Antichissimi erano i sotterranei condotti, per cui tutte le acque ed immondezze della città scolavano nel fosso, che la cingeva. Un'ordinazione dell'anno 1569 rende testimonianza dell'attenzione del nostro governo a

---

a) Vedi pag. 113.

12*

questo riguardo. Proibì egli tutte le immondezze non solo nella città, ma ancora sulle pubbliche strade, che alla medesima conducevano ed incaricò il magistrato dei cittadini di vegliare all'esecuzione degli ordini, ed a punire i trasgressori. Se si riflette allo stato della pubblica amministrazione in quei tempi della maggior parte delle nazioni in Europa non si possono non apprezzare simili provvidenze, tutto che sembrino forse troppo comuni in questo secolo.

III.

Spedali, provvedimenti pei poveri, e progetto d'erezione d'un monte di pietà.

Le case introdotte per li poveri, incapaci di procacciarsi la sussistenza, fanno onore all'umanità, che non contenta degli ordinari comuni sussidi, ha voluto destinare un luogo, nel quale i bisognosi sperimentassero il consolante sollievo d'una non interrotta carità. Malgrado i secoli incolti e la rozzezza dei costumi nella contea sotto gli antichi suoi conti, sappiamo fin d'allora essere stato eretto e dotato in Gorizia uno *spedale* per un determinato numero di donne, che dall'età o da qualche incomodo fossero ridotte alla dura necessità di sussistere a spese del pubblico.

La direzione di questa casa era per antico uso commessa ad un corpo di patrizi e cittadini; competeva ad esso corpo, che chiamavasi consulta, l'elezione d'un sindaco, e d'un amministratore delle rendite del luogo pio, che rendessero annualmente conto alla consulta dell'amministrazione. L'accuratezza e il buon ordine dei registri, e del rendimento dei conti, che ancora esistono, rendono osservabile la vigilanza di quei tempi. Un'altra casa di poveri trovavasi in Cormons, di cui è ignota l'istituzione, ma restano bensì memorie della vigilanza onde è stata amministrata.

Coll'acquisto della città d'Aquileja acquistossi un'altra casa di poveri, fondata già dal patriarca Volchero, che nel principio del secolo XIII resse quella chiesa. La confraternità sotto il titolo di s. Salvadore di Gradisca, diede origine allo spedale di detta fortezza. Mattia Cosabia, e Bernardino da Lodi legarono (**1502** e **1517**) a quell'istituto due casette contigue, in cui i poveri mantenevansi colle limosine de'confratelli. Giacomo d'Attems, capitano di quel luogo, ebbe tutta la cura di ridurre (**1572**) le dette due case più comode all'uso, a cui erano destinate. L'arciduca Carlo secondando sì lodevoli premure, assegnò dal suo erario una piccola somma, qualche cosa contribuirono gli abitanti ed il medesimo capitano.

Queste premure non bastarono a sollevare tutti i mendici, di cui di giorno in giorno riempivasi la città di Gorizia. Il concorso dei pitocchi s'accresce a proporzione che le mani caritatevoli si moltiplicano. Il governo goriziano attento per una parte a rimuovere l'inganno, che cercava di nascondere il vizio sotto la maschera dell'indigenza, ed a provvedere dall'altra al soccorso dei veri poveri, inibì (**1570**) il questuare in città, stipendiò una guardia affinchè scorrendo le strade, vegliasse all'osservanza dell'inibizione, ed istituì una società di patrizî e cittadini, i quali alternativamente andassero ogni settimana per le case a raccogliere in una cassetta le limosine, per distribuirle a quelli, che riconoscevansi veramente bisognosi. Queste, ed altre simili provvidenze dimostrano abbastanza qual fosse la cognizione dei nostri maggiori nei buoni principî di governo. Non ignoravano essi, che l'ozio ed il cattivo esempio, più che ogni altra cosa, fomentano la mendicità, e però nell'anno 1591, memorabile per la gran fame, che flagellò gli abitanti della contea, rivoltisi gli stati goriziani al loro sovrano l'arciduca Ferdinando, suggerirono qualche pubblico lavoro, il quale servisse come essi si esprimono, *a nutrire, e ad occupare nel medesimo tempo gli abitanti*, e lo supplicarono (**25 genn. 1591**) a conceder loro di poter prevalersi del denaro delle chiese, per impiegarlo in soccorso del popolo affamato.

Felice quella provincia, che è governata da un capo, il quale con indefessa vigilanza cerca tutti i mezzi di sollevare il popolo dalla miseria. Il capitano Francesco della Torre, che per tanti titoli merita la grata nostra rimembranza, tentò ogni via, onde bandire le *usure*, con cui abusandosi dell'altrui indigenza aggravavasi l'infelice condizione del povero. Il suo zelo inspirò negli animi del maggior numero de'patrizî, i più giusti ed i più caritatevoli sentimenti. Ad onta della convenzione d'un *banco di pegni* fatta dal nostro governo (**1548**) con alcuni *ebrei*, e malgrado le provvide leggi promulgate in favore della povera gente, venendo commesse gravissime usure nel censo del denaro, e nell'esito della roba commestibile deliberarono gli stati col parere dei più accreditati cittadini delle contea di istituire un *monte di pietà*, dove a discrete condizioni si provvedesse ai bisogni del popolo, quindi fu stabilito, che le chiese e le confraternite della provincia contribuissero la dote a questa pia fondazione. Il progetto, come spesso accadde de' più salutari provvedimenti, restò senza effetto, e la stessa mala sorte incontrò il luogotenente Giuseppe di Rabatta, quando lo riassunse negli anni posteriori (**1591**) per Gorizia, e Raimondo della Torre pel territorio di Gradisca. Si tennero delle radunanze, ed implorossi la sovrana protezione, ma nulla potè effettuarsi, ed il governo devette restringere la sua sollecitudine ad invigilare solamente, che le *usure* non sorpassassero i prescritti limiti nel *banco dei pegni* accordato ad alcune *famiglie ebree*.

IV.

La comunicazione della contea colle vicine provincie col mezzo delle pubbliche strade aperta, e l'uffizio di posta introdotto.

Quasi tutte le provvidenze, di cui in questo capitolo si è fatta menzione, riguardavano la sola città di Gorizia. La contea, travagliata per lungo corso di tempo non meno dalla guerra co' Veneziani, e dalle loro continue molestie, che dagli sforzi per ricuperare Marano, e dai replicati soccorsi di gente spediti contro i Turchi, era dimenticata e priva di vantaggi opportuni alla sua naturale situazione. Gli alti monti che la separano dalla Carintia, non lasciavano che un angusto passaggio a quelli, che andavano a piedi. L'unica comunicazione, ch'ella aveva colla Carniola, consisteva nel somministrarle soccorsi di milizia, e nel riceverne grani, e animali. I luoghi litorali, a cui impedivano i Veneziani ogni rapporto col mare, essendo privi di molte derrate, poco, o nulla somministrar potevano alla contea, che da quella parte trovavasi isolata, per le molestie che ne ritraeva. Impedivano essi la nostra navigazione depredando le barche di Trieste, che ci portavano le provigioni d'olio dalla Puglia; e giustificavansi coll'allegar per motivo, che quelle non avessero soddisfatto il dazio che da loro esigevasi. Non contenti di questo, guastavano le saline che i triestini avevano cominciate nel proprio territorio, e tentavano di sottoporre quella poca quantità di ferro, che dalla Carintia per Gorizia trasportavasi a San Giovanni di Duino, alla gabella di Monfalcone benchè la strada non toccasse il loro confine. Avevano essi ancora aperta sino a Tarvisa una strada di commercio colla Carintia, ove per la via della Ponteba esitavano i loro vini, è ne ricevevano in cambio ferro e lino, che diffondevano per terra in Friuli, ed in tutta l'Italia per mare. Entrati per la nostra trascuratezza in tal guisa in possesso d'un privativo commercio, opponevansi a' debiti sforzi, coi quali la nostra nascente industria tentava di sottrarsi alla loro dipendenza.

Rappresentarono gli stati di Gorizia (1549.) a Ferdinando I tutti questi disordini. *I Veneziani*, dicono essi, *obbligano i carintiani a depositare, e scaricare i ferri al passo della Ponteba, e non permettono, ch'essi li trasportino, dove più lor piace; obbligandoli prender in cambio i loro vini: dal che nascono due inconvenienti; di chiudere ogni strada di poter esitare i nostri, e di obbligarci a dover prendere, e comprare in Udine quello, che potremmo immediatamente ricevere dalla Carintia. Quanto più converrebbe, che tutto questo traffico si facesse direttamente tra i sudditi di V. M., e non con que' d'altro dominio, i quali cercano di tagliare ogni strada e levarci ogni comunicazione. Noi venderemmo in questo caso i nostri vini, unico prodotto che abbiamo, senza il cui esito non possiamo sussistere, molto meno adempire alle accordate contribuzioni; e se i ferri in luogo di passare per lo stato della repubblica, e sortire per li suoi porti, passassero per lo stato di V. M., e sortissero per li porti austriaci, la sovrana camera ricaverebbe non indifferente profitto.* L'esperienza fece conoscere la verità di quelle massime, che l'interesse dello stato sviluppò a' nostri tempi.

Il capitano Francesco della Torre altrettanto fermo nelle sue risoluzioni, quanto pronto a determinarsi per tutto ciò, che giudicava poter convenire al bene della provincia, rappresentò più volte al principe la necessità d'aprire una facile, e comoda comunicazione fra la Contea, e la Carintia, onde darle vigore, e sottrarla ad un tempo alla dependenza dei Veneziani. Per consiglio del provvido capitano quest'oggetto, che tendeva non meno all'interesse del sovrano, che al comun vantaggio di tutta la patria, fu preso in deliberazione in varie diete, e singolarmente in quella dell'anno 1557. *Dalle mude stradali*, espongono gli stati provinciali a Ferdinando, *riscuoterà V. M. il denaro occorrevole per la strada di Carintia, senza che si parli de' profitti, che ne ricaverebbono le altre dogane della contea.* Ma tutte le rimostranze portate al trono d'un principe, il quale occupato nella difesa de' suoi stati contra le armi ottomane, non avea nè tempo, nè mezzi di secondarle, rimasero senza effetto.

Alla reggenza dell'arciduca Carlo era riserbata la gloria di eseguire uu'opera, per cui gli stati goriziani indarno avevano per tanto tempo fatte sì vive istanze. Questo principe ordinò (**1565.**) che tutti i piani, e le memorie riguardanti la strada da Gorizia per Canale, e per Pletz sino a Tarvis, fossero spediti alla corte, onde poterli esaminare, e risolvere ciò, che il bene de' suoi stati richiedesse, ed incaricò i suoi commissari di guerra nel Friuli, di riassumere l'esame di questo affare, e d'inviarne il loro parere. O che i commissarî di guerra non secondassero il piano, o che altri opponessero degli ostacoli alle disposizioni del principe; il tutto restò sospeso sino all'anno 1573 in cui l'arciduca ingiunse agli stati della Carintia, della Carniola, e di Gorizia di delegare un congresso, nel quale di nulla altro dovesse trattarsi, che del modo e del sito il più conveniente, ed il più opportuno per l'esecuzione della strada. Insisteva il governo della Carniola, che il congresso si convocasse in Lubiana; e vi si opponevano gli stati di Gorizia, proponendo Tarvisa per essere questo luogo più opportuno ad osservare il sito della progettata strada. Si sa, che il governo goriziano deputò per commissarî Giacomo di Orzon, ed Andrea d'Attems: ma non consta che il congresso si sia mai unito, nè che per parte delle due confinanti provincie sieno stati nominati de' commissarî. Comunque fosse, l'arciduca Carlo costante nelle sue viste, richiamato a sè (**1576.**) l'affare, invitò i nostri stati a concorrere, come in fatti concorsero alla spesa; e si diede principio all'opera appoggiandone egli la direzione e la cura al suo sopraintendente dei boschi *Nicolò Arrardi*. Questa strada animando l'industria, l'agricoltura ed il commercio della contéa, diede ancora nuova vita a tutta la nostra provincia.

La Carintia incominciò allora a ricevere i nostri vini, ed a somministrarci i suoi ferri, i suoi lini, e le tele. Il frequente passaggio diede moto a fabbricar nuove case, e formar piccoli villaggi sulle strade, e promosse nella contea la circolazione del denaro, moltiplicandone la massa. In somma il paese acquistò nuove forze, e nuovo vigore. I veneziani, che vedevano di mal occhio rapiti al loro stato considerabili vantaggi, presero il partito di contrapporne un'altra strada. Con somma diligenza, ed eguale segretezza la principiarono (**1593.**) a Cividale, e la stesero sin verso Caporeto, per deviare dalla nuova strada austriaca le merci della Carintia, e diriggerle nel loro territorio. La strada veneta s'avvanzava nel fondo austriaco pel tratto di due leghe; e lo spirito d'interesse, o la disattenzione dell'amministrazione del capitanato di Tolmino, e del doganiere di Caporeto giunse a tale che all'opera prestarono il braccio i nostri sudditi istessi. L'ardita impresa era già pienamente eseguita, allor che ne pervenne la notizia al goriziano governo, per cui ordine furono incontanente spediti cento contadini dal capitanato di Tolmino per distruggere tutto quel tratto di strada, ch'era entro i confini del nostro territorio.

Minori difficoltà incontraron gli stati goriziani nella strada intrapresa (**1576.**) a spese dello stesso arciduca Carlo, colla quale s'aprì alla contea una più comoda comunicazione colla Carniola. Questa proseguiva da Aidussina, lungo il sentiero che conduceva pel bosco detto *Krusiza*, sino a Lueg. L'esecuzione nel territorio goriziano si era confidata al *gastaldo del paese*: e siccome gli stati per risparmio del sovrano erario impiegarono le comunità de' contadini; così deputarono Giacomo Fontana, e Baldassare Reschauer per regolarne, e con proporzione distribuirne i lavori.

L'esempio delle mentovate due strade, e l'esperienza de' vantaggi, che ne derivavano alla contea, risvegliò ne' possoditori d'una parte del Carso l'idea d'aprirsi una più agiata comunicazione fra la contea di Gorizia ed il porto di s. Giovanni di Duino. Quindi progettossi la strada denominata il *Vallone*. Concorsero i proprietarî col denaro ed il contadino col braccio all'opera secondata con tutti i mezzi dal goriziano governo. Il villaggio di *Merna* fu segnato per punto fisso onde unire la nuova strada del Carso con quella, ch'era già fatta, sino a Gorizia. I nostri stati persuasero (**1579.**) la comunità di *Merna* divisa in due parti dal *fiume Vipacco*, ad alzarvi un ponte, ed ottennero in favore di essa dall'arciduca Carlo il consenso d'imporre a ogni carro nel passaggio del medesimo una tenue gabella, la quale servisse non solo di compenso alla prima spesa, ma ancora di fondo per la sua conservazione. Ecco come pel bene, ed incremento della nostra patria fortunatamente cospirarono la volontà del principe, le premure del governo, e le forze de' sudditi.

Agli accennati provvedimenti sucedettero quelli, che tendevano a regolare il corso delle poste tanto utili alla società, ed al commercio. Erano sul principio del secolo nelle provincie austriache, solamente in tempo di guerra ordinate alcune *stazioni di posta*, per dare e ricevere le notizie dei principali avvenimenti, e delle più importanti circostanze. Cessata la guerra co' Veneziani cessarono presso di noi queste stazioni, ed in occasione di necessarî ragguagli s'impiegavano dei messi a piedi. La memoria (**1545.**), che si ha del *corriere stipendiato* sotto il governo del capitano Francesco della Torre, non ci dà indizio veruno, che fosse regolata la sua partenza, ed il suo arrivo: anzi prima, che l'altro Francesco della Torre, ambasciadore cesareo in Venezia, proponesse (**1562.**) di stabilire un corriere, che portasse le lettere da Gorizia a Venezia, tutto il carteggio fra la contea, e lo stato veneto doveva tenersi per via di messaggieri, che spedivansi secondo le occorrenze.

All' arciduca Carlo promotore di tanti saggi e vantaggiosi provvedimenti dee attribuirsi propriamente quello ancora de' regolati *uffizi della posta* nelle sue provincie. Delegò egli (**1598.**) nella contea *Giovanni di Paar* dichiarato soprintendente delle poste, perchè cogli stati concertasse il modo d' introdurle anche nella nostra provincia. Fu convenuto di fissare due stazioni di posta, l' una in *Gorizia*, e l'altra in *Gonars.* Accordarono gli stati di contribuire le porzioni dei foraggi necessari al mantenimento di due cavalli per ogni stazione, e di far assegnare dalla pubblica cassa della provincia l'annuo stipendio al mastro della posta di Gorizia. All' incontro dovevano spedirsi coll' ordinaria staffetta dall' uffizio della posta gratuitamente non solo i pubblici dispacci degli stati, ma ancora le *lettere private* di tutti i patrizi. Il mastro della posta era tenuto ancora, se il bisogno lo esigeva, a spedire con istaffetta particolare i pubblici dispacci, come anche a notificare ai deputati degli stati il passaggio dei corrieri, o delle staffette straordinarie, e serbare verso i medesimi ugualmente che verso il soprintendente delle poste una esattissima subordinazione, e dipendenza. Da sì tenui principî ebbe incominciamento questo altrettanto grande, che comodo ed utile stabilimento.

V.

Agricoltura.

Non poteva mai l'agricoltura esser meglio coltivata, e promossa nella contea che nel principio del secolo XVI. La maggior parte delle terre appartenevano al contadino. Copiosi pascoli nodrivano, e formavano vigorosi animali per la coltura delle terre, e libero il paese da ogni gabella, introducevasi dalla Carniola quella quantità di bestiame, che occorreva al suo bisogno. Le *servitù personali*, trattene quelle, che il contadino aveva obbligo di prestare al *castello di Gorizia*, erano ignote: quindi non venivano oppressi dalla fatica i suoi animali, nè interrotti i lavori della campagna; e per ciò, che concerne le imposizioni, eccettuato l'aggravio de' censi de' fondi, e delle decime, le terre godevano una piena franchigia. Tutto favoriva la condizione dell'agricoltore. Ma la lunga guerra sostenuta da Massimiliano I contro i Veneti, ed i sussidi di gente inviati alle vicine provincie contro i turchi spopolando i villaggi, e le campagne, si alterò ogni buon ordine, e fu distrutto l'antico sistema di governo nella campagna. Ciascheduno abbracciando indistintamente tutti i mezzi cercava un compenso ai danni sofferti. Il più debole divenne la vittima del più forte e dal più facoltoso restava oppresso il piccolo possessore di terre, cui la necessità, ed i bisogni col tempo ridussero alla condizione di colono. A misura che i padroni delle terre conobbero la ricchezza del loro prodotto, aumentavano l'annuo affitto senza prendere in egual considerazione l'industria, ed i sudori del colono, il quale dopo aver aumentato il prodotto ed il valore delle terre, peggiorava di condizione: anzi l'affitto ponevasi quasi all'incanto, poichè licenziavansi i vecchi coloni, che ricusavano di soggiacere a un peso sproporzionato, e davansi in affitto le terre al più offerente, senza riflettere se egli era in istato di pagare. È vero altresì che il colono abituato pel passato ad una uguale locazione riputavasi quasi non dipendente, e come proprietario della terra, ma volendo egli dar legge nelle pretensioni, che metteva in campo in riguardo ai suoi miglioramenti, tale contrasto produceva uno sconcerto tra li proprietari ed i coloni, che doveva necessariamente scoraggiare l'agricoltore, e far peggiorare l'agricoltura.

I perpetui richiami sì de' padroni che de' coloni, diedero occasione a Ferdinando di accomodare le loro discrepanze. Regolò questo principe (**1537**) con una sua costituzione, di cui si parlò altrove, i diritti sì del posseditore che del colono, derivati dalla natura del contratto, e prescrisse (**1542**) con altro decreto il modo d'aprezzare i miglioramenti (*a*), così che quanto più fu favorevole un tal prezzo pel colono, considerato il valore della moneta di que' tempi, altrettanto più crebbe in progresso di tempo a vantaggio del padrone. Queste due sovrane dichiarazioni diedero fine alle contese fra i possessori delle terre, ed il coltivatore delle medesime, e stabilirono un sistema nelle nostre campagne.

Fino verso la metà del secolo niuna cura prendevasi il governo

---

a) Costituzione IV pag. 133.

13

di promuovere l'esito delle derrate, anzi nemmeno di procurare l'interno consumo de' prodotti, mentre la contea era tutta innondata di vini trasportati dall'Istria, o dalla Marca pei porti di s. Giovanni e di Marano. Declamavano gli stati contro sì pregiudiziali inconvenienti, e supplicavano il principe a dare opportuno provvedimento. In una rimostranza essi si esprimono (**1589**) colle seguenti semplici, ma significanti parole. *I forestieri riempiono questa contea con vini, di cui abbondiamo; e trasportano da noi il denaro, di cui scarseggiamo.* Ma le calamità della guerra, e le turbolenze di Marano facevano dimenticare le rappresentazioni degli stati, ed allontanavano ogni rimedio. I Goriziani non perdettero mai di vista questo importantissimo oggetto. Con reiterate istanze implorarono la sovrana protezione finchè mossero Ferdinando a proibire (**1552**) nella contea, e nei suoi porti l'introduzione dei vini esteri, sotto pena della confiscazione del carico e delle barche.

Questa inibizione animò, e promosse la coltura dei vini nella nostra provincia. La piantagione delle viti aumentavasi di anno in anno. Sicuro l'agricoltore dell'esito de' suoi prodotti, godeva i frutti dei suoi travagli e delle sue spese. I colli coperti per lo più di cespugli si viddero coprirsi di viti, ed alcuni abbandonati si coltivarono di nuovo, e si ridussero a tale stato, che ne fanno oggidì ammirare l'industria. I proprietari di molte terre incolte, da cui non ritraevano alcuna rendita, le distribuivano con un tenue affitto a famiglie di coloni, che a gara offerivansi, invitati da' vantaggi, che loro prometteva la coltura di que' terreni. Lo stesso principe alienò il dominio utile di molti fondi di tal natura, e dagli annuali censi si venne ad accrescere l'antico, e formare un nuovo *libro di partite cumerali.* Ecco in qual guisa il principe seppe animare l'industria, e render fertili le nostre campagne.

Siccome la proibizione dei vini esteri interessava anche il territorio di Trieste, così facendo quella città causa comune colla contea, si prestavano amendue reciprocamente la mano, ed impiegavano di concerto le guardie per garantirsi di ogni clandestina introduzione. Questa vigilanza pose, non v'ha dubbio, freno ai contrabbandi, che soleano commettersi per li porti di s. Giovanni e di Fiumicello: ma il privato interesse, che spesso si oppone al pubblico bene, e delude le più saggie provvidenze, aprì nuove strade. I mercatanti forestieri conducevano i loro vini per mare alla città di Fiume, che ne era divenuta il magazzino, e di là si facevano passare nella Carniola: la Ponteba dall'altra parte lasciava libero il passaggio a quelli, che dallo stato veneto introducevansi nella Carintia. I pubblici richiami giunsero finalmente al trono dell'arciduca Carlo, il quale confermò (**13 mag. 1580**) l'inibizione fatta dall'augusto suo padre.

Questa nuova *proibizione generale dei vini forestieri* radoppiò l'attenzione di quelli, a cui più premevano la osservanza, ma questo zelo appunto risvegliò le vicine provincie a chieder la rivocazione di un editto, che le rendeva quasi tributarie alla contea nella provvigione dei vini, e sottometteva i loro abitanti alla necessità di ricevere qualunque legge in riguardo al prezzo, che ad arbitrio imponevasi. Gli stati di Gorizia solleciti altresì di comprovare la rettitudine delle loro intenzioni proposero alla Carintia, che delegasse commissari, i quali al tempo delle vindemmie facessero annualmente il prezzo del vino, proporzionandolo alla maggiore o minore abbondanza delle raccolte. Rigettata la proposizione dalla Carintia, e ripigliati con più vigore i maneggi per far abolire l'editto, lo stesso arciduca Carlo combinando i vantaggi dell'una e dell'altra provincia, modificò l'inibizione con altro rescritto (**28 mar. 1590**), col quale, mediante un dazio, permetteva l'ingresso dei vini esteri nella Carintia, introdotti per la *strada di Caporetto* dai porti di Trieste, e di s. Giovanni, ed accompagnati d'attestati fatti nei detti porti, dichiarando confiscato il vino di quelli, che non avessero tali attestati, o non avessero presa la strada di Caporetto (*a*).

Non poteva la contea dolersi d'una legge, che proteggeva i suoi vini, e non tollerando che una sola strada rendeva difficile il trasporto clandestino dei forestieri. Ma affinchè questo nuovo editto non dasse occasione agli abitanti stessi della contea d'introdurne per li mentovati due porti, e di farli passare per vini goriziani, gli stati con avvedutezza ordinarono (**1593**), che al tempo delle vindemmie si conscrivessero esattamente i vini prodotti nella provincia, e posero al *ponte di Canale* un ispettore coll'incarico di tenere accurato registro non meno della quantità dei vini trasportati per la Carintia, che del nome dei venditori, per indi confrontarlo colle note della raccolta. Le disposizioni fatte per parte dei nostri stati non potevano essere nè più rette, nè più sicure, se non fossero state deluse dalla mala fede del doganiere di Tarvisa, il quale contro i sovrani ordini, tollerava e favoriva per quella strada l'ingresso dei vini nella Carintia, e nel territorio di Salisburgo, che in copia concorrevano nei porti di *Monfalcone*, e di *Latisana*. Sì fatta

_____

a) Questo ordine fu rinnovato il dì 11 ag. 1597, e 1 ott. 1598.

collusione, che recava danno ai vini della contea, ed al sovrano
erario, eccitò gli stati goriziani a rinnovare le più vive instanze
insieme colla città di Trieste, in conseguenza delle quali la reggenza
di Gratz delegò (**1594**) un congresso per iscoprir il disordine, e
porvi opportuno rimedio. Sigismondo Turriano allora luogotenente
di Gorizia si trasferì in Trieste per concertare con quel magistrato
le convenevoli istruzioni da darsi al comune plenipotenziario, e si
deliberò di chiedere il sovrano assenso di poter deputare in Tarvisa
un ispettore, il quale vegliasse fedelmente all'amministrazione di
quella dogana. La città di Trieste accennò in una lettera scritta ai
nostri stati, le opposizioni, che vi faceva quel doganiere nella
seguente maniera: *Abbiamo dal nostro sollecitatore in Gratz, che*
il doganiere di Tarvisa e Montecroce, si opponga al nostro ispettore.
La voce pubblica dura spesso più fatica a penetrare sino al trono
del principe, che la voce d'un principe solo. Il congresso unito
in Gratz non prestando orecchio ai richiami della contea, rigettò il
progetto dell'ispettore, e la dogana di Tarvisa restò arbitra del
passaggio dei vini forestieri.

Se andavasi aumentando nella contea la coltura delle viti, non
si trascurava quella dei grani. La fertilità dei nostri terreni, atti ad
entrambi i prodotti, aveva persuasi i primi abitanti a secondare la
felice loro disposizione. Le viti piantate in retta linea tralasciandovi
tra l'una e l'altra spazio sufficiente per la seminagione de' grani nel
piano, e per quella dei legumi e d'altri erbaggi nei colli, non
impedivano la coltivazione d'ogni sorte di prodotti.

I miglioramenti delle terre si videro aumentati ancora nel
capitanato di Gradisca, che sempre servì di scuola alla contea. Il
suo territorio è superiore a quello di Gorizia nella bontà dei fondi,
ha ancora il vantaggio della situazione, per cui comunica coi fiumi,
e coi porti di mare. La facilità di trasportar fuori i grani, malgrado
le inibizioni, che il pubblico timore quasi ogni anno dettava, ne
rendeva l'esito sicuro, ed animava conseguentemente l'agricoltore,
nemico d'ogni legame, alla coltura del frumento. Fino dalla metà
del secolo il commercio dei grani era di considerabile profitto agli
stati austriaci. Quaranta nove mila seicento novantasette staja di
frumento furono da Gorizia, e da'porti dei lidi austriaci trasportati in
Venezia dopo la raccolta dell'anno 1564 fino al luglio del susseguente
anno (*a*). Finalmente il fervore per l'agricoltura si diffuse a tal

─────────

a) Relazione di Francesco della Torre ambasciadore cesareo in

segno, che non bastando i terreni già coltivati, si pensava a diseccare le paludi d'Aquileja, e di Marano.   Un piemontese, stato impiegato dalla repubblica di Venezia nelle paludi del territorio padovano, fu il primo a suggerir (**1558**) un tal pensiere, che fu poi risvegliato (**1565**) al tempo dell'arciduca Carlo, a cui ne fu proposta l'impresa a spese di lui, o col somministrare ai sudditi i mezzi necessarî per eseguirla, ma la proposizione non fu mandata ad effetto benchè fosse spalleggiata da *Orfeo di Zara* capitano d'Aquileja, e dall'ambasciadore Francesco della Torre, il quale suggerì anche al principe, per popolare quel territorio, d'accettare gli ebrei, che il senato veneto aveva deliberato allora di scacciare dalla sua capitale. Svanito questo piano, il suddito continuò a coltivare e migliorare quelle terre, che gli erano più opportune, e di più facile coltivazione.

Ma l'ardore di stendere sempre più la piantagione, e la coltura delle terre essendo portato all'eccesso alterò in alcuni distretti la proporzione fra i pascoli, ed i campi; e minacciava di rovesciarla in tutta la provincia.   I ministri camerali del principe avidi solo di denaro alienarono molti fondi appartenenti alla sovrana camera, de' quali la maggior parte serviva ad uso di pascoli, ed i nuovi posseditori la convertirono in campi, o in vigneti.   Le comunità adiacenti alla città di Gorizia conobbero le prime il disordine, e ne sperimentarono il danno per l'alienazione delle terre situate a mezzogiorno, le quali anche per la loro vicinanza in pochi anni dallo stato di folte boscaglie e di buone pasture passarono a quello di vigneti.   L'agricoltore delle campagne, che si stendono nel piano dalla città sino all'Isonzo, spogliato de' suoi pascoli faceva de' richiami sino dall' anno 1545, e bramava un opportuno provvedimento.   Bonaventura d' Eck commissario degli stati di Gorizia alla dieta generale delle provincie austriache convocata in Vienna, era particolarmente incaricato (**1547.**) di rappresentare gli svantaggi, che coll' *alienazione dei fondi camerali* cagionavansi alla nostra agricoltura.   Informato il re Ferdinando deputò Lodovico di Menesis, e Lodovico di Brandis per esaminare le lamentanze, e proporne i rimedî: ma avendo già riscosso, e impiegato il soldo non poterono i commissarî metter riparo a' passati disordini.

Lo stesso danno derivato dalla *scarsezza di pascoli* esperimentarono ben presto anche le comunità di *Lucinico* e di *Podgora*, allor che il monte, e le colline della parte di ponente furono ridotte a coltura, e

———

Venezia, data all' arciduca Carlo il dì 27 ottobre 1565.
" archivio di Duino. "

piantate di viti. Nè fu minore la scarsezza cagionata (**1599.**) al contadino del territorio di *Salcano* dalla proibizione del pascolo sul vicino monte s. Valentino, dettata dallo spirito della conservazione de' boschi camerali: come nel precedente anno le Comunità, che occupano il distretto dal Liack sino a Osseck, erano state private dell'antico diritto di pasturare nel bosco Lock. Fu maggiormente anche aggravata la condizione delle comunità adiacenti a Cormons, le quali in occasione, che fu posto in cultura (**1560.**) il territorio di *Spessa*, non solo perdettero gli abbondanti pascoli di quelle colline, ma furono eziandio costrette a dividere colle nuove colonie le scarse loro pasture.

Non iscopresi maggior discernimento nella ripartigione delle terre del capitanato di Gradisca: le migliori furono arate, e piantate di viti, e non restarono che le più sterili pel pascolo degli animali. Alla scarsezza delle pasture si unirono le usurpazioni a' confini praticate da' veneti, e particolarmente quelle delle comunità di Rivignano contro quella di Campomole, le quali determinarono la camera del principe, per impedire ogni usurpazione per l'avvenire, a far distribuire (**1564.**) dal suo questore in Gradisca in annuale affitto tutti quei pascoli.

All'insufficienza dei pascoli non meno s'aggiungeva l'avidità del contadino, il quale avanzava l'aratro e la zappa oltre i limiti dei campi, e veniva ad occupare insensibilmente gran porzione di terra, che prima serviva ad uso di pascoli comuni. Questo disordine mosse (**1554**) la camera del principe a scoprire l'usurpazioni, ed a fare nuove assegnazioni delle terre comunali. Sì fatta operazione diede luogo alla vendita di tutte le terre, che furono stimate superflue, ed il concorso dei compratori, e un falso zelo per l'interesse del principe sconcertarono in quest'incontro interamente la proporzione fra li *pascoli comuni*, e le terre coltivate. In due successive diete (**1557 e 1558**) fecero gli stati provinciali le più forti istanze, perchè il principe ordinasse la restituzione delle terre comunali, la cui mancanza privando dei necessarî *pascoli* gli animali, e rendendo difficile il trovar legna per l'appoggio delle viti, pregiudicava non meno alla coltura del vino, che del grano. Ma il principe essendo allora occupato da una non men dispendiosa, che lunga guerra, non potè rivolgere le sue cure a questi oggetti. Questa è l'epoca infelice della sbilanciata proporzione fra li *pascoli* e le terre arate nella contea, e del fatale principio invalso fra i contadini d'essere più debitore del frutto delle terre alla naturale fertilità del suolo, che alla propria industria, ed al lavoro.

In mezzo a tanti disordini l'attento capitano Francesco della Torre, non potendo rimediar al male, ne impedì almeno il progresso. Temeva egli, che le terre comunali, e singolarmente quelle, da 'cui il contadino traeva le legna occorrenti per la coltura delle vigne, non andassero per gli smoderati tagli sempre più peggiorando, e che non continuassero le usurpazioni nelle altre destinate ai pascoli, per indi ridurle in campi, giudicò perciò di prevenire l'uno e l'altro disordine. Divise in varie parti i *fondi comunali*, ne segnò i confini (1547), e vi regolò l'annual taglio. Deputò in oltre in ogni comunità alcuni uomini, i quali vegliassero all'osservanza delle regole ed uniti al *gastaldo del paese* visitassero annualmente tutte le terre comunali, sradicassero le viti, se in quelle se ne fossero fatte nuove piantaggioni. La miglior istruzione per un capo di provincia è quella, ch'egli può trarre dall'attività, e da' buoni esempi de' vigilanti suoi antecessori.

Degno è di riflessione un'altro provvedimento dello stesso capitano della Torre. Calavano nell'inverno dalle montagne sulle nostre pianure i veneti con numerose *mandre di pecore*, le quali deterioravano la condizione dei pascoli di parecchie comunità (a), sedotte da un tenue fitto, che veniva loro pagato. Un editto del nostro capitano (1547) chiuse l'accesso alle pecore forestiere, ed animò l'industria per la coltura delle mandre nazionali (b). Colla perdita del legislatore, perdettero le leggi la loro forza, cessò ogni vigilanza per li fondi comunali, ed all'ordine succedette la confusione, così che giunse all'estremo *la scarsezza dei pascoli e la penuria del legname*. Rinnovò il governo goriziano (1582) le ordinanze prescritte dal benemerito capitano della Torre; ma qualunque nuova pubblicazione degli antichi provvedimenti non fu bastante a riparare gli abusi per la loro inosservanza da lungo tempo introdotti.

La scarsezza de' pascoli, e la mancanza delle legna trassero seco altri inconvenienti. Le rive dei torrenti e dei fiumi, che intersecano la contea, ed il territorio di *Gradisca*, erano coperte dalla natura, e dall'arte con foltissimi alberi, e cespugli di salici, le cui intrecciate radici sostenevano la terra, ed opponevano un sodo

---

a) *Mariano, Medea, Romans, Versa, Cormons, Frata, Chiopris, Villesse e Fara.*

b) *Trovasi fra le nostre scritture un anteriore simile editto dei 13 genn. dell'anno 1470, pubblicato sotto Febo della Torre, amministratore della contea sotto gli antichi conti.*

riparo alla violenza e voracità delle acque. Senza curare i danni lontani, che ne derivano, principiò il suddito a cercar profitto dallo scarso pascolo, e del taglio su quelle rive, ed avrebbe accelerata la distruzione di molti terreni, che accadde nei tempi posteriori, se il governo non avesse provveduto alla conservazione dei ripari quanto naturali, altrettanto sicuri. Reiterati editti, e singolarmente quelli fatti sotto il governo del capitano Francesco della Torre, inibivano sotto gravissime pene di tagliar i cespugli dai quali le rive lungo l'Isonzo ed il torrente Torre erano coperte (a). Ma rallentata la pubblica vigilanza si violarono le saggie leggi, e struggendo gli argini, che la natura aveva opposto alle impetuose acque de' torrenti, sperimentarono ben presto sulle loro campagne que' danni, di cui provansi ancora le conseguenze funeste. Quando si esaminano da presso queste, e simili altre vicende d'una provincia, comprendesi chiaramente, che la maggior parte de' suoi mali deriva dalla negligenza e poca avvedutezza, di chi la governa.

Non dee recar maraviglia, che distruggendosi le legna ne' fondi comunali, nessun pubblico provvedimento vegliasse al taglio, ed alla conservazione dei boschi privati, e che fino d'allora gli abitanti della contea dovessero dipendere da' ministri camerali nelle provvisioni, e nel prezzo delle *legna da fabbrica e da fuoco*. Questo è uno di quegli oggetti, che sfuggì all'occhio dei nostri maggiori. L'uomo è per ordinario più tentato da un presente profitto, di quello che sia ritenuto da lontani svantaggi.

Ecco lo stato dell'agricoltura nella contea nel XVI secolo. Si è veduto, malgrado le tante difficoltà, che vi si frapposero, e massimamente quella della sproporzione fra le terre coltivate, e quelle destinate ai pascoli, quanto rapido ne fosse stato l'accrescimento. Fortunata quella provincia, la cui felice situazione, e la naturale fertilità del suo territorio sono superiori agli ostacoli, che vi si frappongono, e suppliscono alla mancanza dei provvedimenti.

a) *Abbiamo fra le scritture del governo di Gorizia un uguale editto di Nicolò della Torre capitano di Gradisca, pubblicato il dì 11 dicembre 1541.*

VI.

Popolazione.

L' aumento della popolazione presso di noi seguì immediatamente quello dell'agricoltura; l'una procurando l'abbondanza de' prodotti della terra, e riducendo a miglior prezzo i viveri doveva necessariamente promuovere anche l'altra. La guerra co' Veneziani nel principio del secolo sarebbe stata funesta per la nostra patria, se il felice suo clima, la fertilità del suolo e la perfezione de' suoi prodotti, non solo le avessero restituito ben presto le antiche sue forze, ma gliele avessero ancora accresciute. Il soldato forestiero, avvezzo all'acqua, ed al latte non sì tosto ebbe gustato i nostri vini, che cercò, terminata la guerra, i mezzi per istabilirsi in un paese, dove sotto un cielo più temperato del suo, poteva con poca spesa soddisfare al suo gusto. Un governo presso cui era ancora sconosciuta ogni qualità d'imposta sopra la gente di campagna, a sè traeva gran concorso di coloni esteri, e singolarmente dallo stato veneto, dove praticavansi già certe imposizioni(a) rendute ancora più odiose, perchè erano uguali pel povero, e pel ricco. L' affluenza di nuove famiglie, che cercavano nella nostra provincia domicilio, era sì grande, che eccitò le lamentanze delle nazionali: e l' illusione del governo goriziano, e del ministro fu tale che diede occasione ad una sovrana determinazione (**1558**.) per cui il colono nazionale non poteva essere licenziato da un terreno, che si volesse locare ad un veneto (b). La legge ci privava di nuovi, ed utili sudditi, e favoriva, e quasi autorizzava l' inerzia dei coloni nostrali: ma la forza de' naturali nostri vantaggi potè fortunatamente superare tutti questi ostacoli, che la legge frapponeva all' agricoltura ed alla popolazione.

Ella è cosa certissima, che le nostre campagne poste in coltura, indipendentemente da ogni altro genere di industria, aumentarono la popolazione della provincia. Il contadino non distratto d'altri oggetti, ma attaccato per tutto il secolo all'aratro, non deviava dal primo suo istituto. Le scuole da pochi frequentate erano a lui totalmente ignote.

a) *oltre l'aggravio di annui cinque soldi, imposti nell'anno 1502 sopra ogni campo di terra, v'era il dazio sopra l'olio, ed il dazio della macina. "Giovanni Francesco Palladio."*
b) *Vedi pag. 136 costituzione XII:*

13*

Contento del suo stato non pensava a migliorare una condizione, ch'ei perpetuava di padre in figlio nelle famiglie; ed intento solo al lavoro delle sue terre riguardava la quantità della sua prole come un tesoro, che moltiplicando le braccia promettevagli colle opere loro una proporzionata raccolta.

Come non si praticavano allora le regolate numerazioni degli abitanti introdotte a' nostri tempi, nè tenevansi i registri de' nati, i quali non cominciarono se non alla fine del secolo nelle parocchie; così non può stabilirsi un calcolo esatto della popolazione nella contea. Una congettura della particolare popolazione d'alcuni villaggi, situati oltra l'Isonzo, si ha nelle memorie del numero de' sudditi atti alle armi, che furono presi in nota negli anni 1525 e 1536 da Nicolò della Torre capitano di Gradisca, il quale volle conoscere la forza del suo capitanato, per equilibrare i soccorsi, che somministravansi alla Carniola contro gli Ottomani. Ma siccome queste due note (a) sono assai imperfette e mancanti, così non possono servire a formare un preciso calcolo del numero degli abitanti di quelle comunità.

Un altro registro della totale popolazione del territorio di Gradisca fu ordinato dallo stesso capitano Nicolò della Torre in occasione della *carestia*, che afflisse nell'anno 1528 la provincia, per calcolare la necessaria provvisione di grani; ma questa ancora per la poca cura che si ebbe di conservarla, ci è pervenuta molto mancante (b). Sarebbe stato desiderabile, che si fossero tramandate a noi le note battesimali di tutte le nostre parocchie, onde poter confrontare il numero dei nati di quei tempi con quello dei nostri giorni, e trarne un calcolo più giusto della passata popolazione: ma oltrechè non ci sono rimasti tali registri, che in pochissime pievi

---

a) Secondo le note dell'anno 1525 aveva Ajello 22 maschi atti alle armi, Joanniz 30, s. Vito 35, Tapogliano 22, Viscon 32, Castiglions 7, Cavenzano 14, Muscoli 14, Campolongo 27, Preteulis 28 e Sacileto 19. Secondo la nota poi dell'anno 1536, Ajello 59, Joanniz 61, s. Vito 39, Tapogliano 92, Visco 65, Mossa 74, Fiumicello 90, Ruda 49, Villavicentina 57 e Fara 104. Scritture della vecchia pretoria di Gradisca.

b) La comunità di Mossa contava 260 anime, Ajello 560, Visco 361, Fiumicello 427, Villavicentina 315, s. Nicolò di Levata 63, Ruda 259, Tapogliano 249, s. Vito di Crauglio 325, Joanniz 327 e finalmente Fara 654. Scritture della pretoria di Gradisca.

della provincia, questi sono così mutilati, che servir non possono di sicura guida, così dee rimaner diffettosa in una delle sue parti più importanti di questa istoria (a). Con maggiore certezza si potrebbe determinare il numero degli abitanti della città di Gorizia sul finir del secolo XVI, se si volesse ricevere il calcolo comunemente accettato, e dare cento abitanti per quattro, che nascono in un anno. Rilevandosi dai registri battesimali della nostra parocchia cento sessanta circa nati all' anno negli ultimi dieci anni, si può con qualche fondamento dedurre, che la popolazione di Gorizia fosse stata di quattromila anime.

------

a) *I libri battesimali della chiesa vicariale di Gradiscutta principiano nell' anno 1566, e non trovansi notati negli ultimi dieci anni di quel secolo se non 17 nati. Sembra che sia stata osservata più accuratezza nei libri di Cormons, che principiano nell'anno 1571, ma vi mancano i nati dall'anno 1587 all'anno 1594: le note della pieve di Gonars, e della chiesa filiale di Joanniz principiano nell' anno 1571, ma le note di quest' ultima non hanno l'impronto di accuratezza. Nella parrochia di Ruda principiano le note dei battesimi nell' anno 1572, e pajono estese con attenzione. La parocchia di Gradisca tiene i suoi libri dall' anno 1576, ma vi si trova un vuoto dall'anno 1583 all' anno 1593. Le note di Vilesse cominciano dall' anno 1579, ma, oltrechè gli anni 1589 e 1590 rimasero in bianco, rendonsi sospetti di mancanze gli anteriori, e i seguenti. I battesimi notati nella parocchia di Prebacina, principiano anch' essi nell' anno 1579, ed hanno l'impronto di legalità. Nell' anno 1585 principiano le note nella pieve di Merna, ed un anno dapoi in quella di Sempas senza che vi si possa fare eccezione. Lo stesso è dei libri della parocchia di s. Pietro, che cominciano nell' anno 1587. Non si può dire lo stesso dei registri della parocchia di Zerniza, i quali principiano coll' anno 1597, e trovansi nei susseguenti quattro primi anni già mancanti. Nel medesimo anno ebbero principio le note battesimali in Salcano, e furono con accuratezza continuate. Finalmente nelle pievi di Reifembergo, e di Cervignano trovansi i libri più vecchi dal 1598, colla differenza, che in quest' ultima sembra che non si sia fatto nota di tutti i battesimi ne' primi tre anni.*

VII.

Industria.

Vi è una tale concatenazione tra l'industria, la popolazione e l'agricoltura, che l'una e l'altra contengonsi vicendevolmente, e tutte tre tendono a un medesimo fine. Abbiamo già esposto lo stato, della provincia sotto gli antichi suoi conti una popolazione scarsa languente, e poco dilatata l'agricoltura, e gli abitanti del più bisognevole sprovveduti. Abbiamo altresì riportato gli avanzamenti, che indi essa fece nel secolo XVI sì riguardo l'agricoltura, come alla popolazione: ora convien far menzione dei progressi dell'industria e delle arti.

L'imperadore Massimiliano I, per sostenersi in quello stato violento, in cui lo posero le continue guerre da lui intraprese, fu costretto ad impiegare mezzi rovinosi, ondé supplire all'esausto suo erario. Vendette egli per alcune somme anticipate di denaro la privativa facoltà del commercio, ed appaltò le poche *fabbriche* allora conosciute nei suoi dominî a varie compagnie di negozianti esteri, i quali assoggettando le provincie a prendere le loro merci, le spogliavano della moneta ed attaccavano fin nella radice l'industria nazionale. Massimiliano sulle rimostranze degli stati generali delle sue provincie presentate nella dieta convocata in Innspruck contro un sistema tanto dannoso, si ravvide dell'errore commesso, annullò tutte le facoltà privative, rivocò gli appalti, e restituì la libertà all'industria, ed al traffico dei suoi sudditi.

Il vigore ed il moto, che acquistarono gli stati austriaci da sì provvida deliberazione, comunicossi ben presto alla nostra contea, e risvegliò l'industria del nostro contadino fino allora dipendente dai Veneti confinanti nelle cose le più necessarie pel suo vestito. Si vidéro destinate porzioni di terreno ne' territorî montuosi della provincia alla coltura del *canape,* la cui felice riuscita non tardò poi ad invitare i manifattori, e sotto la scuola dei primi maestri discesi dalle montagne della Carnia, appresero gli abitanti della contea l'arte di tesser le *tele.* Questo nuovo genere d'industria ne produsse un altro ugualmente importante, che è quello della coltura delle *pecore,* e delle *lane* onde s'introdusse presso di noi la manifattura dei *panni grossi* ad uso dei contadini. I più utili stabilimenti succedono l'uno all'altro gradatamente! La *coltivazione delle terre* trae naturalmente le *manifatture*, ed in conseguenza fa risorgere tutte quelle arti, che non possono dal loro primo fonte andar separate.

Il nostro contadino divenuto così attivo ed industrioso servì d'esempio agli abitanti della città. La piena libertà, che regnava in tempi, in cui le scuole dei mestieri, e delle arti erano ancora sconosciute, e che permetteva a ciascheduna il trasportare nel cuore della città il suo domicilio, ed esercitare liberamente quella professione che più gli piaceva, riempì Gorizia d'ogni genere di mestieri più opportuni ai bisogni della vita civile. Vi s'introdussero le *arti dei cappellai*, dei *fabbri*, dei *carrettieri*, e le *fabbriche dei cuoi* e delle *pelli*, che prima esistevano, sempre più andavano crescendo. Dalla città s'estesero queste arti nei villaggi, e seppero eccitare talmente la gelosia e la persecuzione degli artisti della capitale, che questi carpirono dal governo goriziano un ricorso, che fu dagli stati presentato (**1534**) al re Ferdinando, perchè in riflesso agli aggravî che essi pagavano alla città, fosse agli altri proibito l'esercizio dei loro mestieri. Per buona sorte l'istanza fu rigettata, e l'industria nei villaggi non fu oppressa in grazia di quella della città, e la diligenza, ed il lavoro furono in qualunque luogo protetti.

Principî così felici già promettevano in progresso dei maggiori incrementi. Col miglioramento del nostro terreno si scoprì, ch'era molto atto alla *coltura dei gelsi*. Il contadino cominciò a piantarne ed apprese il modo di nodrire i *filugelli*: ma non essendosi ancora introdotta l'arte di trarre la seta, i bozzoli portavansi in vendita ai mercatanti d'Udine. Non si può scoprire dalle nostre scritture l'origine precisa, e il progresso di questo genere d'industria; si ha bensì fondamento di congetturare, che la provincia alla metà del secolo producesse una quantità non indifferente di bozzoli, giacchè sin dall'anno 1565 s'esibì Melchiore Rosetti mercatante di Trento di fabbricare a sue spese un *filatojo* in Gorizia a condizione, che gli fosse accordata la facoltà privativa del negozio delle sete nella contea per lo spazio di venticinque anni. Il governo goriziano consultato dall'arciduca Carlo non si lasciò questa volta abbagliare, dimostrò anzi quanto era necessario il rigettare una proposizione, che tendeva a diseccare nella sua radice un ramo importante dell'industria nazionale. Lo zelo, e l'avvedutezza, che dimostrarono in questa occasione i nostri maggiori, farebbero onore al presente secolo.

Diverse furono le misure, che si presero riguardo alle *fabbriche di lana*, che nella contea vie più andavano crescendo. L'estrazione della lana, proibita al principio del secolo per favorire le fabbriche di Boemia, e permessa dopo la metà di quello (**1559**) mediante la gabella di *venti carantani* per ogni centinajo di libbre, non poteva in veruna maniera influire nel nostro lanificio. L'arte di filare le lane dilatavasi sempre più nelle campagne, ed il contadino prendeva piacere in veder tessere in casa propria i materiali preparati dalla sua famiglia. Girolamo di Porzia, che fu dipoi nunzio pontificio in Gratz, presso l'arciduca Ferdinando, in una sua relazione (*a*) (**1567**) riguardante la nostra patria, e diretta al nunzio apostolico residente allora in Venezia, dice: *è loco, dove si traffica, pratican mercanti assai*, ed indi soggiunge, che vi si potevano avere *tele e panni grossi*. In fatti tal fu l'incremento de' *lanifizî*, ed il numero dei telai sì considerabile, che gli stati di Gorizia presero il mal inteso partito di porre un aggravio a questa spezie d'industria cotanto necessaria, assoggettando (**1559**) tutti i tessitori esteri allo straordinario sussidio, che la provincia somministrò all'arciduca Carlo per lo fortificazioni della Croazia. Bisogna perdonare qualche fallo in un secolo, in cui spesso le pressanti indigenze fecero dimenticare i migliori principî, ed i veri mezzi per isbandire la forestiera industria, e promuovere la nazionale.

Finalmente giova in questo luogo riportare, che verso la fine del secolo era nel teritorio di *Tolmino* una *fucina di ferro* stabilita da Giovanni Gibellino, e da Gregorio Cumar, in favore di cui l'arciduca Carlo accordò (**14 lugl. 1579**) da' suoi boschi le occorrenti legna. Abbiamo creduto di non dover ommettere nulla di ciò, che appartener potesse a dimostrare i primi sforzi, che fece la patria nell'infanzia della sua industria. Felici noi, se i progressi della contea si fossero aumentati a proporzione della popolazione, e delle sue forze e delle nozioni acquistate dall'esempio d'altre nazioni.

VIII.

Costumanze.

Da ciò, che fin ora si è detto, è facile il congetturare che l'affluenza di tanti stranieri, tratti parte dalla fertilità del nostro

a) La relazione comincia colle seguenti parole: " *Havendo io per obbedire alla richiesta fattami da V. S. Reverendissima.* „

suolo, parte da' progressi dei mestieri e delle arti, possano avere contribuito al cangiamento de' *costumi* dei nostri maggiori. In quei primi tempi le usanze, il linguaggio, le maniere, tutte sembrano aver avuto origine unicamente dalla *nazione tedesca*. Chiunque esamina i cognomi delle prime famiglie patrizie, e degli originari nostri cittadini, e dà un occhiata alle scritture antiche, che sono tutte in idioma tedesco, resta facilmente persuaso, che questa favella fosse allora la sola, o almeno la più comune della città di Gorizia. La conquista d'una parte del Friuli, i cui abitanti parlavano un'altra lingua, fu cagione, che la friulana si rendesse ben presto così familiare ai goriziani, come la loro propria. Per mancanza di nazionali esperti nel foro, furono introdotti dei forestieri, i quali nei tribunali sostituirono alla tedesca la lingua latina. La reggenza di Vienna, ricusando d'accettare gli atti giudiziali in lingua latina, ordinò (**9 ag. 1556**), che tutte le scritture da presentarsi al tribunale della contea fossero scritte nel nazionale linguaggio. Si abbandonò bensì il latino, ma in vece del linguaggio tedesco per difletto di propri giurisconsulti, italiano divenne il linguaggio del giudice, degli avvocati e dei notai. Gli stati goriziani vedendo loro malgrado questo universale cambiamento, solleciti di ristabilire l'originaria loro favella, decretarono (**1566**), che le parti litiganti tenute fossero a commettere la difesa delle loro cause ad *avvocati tedeschi*, ed intanto nelle scritture e nelle aringhe si ripigliasse la lingua latina, e si abbandonasse interamente l'italiana. Ogni attenzione fu vana, e quantunque gli stati non permettessero in verun tempo, che i pubblici loro affari si trattassero in altro idioma, che nel proprio; ciò non ostante aumentandosi in progresso la popolazione della città, la lingua italiana e friulana prevalsero talmente alla nazionale, che verso la metà del secolo si rendettero più comuni ed universali.

Col linguaggio straniero s'introdussero, com'è naturale, usanze e pratiche forestiere. Agli ecclesiastici italiani deesi l'introduzione delle prediche nei tempi dell'avvento, e della quaresima; e siccome i primi cancellieri, a cui erano appoggiati gli affari interni, furono italiani, così per suggerimento loro nelle pubbliche elezioni venne ad introdursi la ballottazione del bossolo, e la pena afflittiva della galera e della corda, pratiche tutte prese dalla nazione italiana, e sconosciute affatto nelle austriache provincie. Il piacere di seguire le costumanze de' Veneti vicini talmente affascinati avea i nostri maggiori che giunsero a ottenere il sovrano consenso (**7 febb. 1593**) di poter destinare un luogo per le denunzie segrete, confondendo in simil guisa ciò, che forse è necessario nelle repubbliche, con ciò, ch' è d' ordinario inutile in uno stato monarchico. La libertà, che ciascheduno aveva di presentare apertamente le sue querele al trono del principe, fece conoscere vile ogni clandestino mezzo, e non v' ha traccia, che quest' uso fosse mai stato posto in esecuzione.

Mentre la nostra patria andava adottando varî costumi stranieri non tralasciò di conservare il fondo de' suoi proprî. *Girolamo di Porzia* nell'accennata relazione (a), dipinger volendo le usanze degli abitanti della città di Gorizia, si esprime così: *Nel mangiare come nel bere e nel vestire, sono tedeschi. Per lo più vi sono familiari ed ordinariamente tre lingue, tedesca, schiava e italiana.* Gli atti dell'omaggio prestato (**1564**) da' nostri commissarî delegati dall'arciduca Carlo autenticano questa testimonianza; mentre il giuramento di fedeltà trovasi steso ne' tre accennati idiomi.

Per esaminare più da vicino le usanze, le massime, e il tenore di vivere dei nostri maggiori, convien rimontare alla loro *educazione,* dalla quale le azioni dell'uomo in gran parte originalmente dipendono. Questa circa la metà del secolo, secondo le nostre scritture, si riduceva nella città di Gorizia ai soli principî delle *tre lingue, allemanna, italiana, e latina,* e queste ancora si insegnavano senza discernimento, senza gusto e senza metodo. Negli scritti, che abbiamo di que' tempi, si scorge uno stile così rozzo, e vi s'incontrano voci, ed espressioni così corrotte, che dànno una idea molto svantaggiosa de' maestri, e dei discepoli di quelle scuole; anzi facevasi sì poco conto della necessità della *lingua latina,* la quale pur era in allora la chiave, e l'introduzione a tutte le altre scienze, che si licenziò (**1560**) come inutile il maestro, ch'era stipendiato per insegnarla. Si dee tuttavia credere, che poco appresso si sia cangiato pensiero, poichè ci è rimasta memoria, che fosse dagli stati nominato (**1573**) un *pubblico lettore di leggi civili,* e ristabilita (**1576**) la scuola della *lingua latina.*

Ben conosceva Ferdinando I la condizione delle sue provincie, ed in conseguenza anche quella della nostra contea; e gli ostacoli che s'opponevano ai suoi sudditi, onde uscire da quella barbara ignoranza, nella quale viveano sepolti: ma distratto dalla molestissima guerra contro gli Ottomani, non potè pensare ne' primi anni del suo regno ad alcun provvedimento. Nell' anno 1533 ristabilì egli le antiche cattedre di giurisprudenza con altre quattro, cioè due di matematica, una di eloquenza, e un altra di poesia, istituite già

_____

a) Pag. 184.

dall' imperadore Massimiliano in Vienna (a); ne fondò altresì delle nuove per altre scienze, ed invitò i suoi sudditi a frequentarle con un editto (**26 lugl. 1533**), in cui s'incontrano queste memorande espressioni: *Dalla decadenza delle scuole deriva la grande carestia di dotti, abili ed istrutti uomini, di cui lo stato avrebbe bisogno, come ad essa debbonsi ascrivere gli errori, le dissensioni, e le animosità, che regnano fra la nazione allemanna. L' uomo senza scienze senza morale e senza arti si riduce simile a' bruti. Non v' è se non la coltura dello spirito, le cognizioni, e l' industria, che ornano il cittadino, e che lo rendono utile allo stato, ed alla civile società.* Non contento il provvido principe di aver nella sua capitale ristabilito ed accresciuto il numero delle pubbliche cattedre, fondò (**1562**) nella stessa città di Vienna un collegio (b) per ammaestramento ed educazione della gioventù nobile raccomandando agli stati delle sue provincie di proporre soggetti dotati di talento per essere ivi collocati. Esiste il sovrano decreto con cui commettesi a *Vito di Dornbergo* allora luogotenente di Gorizia di presentare que' giovani della contea, che fossero di maggior aspettazione: ma la preminenza, ch' ebbero le altre provincie sopra la nostra, forse a motivo della sua minore estensione, non meno che della sua distanza, fece, che la gioventù goriziana poco, o nulla godesse della sovrana beneficenza. Il collegio, e le scuole dei *padri della compagnia di Gesù* erette (**1571**) in seguito in Gratz dall' arciduca Carlo procurarono bensì alla nostra patria maggiore comodo per gli studî, tuttavia anche quella distanza richiedendo dispendî allontanava molti goriziani dalle scienze.

Ad onta delle difficoltà, che frapponevansi all' *educazione della goriziana gioventù,* trovaronsi nella contea dei cittadini, i quali si resero illustri in questo secolo nei più cospicui ed importanti impieghi dello stato (c). Tre soggetti diede la patria alla sede vescovile di Lubiana (d), e tre altri a quella di Trieste (e), e tredici contaronsi i concorrenti nell'anno 1595 al vacante *posto di luogotenente* (f). La scienza

a) *Nell' anno 1502.*   b) *Seminario di s. Barbara.*
c) *Vedasi il tomo IV delle vite di Giacomo d' Attems, di Giovanni Cobenzl, di Vito di Dornbergo, e de' due ambasciadori Francesco e Raimondo della Torre.*
d) *Vedi il tomo IV delle vite di Corado Glusitz, di Giovanni Tautscher, e di Urbano Textor.*
e) *Cit. loco le vite di Giacinto Frangipani di Castello, di Giovanni Wagenring, e di Ursino di Bertis.*   f) *Vedi pag. 109*

14.

delle leggi, che formava lo studio favorito di quel secolo, e che apriva la strada a tutti i pubblici uffici, traeva quei pochi che aspiravano a distinguersi dagli altri, alle *scuole di Padova*, che in celebrità non cedevano a qualunque altra d'Europa. Così altri per supplire alla mancanza delle pubbliche scuole prendevano in casa dei maestri chiamati da *altri paesi* a cui affidavano l'istruzione dei figli, che promettevano sovra gli altri maggiore talento, ed applicazione(*a*), ma non estendendosi una tale educazione se non a pochi, i cui parenti avevano e mezzi, ed avvedutezza d'istradare i loro figli alle pubbliche cariche, il restante degli abitanti rimaneva lontano da ogni coltura. È osservabile che la contea riceveva in que' tempi per lo più *dalla Carniola* i curati, e sacerdoti pel servizio delle chiese, e per l'istruzione del popolo in quella parte di territorio, in cui si parlava, e parlasi ancora il linguaggio slavo, e dallo *stato veneto* quelli, che destinavansi per le chiese del Friuli.

Un sì fatto allontanamento da ogni coltura di spirito, ed una educazione cotanto negletta non poteva, che fomentare fra il maggior numero dei cittadini l'ignoranza. La maggiore curiosità di alcuni pochi restringevasi a conoscere i pubblici interessi, le leggi, e le convenienze della patria; nozioni ch'essi acquistavano coll'uso, e colla giornaliera pratica. Era già in quel tempo introdotto il costume che il marito lontano d'ogni occupazione abbandonava alla direzione della moglie la vigilanza sopra l'economia, e sopra gli affari domestici. Abbiamo una nota di Francesco della Torre ambasciadore cesareo in Venezia, con cui volle tramandare ai suoi successori la memoria di *Caterina Prodolona* moglie di Nicolò della Torre suo zio : *Fu donna* dic'egli, *di grande governo, e fece beneficio a Casa Torriana* (*b*).

Il nostro territorio abbondava allora di *selvaggina* (*c*), e le nostre acque erano ricche di *pesce* (*d*), onde dilettavansi i patrizî della *caccia*, e della *pesca*, e come era ancora ignoto l'uso delle *carrozze*, così il cavalcare era uno dei loro maggiori esercizî, in

---

a) Vedi il tomo IV vita di Ursino di Bertis.

b) Archivio di Duino.

c) Il conte Porzia nell' accennata relazione dice: " Selvatici " domestici, ed anco selvaticine grosse. "

d) Esiste nella biblioteca cesarea in Vienna un manuscritto, che contiene la " descrizione dei fiumi " *e delle acque, che portano pesce nella contea, compilato nel 1504 per ordine di Massimiliano I da Wolfango Hochenleiter.*

cui la gioventù patrizia, così bene addestravasi, che diede una *giostra* in occasione che l'arciduca Carlo onorò (**1567**) colla sua presenza la città di Gorizia.

Del resto non si può dire, che non fosse riconosciuta dagli stessi nostri maggiori l'utilità, e la necessità di dare alla gioventù una occupazione più lodevole e più estesa di quella ch'essa aveva, poichè fra gli importanti punti, che furono trattati nella famosa dieta di Pruck, ebbero i deputati provinciali particolarmente in vista l'occupazione della gioventù nobile delle austriache provincie, e sollecitarono l'esecuzione delle anteriori deliberazioni prese in altre generali diete di Vienna, che risguardavano il modo d'occuparla, ed esercitarla nell'*arte militare*.

In fatti era assai ragionevole la premura d'occupare tanti cittadini distinti per nascita, e valore, e di sostituire all'ozio, ed all'infingardagine una vita più attiva, e più convenevole, mentre tale era la sconvenevolezza delle maniere, e dei costumi nel cominciamento di questo secolo nelle vicine nostre provincie, che unitisi alcuni dei più savî della Stiria, della Carintia e della Carniola istituirono (**1527**) una società sotto gli auspicî di s. Cristoforo, e si sottoposero a certe regole tendenti a moderare e correggere gli eccessi, che principalmente manifestavansi nell'*ubbriachezza* e nelle *bestemmie*. Le croniche della Carintia, e della Carniola, le quali fanno menzione di sì lodevole istituto, non dànno alcun indizio, che i nostri maggiori vi fossero compresi, o che l'avessero adottato. Non possiamo però asserire, che non fosse stato anche nella contea opportuno un qualche mezzo, onde por argine alla scostumatezza dei suoi abitanti.

Il severo editto, che fu pubblicato sotto il governo del capitano Francesco della Torre (**1546**) contro i bestemmiatori, fa abbastanza comprendere quanto radicati e comuni fossero stati gli eccessi delle *bestemmie*. Non minore doveva essere la smoderatezza nel bere, e nel mangiare, mentre facevasi consistere nella profusione, e quantità delle vivande. tutta la splendidezza dei conviti. In occasione di nozze e d'altre private festività continuavansi i banchetti per lo spazio di intere settimane, e ravvivavansi simili domestiche allegrezze collo scarico del cannone del castello, finchè per sovrano ordine (**1562**) fu proibito di confondere i contrassegni di pubblico giubilo con lo strepito di privati festeggiamenti.

Lo stato nobile faceva altresì consistere nel lusso esteriore le prerogative della sua condizione, e tutte le sue mire parevano dirette a fare spiccar agli occhi del pubblico quello sfarzo, che credevasi poter decidere dalla sua superiorità sopra gli altri cittadini. La prerogativa fondata sulle pubbliche leggi di portare dei vestiti distinti non solamente nella forma, ma ancora nella qualità dei drappi (a), ed altri particolari ornamenti, e *nobili insegne*, fomentava in esso una vanità, che tanto più fortificavasi, quanto più le altre classi di persone gliela invidiavano. Quindi non è senza fondamento l'opinione che il *lusso di quei tempi*, rapporto a quello d'oggidì, fosse più grande nella classe dei patrizî, mentre esso restringevasi a persone, le quali erano persuase, che non potesse andar disunito dal loro grado. Otto trovaronsi tra i patrizî goriziani, che si portarono in Gratz (**1571**) a far corteggio all'arciduca Carlo in occasione della solennità delle sue nozze con Anna di Baviera, e dieci se ne contarono, i quali nella medesima città intervennero (**1590**) alla pompa dei funerali dello stesso principe (b). Gelosa la nobiltà delle prerogative, che ad esclusione degli altri le competevano, non trascurava così di leggieri l'opportunità, in cui potesse ostentare la sua preminenza.

Oltre i forestieri di qualche riguardo, che fissavano il loro domicilio nella contea, parecchi dei nostri cittadini, e singolarmente quelli, i cui predecessori colle loro azioni si erano renduti benemeriti della patria, ed aveano annobilito il loro nome, ed altri, i quali dal principe aveano ottenuto lettere di nobiltà, cercavano a poco a poco di arrogarsi dei distintivi dovuti fino allora ai soli patrizî. Essendo ampliati i diritti giurisdizionali al magistrato della città, il maneggio, ch'esso aveva in molte parti d'interna amministrazione, contribuì non poco a riscaldare maggiormente la loro fantasia, ed a fomentare quella naturale vanità di avvicinarsi quanto è possibile ad uno stato maggiore di quello in cui si trovavano. Sopra ogni altro poi scoprivansi nel *gastaldo* della città scelto in que' tempi dal numero di quei *cittadini*, ch'erano per facoltà e per condizione superiori agli altri, tale alterigia, e tali pretensioni, che degeneravano spesso nella più inconsiderata arroganza. Il *gastaldo Antonio Moscon*, contraffata furtivamente una chiave, non solo si fece lecito di tener nella sala degli stati alcune sessioni giudiziali, ma osò eziandio in tempo di carnovale di darvi pubbliche feste e divertimenti (c).

------

a) *Vedi Costit. VII pag. 134,* b) *Vedi pag. 138.*

c) *Negli anni 1558 e 1559. (Questo fatto attribuito al gastaldo Moscon, veniva dal nostro Morelli narrato a pag. 113 nella sua prima edizione del 1773 al titolo degli stati provinciali: qui egli lo trasferisce sotto il titolo delle costumanze.)*

Da questi, e simili altri fonti, nacquero tutti quei puntigli di preminenze, di gelosie, fantasmi d'ignoranza e di orgoglio, che insorsero non solo fra persone dello stesso stato, ma ancora fra lo stato nobile, e quello dei cittadini. Le famiglie si divisero, e si collegarono in partiti, che suscitavano nuove dissensioni e discordie, dalle quali germogliavano nuovi insulti e violenze. Tirasi un velo sopra le funeste conseguenze di frenesìa, che invase la maggior parte dei nostri maggiori. Fanno orrore i fatti, che s'incontrano negli scritti di quei tempi. L'odio, e le vendette spinsero tant'oltre il loro furore, che il cittadino non ebbe orrore d'imbrattarsi le mani nel sangue del concittadino, e di attribuire a tanta maggior gloria l'aver sorpreso il suo avversario, quanto era stato minore il pericolo nell'attaccarlo.

Il fatale esempio degli abitanti della città si insinuò nel cuore degli altri sudditi della contea. Le *risse* e gli *omicidi* erano tanto più frequenti, quanto più dall'uso eccessivo del vino era irritato il naturale fervido temperamento, e quanto più la contea era inondata da Veneti profughi facinorosi, che nella nostra patria trovavano asilo ed impiego. Lo zelante capitano *Francesco della Torre*, conoscendo le vere massime del buon governo, il quale dee più tendere a prevenire, che a punire i delitti, proibì (**1545**) in tutti i villaggi della contea, in occasione di solennità di chiese e di processione, i *balli* ed i suoni, i quali dànno ordinariamente tanto maggiore occasione alle risse ed alle offese, quanto vi è più numeroso il concorso. Ma ogni legge fu inefficace in una provincia, dove mancavano i mezzi per farla osservare. Una guardia avrebbe forse impedito ogni disordine ne' divertimenti d'un popolo, il quale non sapeva ubbidire ad un divieto, che gli proibiva ogni trastullo. Le *comunità dei contadini* pagavano le pene, in cui incorrevano, ma non cessavano di ballare e d'ubbriacarsi, ed i delitti continuavano, come per l'addietro.

La generale sfrenatezza della nostra patria, mosse l'*arciduca Carlo* ad impiegar seriamente le paterne sue cure, onde por freno a sì sregolato furore. Quindi pubblicò quella rigorosa legge, ch'è la decimasesta fralle nostre sovrane costituzioni (*a*), dappoi, ch'egli aveva alcuni anni prima, ammoniti gli stati della contea con un paterno sovrano decreto (**15 dic. 1569**) le cui parole sono sì memorabili che meritano essere in questo luogo riportate: *Ci è pervenuta*, dice egli,

---

a) Vedi pag. 137.

a nostra notizia la cattiva educazione, che così riceve singolarmente la gioventù nobile, la quale nè istrutta ne' principi di religione, nè esercitata negli esercizî utili allo stato e convenienti alla sua nascita, ma allevata a seconda del suo capriccio, ed in abbandono alle prave sue inclinazioni, conosce sì poco i riguardi dovuti agli onesti cittadini, come il rispetto dovuto ai superiori, ed ai parenti, da che nascono infiniti litigi, dissensioni, disordini, scandali, che conducono intere famiglie in esterminio, e che ridondano in gravi danni della patria. E siccome siamo non solo dipendentemente dal nostro grave incarico obbligati, ma eziandio in considerazione dei fedeli servigi prestati all'augusta nostra Casa dai vostri più e fedeli antenati, naturalmente propensi a promuovere i vostri maggiori vantaggi, ed allontanare da voi, quanto da noi dipende ogni danno e decadenza; così vi commettiamo, e seriamente vi ordiniamo d'ispirare non solo in avvenire ai vostri figli migliori sentimenti, e di educarli negli esercizî, e costumi convenienti alla vostra nascita, ma ancora di contenervi voi stessi, come ad onesti e probi cittadini conviene, ed astenervi d'ogni cattivo esempio, che potreste dare con un inconveniente procedere, con odiose novità, e con ridicoli puntigli, e di escludere dalla vostra società e da tutti i pubblici impieghi quei, i quali malgrado i nostri serî ordini avessero l'ardimento di dimostrarsi contumaci, con incaricarvi di darcene immediatamente parte, onde poter prendere le ulteriori misure, e dare i successivi provvedimenti. Così parlava quel virtuoso principe, e parlava più da padre che da sovrano allo stato nobile, dalla cui riforma aspettava la riforma del restante del popolo.

Questo fu lo stato dell'interna amministrazione per ciò che riguarda il buon governo, l'agricoltura, la popolazione, l'industria ed i costumi della nostra provincia nel secolo XVI.

CAPITOLO QUARTO.

Rendite del principe; ed amministrazione
di pubblica economia.
dall'anno 1500 all'anno 1600.

I.

Della moneta.

NON si può aver idea delle rendite, che il principe aveva nella contea, nè della pubblica economia senza dar prima una qualche notizia della *moneta di que' tempi.* Nello sviluppare questo oggetto nostro pensiero non è il far vedere la proporzione tra il valore dell'oro, e dell'argento del secolo XVI., e fra quello di questi due metalli del presente tempo: basterà che i nostri concittadini, incontrando registri di denaro di que' tempi sieno avvertiti, che il valore di quelle monete era diverso da quello dei nostri giorni.

Nell'impero germanico diviso fra tanti principi, di cui ciascheduno aveva la prerogativa di far coniare la propria moneta, era al principio del secolo tanta la confusione nelle monete, quanto varie, e moltiplicate n'erano le specie. Volendo l'imperadore Carlo V introdurne l'uguaglianza, adunò i principali direttori delle zecche di tutti gli elettori e principi; ed ordinò di formare un piano uniforme ed uguale, come fu anche eseguito, ed indi pubblicato (**10 nov. 1524.**) in Eslinga per tutto l'impero. O perchè queste regole fossero mancanti e diffettose, o perchè alcuni principi non avessero voluto conoscere il comune interesse che la Germania doveva ritrovare nell'uniformità delle sue monete, certo è che non si venne alla esecuzione, poichè lo stesso imperadore ne fece pubblicare (**1552.**) delle altre nella dieta d'Augusta. Siccome queste incontrarono non minori ostacoli ; così sortì in un altra dieta convocata nella medesima città (**1559.**) la terza prescrizione.

Queste mutazioni, anzi che assettare ed ordinare gli affari delle monete, vi posero maggiore scompiglio e disordine. Gli stati delle quattro provincie dell' Austria inferiore con que' della contea, radunati (**1556.**) nella dieta di Vienna, rappresentarono al principe i disordini che nascevano dal perpetuo cambiamento della moneta, il quale quanto in vantaggio de' ricchi, altrettanto ridondava in danno del povero ; oltre le altre perniziose conseguenze, che derivavano dall' introduzione di tanta quantità di cattiva moneta forestiera.

Lusingaronsi le provincie, che la regola dell'anno 1559, provveder dovesse finalmente a tutti gl'inconvenienti : ma l'esperienza fece tosto conoscere, che le monete non ricevono sempre il valore dalle deliberazioni prese ne' consigli del principe, ma dal loro intrinseco valore, e dalle combinazioni del commercio; e che la sola nazione, la quale diventa creditrice, è in istato d'imporre riguardo ad esso la legge alla nazione debitrice. In que' tempi tutto quasi il commercio delle austriache provincie facevasi *colla moneta veneziana.* Secondo questa regolavasi tutta l'Italia, e la Valacchia, colle quali la Carniola in ispecialità aveva gran traffico: e quantunque coll'ultima regola il valore della moneta veneta fosse abbassato, ed alzato quello della moneta de' principi della Germania; la veneziana conservava nulla di meno nella contea quel valore, ch'era dalla repubblica fissato, e la tedesca non poteva guadagnare altro corso, se non quello che il forestiere le accordava. Per quanto fossero stati assoluti gli ordini di Ferdinando I, e precise le determinazioni contenute nella regola dell'anno 1559; tutto fu inutile; l'interesse del suddito prevalse ad ogni comandamento del principe.

Durò questo necessario valore della moneta nella contea molti anni sotto il governo dell'arciduca Carlo, il quale dopo aver prescritte *(a)* altre particolari regole rapporto alla moneta, fece pubblicare (**1581.**) nella Stiria, Carintia, e Carniola un generale editto, col quale aveva singolarmente per oggetto di stabilire il corso della moneta veneta. Previdde il principe, che l'osservanza del suo ordine avrebbe incontrato nella contea, e nella città di Trieste, e Fiume le maggiori difficoltà ordinò quindi agli stati goriziani, ed a' magistrati di quelle città di esaminare questo punto, e rappresentarne gli ostacoli, e le operazioni,

---

a) Negli anni 1580 e 1584.

che potessero esser fatte. Aggiungeva l'editto un nuovo aumento alla *moneta tedesca*, ed abbassava di due soldi la *lira veneta*, e dava bando generale all'altra bassa moneta di quel paese; perchè di lega assai inferiore. I goriziani poco istrutti intorno a questo affare, che richiedeva esperienza di commercio e di cambio, trovarono bensì nell'abbassamento della moneta veneta la perdita del dieci per cento, a cui il suddito doveva soggiacere; ma credettero nel medesimo tempo di riparare a sufficienza a' loro danni, quando i nazionali fossero obbligati a prendere dalla piazza di Trieste i vini, gli olî, ed altre mercanzie, e sopra queste merci provvedute immediatamente dall'Italia fosse imposta una gabella, per cui venisse a bilanciarsi col minor guadagno la perdita del dieci per cento. Riguardo al punto della *piccola moneta* giudicando gli stati, che senza quella, nè la contea, nè i luoghi litorali, per mancanza di moneta nazionale, fossero in istato di sostenere il loro traffico, furono di parere di lasciarla in giro coll'abbassamento proporzionato colla lira veneta.

La città di Trieste, che il commercio coll'Italia aveva resa più avveduta, fu di sentimento tutto diverso. Esposero i suoi deputati, che il calo della moneta veneta spoglierebbe il loro territorio del denaro forestiero; che col solo denaro tedesco non potrebbe più sussistere, e continuar il suo commercio; che ogni cambiamento doveva essere di conseguenza, e di danno; che non potevano perciò eseguire le sovrane determinazioni senza distruggere ogni traffico; ch'era facile a prevedere, che gl'italiani verrebbono a levare colla vendita delle loro merci la moneta veneziana, o contenti del semplice guadagno del *dieci per cento*, o con intenzione di trasportarla in Istria per impiegarla in altre merci; e che finalmente i trafficanti delle provincie austriache cambierebbero le loro tele, le carni, e il ferro con altrettanta moneta veneta, trasportandola in Italia per comprarvi olî, vini, ed altre derrate.

Ad onta di queste rimostranze, il ministero dell'arciduca Carlo aderendo al suo editto, con nuovi reiterati rescritti ne ordinò l'esecuzione nella contea, e ne' luoghi litorali. Ben presto videro gli stati di Gorizia tutti i disordini da loro non preveduti.

Le casse del principe, e conseguentemente anche quella della provincia non accettavano la *moneta veneziana*, se non col ribasso di *due soldi per lira* in tempo, che nel corso comune accettavasi pel suo intero valore. Chi contribuiva risentivane danno, e si doleva dell'inavvedutezza del governo, il quale vergognandosi non solo di non aver conosciuti i disordini, ma eziandio d'aver approvate regole

che portavano lo sterminio degl'interessi del suddito, non aveva ardire
di fare le sue rimostranze contro di esse: ma i danni, che ne risultavano
ed i replicati lamenti, che si facevano, mossero gli stati a spedire
(**1586.**) *Girolamo Catta*, e *Leonardo di Orzon* alla corte dell'arciduca
per implorare le più opportune provvidenze. O che le ragioni della
provincia non fossero state esaminate, o che avessero prevaluto le
opposizioni del ministero, i deputati tornarono senza aver potuto nulla
ottenere. Siccome i rapporti d'una provincia rispetto alle parti
generali dello stato debbono per l'inseparabile comune interesse
diventare spesso i rapporti di tutte le provincie; così gli svantaggi,
che ne risentiva la contea, si dilatarono ben tosto fino nella Stiria.
Volendo gli stiriani esitare il loro ferro erano obbligati a ricevere
la moneta veneta, come correva comunemente negli stati forestieri, e
volendo spenderla nello stato soggiacevano alla perdita del dieci per
cento. Ma qui non finivano tutti gl'inconvenienti: alla moneta tedesca
e nazionale era fissata ancora una valuta più bassa di quella, che
godeva fuor degli stati austriaci. Il valore dell'*unghero* era con
pubblici editti determinato a *cento e dieci carantani*, e quello de'
talleri a settanta, mentre fuor del paese l'unghero poteva cambiarsi
per *cento e quindici*, ed il tallero per *settantaquattro e più carantani*.
Quindi necessariamente doveva accadere, che la moneta nazionale
sortisse dallo stato colla forestiera, e le provincie restassero esauste
di denaro.

I proprietarî delle fucine di ferro nella stiria, accorgendosi del
danno, che loro ne risultava dal cambio della moneta, fecero conoscere
i falsi principî d'un tal sistema, e sottrassero le provincie al precipizio
che loro sovrastava. L'arciduca Ferdinando successore di Carlo suo
padre fece pubblicare nel primo anno del suo governo (**10 lug. 1596**)
una nuova regola, secondo la quale i buoni *ungheri* furono alzati a
cento e dodici carantani, ed i *talleri a settantacinque*; lasciando le
pezze venete d'argento di sette, di quattro, di due lire, e una lira
nel pieno loro corso, e confermando gli antichi ordini, con cui le
monete di rame furono interamente bandite. Ma tale fu la necessità
del commercio de' luoghi litorali austriaci, e della contea di Gorizia
col vicino stato veneto, che malgrado i sovrani ordini la moneta
veneta di rame continuò ad aver il suo corso nella nostra provincia.

Queste furono le principali vicende, a cui nella contea andò
soggetta la moneta dopo la metà di quel secolo. Prima di quest'epoca
tutto è oscuro, ed incerto per difetto di memorie. Non ostante
facilissimo riuscirebbe il ritrovare la proporzione fra il valore delle

monete di que' tempi, e fra quello delle monete d' oggidì, quando fossimo sicuri, che la moneta d'oro d'allora non avesse alterato l' intrinseco suo valore; poichè paragonando l' equivalenza di altre monete contenute nel rispettivo valore dell' unghero di quel secolo coll' equivalenza delle stesse monete contenute nel più alto valore dell'unghero d' oggidì, risulterebbe da sè, mediante un giusto calcolo la proporzione della nostra coll' antica moneta. Ma non potendosi fondare regola certa sul valore intrinseco dell' unghero, del quale il peso, e la bontà si può con certezza fissare solo alla metà del secolo, e considerando d' altra parte, che la nostra moneta ebbe sempre, come ha presentemente, due rapporti, uno relativo al corso della moneta di Germania, l'altro a quello della moneta veneta, e specialmente dello zecchino, il quale ha sempre conservato lo stesso peso, e la medesima purità di metallo; conviene quindi ridurre ogni nostra moneta, prima della metà del secolo, al valore dello zecchino veneto di quel tempo, ed indi rilevare l'adequata proporzione e il giusto rapporto (a).

————

a) *Non abbiamo potuto ritrovare regole delle nostre monete anteriori all' anno 1542. Essendoci però noto il valore, che aveva fin dal principio del secolo lo zecchino veneto, abbiamo cercato di scoprire da questo il valore dell'unghero. Nell' accennato anno 1542 l'unghero valeva 2 fiorini e 40 carantani, e lo zecchino 7 lire 14 soldi: fattone il rapporto risulta, che la lira equivaleva molto prossimamente a 13 carantani. Quindi costando, che il valore dello zecchino era dall'anno 1500, all' anno 1508 di 6 lire 4 soldi; nell' anno 1517 di lire 6 e soldi 10, nell'anno 1518 di 6 lire 14 soldi nell' anno 1520 di 6 lire 16 soldi; e nell' anno 1529 di 7 lire 10 soldi, si rileva, che il valore dell' unghero doveva essere dall'anno 1500 all' anno 1508 di 1 fiorino 20 carantani 3 quinti; nell' anno 1517 di un fiorino 24 carantani e mezzo; nell' 1518 di 1 fiorino 27 carantani e un decimo; nell'anno 1520 di 1 fiorino 28 carantani e due quinti; e nell' anno 1529 di 1 fiorino e carantani 37 e mezzo. Indi secondo le nostre regole relative alla moneta, che esistono dopo l' anno 1542, il valore dell'unghero nell' anno 1559 fu fissato a 1 fiorino 44 carantani; nell' anno 1560 a 1 fiorino 45 carantani; nell'anno 1580 a 1 fiorino 50 carantani; e finalmente nell'anno 1590 a 1 fiorino 52 carantani.*

Troppo malagevol cosa sarebbe stata l'internarci in un maggiore esame, e rintracciare, su quest'oggetto maggiori particolarità. Le contraddizioni, che abbiamo spesso incontrate negli scritti della medesima data, ci convinsero tanto della difficoltà dell'impresa, quanto dell'incertezza d'una fondata scoperta.

II.

Dei beni camerali del principe.

Dopo aver parlato della moneta del XVI secolo convien discorrere delle rendite, che aveva il principe in que' tempi: e poichè i proventi più considerabili furono quelli, che la sovrana camera ritraeva dai suoi beni patrimoniali, non riuscirà inopportuno l'esporli in primo luogo. Le *decime* formavano nella contea sotto *Leonardo ultimo conte di Gorizia* il principale articolo de' suoi proventi camerali, benchè gran parte di quelle fossero state prima della sua morte già alienate, e distrutte. Trovasi nelle nostre scritture, che *Michele Hais* liberò nell'anno 1464 da questo aggravio le sue terre; e dalle medesime rilevasi, che la famiglia *Postcastro*, la quale possedeva il diritto della decima sopra alcuni terreni di *Lucinico*, e *Podgora*, avendone riordinato nell'anno 1482 i confini senza le previe formalità, il governo s'oppose a un tal atto, e perchè era stato intrapreso senza sua cognizione, e perchè poteva pregiudicare a' confini della decima del principe. Le difficoltà che incontravansi nell'esazione di queste rendite, e la cattiva amministrazione, che se ne faceva, diedero motivo alla camera di cercar di darle in affitto; anzi i bisogni, in cui trovaronsi i nostri principi, la ridussero alla necessità di darle *in ipoteca* l'una dopo l'altra, ed indi d'alienarle interamente; di modo che verso la fine del secolo tutte le decime della contea vennero nelle mani de' particolari.

Massimiliano I colla contea di Gorizia acquistò molte rendite consistenti in *censi affissi* alle terre di parecchi territori, i quali formavano tanti libri di riscossione (a), e si distinguevano col nome

---

a) *I detti libri si chiamano* Urbari, *e così chiameransi anche da noi nella presente storia.*

dei luoghi, ne' quali i rispettivi *gastaldi* erano destinati a riceverle.
I territorî, che davano queste rendite, erano: *Vipacco, Raiffenbergo,
Schwarzeneck, e Duino.*   Con la conquista del *capitanato di Gradisca*
s'accrebbero altresì le rendite camerali di Massimiliano, le quali
formavano due altri libri di riscossione, l'uno di *Gradisca*, e l'altro
di *Marano*: e siccome dalla vicina provincia del Friuli accorrevano
in folla molti coloni a coltivare nuove terre, che loro lasciavansi in
proprietà coll'aggravio d'annuale canone, così le *rendite camerali
di Gradisca*, a cui s'unirono anche quelle del *territorio di Marano*,
divenute in poco tempo considerabili, restarono separate dalle rendite
camerali della contea, e furono da altro separato ministro sino ai
tempi nostri amministrate.

Il libro di riscossione più importante della provincia fu quello
che sotto il nome di *Urbario camerale di Gorizia* si distingueva. I
terreni a questo sottoposti trovansi sparsi per tutti i territorî della
contea; e la riscossione si era appoggiata a' *doganieri di Gorizia*.
Le querele portate in quasi tutte le diete dagli stati contro le oppressioni
che esercitavansi da questi amministratori, e vicendevolmente le lamentanze
de' medesimi contro le usurpazioni de' terreni praticate da' sudditi,
furono tante, che Ferdinando I ordinò de' commissarî nominando
(**1556.**): *Vito di Dornbergo*, Francesco d'Attems, Luca Holzapfel,
e Francesco Cronschal, onde riconoscessero tutte le terre, e tutti i
fondi sottoposti al suo *Urbario camerale di Gorizia*, e formassero
un esatto registro di tutte le partite.   I commissarî per mancanza di
scritture decidevano ne' casi dubbî a favore del principe, e cercavano
nell'incertezza delle cose di aumentare le sovrane rendite collo spoglio
dei diritti de' particolari.   Sì poca era la cura di custodire gli scritti
appartenenti agl'interessi del sovrano erario, che la camera di Ferdinando
incaricò (**13 lug. 1559.**) gli stati di Gorizia a far le più sollecite
ricerche per rinvenire un antico registro de' fondi soggetti a' censi
camerali, pel qual oggetto fu deputato *Massimiliano di Dornbergo*,
unitamente a *Francesco d'Attems* ed *Antonio Papst*. I commissarî
finirono coll'aver unite alla meglio sopra lontane traccie le partite sì
dell' Urbario di Gorizia, che di quello di *Gradisca*, e dopo aver
ridotti molti affitti semplici a *censi perpetui*. Da questo tempo in poi
l'esazione fu levata a' ministri della dogana, ed affidatane l'amministrazione
a un altro riscotitore, e le sue rendite s'accrebbero di anno in anno,
a misura che nuove terre venivano poste a coltura, e cedute al
suddito.

Consistendo le rendite camerali parte in denaro, e parte in

derrate, la cui esazione, e molto più l'esito rendeva non meno incomoda, che esposta a molte frodi l'amministrazione; e trovandosi sempre i nostri principi in bisogno di denaro fu costretta la sovrana camera di procacciarsi, coll'impegnare, ed alienare una partita dopo l'altra, que' soccorsi che l'esigenze dello stato richiedevano. Prima del fine del secolo i *Lantieri* ottennero in pegno l'esazione dell'*Urbario di Vipacco* e di *Reiffenbergo*, i *Menesis* di quello di *Swarzeneck*, e gli *Hoffer* di quello di *Duino*. L'*urbario di Gorizia* da Massimiliano I in poi soffrì successivamente delle diminuzioni, sì per le alienazioni di molte partite, che per le francazioni accordate per somme di denaro ai possessori di fondi aggravati; fino a tanto che l'arciduca Ferdinando determinossi (**1598.**) di alienare tutte le rendite, deputando *Giulio di Paar*, *Carlo Zengraf* e *Nicolò Gastaldo*, come commissarî nella contea per effettuarne unitamente agli stati la vendita. Ma scopertisi i fondi dell'*Urbario camerale di Gorizia*, non ostante la considerabile diminuzione, superiori nel prezzo alla somma del denaro, che trovavasi in paese, finì l'impegno de' commissarî colla vendita di poche partite, e con un esame tendente a regolare l'amministrazione di quelle, che non erano state vendute.

Finalmente nella classe dei *beni patrimoniali* del principe debbono annoverarsi i *boschi camerali*. Erano questi più vasti nella contea di quello, che sieno presentemente. Parlando altrove dell'agricoltura abbiamo fatto già menzione della quantità di terreno, che in questo secolo fu dal principe alienato, e dal suddito posto in coltura. La trascuratezza de' boschi, sotto gli antichi conti dava occasione al suddito, che da nessuna regola era ritenuto, di portarsi a suo piacimento in quelli, e tagliare tutto ciò, ch'egli trovava più a proposito. Sotto Massimiliano I si principiò a riguardare i boschi, come un de' più importanti oggetti della ricchezza dello stato, e a comprendere le svantaggiose conseguenze, che seguir ne dovevano dalla libertà di tagliarli; quindi cercossi qualche provvedimento per la loro conservazione. Al sopraintendente della caccia, stabilito probabilmente già sotto gli antichi conti, era appoggiata la vigilanza sopra i boschi della nostra provincia; e Massimiliano volle che a questo fosse aggiunto un guardiano subalterno. Esiste ancora l'istruzione data (**14 giu. 1505.**) al medesimo (a), la quale lo obbliga ad invigilare alla conservazione delle caccie, e de' boschi; ad impedire ogni danno, e devastazione; e a far sì, che niuno ardisca di tagliar legna destinate alle fabbriche,

_____

(a) *Archivio del vicedominato di Lubiana.*

ne' *boschi di Trussa, di Sabbotino*, ed altri: e in caso di contravvenzione gli si comanda di denunziare il danno al capitano di Gorizia, e all' ispettore delle caccie, e dei boschi della contea. Non minore attenzione usavasi per la conservazione dei *boschi di roveri*, di cui era in quei tempi coperto il Carso. Quantunque di poco rilievo fosse l'uso, che ne poteva fare per le barche la città di Trieste; non ostante per ordine di Massimiliano (**1507.**) *(a)* era necessaria la sovrana permissione, la quale accordasse a quegli abitanti il legname *occorrente per la fabbrica* de' loro legni, e la facoltà di tagliare liberamente ne' *boschi di Duino, di Reiffenberg, e di Swarzeneck.*

Ma sì poca era col progresso degli anni la cura di questi ministri per la conservazione de' boschi, che preferendo il piacere privato de' cittadini al pubblico interesse ponevano più attenzione a conservare la selvaggina, che il legname. Degna di particolare menzione si è la relazione di *Giovanni Presing* sopraintendente delle caccie e de' boschi presentata alla camera dell'arciduca Ferdinando, nella quale riporta i danni, che recavansi dal capitano medesimo della contea *Giovanni d'Eck. Il capitano* dic'egli, *danneggia più d'ogni altro il bosco Panaviz; vi fa abbrucciare carbone, e scaccia da quello col fumo, e col fetore tutte le salvaticine (b).*

Se il capo della provincia, il quale è destinato alla custodia dei pubblici provvedimenti, anzi che invigilare all' osservanza loro, era quello che concorreva a rovesciarli; non dee recare più maraviglia, che gli sregolati tagli incominciati sotto gli antichi conti continuassero fino verso la metà del secolo sotto i principi austriaci; e che debbasi fissare l'epoca del buon governo de' boschi, al tempo, in cui Ferdinando (**1 nov. 1533.**) stabilì un sopraintendente generale di tutti i boschi situati non solo nella contea, e nel Carso, ma ancora nell' Istria; nominando (**1535**) a sì geloso incarico Girolamo di Zara. Nel secondo anno della sua amministrazione fece egli qualche regola; ma con questa non ebbe in mira, che i soli boschi del capitanato di Gradisca, e quelli del Carso, le cui legna per la vicinanza del mare potevano facilmente trasportarsi a Venezia, dove conoscendosi meglio il valore dei boschi risparmiavasi il proprio legname, e cercavasi di trarne quanto era possibile dagli stati austriaci. I boschi della contea niente meno trascurati di prima, si lasciarono alla cura di Giorgio Paradeiscev, il quale succedette allo Zara in questo importante uffizio.

---

a). *Archivio del vicedominato di Trieste.*
b) *Archivio del vicedominato di Lubiana.*

S'adoprò il nuovo sopraintendente nel suo incarico, con quel zelo, che non di rado riesce tanto dispiacevole al suddito, quanto è proficuo a' sovrani interessi. Proibì egli sotto severe pene alle comunità de' contadini i perniciosi abusi di pascolare ne' boschi; regolò i tagli pel solo bisogno de' sudditi; e stabilì maggiore numero di soprastanti per vegliare alla loro conservazione, e per impedire tutti i danni, che vi potevano essere cagionati. Perchè poi fino allora il principe non ne ritraeva alcun emolumento, fuorchè dal legname, che vendevasi a' Veneziani, impose un tenue dazio sopra i cerchi, le doghe, e i fondi delle botti, sopra i mastelli, ed altri simili arnesi, che lavoravansi ne' boschi di là di Salcano; ed assoggettò ad una tenue imposta in denaro le legna da fuoco, che gli abitanti della città di Gorizia erano soliti di trasportare dal vicino bosco Panaviz. Queste novità dispiacquero a tutti gli ordini di persone. Il contadino studiava di tenersi in possesso dei pretesi suoi diritti; e gli abitanti della città appoggiavano le loro ragioni sull'antica indulgenza de' passati principi. Tutti tentavano di rendere inefficace un provvedimento, il quale non tendeva ad altro che al bene comune; e di mala voglia soffrivano una imposta, che impiegavasi al mantenimento delle persone ch'erano a buon fine destinate. Gli stati dopo reiterati ricorsi fatti ai commissarî regi nelle diete, spedirono alla sovrana corte (**1547**) *Bonaventura d'Eck* per muovere Ferdinando a liberare dal nuovo tributo le legna da fuoco, e lasciare al contadino il libero pascolo ne' boschi della contea. Dimandando gli stati ciò, che non potevano ottenere, il principe rimandò il deputato provinciale dopo avere nominato dei commissarî, che conciliare dovessero le ragioni del suddito colle convenienze della camera, ed i particolari interessi colla pubblica utilità. I delegati si presero sì poca cura di unirsi, che gli stati dopo replicate instanze ne fecero una nuova in un'altra susseguente dieta (**1556.**), affinchè i commissarî si congregassero, e fosse data esecuzione agli ordini sovrani.

Posto freno alla devastazione de' boschi dal *Paradeiscev*, e procurati de' nuovi vantaggi al sovrano erario colla tassa sopra le *legna da fuoco* del *bosco Panaviz*, e sopra alcuni arnesi, che lavoravansi in altri boschi, era facile a *Martino Zernozza*, che gli succedette nell'uffizio, l'aumentarne i proventi. Vedendo questi l'utile, che il principe ricavava da' regolati tagli del legname, che dai boschi del *capitanato di Gradisca*, per mare si trasportava, e vendevasi ai veneziani, pensò a' mezzi, onde procurare un eguale spaccio a quelli, che ne' boschi della contea, singolarmente del *capitanato di Tolmino* pel disastroso accesso, e per la lontananza restava inutile, e senza profitto. Quindi coll'opportunità di molte acque, che da'monti di quei territori si scaricavano nell'Isonzo, fece calare su questo fiume le legna, le quali col mezzo di un *rastrello* (a) piantato nelle *vicinanze di Podgora* si fermavano, e indi conducendole sino al mare si faceva un vantaggioso esito d'una derrata, che senza alcuna utilità si sarebbe infracidita.

Nicolò Arrardi, successore del Zernozza seguendo le massime de' suoi predecessori impiegossi con uguale zelo in aumentare i proventi de' boschi camerali nella contea. Egli volle sottoporre il *bosco Lock* alle medesime leggi, che erano già introdotte riguardo al *Panaviz*. Le comunità di Ossek, di Sempas, di s. Michele e di Ossegliano, che lo consideravano come appartenente ai loro terreni, e come una mercede delle *servitù*, che prestavano al *castello di Gorizia*, e ad altre pubbliche fabbriche, fecero (**1557**) i più forti passi in contrario. L'Arrardi a questo non si arrestò, tolse egli ancora nei primi anni della sua amministrazione la permissione ai sudditi di tagliare ne' boschi più alti il legname da fabbrica, che occorreva pel loro uso, e li obbligò a prenderlo dal pubblico magazzino con quel medesimo dazio, con cui vendevasi agli esteri. Questi nuovi aggravî eccitarono il suddito a far nuove lamentanze. Nella dieta radunata nell'anno 1558 si esprimono gli stati in una istanza spedita a Ferdinando I nel seguente modo: *Il sopraintendente dei boschi di V. M. proibì da poco il taglio del legname da fabbrica, in tempo che fin ora ci fu sempre permesso di tagliarne quella quantità che ci occorreva, e pretende, che i fedeli sudditi di V. M. lo prendano e lo paghino alla misura e prezzo come soglioni i Veneziani e tutti gli altri esteri con alterare la misura vecchia. Accade di più, che il magazzino sia spesse volte sprovveduto di legname, nè possiamo provvedercene quando ci occorre.* Questi e simili altri ricorsi furono fatti e replicati successivamente tutti gli anni al sovrano trono dagli stati goriziani, senza che fossero nè rivocate, nè autorizzate le novità dall'Arrardi introdotte. Anzi il suo zelo per l'erario del principe andò più innanzi, aggiunse un accrescimento al nuovo dazio, che fu imposto dal *Paradeiscev* sopra le legna da fuoco del *bosco Panaviz.* Gli stati mossi più dalle gravose conseguenze, che potevano derivare da una arbitraria

a) *Fin dall'anno 1549 parlasi nelle nostre scritture di questo rastrello.*

15

autorità, che dagli effettivi aggravî rinnovarono i loro richiami, e supplicarono replicatamente il principe di limitare l'arbitrio del sopraintendente dei boschi, e determinar la misura, ed il dazio delle legna, anzi che chiedere di esserne sollevati.

Ma tutte le più vive instanze non determinarono la corte a veruna risoluzione, e l'*Arrardi* sempre trasportato da un mal inteso zelo, che non gli permetteva di conoscere i veri interessi del principe, aveva solo in vista di aumentare i proventi dei boschi, senza curarsi dell'ordine, e della regola, che esigono i tagli. Ci è rimasta una supplica, che fecero gli stati all'arciduca Carlo, in cui si pone in vista la devastazione del *bosco Panaviz*, che da parte del magistrato de' boschi cercavasi di adossare agli abitanti della città di Gorizia. *Non è giusto, dicono gli stati* (**1560**), *che il sopraintendente dei boschi ascriva allo stato nobile la distruzione del Panaviz, poichè non dovrebbe ignorare il considerabile taglio, che vi fu fatto in occasione che si eresse il rastrello. Sa poi tutto il paese, che nell'anno decorso si è accordato a due sudditi veneti nel medesimo bosco un nuovo considerabile taglio di roveri, e permessone il trasporto nel territorio de' nostri vicini nemici.*

Mentre il governo goriziano rappresentava da una parte al principe i disordini, che praticavansi in uno de' più importanti boschi della contea, i commissarî di guerra in Friuli scoprirono non minori abusi ne' boschi sotto il Capitanato di Gradisca. *L'amministratore della commenda di Precinico*, così parlano eglino (**1564**) all'arciduca, *distrugge senza riguardo coll'esterminio di que' boschi tutto il piccolo e grosso legname, e lo vende ai Veneziani. Fino ad altri ordini di V. M. abbiamo creduto opportuno di inibirne ogni taglio perchè in quel sito si attrova un sufficiente fiume, unito ad un buon porto di mare, che crediamo proprio in occasione d'una guerra per la costruzione delle navi. Siamo perciò di sentimento che V. A. incaricasse questo magistrato dei boschi di marcare, ad imitazione dei Veneziani, tutti gli alberi proprî alla costruzione delle navi, e necessarî ai bisogni di guerra, e che facesse proibire sotto gravissime pene il taglio non solo di simili tronchi, ma ancora di tutto il legname, eccettuatone quello, che per uso della commenda servir dee.*

Su tali relazioni l'arciduca Carlo deputò de' commissarî (**1566**) affinchè esaminassero il governo dei boschi della contea, e vi fissassero provvide regole e nel medesimo tempo indagassero le ragioni, e le lamentanze, che dagli abitanti della contea incessantemente portavansi al principe. I commissari per base delle loro operazioni stimarono bene di far delineare la pianta di tutti i boschi per poter scoprire le usurpazioni, che i privati vi avessero fatte, ed impedire quelle, che nell'avvenire potessero farsi. Indi fatta considerazione al negozio del legname de' boschi di Tolmino stabilito già dal Zernozza ed aumentato dall'Arrardi, ed avuto particolare riflesso ai boschi del capitanato di Gradisca, singolarmente in riguardo alla loro vicinanza al mare, si posero ad esaminare le querele degli stati e si cercò di combinare i vantaggi dei sudditi coll'utile della sovrana camera.

Fattone il rapporto da' commissari alla corte, e specialmente intorno agli articoli, in cui si fondavano le lamentanze degli stati, l'arciduca dichiarò (28 febb. 1570), che lo stato nobile ed ecclesiastico della contea ritraesse dal *bosco Panaviz* col solo dazio di *carantani sei* per ogni carro, e di *un carantano* per soma le legna da fuoco, e che allo stato nobile fosse conceduto dagli altri boschi senza alcun aggravio il legname occorrente per le sue proprie fabbriche con preciso obbligo di rivolgersi al magistrato dei boschi, ed attendere, che dal medesimo fosse assegnato il luogo pel taglio. Benchè i diritti pretesi dalle accennate quattro comunità sopra il *bosco Lock* non fossero trovati chiari, l'arciduca volle (12 ott. 1570) ch'esse continuassero nell'antico loro possesso di pascolare, e di tagliare gli inutili tronchi coll'obbligo per altro di conservarlo in buon stato, e di prestar le *consuete servitù pubbliche:* all'incontro con altro rescritto (8 sett. 1570) ordinò, che per le doghe, per li fondi e cerchi di botti, per li mastelli, ed altri simili arnesi, che si lavoravano ne' boschi di *Lokaviza* e di *Schwarzenberg* si pagasse il dazio al doganiere di *Potkraj*, o per quelli, che lavoravansi negli altri boschi situati verso *Canale*, si pagasse nella villa di *Salcano*.

Il risultato de' commissari non si restrinse solamente alla abolizione di alcuni dazj, e ad alcuna aggiunta di nuovi sopra il legname; ci è rimasto un altro sovrano rescritto (18 ott. 1570), il quale fa testimonianza dei disordini scoperti dai medesimi nella generale amministrazione de' boschi. Sono memorabili le parole di cui si serve l'arciduca Carlo per dimostrare il proprio rammarico al suo soprintendente dei boschi, le quali fanno anche fede del deplorabile loro stato in que'tempi: *Abbenchè sì voi che i subalterni ispettori* egli dice, *facciano ogni sforzo per adossare i danni recati ai nostri boschi alla commissione costì delegata nell'anno 1566 resta tuttavia sempre vero, che le vostre mendicate discolpe non sono di verun peso, che tutti i disordini sono derivati dalla vostra disattenzione e negligenza, e che la principale colpa cade sopra di voi, come principale sopraintendente de' boschi. Meritando una tale trascuratezza col sovrano nostro risentimento il più severo gastigo, che per ora resta sospeso, vogliamo ammonirvi de' vostri doveri, ed ordinarvi di accudire in avvenire al vostro incarico con quell' attenzione, a cui vi siete con giuramento obbligato.*

Impegnato frattanto l'Arrardi altrove in servizio sovrano, la sopraintendenza de' boschi fu commessa a Bartolommeo Boschen di Fegaun, sotto cui il negozio del legname de' boschi di Tolmino e Pletz aumentossi del doppio. Il modo di trasportar le legna era sotto i suoi precessori molto imperfetto, oltre la perdita di gran copia di legname, che all'improvviso crescer delle acque senza poter fermarlo era dalla corrente trasportato al mare, incontravansi lungo il fiume Isonzo quantità di scogli contro cui le legna spinte dall'impeto dell'acqua urtandosi restavano danneggiate o trattenute. Quantunque sotto la sopraintendenza dell'Arrardi avesse la camera pel tratto d'una lega di là di Canale fatto sgombrare con grande dispendio nel letto del fiume ogni ostacolo, in guisa che da lì fino a Gorizia colle zattere sarebbe stato facile il passare, restavano ciò non ostante verso Tolmino sì nell' Idria, che nell'Isonzo tante difficoltà ed impedimenti, che l'Arrardi in una sua informazione (**2 genn. 1574**) li considera come insuperabili, e rappresenta la navigazione di que' passi come un progetto impossibile ad eseguirsi. L'affare parve per altro al Boschen di grande considerazione, e ben degno d'essere esaminato di nuovo e con tutto il calore promosso. Quindi trovando egli il maggior utile, che si traeva da queste sovrane rendite nelle mani degli esteri, cercò di terminare il contratto già formato dal suo antecessore con un suddito veneto, e rinnovarlo (**1575**) con Gasparo Rempfen console della nazione allemanna in Venezia, il quale in compagnia di Giovanni Locatello giudice di Tolmino, e di Antonio Panizollo s'obbligò di avvantaggiare la vendita del legname dei mentovati boschi, molto più di quello, che fosse stato mai per l'addietro. Crediamo opportuno di riportare alcuni articoli del contratto, da' quali si potè osservare il discernimento di quel secolo. Col quarto articolo s'obbligano i conduttori a levare prima d'ogni altra cosa i tronchi rotti dai venti, all'incontro col susseguente articolo viene proibito il tagliare le giovani ed imperfette piante. L'articolo sesto prescrive loro di dover nei luoghi incomodi non men che nelle situazioni comode fare i tagli, sottomettendogli al magistrato de' boschi, affinchè dal medesimo fosse assegnato il sito.

Nell' articolo duodecimo restano riservati al principe tutti gli alberi propri per gli arnesi da guerra, come frassini, olmi, ed altri simili. Finalmente il decimo quinto articolo obbliga la compagnia a convenire coi particolari intorno a ciò, che da' loro fondi potessero occorrerle, o qual si voglia altra cosa spettante ad un terzo. Si sa da una relazione (**7 magg. 1575**) spedita all'arciduca Carlo, con qual fervore gli interessati s'apparecchiassero a questa impresa, e le considerabili spese, che in pochissimo tempo fecero per darvi principio. Al *mulino di Gradisca* fu eretta una *sega*, sotto Locka fu spezzato uno scoglio, che impediva in mezzo al fiume il passaggio libero all'acqua, ed altri se ne spezzarono sotto Salcano, si alzò e rinforzossi un *rastrello sull'Isonzo presso Tolmino*, altro rastrello fu piantato sul torrente *Tolminza*, e finalmente furono fatte altre due *seghe* una al nuovo *rastrello* e l'altra sull'*Idria*.

O perchè mancassero agli associati i mezzi, o perchè in principio dell'opera fossero stati dalle spese sbigottiti, la camera sciolse i medesimi da ogni impegno, e l'impresa non ebbe effetto. Non fu per questo abbandonata l'idea di render più facile il trasporto delle legna da' *boschi di Tolmino*. Gli avvertimenti dati dalla compagnia, e le misure ch'essa vi prese, ne risvegliarono ben presto il progetto, e sulle sollecitazioni del magistrato de' boschi furono delegati (**1576**) nella contea *Adamo Wucherer*, ed *Andrea Mordax*, due consiglieri della camera, per esaminare i piani e scegliere quel partito, che sembrasse loro più opportuno in vantaggio del sovrano erario. La quantità del legname, che trovarono in quei boschi, suggerì a' commissari l'idea della possibilità di rendere praticabile l'*Isonzo* colle zattere da *Caporetto* fino al mare. Esaminati gli ostacoli, che fra *Caporetto* ed il *ponte di s. Mauro* si frapponevano, decisero incontanente di levare tutti quegli scogli: e ci è rimasta una loro nota d'altri necessari lavori, con un sovrano ordine rilasciato verso la fine dello stesso anno, al soprintendente dei boschi di dare mano all'impresa, che fu eseguita da *Vito Lodi* soprintendente alle strade nella Stiria, e da *Venceslao Assl* contadino del Tirolo. Questi erano gl'ingegneri di quel secolo.

Per dare principio a sì importante lavoro creossi (**1578**) un subalterno soprintendente dei boschi, il quale dimorasse in Tolmino, ed avesse su questo affare particolar cura e vigilanza. Indi fu di nuovo delegato (**1581**) commissario lo stesso *Adamo Wucherer* con *Giovanni Leyben* per rivedere quello, che si era in questo intervallo di tempo operato, e per porre l'ultima mano all'impresa.

Da *Caporetto* fino a Gorizia si aprì all'Isonzo un libero corso, e si levarono tutti li scogli, e sassi, che impedivano la navigazione delle zattere. Il porto di *Fiumicello* fu destinato pel deposito di tutto il legname, e vi si eresse un magazzino capace di contenere una quantità proporzionata all'esito, che farne si credeva. Finalmente per non incontrare da nessuna parte la minima difficoltà, si deliberò di ristabilire il vecchio *rastrello* fatto piantare dal *Zernozza*, e di renderlo più forte e più elevato.

Non poteva quest'ultimo lavoro eseguirsi, senza portare a un *mulino*, ch'era posto in quelle vicinanze, qualche discapito, e senza presagirne dei maggiori coll'andar del tempo. Si conobbero già antecedentemente dal magistrato de' boschi i giusti motivi, che avevano di dolersene i possessori di questo edifizio, e fu cagione che l'arciduca Carlo con rescritto (**11 magg. 1572**) avea ordinato l'acquisto di detto mulino collo sborso di quattro mila fiorini, ma siccome la riparazione del rastrello fu differita, così non ebbe luogo prima dell'anno 1584 il mentovato contratto.

Sotto quattro successivi sopraintendenti dei boschi *Gabriele Juliano*, *Antonio Wassermann*, *Nicolò d'Orzon*, e *Valentino di Valentinis* il negozio delle legna di *Tolmino*, e di *Pletz* si incamminò col desiderato successo. Tutta la città era provveduta di legna da fuoco. Cinque seghe, due in *Tolmino* sopra l'*Isonzo* l'una, e l'altra sull'*Idria*, la terza al rastrello di *Podgora*, un'altra sotto *Gradisca*, e l'ultima finalmente in *Fiumicello*, fornirono di tavole sì la provincia, che il vicino stato veneto col mezzo di un canale condotto dall'Isonzo sino a quel villaggio (*a*), oltre la quantità di altro legname proprio per remi, e per alberi di navigli, che annualmente per questa via trasportavasi da que' boschi. Ci è rimasta una nota del denaro ricavato in Venezia in soli due anni (*b*), che monta alla somma di dodici mila cento e novantatre fiorini della moneta di quei tempi. Questi sono i vantaggi che può avere la camera del principe, allorchè le sue rendite sono con direzione, e rettitudine amministrate.

Pel comodo, che la città di Gorizia aveva di provvedersi delle occorrenti legna alla vicina sponda dell'Isonzo, e pel maggior

---

a) Sarebbe difficile l'eseguire ai tempi nostri questa comunicazione, poichè nell'autunno dell'anno 1589 l'Isonzo piegandosi a manca, abbandonò l'antico suo alvéo, e prese il suo corse verso la Sdoba.   *b) Negli anni 1588 e 1589.*

consumo, che col crescere della popolazione si faceva di giorno in giorno, fu proibito sotto l'amministrazione del Wasserman di somministrare a cicchessia legna dal bosco *Panaviz*. Si dolsero gli stati, e fecero ricorso all'arciduca Carlo, ma furono con suo decreto (**28 agosto 1586**) licenziati per le loro indiscrete domande.

Il *Valentinis* fatto (**1592**) sopraintendente dei boschi, ed animato dal negozio delle legna di *Tolmino*, e di *Pletz*, rivolse le sue viste ai *boschi di Vipacco*. La vicinanza del fiume, che porta lo stesso nome, ed il placido suo corso fece sperare in quelle parti un più facile esito delle legna. Gli riuscì d'impegnare un appaltatore in questo nuovo negozio, e di persuaderlo ad assumere a suo proprio rischio tutta l'impresa. Non dispiaccia che adduciam l'articolo quarto del contratto (**1593**), che abbiam creduto meritar qui luogo. S'obbliga in quello il contraente di risarcire, e riparare tutti i danni che la sua navigazione cagionar potesse lungo il corso del *Vipacco* restando per altro in sua libertà il fare a proprie spese a' rastrelli dei mulini le necessarie porte (*a*), e tutto ciò, che per un comodo passaggio occorrer gli potesse. Non ostante l'indipendenza degli affari camerali dal governo goriziano tutte quelle imprese, le quali influivano nel particolare interesse del suddito della contea, per iscansare ogni opposizione e disordine, si facevano sapere al capitano o al suo luogotenente: quindi l'accennata circostanza del contratto, che poteva interessare molti particolari, i quali avevano sul *Vipacco* qualche mulino o altro edifizio, fu notificato dalla camera (**8 nov. 1593**) a *Giuseppe di Rabatta* allora luogotenente per farla pubblicare, perchè tutti, anzi che impedire la navigazione dovessero dal canto loro far ogni cosa, per promuoverla ed avvalorarla.

Ecco come da una generale libertà di far i tagli de' boschi si passò nel corso di questo secolo ad una regolata amministrazione, mediante la quale provvedendo a' pubblici bisogni aumentaronsi le rendite del principe nella contea.

---

a) Dette comunemente " Sborratori. „

III.

Dei feudi.

Se si considerano i feudi rispetto. alla munificenza del principe, il quale li concedette col debito d'un annua contribuzione, o con altro obbligo ai sudditi, troverassi che sì questi come tant'altri beni sono passati dalla camera in proprietà de' particolari: e però non sarà fuor di proposito di ragionarne in questo luogo. Nostro non è l'impegno d'indagare l'origine de'feudi della contea: ma siccome da una parte le leggi feudali, da cui i feudi acquistano la natura loro, non sono da per tutto le medesime, e. dall' altra le prime investiture dei principi austriaci si riferiscono alle antiche usanze e consuetudini, osservate nella contea in rapporto ai diritti ed alle ragioni, che tanto il principe, quanto il feudatario ha sopra i feudi, così abbiamo creduto di dover rimontare ai tempi più remoti, per iscoprire la qualità e la natura.

La più antica memoria appartenente alle cose feudali, che ci rimane, è una dichiarazione di *Alberto conte di Gorizia* (a). Prescrive questo principe, che se taluno avesse qualche titolo sopra un feudo, debba il maggiore della famiglia prenderne dal principe l'investitura. e nel caso, che il principe si trovasse fuori della contea, possa aspettarne, senza decadere dal feudo, il ritorno. Morendo un qualche feudatario senza erede, vuole il conte Alberto, che tutta l'eredità pervenga ad uno o più dei suoi prossimi consanguinei, accordando in oltre la facoltà di poter assicurare sopra i feudi le *contradoti* alle mogli ed assegnare le doti alle figlie, con preciso obbligo di presentare al principe simili assegnamenti, e da lui chiederne l'approvazione. Finalmente ingiugne la stessa costituzione a' feudatarî di prestare meglio che potranno ogni ajuto al loro principe, qualora insorgesse nella contea *qualche guerra*, o ch'egli avesse bisogno dei loro servigi fuor di stato.

Questa dichiarazione combinata colle parole, che incontransi nelle susseguenti investiture degli antichi conti dà bastante motivo di credere,

---

a) *Il padre Bauzer la riporta al libro 7. Essa è dell'anno 1365, ed uniforme a due altre nel medesimo anno pubblicate dallo stesso conte Alberto, l'una per l'Istria, l'altra per la Marca schiavona, che leggonsi inserite nella costituzione della Carniola.*

che tutti i feudi situati nella contea non fossero di loro prima istituzione in realtà altro, che terreni, e possessioni dal principe in proprietà con qualche condizione conferite ai sudditi per rimunerare i buoni servigi prestati, e per impegnarli a prestarne nelle occorrenze degli altri in ricognizione della sovrana munificenza.

Indi ebbe luogo dopo la morte d'ogni principe la rinnovazione delle investiture, con cui il nuovo sovrano, riconosciuta l'identità delle terre feudali, obbligava i feudatarî a riceverne da lui il possesso. Così Massimiliano I nel medesimo anno, in cui gli pervenne in eredità la contea (**1500.**), con pubblico editto convocò i feudatarî, ed obbligolli a giurargli fedeltà, come a nuovo loro principe, ed a riceverne le nuove investiture. Non ci è rimasta l'istruzione, ch'ebbero i commissarî delegati in questa occasione; ma certo si è che le lettere feudali, dispensate in questo incontro, avevano lo stesso stile, che si usava in quelle degli antichi conti.

Dopo l'acquisto del *capitanato di Gradisca*, e d'altri territorî in Friuli s'accrebbe il numero dei feudi di questa provincia; ed avrebbe dovuto accrescersi di più, se tutti fossero stati incontinente individuati, e registrati. La maggior parte di que' terreni erano di ragione feudale della *chiesa d'Aquileja*, ed indi renduti dipendenti dal magistrato de' feudi di Venezia; ma molti di questi feudatarî industriosi in nascondere i loro feudi, di natura ben diversi da quei della maggior parte della contea, seppero sottrarsi a tutte le ricerche, e rendere le loro possessioni libere, e sciolte da qualunque dipendenza.

Dopo la morte di Massimiliano la reggenza d'Inspruck licenziò (**1519.**) al solito tutti i feudatarî da' loro feudi, ingiungendo ai medesimi di prendere dal nuovo principe le nuove investiture: ma non essendoci riuscito d'incontrare alcuna investitura di Carlo V abbiamo fondamento di supporre, che la rinnovazione delle lettere feudali non fosse in questa occasione seguita.

L'arciduca Ferdinando nella ripartigione degli stati austriaci coll'imperadore Carlo suo fratello, desiderava, che tutti coloro, che possedevano *terre di ragione feudale*, comparissero in Vienna, e riconoscessero da lui i loro feudi; ma gli stati goriziani considerati i dispendî, a' quali i feudatarî avrebbero dovuto soggiacere, se fossero stati obbligati a riceverne l'investitura dalle mani del principe, e le conseguenze, che avrebbe portato seco questo nuovo ordine, supplicarono Ferdinando a deputare ad esempio de' suoi predecessori de' commissarî, i quali in suo nome ricevessero nella contea il giuramento di fedeltà, e dassero le relative investiture a' sudditi feudatarî. Troppo fondate

erano le suppliche de' gorizlani, perchè Ferdinando non l'esaudisse,
e non nominasse a tal effetto (**13 lug. 1525.**) come commissarî
*Nicolò della Torre capitano di Gradisca e di Marano, Girolamo
d'Attems luogotenente di Gorizia, e Lodovico Melinger*. Oltre l'oggetto
principale ordina la sovrana istruzione di formare un esatto registro
di tutti i feudi della provincia co' nomi de' feudatarî. Merita particolar
attenzione un articolo della medesima, il quale contiene la seconda
costituzione delle nostre leggi feudali. Prescrive questo a' commissarî
di dover bensì, nel caso che taluno dimandasse l'assenso di vendere
i suoi beni feudali, accordarne la permissione, ed investire il compratore
e gli eredi, ma con espresso divieto, che beni di tale natura non
passino nelle mani de' sudditi stranieri. I commissarî adempirono
tutti i loro doveri, rinnovarono in questo incontro le investiture ai
feudatarî; e le posero in un registro, il quale tuttavia esiste, e forma
la principale base de' diritti feudali della nostra provincia. ●

La camera di Ferdinando scoperte alcune traccie, le quali
indicavano molti feudi nel capitanato di Gradisca celati, ed indi andati
in dimenticanza, delegò (**1545.**) commissarî *Nicolò di Rabatta* suo
procuratore fiscale, e Michele Buccignola per iscoprire tutte le terre
soggette al vincolo feudale. Lo zelo e l'attività con cui era incamminata
l'inquisizione, diede a molti motivo di temere, che scoperta la natura
delle loro possessioni, ne potessero essere privati; il che diede occasione
di ricorrere a Ferdinando, e d'accusare di rigorose e violenti le
premure, e l'esattezza de' commissarî. Senza esaminare i veri motivi
delle lamentanze, i commissarî furono sospesi, e vennero deputati
(**29 giug. 1549.**) *Nicolò della Torre capitano di Gradisca,
Martino Zernozza* consigliere della reggenza, e *Wolfango Palron*,
per riprendere l'esame de' *feudi gradiscani*. I nuovi commissarî
operarono sì poco, che l'arciduca Carlo dopo aver prese le redini
del governo delle sue provincie, esaminando più da vicino tutte le
ragioni de' sovrani suoi diritti trovò l'affare de' feudi nella nostra
provincia, e singolarmente nel *capitanato di Gradisca* in somma
oscurità, e totale disordine. Quindi non volendo, che cosa alcuna
s'intraprendesse rispetto a' feudi della contea senza aver prima
fatti rintracciare quelli, che nel *distretto gradiscano* si tenevano
nascosti, ordinò replicatamente (**1581.**) a' commissarî di guerra in
Friuli di far una esatta ricerca di tutti i *feudi attenenti alla chiesa
d'Aquileja*. I commissarî dichiararono ch' aveano bensì motivo di
sospettare, che molti fondi sotto il *capitanato di Gradisca* fossero
di ragione feudale; ma che per mancanza di scritture parte smarrite

e parte in tempo della guerra co' Veneziani portate via, non sarebbero mai in istato di poter individuarli. In tal guisa cercossi spesso di coprire colle pubbliche turbolenze la privata disattenzione nel custodire i pubblici archivî.

Queste inutili ricerche sospesero per tanto ogni cosa in riguardo alle investiture; e gli stati provinciali vedendo ritardato il pubblico editto per la rinnovazione delle lettere feudali, cominciavano a temere che tale ritardo non facesse decadere i feudatarî dalle antiche loro ragioni. Supplicarono essi (**22 mag. 1565.**) l'arciduca, che prima dello spirar d'un anno dopo la morte dell'augusto suo padre si compiacesse di delegare, secondo l'antica consuetudine della contea, i suoi commissarî per ricevere il giuramento di fedeltà da tutti i feudatarî, e per rinnovare le investiture. Avrebbe desiderato l'arciduca, che queste formalità si facessero nella sua capitale: ma le reiterate istanze presentate da' goriziani, e fondate sulle difficoltà, e sui dispendî, che avrebbono dovuto necessariamente incontrare, non solamente lo persuasero ad accordar loro di ricevere le investiture in Gorizia, ma dispensò anche i patrizî dalle tasse della cancelleria; e deputò (**1567.**) a tale solenne incarico *Andrea Rapizio vescovo di Trieste, Giorgio d'Eedling, e di Lausenpach, ed Ulvino di Neuhaus, e di Neukoffl.*

L'arciduca Ernesto in qualità d'amministratore degli stati dell'arciduca Ferdinando ancor pupillo, delegò (1592.) *Raimondo conte della Torre e Valsassina, Francesco Formentino* commendatore dell'ordine teutonico, e *capitano di Gradisca,* e *Giuseppe di Rabatta* luogotenente di Gorizia per investire de' loro feudi i feudatarî della provincia. Ad onta di queste nuove investiture dispensate dopo la morte dell'arciduca Carlo, l'arciduca Ferdinando di lui figlio deputò pochi anni dappoi (**1597.**) lo stesso *Francesco Formentini, Pietro di Strassoldo colonnello delle nostre truppe urbane* e *Giorgio Vagenring di Romhausen,* per ricevere nuovamente in suo nome il giuramento di fedeltà da tutti i feudatarî, e per dispensare le nuove investiture.

IV.

Gabelle, ed istituzione di nuove dogane.

Le gabelle, che si riscuotevano alle dogane, formavano ancora una parte delle rendite del principe. Essendo queste state amministrate

nella nostra provincia da persone, che presto si sottrassero alla
dipendenza del governo, le scritture rimasero fra le mani dei privati
e perirono con esso loro; onde questa parte d'amministrazione non
può essere da noi posta in quel lume, che avremmo desiderato. Ciò
che dee consolarci della perdita di quelle scritture, si è, che per
quanto una non interrotta serie dei primi registri, e delle ordinazioni
delle dogane ci desse una distinta storia sì del traffico, e del consumo
della provincia, che dell'aumento delle rendite del principe; tuttavia
potremmo fare poco uso, e trarre niun ammaestramento da operazioni,
che altro non avrebbono di rispettabile se non la sola antichità.

L'introduzione degli olj, e de' vini forestieri formava nel principio
del XVI secolo due articoli, da cui traevano le nostre dogane i
maggiori proventi. Il porto di Trieste, e quello di s. Giovanni erano
le sole vie, per cui potevano essere negli stati austriaci introdotti.
La guerra nemica del commercio, interruppe un ordine da lungo
tempo praticato, e nelle pubbliche turbolenze cercava ognuno di far
passare queste due merci per quelle strade, che gli parevano allora
più sicure. Sedati i tumulti co' Veneziani, e conquistati da Massimiliano
altri porti, come *Marano, Precinico, Anfora,* e *Cervignano,* si aprì
in ciascheduno di quelli una nuova via per provvedere l'Allemagna
di tanto necessarj quanto ricercati prodotti: ma la moltitudine delle
strade non faceva entrare nel sovrano erario i passati profitti;
e la camera s'avvide ben tosto, che col numero dei porti si
moltiplicavano i contrabbandi. Quindi tutti i vini e gli olj furono
sottoposti alla legge (**30 gen. 1529.**) di doversi accusare alle sole
dogane di Trieste, e di s. Giovanni ad esclusione d'ogni altro luogo,
per riceverne i passaporti, restando condannati al fisco coloro, che
si trovassero privi di tali attestati.

Non furono però lasciati in abbandono gli altri porti. Si
conobbe la favorevole situazione d'un paese fertile, fiancheggiato per
lungo tratto dal mare; e si prese in particolare riflessione il porto
di *Marano,* che serviva di scala a tutte quelle merci, che dal mare
passavano in Friuli, e da questa provincia in Levante, ed in Italia. Ci è
rimasta una tariffa (1524.) (*a*) spedita dalla camera per essere osservata
e praticata da quella dogana. Siccome la inavvertenza di non distinguere
le merci di transito da quelle di consumo, ed un indiscreto zelo di
aggravare ugualmente le merci necessarie, che le superflue, ebbe
gran parte in detta tariffa; ci dispensiamo dal riportarla. Per altro

----

a) Nell'archivio del vicadominato di Lubiana.

viene in essa prescritto ad ognuno, che arrivasse con barca carica di merci in quel porto, di presentarsi nel termine di ventiquattro ore alla dogana sotto la pena di confiscazione sì della barca che delle merci e d'annunziare la qualità, e quantità del carico. Sotto la medesima pena per impedire le frodi, le clandestine introduzioni di merci, viene ingiunto ad ognuno, il quale non avesse intenzione di recarsi la sua roba, ma solo per qualche accidente vi avesse preso porto, di pagare un soldo per ducato del valore del suo carico. Finalmente proibisce sotto le medesime pene di caricare nel porto di *Marano*, e nella sua giurisdizione (a) cosa alcuna senza presentarsi alla dogana, e pagare le prescritte gabelle: e perchè il porto di Lignano situato in quelle vicinanze avrebbe potuto dare occasione a molti contrabbandi, ordinò la camera al doganiere di Marano di far ristorare una casa, e porvi un ispettore, che riscuotesse le gabelle, e fosse a lui soggetto, ed obbligato a rendergliene esatto conto.

È probabile che attese le medesime circostanze si esigessero le gabelle secondo la tariffa di Marano negli altri porti benchè meno frequentati del *territorio di Gradisca*. Colla perdita di Marano (**1542**) Ferdinando perdette, senza che se ne sapesse il come, anche il porto di *Lignano*, e restò privo il suo erario del considerabile provento, che ne derivava da quelle dogane. Invano cercò la camera di riparare al danno con istabilire a *Maranuto* una nuova dogana. Le grosse esazioni delle merci, che andavano, e venivano dal Friuli, cessarono, e non rimasero che tenui gabelle, le quali riscuotevansi da quelle poche merci, che entravano pel consumo interno del proprio paese senza mentovare le violenze esercitate da' sudditi veneti in pregiudizio dei diritti di questa dogana.

Non ci fu possibile rinvenire le qualità delle merci, che al principio del secolo erano soggette a pagare la gabella alla *dogana di Gorizia*; certo è che sotto Massimiliano I tutti i prodotti, che dalla contea uscivano per la Carniola, e da questa provincia entravano nella nostra, passavano franchi, e liberi d'ogni aggravio. Dopo la morte di questo imperadore la camera di Ferdinando con poca avvedutezza aggravò di gabella i vini, che passavano dalla nostra in quella provincia, in tempo che si doveano tanto più animare gli abitanti della contea alla coltivazione delle viti, che i vini della Marca non ostante le gabelle, a cui erano sottoposti, sostenevano la concorrenza del prezzo nelle provincie austriache. All'errore

_____

a) *Il porto di Lignano era sottoposto a quella giurisdizione.*

commesso per un indiscreto zelo riparossi incontanente ordinando
(**21 nov. 1528.**) al doganiere di Górizia di prendere bensì in
nota tutti i vini, i grani e le altre derrate, che dalla contea nella
Carniola, e dalla Carniola nella contea si trasportavano, ma di
astenersi sino ad altro ordine dall' esazione della gabella. In questo
modo ad un attento e zelante governo gli errori medesimi servono
d'istruzione e di ammaestramento per far dei saggi provvedimenti:

Tanto più strano parer doveva l'aggravare di gabella le derrate
che da una provincia passavano all'altra, quanto che allora i buoi,
che in gran copia dalla Carniola si facevano passare nello stato
veneto, andavano franchi da ogni imposta. Solo verso la metà del
secolo credendo la camera di trarre profitto dalla necessità supposta
nei Veneti dei buoi di quella provincia, fissò (**1544**) una gabella
da pagarsi o in Lubiana, o in *Bazza* nel *territorio di Tolmino* per ogni
bue, che venisse introdotto nella contea. Parve questa determinazione
agli stati goriziani troppo generale, e mal volentieri soffersero di
esser trattati come forastieri. Lo stesso *vicedomino* di Lubiana, che
aveva la sopraintendenza delle rendite camerali sì della Carniola,
che della contea, riputò la tariffa tanto mal tassata, ch'egli assicurato dal
nostro capitano Francesco della Torre d'una prossima modificazione,
si contentò d'una sufficiente cauzione, e si astenne dall'esigere la
nuova gabella pel bestiame, ch'entrava nella contea. Il governo
goriziano avanzò frattanto le sue più vive rimostranze, ma incontrò
più difficoltà a far conoscere le sue ragioni, di quello che s'aspettava.
La camera temendo, che sotto il pretesto dell'interno consumo molti
animali bovini passassero nello stato veneto senza pagare i diritti
insisteva ostinatamente nella massima di lasciare la contea, come
luogo di passaggio nella medesima condizione, e con ciò tagliare
ogni strada alle frodi ed ai contrabbandi. Per buona sorte della
nostra patria trovò *Francesco della Torre* il ripiego di porre in
sicuro i diritti della dogana, e di sollevare nel medesimo tempo
la nostra provincia. Propose egli che in Lubiana fosse pagata
indistintamente la nuova gabella: ma che il governo di Gorizia fosse
incaricato d'invigilare e tener conto di quegli animali bovini, che
avessero servito pel consumo della contea, e a tenore degli attestati
dati dal medesimo governo ai mercatanti, la dogana di Lubiana fosse
poi tenuta a detrarne con proporzione la gabella alla prossima
spedizione dei buoi. Il capitano della Torre aveva in corte tanto
credito, che non solo il suo progetto non soffrì alcuna contraddizione,
ma fu eziandio tosto ordinato (**7 ag. 1544**) di metterlo in esecuzione.

I bisogni dello stato, che vie più s'aumentarono da una parte per le continue spese assorbite dalla lunga guerra contro i turchi, e dall'altra per l'alienazione di molte rendite camerali, sforzarono il ministro a pensare a nuovi fondi, onde poter continuare a sostenere i gravi pesi dello stato. Fra le varie speculazioni si presentarono alla vista di lui le dogane qual sorgente perenne del sovrano erario. Senza far riflessione alle circostanze dei tempi, all'avvedutezza dei confinanti Veneti, ed ai vantaggi dell'interno commercio, non si pensò che a nuove gabelle. I diritti della dogana d'una provincia rispetto all'altra, pei goriziani altre volte felicemente rivocati, furono di nuovo stabiliti (**1547**), poichè ordinò la camera, che, trattone il grano, tutto ciò che entrasse nella contea per uso della stessa, benchè avesse altrove pagata la gabella, dovesse nuovamente pagarla alla dogana di Gorizia. Nel trasporto dei buoi della Stiria e della Carniola, e nelle provigioni in tempo di carestia de' grani, fatte in queste provincie per lo stato veneto consisteva la maggior parte del traffico. L'ordinazione della camera disseccò nella sua origine questo fonte, la dogana di Lubiana cominciò ad esigere un dazio indistinto sopra tutto il bestiame, che sortiva dalla Carniola, e quella di Gorizia sopra quello, che passava nel territorio veneto, ed a riscuotere *quaranta carantani* per ogni soma di grano, che dalla contea passava in quello stato.

Gli stati di Gorizia animati tanto da' sani principî del commercio, quanto dal particolar loro vantaggio presentarono (**14 giug. 1547**) a Ferdinando la seguente rimostranza: *Temiamo, che i mercatanti per evitare questa gravosa gabella abbandoneranno la nostra strada, e ne cercheranno altre con discapito de' sudditi della contea, e de' proventi della camera di V. M.* Ma i gravissimi danni, che ne dovevano seguire, non fecero alcuna impressione in confronto de' presenti benchè tenui vantaggi, ed anzi che abolire la nuova *gabella sopra il bestiame,* che esigevasi in Lubiana e in Gorizia, se ne stabilì un altra (**1557**) in Cilli pei buoi, che dalla Stiria, e dalla Croazia passavano nella Carniola, e si accrebbero poi (**1559**) le gabelle sopra tutte le merci, che da *Maranuto* si trasportavano a *Marano,* malgrado gli aperti insulti, che commettevansi da' sudditi veneti al passaggio di quelle dogane, e ad onta della vigorosa opposizione, che fecero per impedire ogni accrescimento i commissarî di guerra, i quali avevano dimostrato (*a*), che dopo la prima

————

a) Coll'informazione del dì 29 ottobre dell'anno 1559.

alterazione della tariffa, la sola dogana di *Maranuto* rendeva la metà di meno di quello, che dava pochi anni prima.

Uno zelo sì mal inteso era fondato sull'opinione, che lo stato veneto fosse nell'indispensabile necessità di ricorrere negli anni di carestia agli stati austriaci per i grani e di provvedersi in tutti i tempi dalla Stiria e dalla Carniola di animali bovini. Riguardavansi tutte le rimostranze del governo · goriziano, come scritti dettati dal solo interesse, e non consultavansi se non le correnti necessità dello stato. Le misure che seppero prendere i nostri confinanti, fecero vedere ben tosto la fallacia delle massime, con cui furono dirette queste operazioni. La repubblica di Venezia stabilì in tutti i luoghi del suo dominio dei magazzini di grani per prevenire negli anni di abbondanza le calamità della fame, ed esimere quegli abitanti dalla necessità di ricorrere alle provincie austriache ne' tempi di carestia. Così il senato per sottrare i suoi sudditi alla necessità di dover provvedersi da noi dell'occorrente bestiame, gli incoraggì al nutrimento almeno di quella quantità di buoi, che loro era necessaria alla coltura delle terre, e cercò in Dalmazia una strada di somministrare a' suoi macelli il bisogno.

Si videro ben presto gli effetti dei mentovati provvedimenti. Le provvigioni di grani nello stato veneto furono indipendentemente dalle austriache provincie sì copiose, che ben lungi dal provarne carestia, fu spesso in grado di somministrarne alla contea. I contadini introdussero nel Friuli sì *bella specie di animali bovini*, che non cedeva nè in grandezza, nè in bontà ad alcun altra, e da Obravatz sortirono in pochi anni tanti buoi pei macelli, che il senato proibì con pubblico editto a' suoi sudditi di provvedersene senza speciale licenza, e passaporto negli stati austriaci. La Stiria, la Carniola, ed anche la contea di Gorizia risentirono ben presto le conseguenze, che ne dovevano risultare. I passati profitti, che quelle provincie ricavavano dalla vendita del loro bestiame, cessárono, e le rendite della camera si diminuirono, mentre cercavasi di aumentarle. L'arciduca Carlo ordinò ai commissarî di guerra in Friuli d'indagare per qual motivo fosse incagliato il commercio fra i suoi stati, e que' della repubblica, e di suggerire que' mezzi, che fossero opportuni a ristabilirlo. I commissarî risposero ciò, che gli stati di Gorizia avevano venti anni prima pur troppo predetto. *Le esorbitanti gabelle* dissero (**17 apr. 1565**), *sono la causa della nuova strada di Obravatz, per la quale fassi presentemente la condotta del bestiame, lo stesso avvenne anche colle pelli de' buoi, di cui abbiamo* *totalmente perduto il transito quando, pel passato trasportavansene in grande copia per la contea, e le dogane di V. A. ne ritraevano non piccoli vantaggi, i quali mancarono dopo che la gabella sopra queste fu aumentata. Siamo però di sentimento, che sia necessario di abbassare le gabelle, perchè la strada di Obravatz si abbandoni, e perchè rientrino nell'erario di V. A. gli antichi proventi.*

Ma tale è la natura del commercio, che deviato che siasi una volta, per quanto si cerchi di rimetterlo sull'antico cammino, tutti gli sforzi riescono spesso infruttuosi. Non basta, che si ritrattino gli ordini senza buone ragioni pubblicati, e si metta in uso tutto ciò, che può favorire la concorrenza cogli esteri. Siccome deriva non di rado in sì fatte operazioni, il bene dello stato più dalla inavvertenza degli altri, che dall'attività e condotta propria, così la maggior parte consiste in saper profittare degli errori altrui, e cogliere que' vantaggi che gli sbagli d'altre nazioni ci somministrano. L'esito che trovò la Dalmazia de' suoi buoi, svegliò l'industria degli abitanti a nutrirgli e l'esperienza ammaestrò via più il Friuli veneto nel nutrimento de' medesimi. In somma l'estrazione del bestiame della Carniola, e della Stiria sempre più venne a minorarsi in questo secolo, alla contea mancarono que' vantaggi, che sono sicuri nelle provincie di transito, e la dogana del principe risentì a proporzione la diminuzione ne' suoi proventi.

Da tanto falsi principî nacquero molte altre operazioni al commercio perniciosissime. Apertasi la strada della Carintia, e conseguentemente una immediata comunicazione del nostro mare con molte provincie della superiore Germania, si vide con felicissimo esito talmente frequentato questo cammino, che gli abitanti della contea, cambiavano i loro vini colle merci, che i salisburghesi portavano da quelle contrade. Questo trafico fu di sì poca durata, che appena ce ne restò la memoria. Non bastò alla camera una dogana in Tarvisa, luogo opportuno per la sua situazione, e da cui, come da un centro si poteva dirigere tutto il commercio non solo della contea, ma di una buona parte della Germania, se ne stabilirono due altre, l'una in Pletz, l'altra in Canale, e caricaronsi di tante gabelle tutte le qualità di merci, che disgustati i mercatanti in breve tempo abbandonaron quella strada. Questa è l'epoca, in cui furono abbandonati i nostri porti d'Aquileja, di Terzo, e di Cervignano.

Studiavano i ministri della camera coll'introduzione di nuove gabelle imposte sopra l'interno consumo della contea di riparare le utilità, che al sovrano erario mancarono colla diminuzione del transito delle merci forestiere, e dell' estrazione delle proprie derrate. Le nostre, che andavano nella Carniola ed in Carintia, ed i grani, che nella contea' introducevansi da quelle provincie furono aggravati indistintamente. Si stabilì (**1586**) in *Polkraj* una gabella sopra i *grani* della Carniola, ed un altra in *Canale* sopra quelli della Carintia, e fu ordinata la riscossione al *ponte dell' Isonzo* vicino a Gorizia di *trenta Carantani* per ogni stajo di grano, che trasportavasi nel Coglio , e nel capitanato di Gradisca. I nostri stati inviarono indarno *Girolamo Catta* e *Leonardo di Orzon* nello stesso anno alla corte dell' arciduca colle loro rimostranze. Si credette, che i bisogni dello stato non permettessero di diminuire le gabelle, le quali cadevano unicamente a peso del suddito. Questo aggravio, per la cui abolizione gli stati provinciali fecero tante istanze in tutte le diete, non fu più rivocato, ed il suddito di là dell'Isonzo restò dalla camera separato da quello, che abitava il territorio di qua del fiume *). Questo è l'infelice partito, a cui il migliore de' principi dopo una inconsiderata regola delle sue rendite si trova spesse volte in necessità d'appigliarsi, per sostenere i pesi, che esigono le pubbliche urgenze.

V.

Sussidi in denaro somministrati al principe.

Tutte le rendite, di cui si fece cenno, ed altre simili ne' vasti stati dell'austriaca monarchia non furono bastanti a supplire alle spese, che i nostri principi dovettero sostenere dal principio sino al fine di questo secolo. L' *alienazione* fatta degli stessi fondi (a), per la continua mancanza di denaro doveva necessariamente oltre il disseccare i fondi delle pubbliche rendite, aumentare anche i bisogni dello stato. La potenza ottomana disegnò il formidabile piano di estendere in Europa il suo dominio, e colla conquista dell' Ungheria di spogliare la casa d'Austria delle provincie, che confinavano con

---

*) *Si avverte che l'autore scrive in Gorizia.*

a) *Oltre l' alienazione di molte terre patrimoniali, e d' altre rendite come si è detto, impegnò la camera anche quelle di alcune dogane.*

quel regno. Queste erano le mire del fiero nemico, che regnava nel tempo, che l'arciduca Ferdinando prese (**1522**) le redini del governo delle austriache provincie in Allemagna.

Abbiamo altrove parlato dei soccorsi, che questo angustiato principe ottenne da tutte le nazioni cristiane, onde opporre una valevole resistenza al comune nemico. L'impero germanico, l'Italia, le provincie austriache somministrarongli truppe; ma per mantenerle abbisognavano delle somme, che il suo esausto erario non era in istato di fornire. Si dovette ricorrere alle forze ed agli ajuti dei sudditi. Ferdinando convocava in tutte le sue provincie gli stati per mezzo di commissarî, e dimandava sussidî in denaro per sostenere una guerra, da cui dipendeva la salute di tutti i suoi paesi.

I sudditi della contea di Gorizia obbligati colla roba, e colla vita allo stato, godevano della sovrana protezione senza essere soggetti ad alcuna ordinaria contribuzione. L'arciduca Ferdinando nel primo anno del suo governo dimandò dagli stati goriziani un soccorso in denaro, ma non si può sapere come, e quanto siasi dai goriziani in questa occasione contribuito. Si congregarono due anni dappoi (**1524**) per lo stesso oggetto i nostri stati provinciali. Il principe chiese in questa dieta per due anni altri sussidî, onde sostenere la guerra contro il turco. Ponderando gli stati da una parte le pubbliche necessità, ed il comune interesse, e pensando dall'altra ai mezzi più spediti e più facili, onde soccorrere il principe e lo stato, esibirono di concorrere alle giuste premure del sovrano, ogni volta, che i territorî di *Gradisca*, di *Aquileja* e di *Marano*, conquistati da Massimiliano nell'ultima guerra, venissero incorporati nella contea. Ferdinando, trovando la proposizione non meno ragionevole per la nostra provincia, che conveniente alle sue urgenze, accordò nella dieta convocata nel susseguente anno (**13 mar. 1525**) l'incorporazione dei tre capitanati alla contea, e gli stati offerirono per due anni tre mila fiorini all'anno. In conseguenza di questa deliberazione tassaronsi tra loro i sudditi, ed a proporzione delle loro facoltà unirono le promesse somme.

I pubblici bisogni continuavano coi comuni pericoli. I turchi sempre più inferendo non cessavano di minacciare l'ultimo esterminio alle provincie austriache. Non v'era alcuno, che non conoscesse la necessità di concorrere colle sue sostanze ad allontanare le calamità dalla sua propria famiglia. L'unica difficoltà, che incontravasi, era di trovare il mezzo di ripartire con uguaglianza il peso, che ognuno aveva a sostenere. I posseditori di terre promisero frattanto in pubblica dieta (**16 mar. 1530**) di pagare il quindici per cento delle loro rendite, ed il contadino affittuale *trenta carantani* per ogni terreno (a), a condizione che i possessori dei beni impegnati dalla camera, e lo stesso principe per li suoi beni camerali concorressero alle comuni rate. Siccome i possessori dei mentovati beni non riconoscevano per li fondi, dei quali avevano il godimento, altro superiore che il *vicedomino* della Carniola, così si opposero ad ogni tassa fatta dagli stati provinciali, per ovviare in avvenire ogni tentativo, che dalla provincia potesse farsi, preferirono sottoporsi ad una rata particolare, che fu loro imposta dal *vicedomino* di Lubiana.

Queste, e simili opposizioni, che insorgevano quasi in ogni particolare dieta, non solo nella contea, ma ancora in tutte le altre austriache provincie, indussero il re Ferdinando a convocare in Innspruck una dieta generale pel dì 30 gennajo dell'anno 1532, sperando che un solenne congresso seconderebbe con più efficacia le comuni premure, e conseguentemente promuoverebbe con maggior fervore un valevole e possente soccorso. Gli stati delle quattro provincie dell'Austria inferiore colla contea di Gorizia promisero in quest'anno l'esborso di *trecento dieci mila fiorini* con precisa condizione, che la somma venisse impiegata in loro difesa contro gli Ottomani, e che tutte le terre, tutti i possessori dei beni camerali impegnati, tutti i principi, e vescovi, ed altri stranieri, che possedevano nello stato austriaco, obbligati fossero indistintamente in proporzione delle loro facoltà all'accordato sussidio.

Restava una difficoltà riguardo alla ripartizione mossa dai comissari delegati a questo congresso dalla contea di Gorizia. Rimostrarono essi che la rata dei goriziani non dovesse regolarsi colla proporzione dei sussidi accordati pel passato, poichè il contadino non mancherebbe d'opporsi alla prestazione di nuove contribuzioni, mentre non aveva ancora intieramente supplito alle passate. In questa occasione si scandagliò lo stato d'un contadino affittuale spesse volte ridotto all'impossibilità di soddisfare agli affitti impostigli dal padrone, e si pose in vista la *differenza*, che passa fra *una parte* dei contadini della contea, ed i contadini delle *altre provincie*. L'oggetto parve di troppo piccola considerazione per prolungare il termine di quel congresso, e cangiare la rata di *sette mila ottocento settanta fiorini* toccata agli stati di Gorizia. Ma ciò che sembrò di

a) *Era composto un terreno di dodici campi. In Friuli chiamavansi masi, e questi erano composti di ventiquattro campi.*

poco momento in Innspruck, mostrossi non indifferente nella susseguente dieta provinciale di Gorizia convocata (**11 mar. 1532**) per deliberare del modo di esigere la mentovata somma, allorchè l'*ordine contadinesco* in generale opponeva la sua impossibilità a tutte le più vive e pressanti sollecitudini, che gli furono fatte da parte dell'*ordine nobile*. Ferdinando non poteva desistere dalla dimanda della intiera somma accordatagli, nè convenivagli dispensare una porzione dei suoi sudditi, i quali avevano già altre volte effettuata tal prestanza senza rovesciare il suo piano e la necessaria eguaglianza e proporzione delle imposte. Spedì quindi in Gorizia Volfango di Lamberg suo *vicedomino* della Carniola, e Cristoforo Purgstaller suo consigliere, per ridurre il nostro contadino a concorrere di buona voglia ai soccorsi convenuti in Innspruck. L'apparato di una delegazione composta di due stranieri indusse il contadino ad accordare ciò, che non voleva, o forse non poteva mettere in esecuzione. Si convenne che per ogni terreno si pagassero *ottanta carantani*, e che quello che non avesse in affitto che una casa senza terra (*a*), fosse tassato a *otto carantani*.

I modi, che impiegavansi per indurre l'*ordine contadinesco* a concorrere cogli altri possessori di terre a' comuni sussidî, senza aver riflesso alla qualità delle affittanze, nè al titolo del suo possesso lo fecero pensare a' mezzi di alleggerirsi con iscaltrezza del peso. Siccome la quantità delle terre, ch' esso teneva in affitto, rilevavasi dalla particolare confessione di ciascheduno, si vide tosto, che la nota data in quell'anno non corrispondeva a quelle, che furono presentate altre volte. Dalla divisione delle terre, che eccitò poi tanti contrasti fra il padrone ed il contadino, come altrove fecesi menzione (*b*), nacquero tali e tante confusioni, che non fu possibile di scoprirne il vero, e distinguere i terreni notificati da quelli, che esso cercava di nascondere.

Simili disordini, che dovevano alterare la necessaria proporzione nella distribuzione delle imposte, obbligarono gli stati a suggerire al principe la descrizione di tutte le terre poste in coltura, e tenute dal contadino in affitto nella provincia. La camera di Ferdinando non solo diede il suo assenso ad un tal progetto, che tendeva a formare un *catasto generale*, unico mezzo per istabilire una non men facile che giusta ripartigione de' sussidî, ma si ottenne ancora

———————

a) Detti nel Friuli comunemente " Sottani. „
b) Vedi pag. 133 Costituzione IV.

che il principe con ispeciale rescritto (**2 lugl. 1534**) ordinasse
al capitano della contea conte d'Ortenburg di eleggere dèi commissarî,
che con alcuni dello stato nobile formassero un piano, donde risultasse
l'uguaglianza, e la proporzione nel ripartimento dellé pubbliche
imposte.

Malgrado le premure che aveva il principe, di veder eseguito
l'ordinato *catasto*, e le successive rimostranze pel corso di tre anni
fatte dagli stati di non poter prestar soccorsi nelle contingenze della
guerra, senza il concorso ancora dello stato contadinesco; nulla si
effettuò sino all'anno 1536, in cui, ripreso l'affare con più calore,
accordò alla fine (**26. nov.**) la provincia per sei anni annualmente
al principe sei mila fiorini di quella moneta, e l'anno seguente si
diede mano a formare il registro di tutti i terreni, ognuno dei quali
comprendeva dodici campi (*a*).

------

a) Quantunque non possiamo lusingarci, che la descrizione dei
terreni in questo incontro sia stata fatta con quell'accuratezza,
che richiedevasi; nulla di meno abbiamo creduto di non far
cosa inutile a' nostri concittadini, producendone la nota; tanto
più che questa può dare una qualche idea della quantità delle
terre, che erano in que' tempi poste in coltura. Furono in
Salcano rilevati 51 terr. e 6 campi; in Gargaro 48 terr.
3 campi; in Baisinza 90 terr. 3 campi; in Chiapovano
10 terr.; sotto la torre 12 terr. 3 campi; sul Traunick
3 campi; presso il Corno 7 terreni 8 campi; attorno il
fosso della città 2 terreni 21 campo; in Stran 10 terr.;
in s. Pietro 26 terreni 2 campi; in Vertoiba superiore
16 terreni 2 campi; nel Decanato di Schönpas 55 terr.;
in Osseck 28 terreni; in Ternova 4 terr. 6 campi; in
Cernizza 41 terreno 9 campi; in Battuja 12 terreni;
in Locaviz 39 terreni 6 campi; in Camigna 26 terreni
9 campi; in Dobrauliack 32 terr. 9 campi; in Ortebin
17 terreni 7 campi; in Biglia 25 terreni 10 campi; in
Raccogliano 16 terreni 9 campi; in Rupa 6 terreni 6
campi; in Buccavizza 17 terreni 6 campi; in Petsch
20 terr.; in Prebacina 18 terr. 6 campi; in Vogriska
10 terreni; in Merna 33 ter. 6 campi; in Vertoiba inf.
23 terreni 9 campi; in Lucinico 40 terreni 6 campi; in
s. Lorenzo 28 terreni 9 campi; in Capriva 25 terreni
3 campi; in Podgora 28 terreni 6 campi; in Sabotin

Questa operazione scosse tanto più lo stato contadinesco, che esso non intendeva di sottoporsi ad alcuna tassa. Si fecero intanto le proporzionate ripartizioni, ma nessuno compariva a soddisfare la quota. S'impiegarono i modi più convenienti per ridurre ognuno al dovere, si cercò di persuadere ogni comunità particolarmente: ma qualunque tentativo riuscì vano. Ad ogni spezie di colletta sotto

17 terr.; *in s. Andrat 22 terr. 9 campi; in Vipulzano 17 terreni; in Jalmico 31 terr. 9 campi; in Nogaredo 21 terreni 6 campi; in Crauglio 28 terreni 3 campi; in Fratta 30 terr. 6 campi; in Romans 51 terr. 9 campi; in Versa 37 terreni 6 campi; in Villesse 26 terreni; in Doberdò 10 terreni 6 campi; in Petegliano 2 terr.; in Draussina 3 terr.; in Rubia 2 terr.; in Sagrado 2 terr.; in Desella 41 terreni; nel Decanato di Oberfeld, e d'Anichava 31 terr. 3 campi; in Piuma 17 terr. 6 campi; in Potsenizza 4 terr. 6 campi; in Quisca 13 terreni 9 campi; in Cerou inferiore 8 terreni 9 campi; in Cerou superiore 14 terreni 3 campi; in s. Floreano 16 terr. 3 campi; in s. Maria Maddalena di Locka 6 terr. 6 campi; nel Decanato di Castagnavizza e Tomnizza 16 terreni; in Ranzano 8 terreni 9 campi; nella signoria di Reiffenbergo 102 terreni 6 campi; nella medesima signoria appartenenti ad altri particolari 55 terreni; nella signoria di Schwarzeneck 161 terreni; nella signoria di Santa Croce 27 terreni; gli abitanti di detta terra 20 terr.; in Canale 171 terr.; nella signoria di Tolmino trovaronsi 593 terr. 6 campi; sotto Gradisca nelle ville di Joanniz, Visco, s. Vito di Crauglio, Ajello, Tapogliano, Mossa, Fara, Villanova, Villavicentina, Fiumicello, s. Nicolò di Levata, Aquileja, suo territorio, e s. Egidio furono conscritti 465 terreni. Sotto Cormons, Mariano, Chiopris, s. Martino del Coglio, Bigliana, Medana e Cosana 201 terreni 9 campi; sotto Corona e Medea 73 terr. 3 campi. Finalmente sotto Jesernico, Sivigliano, e Driolassa 16 terreni 3 campi. Nella stessa nota appariscono inseriti 294 contadini, che non aveano terre, nè proprie, nè prese a fitto, e le ville di Gradina, Nosna, Visnovichio, e Cosbana, in cui le terre non erano prese in nota.*

qualunque nome fosse fatta ricusava ciascuno di sottomettersi, e si ostinava nelle sue ripulse. Gli stati mancando allo sborso delle stabilite rate, ragguagliata la corte degli ostacoli che si frapponevano per parte dei contadini, diede ordine di citargli, ed intendere le ultime loro intenzioni. Chiamati i principali di tutte le comunità comparirono (**15 sett. 1587**) nella casa della provincia. Girolamo d'Attems allora luogotenente, in pubblica radunanza espose con facondia e calore, che si dimandavano i sussidi, non tanto per prova della loro sommessione verso il principe, quanto per sottrarli dal ferro micidiale, che devastava le campagne, spogliava le città ed i villaggi, e minacciava una schiavitù più orrenda della stessa morte. Dipinse con vivi colori il deplorabile stato della vicina provincia della Carniola, i cui abitanti avevano provati gli effetti funesti del furore turchesco, e l'imminente pericolo, a cui era esposta la loro patria, di soggiacere a' medesimi disastri. Dimandò loro, come era possibile, che fossero sì poco penetrati dalla generale costernazione, e così insensibili a' ceppi, che colla loro vile indifferenza si andavano preparando. Dimostrò che non l'ambizione di stendere gli stati, ma la presente necessità di difendere i sudditi, sforzava il principe, a dimandare soccorso. Espose finalmente l'afflizione d'animo, in cui stava immerso Ferdinando, per non aver mezzi bastanti di preservar i suoi popoli dal furore nemico, e per aver ricevute maggiori prove di zelo, e più assistenza dalle estere nazioni, che da' propri suoi sudditi.

L'eloquenza del luogotenente persuase il maggior numero, e come avviene in tutte le radunanze, impose silenzio alle opposizioni degli altri, e tutti alla fine offerironsi di prestare quell'ajuto, che permettevano le lor circostanze.

VI.

Delle imposte sopra le terre.

Introdotte in tal modo le imposte sopra le terre nella nostra provincia, e fattone il *generale catasto*, ebbero occasione di conoscere gli stati, che la imposizione la più naturale, e più giusta è quella, che cade immediatamente sopra la terra, sì per la facilità di rilevare lo stato d'ognuno, che d'imporvi con proporzione gli aggravi. Ciò nulla ostante, o che si prevedesse la difficoltà, che incontrar si doveva nell'apprezzare le terre, secondo la migliore, o minore qualità ogni volta che non si avesse voluto dare lo stesso estimo al cattivo che al buon terreno ; o che si credesse che questa medesima proporzione non potesse osservarsi senza conoscere precisamente la rendita di ciaschedun possessore ; deliberarono gli stati, che tutti i proprietari dassero una esatta nota di tutti gli affitti, livelli e rendite che avevano, e fecero con pubblico editto a tutti gli abitanti della provincia palese la loro deliberazione (**20 giug. 1537.**) con ordine di presentare fedelmente tutte le loro rendite, sotto pena della confiscazione di quelle, che avessero nascoste nella loro dichiarazione.

Nell'anno 1542 tutta l'operazione fu terminata, e formato fu il primo regolato *libro delle imposizioni* sopra le terre della provincia. I ritrosi a pagarle furono con tutto rigore trattati, poichè due anni dopo furono confiscati i beni di quelli, che trascurarono di soddisfarle. I contadini abitanti ne' monti, e singolarmente que' del *capitanato di Tolmino* ricusarono nuovamente di sottoporsi. Non si credette più necessario di servirsi di proroghe, e di persuasioni. Il principe fece intendere (**14 ott. 1544.**) che non s'avesse più alcun riguardo per chi allontanandosi dall'universale sommissione, dichiaravasi renitente ; e che si procedesse contro i ritrosi col sequestro di tutti i frutti, e coll'arresto personale de' principali. Ma il rigore, che avrebbe forse bastato per obbligarli a concorrere ad un comune, e proporzionato aggravio, non bastò per acquietarli, allor che si videro più del giusto aggravati. Secondo il piano preso dallo stato nobile, due terzi delle gravezze erano imposte sopra l'ordine contadinesco: perciò questo reclamava più contro l'innuguaglianza della ripartizione, che contro il suo effetto. Uno stato di persone riguardo ad un altro può spesso aver quel medesimo particolar interesse, che s'insinua ne' privati negozî: questo fu il sospetto, che concepì Ferdinando della generale ripartizione degli stati goriziani. Delegò quindi (**1545.**) Cristoforo Khevenhüller capitano della Carintia, e Guglielmo Praunsperg *vicedomino* della Carniola per esaminare le lamentanze de' contadini. I commissarî sciolsero tutte le difficoltà a persone, che non sapendo opporre con ordine, nè con chiarezza spiegarsi, accordarono non solo di contribuire in avvenire, ma di soddisfare eziandio le somme, di cui restavano debitori.

Non sì tosto partirono i commissarî, che i contadini contro ogni convenzione s'opposero un'altra volta di concorrere alle comuni imposte. E perchè le somme delle contribuzioni, passato il tempo, per cui avevano accordate, si cambiavano ad ogni nuova ricerca dei pubblici bisogni; quindi è ch'essi, già prevenuti d'essere aggravati più del dovere, ad ogni cambiamento di rate fomentavano la loro naturale diffidenza, e cercavano colla ritrosia se non un totale scarico, almeno un qualche sollievo. Il partito de' renitenti s'accrebbe. Al contadino di Tolmino s'unì quello de' colli, ed il suddito della signoria di Schwarzeneck cominciò a risvegliare lo spirito di renitenza anche nell'animo de' contadini della pianura; e fino il corpo dei cittadini di Gorizia lasciossi indurre a far valere co' medesimi pretesti le stesse opposizioni. Quindi nacquero disordini nella riscossione e ritardi tali nella prestazione delle pubbliche contribuzioni, che Ferdinando deputò (**1547.**) nuovi commissari per esaminare i lamenti dello stato rustico, e per stabilire una fissa e giusta ripartizione delle *imposizioni comuni.*

Qualunque fosse la deliberazione, e quantunque negli anni posteriori uniformemente a' sovrani ordini siasi usato tutto il rigore contro i renitenti; tuttavolta non favvi mezzo di sottomettere i contadini al comun peso: anzi *uniti al corpo de' cittadini di Gorizia*, e di *Aquileja* nella dieta generale degli stati delle austriache provincie congregati in Vienna (**1556.**), col mezzo de' loro deputati fecero esporre, che nè l'uno nè l'altro stato intendeva, a costo di separarsi dal corpo intero provinciale di concorrere collo stato nobile ed ecclesiastico alle *comuni contribuzioni* della provincia. Questa dichiarazione non servì ad ammendue gli stati, che ad allontanarsi da ogni maneggio dell'interna pubblica economia, e ad essere continuamente molestati a pagare quelle rate, che ripartiva sopra di essi lo stato nobile, il quale credette di mostrarsi singolarmente discreto, e compiacente col passare al possesso sì dell'ordine dei cittadini, che dell'ordine rustico, una porzione di terra della quantità di campi *dodici* esente, e libera d'ogni pubblica gravezza nella occasione, che ne accordò ad ogni patrizio *ventiquattro* (a). Oltre gli ostacoli, che ponevano queste due classi di persone alla ripartizione, e riscossione delle imposte sopra le terre, se ne aggiunsero ancora degli altri. Insorsero i possessori de' beni impegnati dal principe, i quali benchè in progresso sull'istanze del governo sieno stati obbligati dal principe a pagare al pari di tutti gli altri le loro contribuzioni, ciò non ostante si difesero pel corso di parecchi anni da ogni pubblica tassa imposta sopra le molte terre di tal natura, di cui godevano le rendite.

---

a) *Furono questi fino ai tempi nostri* terreni franchi *appellati.*

La camera di Ferdinando non trovò mai in venti e più anni i mezzi di sostenere il *pubblico catasto* formato con tanti dispendî, e travagli, nè di porre rimedio o alla scandalosa *resistenza* di sì considerabile numero di abitanti, se la ripartigione era con equità eseguita, o a' giusti lamenti dei troppo aggravati, se la porporzione non era osservata. L' arciduca Carlo, quel saggio ed avveduto principe, trovò necessario mettervi provvidenze tanto più efficaci, quanto i disordini erano più inveterati. Nei primi anni del suo governo ordinò (**1568**.) che si formasse un *nuovo catasto* di tutte le terre della provincia. I due stati della contea principiarono ad eseguire gli ordini sovrani levando a tutti, *trattine i patrizî*, la franchigia, che godevano tutti i possessori sopra una quantità di terre; ed ogni altro punto, che più premeva restò sospeso, ed arrenato. Quantunque i commissarî in tutte le diete ammonissero gli stati provinciali a dare incominciamento alla nuova descrizione dei beni, uscì solamente nell'anno 1572 un editto, il quale ordinava a tutti i possessori di presentare il veridico stato delle loro rendite. O perchè le notificazioni tardassero ad essere presentate, o perchè si volesse esaminarle, e confrontarle; non prima dell' anno 1575 furono eletti dieci patrizî (*a*), i quali divisa la provincia in cinque circoli, due per ciascun circolo dovessero investigare, e scoprire la facoltà d' ognuno. Queste disposizioni pronosticavano in breve il termine di questa operazione, tanto più che nel susseguente anno (**1576**.) si nominarono tre altri patrizî (*b*) per tal oggetto unitamente a *Paolo Zobl* segretario della provincia. Prestato da' medesimi il giuramento, fu loro ordinato di riportare in un libro tutte le rendite rilevate; indi prima di proseguir l' opera, di citare tutti i possessori, di mostrare loro le partite, e d' accordare un termine per presentare le operazioni. Fu altresì ingiunto agli stessi di riportare gli *affitti livellari*, come soggetti a giornalieri cambiamenti: finalmente fu prescritto di segnar il numero delle pagine degli accennati due libri, e sottoscritti dai commissarî consegnarli agli stati. La ricchezza degli ordini, che si ravvisa in questa istruzione, ne forma tutto il merito.

---

a) *Giuseppe Reschaver*, *Giacomo Fontana*, *Gasparo Copmaul*, *Baldassare Reschaver*, *Francesco di Neuhaus*, *Gasparo Bellino*, *Pietro di Strassau*, *Erasmo di Dornbergo*, *Martino Knes*, e *Nicolò Degrazia*.

b) *Giuseppe Raschaver*, *Leonardo di Orzon*, *ed il cancelliere Franc. Capella*.

Prese in nota le rendite d'un sol anno, veniva ad appoggiarsi il tutto sopra massime fallaci, ed incerte; onde non poteva risultare che una operazione egualmente fallace, ed incerta. In fatti si osservò che il lavoro era appena incominciato, quando supponevasi quasi finito.

La deliberazione della *dieta generale* celebrata in *Pruck* (**1578**), ove insieme con molti altri oggetti trattavasi di fissare la proporzione colla quale le quattro provincie dell'Austria interiore avevano a concorrere alle pubbliche imposte, riconobbe le forze della nostra provincia deboli a segno, che i delegati della Carniola opinavano (**5 marz. 1578.**) di esimerla da' sussidi straordinari per la guerra contro i turchi: ma prescrisse nello stesso tempo, che i nostri stati prestassero in avvenire con più esattezza le ordinarie rate. Quindi mossi questi, dalle continue sollecitazioni del principe tennero su questo affare diverse conferenze; e finalmente diedero (**1580.**) agli abitanti della provincia l'ordine di notificare tutto ciò, che pel corso degli ultimi tre anni avevano raccolto nelle loro possessioni, e quanto avevano riscosso dagli affitti livellari, delle decime, o d'altri proventi. Ma sì poca era la premura di far eseguire ciò che era ordinato, che non ostante le reiterate promesse fatte dagli stati all'arciduca di terminare prima della fine dell'anno il generale ripartimento delle imposte sopra i fondi, solamente nella gran commissione detta la *commissione riformatrice*, delegata dal principe nell'anno 1585, si trattò come d'uno de' principali punti del modo, con cui si dovesse dar l'ultima mano a questo affare da tanto tempo inutilmente maneggiato. I possessori delle signorìe, e degli altri beni impegnati dal principe, il corpo della cittadinanza, e lo stato rustico si opposero in vano. Le rendite di tutti indistintamente furono rilevate; ed i cittadini non esperimentando alcun vantaggio dall'essersi separati dal corpo degli stati provinciali, cercarono indarno d'essere reintegrati nel diritto di comparire, mediante il loro delegato, alle pubbliche radunanze, e di godere, come i patrizi della franchigia d'una eguale quantità di terre. Il *libro delle imposte* si compì (**1587.**) e non v'ebbe su questo oggetto altro cambiamento pel corso di tutto quel secolo,

VII.

Imposte personali e dazi.

Gli sforzi che fece la contea in tutto questo secolo, per soccorrere il suo principe, e per difendere la patria, diedero origine alle imposte sopra le terre, e con queste a molte altre, che caddero a carico di altri ordini di persone, le quali beni stabili non possedevano. Si voleva, che a' comuni pericoli comuni fossero gli ajuti, e credevasi di aver uguale ragione di aggravare non meno l'industria d'un cittadino non possessore di terreno, che un possessore di terre, le cui rendite sono più sicure.

Nella occasione dei primi sussidî somministrati dalla provincia al principe furono compresi gli *artigiani* della città di Gorizia. Si fece (1532.) un'esatta descrizione di tutti: ed ognuno a misura del suo guadagno fu sottoposto ad una contribuzione. Quest'esempio aprì la strada a far concorrere a' comuni pesi molti abitanti di *Gradisca*, di *Cormons* e di altre terre e villaggi, i quali o colle loro arti, o con altre specie d'industria si procacciavano il mantenimento, onde nell'anno 1545 furono inseriti nella generale lista di quelli, i quali furono sottoposti a pagar le rate tassate sopra l'industria.

Per parte degli stati fu sì poca la discrezione nell'aggravare questo stato di cittadini tanto benemerito delle arti, e del trafflco della nostra provincia, che nella *ripartigione delle imposte* dell'anno 1596, oltre ogni misura, e riguardo, trovansi tassati alcuni d'essi fino a fiorini 50 di quella moneta. Era la falsa opinione de' grandi vantaggi derivati dall'*industria* sì comunemente radicata, che nel susseguente anno si vollero soggetti a questo genere d'imposte anche alcuni contadini delle comunità di *s. Pietro*, di *Salcano*, di *Lucinico* e di *Gargaro*, i quali oltre l'ordinaria quota, dovettero contribuire, per ragione della vicinanza della città, mille seicento novanta cinque fiorini. La poca avvedutezza del governo goriziano, ed il particolare interesse de' possessori rovesciarono ogni idea di proporzione nei tributi posti sopra i beni stabili, e sopra le persone. Le arti furono disanimate, l'industria, e il trafflco oppressi; nè valsero i lamenti di questa classe di persone; poichè le loro voci, prima d'arrivare al trono del principe furono soffocate.

A questo genere d'imposta venne aggiunta nell'anno 1569 per

la prima volta una *rata* sopra quello stato di persone, le quali esercitavano la *professione d' avvocati*, di *notai*, e di *procuratori*: ma anche questo aggravio si fece in fine cadere sopra i *clienti*, o quelli, che cercavano giustizia.

Le non meno moleste che *lunghe contese* fra lo *stato nobile* e il *contadinesco* della provincia, che dopo tante delegazioni commesse dal principe, e tanti maneggi interni non poterono in cinquanta e più anni di tempo terminarsi, furono poi in un sol punto decise. Persistendo il contadino possessore nelle sue opposizioni alla comune *rata imposta sopra i fondi*, la sovrana camera lo sottopose (**1559**) ad una generale tassa rustica (*a*), la cui riscossione, indipendentemente dagli stati provinciali fu a' rispettivi ministri camerali appoggiata. Tale è lo spirito del popolo diretto da confuse idee, che un cambiamento di nome, ed una nuova formalità lo fanno spesse volte piegare prontamente a ciò, che per lungo tempo aveva ricusato. Questa imposta non avrebbe alterato il generale sistema della comune contribuzione sopra le terre; se fosse stata ripartita col dovuto ragguaglio: ma oltre che la camera la considerava come un' imposta separata dalla generale contribuzione vi furono ancora compresi i semplici coloni, che non hanno altro di proprio fuorchè le loro braccia. I possessori delle terre condotte da tali affittuali s'accorsero col progresso del tempo, che il peso della nuova tassa cadeva direttamente sopra di essi, e desiderarono di trovar ripiego: ma fu troppo tardi, perchè vennero mal accettate le rappresentazioni contro una rata, di cui eglino stessi furono i primi autori.

Non fu già questo il solo carico, che portò nel corso di quel secolo il nostro contadino. S' aggiunsero le *servitù personali* (*b*), che questa classe di persone era obbligata di prestare in occasione di pubblici lavori. Esistono memorie, che sotto Massimiliano si prestassero queste *servitù dai contadini*, allor che si ristaurarono le *mura del castello di Gorizia*. Terminata la guerra co' Veneziani, cercò l' *ordine cittadino* d' esimersi da un obbligo, che per antica consuetudine fin sotto i passati conti trovavasi stabilito; e gli stati in dieta uniti (**1537.**) credettero conveniente di secondarne le istanze. Ma avendo poco dappoi trovati gli antichi titoli di possesso, in cui erano i conti di Gorizia riguardo a queste *servitù personali* (*c*)

---

a) *Detta comunemente:* "*steura rurale.*"

b) *Dette: r a b o t e.*

c) *esiste una memoria, che Michele Hais cercò nell' anno 1464*

incaricarono (**1588.**) Gasparo di Lantieri, e Lodovico di Brandis, inviati alla sovrana corte per varî altri oggetti, d' informare Ferdinando anche del *diritto di servitù*, a cui era sin dai tempi remoti obbligato il contadino della contea. Quindi nella dieta del susseguente anno (**1589.**) in cui temevasi uno sbarco dei turchi sulle nostre coste, si chiese il braccio, e l'opera delle comunità de' contadini pei lavori delle fortificazioni di *Gorizia, Gradisca* e *Marano,* la quale fu anche da' sudditi con zelo eguale alle sovrane premure prestata.

Fino a questi tempi erano necessarie le precise sovrane richieste ogni qual volta i pubblici lavori esigevano le *servitù personali* dalle comunità dei contadini. Ma siccome i bisogni della provincia s'accrescevano a misura, ch' ella aumentavasi nell' estensione del suo territorio, e che avanzava col mezzo d' un saggio governo nell' interne sue provvidenze, così queste servitù dovevano essere più frequenti, e spesso così pronte, che non permettendo le urgenze d' informare il principe, conveniva ricorrere ad un istantaneo provvedimento. Ordinò quindi Ferdinando (14 ott. **1555.**) che lo *stato rustico* ad ogni ricerca del governo goriziano fosse tenuto a prestare quelle opere, e servitù ch' egli giudicherebbe opportune pel mantenimento, per l'ampliazione, e maggiore sicurezza delle pubbliche fabbriche.

Doveva il governo di Gorizia trattare colla più discreta moderazione una delle più delicate parti dell' interna amministrazione depositata dal principe nelle sue mani. Dipendendo la direzione, e ripartigione di queste servitù da' ministri camerali, a cui erano commesse tutte le fabbriche del principe, esercitarono questi sì *odiose parzialità*, e sì ingiuste oppressioni nel favorire i potenti, e nell' *aggravare i deboli contadini*, che il capitano della contea Giorgio della Torre sopra replicati richiami fu costretto (**1572.**) di portare a piedi dell'arciduca Carlo i loro lamenti, e le tirannie dei suoi uffiziali. Ma riuscirono sì poco quelli che si presero la cura di diffendere il contadino, che continuarono le lamentanze non solo contro l'ineguale ripartimento delle servitù, ma anche contro l'inopportuna scelta delle stagioni, in cui s'obbligavano i contadini a prestarle; sicchè i più necessarî lavori della campagna furono bene spesso a meno necessarie opere posposti, e gli animali con pregiudizio dell'agricoltura dai lavori della campagna distolti. Per quanto dalla parte degli stati si cercasse col mezzo del *vicedomino* della Carniola, Lodovico Suardo, d'introdurre

___

presso il conte Leonardo di liberare i suoi coloni dalla prestazione delle così dette **r a b o t e**.

miglior ordine, ed equità; restavano sempre molte strade aperte all' interesse, ed all' arbitrio di rovesciare ogni buon ordine, finchè sotto l'amministrazione dell' arciduca Ernesto fu con decreto (**30 giu. 1592.**) prescritto, che le *servitù personali* dovessero essere richieste, e prestate in que' tempi, in cui la campagna esigeva meno la presenza e le braccia del contadino. Questa è una di quelle costituzioni, che nel codice dell' agricoltura dovrebbe occupare uno de' primi luoghi.

Oltre le mentovate specie d' imposte personali, fu in questo secolo per due successivi anni (**1576 e 1577.**) dagli abitanti della provincia pagata quella volgarmente detta il *testatico*. Nelle estreme urgenze dee lo stato appigliarsi ad estremi rimedî: tutti quelli, che passavano l' età di *dieci* anni, furono sottoposti a questa rata.

Queste furono le *imposte personali*, ch'ebbero origine in questo secolo: ma le medesime, ancorchè unite alle gravezze poste sopra le terre, spesso non bastavano a supplire all'intera somma delle contribuzioni, che il paese era obbligato a somministrare al principe ne' suoi bisogni. A misura che si trovavano nuove sorgenti per supplire al comun peso, insorgevano anche nuovi motivi di lamenti. Cercavano gli stati con apparente proporzione di tener in bilancia tutto il carico: ma scoprivasi di giorno in giorno, che il maggior peso piombava infelicemente sopra il più debole, e che quello, il quale avrebbe potuto sostenerlo più d'ogni altro, ne veniva sgravato. Conoscevasi che le *imposte* sopra le terre erano da preferirsi alle *tasse personali*, le quali andavano soggette a molte parzialità, e a molte eccezioni: ma si giudicava altresì, che tutto il peso delle gravezze non potesse addossarsi alle possessioni, le quali aspettavano i profitti da una dispendiosa industria, e dalla facilità dell'esito de' prodotti. Quindi nell' esame de' pubblici fondi, ad onta d'un forte numero di coloro, che non cessavano d' opporsi costantemente all' introduzione dei *dazi* nella contea, si abbracciò finalmente questo partito, come quello, da cui speravano gli stati il più opportuno ajuto.

Il *sale* fu il primo genere, sopra cui fu posto un dazio per sei anni in tutta la provincia. Un ugual dazio, che la città di Gorizia riscuoteva (**1542.**) fino da' tempi degli antichi conti pel sale, che consumavasi nel recinto di sua giurisdizione, diede motivo agli stati di renderlo generale per tutto il paese. Siccome il consumo di questo genere era maggiore nelle comunità del capitanato di Tolmino a motivo del nutrimento degli animali; così sentivano esse più d'ogni altro il peso di questo aggravio. Esiste un ricorso d'una di queste comunità, con cui supplicava d'essere assolta da questa gravezza.

Questo principio indusse Ferdinando I a dimandare alla contea (**1556**) lo stabilimento di altri dazî nella città di Gorizia. Gli stati fecero al principe le più vive rimostranze; gli portarono innanzi il rescritto di Massimiliano I (*a*), con cui non ostante le penose, ed urgentissime sue circostanze dichiarò esente la città di Gorizia da ogni dazio, gli rimostrarono con quanto zelo avevano sempre procurato di additare tutti i mezzi, onde prestare al principe considerabili sussidî in denaro, ma sopra tutto avvalorarono le loro ragioni sul riflesso della popolazione, la quale aumentavasi non solo nella città, ma in tutta la provincia, molto disertando dal vicino stato, in cui queste tali imposte erano introdotte, e rifuggendo in questa provincia, allettati dal miglior prezzo dei viveri. Ciò non ostante Ferdinando nella dieta del susseguente anno (**8 apr. 1557**) replicò la sua dimanda, ed in quella promisero gli stati di esigere il *dazio sopra tutto il vino*, che si fosse consumato nel recinto della città. Il maggior numero di quelli per altro, che componevano gli stati, contrari essendo alla massima di aggravare il vino, per non renderne più difficile la vendita, furono di sentimento di non riscuoterlo, e di aggiungere piuttosto alla somma dei comuni sussidî mille fiorini.

La camera sempre sollecita d'aumentare le rendite del principe, nel vedere la ripugnanza, che avevano gli stati al dazio da imporsi sopra d'un articolo, ch'ella stimava d'insensibile aggravio, sì a cagione dell'universale consumo, che per non essere indispensabilmente necessario, fece pubblicare (**1558**) un *dazio generale* da riscuotersi mereè de' suoi uffiziali sul consumo del vino in tutta la provincia. Gli stati mossi più dalle formalità della riscossione appoggiata a gente, la quale col moltiplicarsi accresce le *vessazioni*, che dal nuovo aggravio, che riputavano già compreso nella generale tassa sopra le terre, supplicarono replicatamente Ferdinando, perchè ritirasse un ordine, che poneva in iscompiglio tutta la provincia, i cui abitanti non avevano mancato fino allora di dargli i più autentici attestati del loro attaccamento nel soccorrerlo in ogni incontro con tutte le loro sostanze. Rappresentarono in oltre le difficoltà e gli stenti, che incontravansi dal canto dei possessori nell'esito de' loro vini, unico prodotto delle loro terre, e che un nuovo dazio rendendolo più difficile porrebbe i possessori medesimi in grado di non poter soddisfare ai comuni sussidî.

---

a) Del dì 26 aprile dell'anno 1515.

17

Le suppliche della provincia furono in parte esaudite. Il dazio non si riscosse, se non nella città di Gorizia, nei villaggi un miglio all'intorno della città, e nella fortezza di Gradisca, e gli stati credettero di aver tutto ottenuto, col preservare il maggiore ed il più importante numero degli abitanti della provincia da una gravezza, ch'era per tutti decretata. Questo partito tanto aborrito, e sì lungo tempo combattuto, fu finalmente abbracciato nella dieta degli stati radunata nell'anno 1570 in cui l'arciduca Carlo spinto dall'estreme urgenze addimandò pel corso di *dieci anni* quindici mila fiorini all'anno. Tutte le spezie d'imposte, ch'erano già conosciute, e diverse volte poste in pratica, non furono bastanti a supplire all'intera somma, che fu al principe accordata. Si deliberò non solo di aggravare il vino raccolto nel paese, ma ancora tutti i buoi dell'interno consumo del paese. Ad ogni orna di vino fu posta la tassa di *tre car.*, e si scelsero alquanti, i quali furono incaricati di prendere in nota nel tempo delle vindemmie la raccolta, e sopra ogni bue con mal intesa sproporzione si pose un fiorino di dazio. I macellai, i quali non volevano scapitare, aumentarono il prezzo delle carni; ed il povero, che prima era in istato alle volte di comprarne qualche fibbra, fu costretto di astenersene quasi per sempre.

Si ripigliò il dazio sopra il vino nell'anno 1587 per estinguere i debiti, in cui una cattiva amministrazione delle pubbliche rendite aveva in pochi anni involta la nostra provincia. Dalla serie delle molte imposte, dei dazî, e delle gabelle, che abbiamo descritta, si ravvisa per fatalità, che il maggior carico, ed il più forte peso piombò direttamente sopra la più misera, ed insieme più utile classe de' sudditi.

VIII.

Regole d'amministrazione della pubblica economia.

Abbiamo finora descritto l'origine, e le diverse sorgenti delle pubbliche comuni imposizioni prestate dalla provincia al principe nel secolo XVI: ci resta ora a parlare delle regole, che si fecero sì in riguardo alla riscossione di tante imposte, come anche all'amministrazione de' denari entrati nelle pubbliche casse. Se abbiamo creduto consistere una delle più considerabili parti delle rendite del principe nella cognizione non men de' fondi, donde esse si trassero, che dalle forze di ciascheduna classe de' sudditi, per rilevare la proporzione, onde fu effettuata la contribuzione, non meno importante dee considerarsi la cognizione di què' mezzi, che nel corso di questo tempo furono adoperati per esigerle, e le misure, e i provvedimenti che furono per la generale amministrazione della pubblica economia stabiliti.

Dal momento, che principiarono i sudditi a contribuir sussidî al principe, ed alla patria per gli interni pubblici bisogni, trovarono necessario gli stati, oltre all'ordinario numero de' deputati, il creare altri uffizî per appoggiare ad essi la riscossione delle comuni imposizioni, e la custodia del pubblico denaro. Quindi deliberarono di nominare ogni anno dal loro corpo un esattore provinciale, e di aggiungergli un *ragionato*. Ci resta memoria che fosse eletto (**1522**) per primo esattore Raimondo di Dornbergo, e che fosse col progresso del tempo stabilito (**1535**), che in fine dell'anno gli esattori ne rendessero i loro conti, e che dovessero esser eletti quattro patrizî per rivederli ed esaminarli.

Dalla moltitudine degli affari nascono i disordini, e questi suggeriscono i più convenevoli rimedî. La negligenza de' contribuenti fece prendere alcune provvidenze per avvezzare il suddito ad effettuare con esattezza la prestazione, oltre a' due soliti fanti destinati a distribuire ad ogni contribuente la nota della sua rata, se ne creò un altro (*a*) per riscuotere le tasse dei negligenti, le quali crescevano per le spese delle sue corse, e per la mercede delle sue fatiche; senza parlare dei dispendî de' sequestri, a cui i debitori dovevano spesso soggiacere. L'interesse fece ben presto di un pubblico ministro un pubblico tiranno per l'estorsioni praticate co' sudditi, ed un infedele esattore rispetto al pubblico denaro, di cui alle volte si appropriò l'uso almeno per qualche tempo. Le grida del suddito erano tanto più forti, quanto le punture erano più vive. La pubblica giustizia impegnò gli stati ad esaminare i lamenti dei sudditi, ai quali i modi dell'esazione divennero più gravosi delle stesse imposte. Sequestri senza bisogno rilasciati, pene pecuniarie indebitamente levate, contribuenti per tasse già pagate molestati, e finalmente pubblico denaro riscosso, e non depositato, risvegliarono la sollecitudine dei deputati, i quali non aspettando di verificare tutti i fatti decretarono (**2 ott. 1546**) incontanente, che nell'avvenire senza un ordine espresso dell'esattore non potessero più sequestrarsi i frutti, che le

―――――

a) Detto Weisbot.

restanti somme dovessero dall' esattore stesso essere incassate, e con esse le spese dei sequestri, e della mercede del fante, rimettendo gli altri opportuni provvedimenti alla prossima unione degli stati.

L' attento capitano Francesco della Torre non perdette di vista quest' oggetto. Esiste ancora l' istruzione estesa di sua propria mano per l' esattore, che fu approvata dagli stati (**3 febb. 1547**). Ordina questa, che in principio dell' anno sia consegnato al nuovo esattore il libro delle contribuzioni con tutte le partite individualmente specificate, che il segretario della provincia sia tenuto di trarne copia, e stendere ad ogni contribuente un separato ordine di soddisfare alla prestanza, indicando la somma della sua quota, che l' esattore sia in dovere d' incassare tutto il denaro, di dare ad ogni contribuente la sua quitanza, e di saldare in libro le partite soddisfatte, che lo stesso esattore debba in fine dell' anno presentare senza ritardo i conti uniti al libro della contribuzione coll' obbligo al segretario di averne custodia, perchè in tutti i tempi possano confrontarsi le partite in caso di qualche differenza, e finalmente si deliberò, che l' istruzione fosse fatta palese a tutti, perchè ognuno sapesse dirigersi e prendere le più opportune misure.

Il medesimo capitano prescrive il tempo ai pagamenti, regolò il metodo di sequestrare i frutti de' negligenti, e fissò i prezzi degli stessi nel caso di sequestro, e quei de' beni nel caso di esecuzione contro i pertinaci debitori. Siccome il buon ordine in sì fatte cose dipende non tanto da' buoni provvedimenti, quanto da una vigilante accuratezza nell' osservarli, e da una dilicata puntualità nel maneggio del pubblico denaro, circa i quali oggetti l' attenzione del superiore dee essere assidua, così lasciato che ebbe il capitano Francesco della Torre il governo del paese, mancò colla sua presenza ancora l' osservanza di quelle buone regole, che aveva introdotte. Vi erano bensì degli avveduti cittadini, a cui stava a cuore la conservazione del buon ordine e l' esattezza nel maneggio del pubblico soldo, ma non bastarono a trattenere gli altri dal deviare dalle prescritte regole ed istruzioni. La connivenza che s' ebbe per molti contribuenti nella riscossione delle imposte, la trascuratezza, e forse anche la mala fede d' alcuni esattori, la disattenzione generale degli stati, che trascurarono di obbligarli a renderne conto, introdussero in pochi anni nell' amministrazione delle pubbliche rendite tanta confusione, che l' arciduca Carlo fece conoscere (**26 nov. 1565**) agli stati provinciali il suo risentimento, ed ammonilli d' incassare nell' avvenire senza ritardo le ripartite imposizioni, e di astringere gli esattori a rendere annualmente conto della loro amministrazione, perchè altrimenti sarebbe forzato a delegare nella contea commissarî che avrebbero con tutto il rigore esaminati, e corretti i mancamenti.

Ad onta di questo severo decreto il sistema della pubblica economia non s'avviò pel dritto cammino, le disattenzioni continuarono come prima, ed i disordini parimente si moltiplicarono. Il denaro delle comuni imposizioni riscosso andava mancando, le somme di cui la cassa facevasi creditrice, venivano contrastate da molti contribuenti, e la provincia restò debitrice alla camera nell'anno 1569, per conto di sussidî restanti di venti mila settecento e più fiorini. Il buon principe sdegnato di sì colpevole contegno, rimproverollo agli stati con un forte scritto (**15 die. 1569**), il quale può dare una giusta idea della cattiva amministrazione delle pubbliche rendite di quei tempi. *Siamo venuti finalmente in cognizione, egli dice, non solo della poca cura e sollecitudine, che vi prendete in riscuotere i comuni sussidî, che nelle vostre diete colle più solenni promesse ci furono accordati, ma eziandio della connivenza, che usate contro ogni giustizia coi più potenti, a cui senza riguardo dovuto alla uguaglianza, rimettete spesso le imposte, da che deriva, che le convenute somme non possono mai essere nel terminato tempo rimesse. Quanto finora siamo stati indulgenti sul vostro irregolare contegno, ora siamo altrettanto risoluti di non tollerare nell'avvenire disordini, i quali non meno offendono la comune equità e giustizia, che s'oppongono al buon ordine della pubblica economia. Abbiamo voluto quindi con paterno animo ammonirvi ed ordinarvi d'introdurre nell'amministrazione della pubblica cassa più regola, più giustizia ed economia, per non essere costretti a levare dalle vostre mani la direzione della medesima, ed appoggiarla ad altri, che saranno da noi immediatamente a tal oggetto destinati.*

Letto dagli stati il sovrano rimprovero si diedero premura di indagare tutti i motivi, per cui se l'avevano meritato. Tutta la colpa cadde sopra i deputati, i quali furono con ragione incolpati di trascuratezza, per non aver obbligati gli esattori ad aggiustare i loro conti, e per non aver usata bastante sollecitudine nell'esazione delle imposte, ma furono nello stesso tempo anche ingiustamente rimproverati dei rilasci accordati nelle generali assemblee degli stati a patrizî. Tutti gridarono contro gli abusi, tutti trovarono necessaria la riforma, ognuno proponeva un piano, a norma del quale si dovesse principiare a regolare gli affari della pubblica cassa, ma, o che fossero le cose in tanto disordine cadute, che non si sapesse dove applicar la mano per raddrizzarle, o che i principali sedotti da particolar interesse non ascoltassero le voci de' ben intenzionati, scioglievansi le radunanze senza aver presa alcuna precisa deliberazione.

L'arciduca Carlo avendo sempre in vista i comuni vantaggi della nostra provincia, non trascurava di significare agli stati in tutte le posteriori diete col mezzo de' suoi commissari le paterne sue premure pel buon ordine nell'amministrazione delle pubbliche rendite, sollecitandoli a secondarle con estirpare i disordini intollerabili, che vi si erano introdotti. Però fu aggiunto (**1571**) all'esattore un *ragionato* (a) coll'obbligo di tenere un regolato e chiaro registro di quanto entrava ed usciva dalla pubblica cassa, si costrinsero alcuni esattori a rendere conto del denaro da essi riscosso, ed in una generale dieta (**1572**) furono scelti tre soggetti per esaminare, e sindacare i loro conti. Tutte queste disposizioni non bastarono perchè le imposte fossero con esattezza da' contribuenti prestate, e le accordate somme nei tempi prescritti entrassero nella cassa del principe. Quindi è, che l'arciduca Carlo delegò *Vito di Dornbergo*, allora cesareo ambasciadore presso la repubblica di Venezia, con piena autorità di riformare i disordini, e d'introdurre un regolato sistema in una delle principali parti dell'interno governo della provincia. *In caso che il nostro commissario*, avvertì esso (**1 sett. 1573**) gli stati con risolutezza, *incontrasse delle difficoltà nel regolare la vostra economia vi accertiamo, che ci appiglieremo a tali mezzi, che a voi, ed ai vostri posteri riusciranno dispiacevoli.*

L'ambasciadore Dornbergo si dimostrò in questo incontro cittadino imparziale, ed insieme avveduto ministro. Riprese egli ad esaminare i conti dei passati esattori, e procedette contro quelli, che furono trovati debitori, coll'ultimo rigore dell'esecuzione, assicurò la pubblica cassa con più chiavi depositate nelle mani di più soggetti, rinnovò (**21 genn. 1574**) l'istruzione già andata in dimenticanza, ch'era data all'esattore sotto l'attento governo del capitano Francesco della Torre, e vi aggiunse alcuni nuovi capitoli. Fu prescritto che l'esattore dovesse tenere due giornali, l'uno pel denaro, che entrava in cassa, l'altro per quello, che ne sortiva, che alla fine di ogni mese fossero le copie di questi presentate ai deputati colla somma del restante soldo, per essere nella cassa riposto, che in fine dell'anno si presentassero tutti i conti mensuali, dei quali dovesse rilevarsi il conto generale, e vi si unisce la nota di tutte le partite, che restavano

_____

a) Detto *Buchhalter*.

da rìscuotersi. Segue a prescrivere l'istruzione del Dornbergo la pena del dieci per cento di tutta quella somma, di che l'esattore alla revisione de' suoi conti fosse riconosciuto debitore, e qualora egli ponesse fra le note de' crediti della provincia una partita, la quale col tempo apparisce soddisfatta, restasse condannato non solo all'esborso della medesima somma alla pubblica cassa, ma ancòra al risarcimento di tutte le spese, e molestie del contribuente. Finalmente ordina ai deputati di invigilare sotto pena della perdita del loro stipendio all'esatta osservanza della regola prescritta. Questa sola istruzione è un attestato de' lumi, e delle cognizioni che aveva questo ministro negli affari, che riguardano l'amministrazione delle pubbliche rendite.

Non provenivano tutti i disordini dall'infedeltà di alcuni: la maggior parte derivava dall'aperta mala amministrazione del pubblico denaro. Nelle radunanze degli stati si decretàvano fuor di tempo delle rimunerazioni e praticavansi delle liberalità mal intese, le quali sbilanciando la cassa, ponevano sempre più in maggior iscompiglio l'economia della provincia. Il Dornbergo nel riferire alla corte i provvedimenti che aveva dati, e gli abusi distruttivi, che facevano riguardare il pubblico denaro come proprio, fece particolar menzione dei donativi, che fuor di proposito si distribuivano, e rimostrò all'arciduca la necessità di porvi rimedio, senza cui non si potrebbe mai ottenere il bramato effetto, nè fissare il buon ordine nell'amministrazione delle pubbliche rendite. Sono memorabili le parole del principe, con cui egli in un suo rescritto (**5 mar. 1574**) si esprime su tale proposito. *Il vostro primo obbligo*, egli dice, *è di adempiére gli impegni con noi contratti. Non siamo contrari, che vengano riconosciuti i buoni servigi prestati alla vostra provincia, ma vi ordiniamo bensì, che i sussidi a noi, come naturale vostro principe promessi, sieno in preferenza d'ogni altro soddisfatti, come sapete addurre la generosità delle altre nostre provincie, così cercate anche di seguire quello della loro esattezza e puntualità nella soddisfazione delle imposte.*

Se il principe da una parte studiava di regolàre l'amministrazione della pubblica economia, dall'altra gli abusi introdotti erano nella contea talmente radicati, che tutte le regole restarono trascurate, e negletti i sovrani rescritti, e la cassa provinciale si trovava sempre in maggiore disordine e confusione, nè restava alcuna speranza di fissare un buon sistema, senza conoscere l'origine di tutti i mancamenti e porvi nel medesimo tempo i più efficaci rimedi. Erano già da qualche tempo non meno tutte le altre parti dell'interno governo, che quelle della pubblica economia in somma confusione. I pubblici disordini giunsero a tale, che già da alcuni anni esigevano la sovrana provvidenza, locchè indusse l'arciduca Carlo a delegare (1585) due dei nostri cittadini, Giovanni Cobenzl presidente della sua camera, e Bonaventura d'Eck consigliere per parte della nostra provincia alla reggenza di Gratz, i quali unitamente ad altri patrizì (a) furono incaricati di riformare nella contea gli abusi, che si erano introdotti nel maneggio del pubblico denaro, e in tutte le altre parti del governo. Si tenne la prima radunanza dei commissarì il dì 22 luglio dell'anno 1585, e terminò l'ultimo giorno del susseguente mese. In questo intervallo furono esaminate tutte le istruzioni che riguardano il buon ordine della cassa, che nel passato erano state prescritte, e venne confermata quella, che dal Dornbergo fu compilata. Si prescrisse l'ordine spettante ai sequestri, e l'esecuzioni per porre al coperto le pubbliche rendite, e si determinò il prezzo dei frutti sequestrati, ed eseguiti per le imposizioni non soddisfatte. Si depurò la somma delle contribuzioni, di cui gli stati facevansi creditori, con separare le partite chiare dalle dubbiose, e le sicure da quelle, che non potevano essere in verun modo riscosse. Si formò un sistema delle ordinarie spese della provincia, le quali furono combinate col ritratto delle sue rendite, finalmente si fece un bilancio generale dello stato attivo, e passivo della pubblica cassa. La somma delle contribuzioni non pagate, che pretendevansi dagli stati, montava a trentanove mila cento settanta quattro fiorini, de' quali mille sette cento ottanta cinque non si potevano esigere, e dodici mila cinque cento trenta cinque erano da' debitori contrastati. Quindi il dovere dei commissarì non era soltanto di provvedere per l'avvenire, ma ancora di far entrare il restante denaro nella pubblica cassa, per soddisfare la camera, la quale calcolava le sue pretensioni di rate restanti sino a venti mila fiorini, e per contentare altri particolari, ai quali gli stati erano debitori di circa dodici mila fiorini, per cui pagavano l'interesse del dieci per cento. Questo era il deplorabile

a) *Giacomo d'Attems, Leonardo d'Attems, Raimondo della Torre, Francesco di Dornbergo, Andrea d'Attems e Petschenstein, Lorenzo barone d'Eck, Leonardo di Orzon, Giacomo di Neuhaus, Francesco Formentino, Giuseppe di Rabatta, Andrea Nepokaij arcidiacono di Gorizia, Nicolò Reija piovano di Lucinico, e Wolfgango Hais di Kuenburg.*

stato, a cui la cattiva amministrazione di pochi anni aveva ridotta la pubblica economia della nostra provincia.

La partenza del presidente della camera, chiamato alla corte per altri importanti affari, avendo sospeso, rispetto a molti punti gli atti dei commissarî, l'arciduca inviò per la seconda volta (**24 ott. 1586**) l'ambasciadore Dornbergo, Nicolò Bonomo di Wolfsbichel, *vicedomino* della Carniola, e Giorgio Khisl di Kaltenbrun, e con posteriore rescritto (**7 mar. 1587**) il consigliere della camera Adamo Wucherer per porre l'ultima mano alla riforma incominciata nella contea. Nella apertura della dieta degli stati (**6 apr. 1587**) i commissarî stabilirono per base d'ogni operazione il congedare i vecchi deputati, ed eleggerne de' nuovi, e così fecero dell'esattore, destinando nel medesimo tempo alcuni patrizî, i quali in compagnia dei commissarî, nominati dal principe intervenissero alle deliberazioni, e co' loro consigli promovessero i comuni vantaggi della patria. Gli stati uniti cambiarono lo stesso giorno tutto il corpo della delegazione(*a*) eleggendo un altro esattore (*b*), e nominando sette soggetti (*c*) per intervenire alle sessioni dei commissarî.

Erano stati sotto la direzione del Cobenzl gli opportuni provvedimenti con sì fatta chiarezza prescritti, che non restava se non di porli in osservanza: locchè si poteva ben anche sotto la vigilanza di una particolare delegazione, e dopo il cambiamento fatto di tutti que' soggetti, che avevano maneggio nella passata amministrazione del pubblico denaro. L'affare più importante per altro, che trattossi in quest'occasione, riguardava l'estinzione dei debiti, che il paese aveva contratto colla camera, e con diversi particolari. Le ordinarie rate appena bastavano per la somma promessa al principe, e per le spese correnti della provincia, e le imposte sopra le terre erano riputate eccedenti, e superiori alle forze de' contribuenti. Conveniva quindi ritrovare una nuova sorgente per supplire ai pubblici bisogni.

_____

a) Andrea Nepokaij arcidiacono, Pietro di Strassoldo, Giacomo di Neuhaus, e Bernardino di Rabatta.

b) Giuseppe di Rabatta. Si credette indispensabile la menzione di questi cinque soggetti, poichè le circostanze rendono onorifica la loro elezione.

c) Raimondo della Torre, Sigismondo della Torre, Lorenzo di Lantieri, Giuseppe Formentini vicario imperiale di Aquileja, Girolamo Catta piovano di s. Pietro, Baldassare Reschaver, e Gasparo Bellino.

17*

I commissari ne rappresentavano la necessità, e vi insistevano con forza. Dopo lunghi dibattimenti si conchiuse finalmente di riscuotere nuovamente il dazio del vino nell'anno 1570, riscosso nella provincia. Tutti i sudditi dovettero portare la pena della trascuratezza di pochi cittadini altrettanto più colpevoli, quanto la pubblica confidenza riposava sopra la loro più sollecita attenzione.

Finalmente trovasi fra le nostre scritture una sovrana risoluzione (25 sett. 1592) che dee qui essere riportata. Ordina questa che gli stati a riparo d'ogni danno e perdita, che in qualunque modo seguir potesse nella cassa provinciale, esigessero dal loro esattore una sufficiente cauzione, senza cui non potesse esser ammesso al maneggio del pubblico denaro.

Queste sono tutte regole, che furono su tal oggetto prescritte nel corso del XVI secolo. Nulla fu dimenticato in esse di ciò, che contribuir poteva a tenere in dovere coloro, che vi avevano qualche parte. Si provvide alla dovuta uguaglianza nella ripartigione delle imposte, ed alla riscossione delle medesime senza parzialità, si trovarono i mezzi, onde gli esattori, oltre l'assicurazione del denaro, che veniva loro fidato, fossero nell'impossibilità di poter servirsene a proprio uso: ma nulla fu operato per trarre gli stati provinciali da quell'antico pregiudizio autorizzato dall'indulgenza dei nostri principi, che un piccolo numero di cittadini potesse disporre di una cassa, a cui contribuivano tutti i sudditi della provincia.

CAPITOLO QUINTO.

Governo ecclesiastico dall' anno 1500 all'anno 1600.

I.

Del patriarca d' Aquileja.

SICCOME il governo ecclesiastico stabilito in tutte le monarchie cristiane è subordinato in molti punti alla potestà dei principi, ed il clero d'ogni paese è associato agli ordini degli stati provinciali, così non è fuor di proposito il parlarne in quest'istoria. Reggeva *Domenico Grimani* la chiesa patriarcale d'Aquileja, quando Massimiliano I, come conte di Gorizia, assunse d'avvocare a sè la medesima. Quegli amministrava la vasta sua diocesi, e godeva delle poche prerogative, che gli erano rimaste, con quella libertà, che la protezione del sovrano accordavagli. Era libero al patriarca l'esercizio di quella, che chiamasi giurisdizione spirituale nei territori sottoposti al dominio austriaco, e l'imperadore presentandogli i soggetti creduti da lui capaci d'occupar le parocchie, ed i benefizi vacanti nella contea, lasciava al giudizio ed alla cognizione del pastore l'approvazione de' medesimi. Il patriarca non cercava che d'impiegarsi nei doveri del suo ministero, ed il principe nulla ommetteva per sostenerlo nell'esercizio de' suoi pastorali doveri.

Occupata da Massimiliano la città ed il territorio d'Aquileja (1509) sopra cui la repubblica di Venezia dopo la convenzione fatta col patriarca Mezzarota, avea lasciato ai patriarchi un' *ombra di dominio*, parve al Grimani d'essere spogliato della sua maggiore prerogativa, quantunque il luogo della sua chiesa in realtà non fosse

soggetto ad altro cambiamento, che di passare dalla dipendenza
temporale della repubblica a quella del primo monarca d'Europa.
Già prima della guerra di Massimiliano erano gli abitanti di quel
territorio trattati al pari degli altri *sudditi veneti*. Dovevano essi
in ogni occorrenza prestare le medesime *servitù personali* alle fabbriche
del *castello d'Udine*, e del *forte di Gradisca* ed obbligati a prender
l'olio dagli appaltatori dei dazî della repubblica, ed a pagare le
pubbliche tasse in que' tempi già nel veneto dominio introdotte,
portavano, come tutti gli altri il peso delle comuni gravezze (a). Ma
un patriarca veneto di nazione, ed attaccato ad un governo, che
reggevasi con massime di somma avvedutezza non meno, che di
fermezza addottava tanto più facilmente le mire degli interessi del
suo senato quanto che prevedeva le difficoltà, che avrebbe incontrate
in riconciliare l'una coll' altra dipendenza. Allontanandosi perciò
dalla sua antica sede ritirossi lontano dai tumulti in Roma, e lasciò
alla repubblica di Venezia tutta la cura di ristabilirlo nel possesso
della sua città. Ma tutti i maneggi furono vani, e benchè secondo i
capitoli conchiusi in Wormazia fra Carlo V ed i Veneziani fosse
risolto, che i diritti patriarcali rimanessero illesi, il trattato, come
altrove abbiamo veduto, in molte parti non ebbe il suo effetto, ed
il *patriarca Domenico Grimani*, avendo prima (**1517**) ceduto (b) a
suo nipote Marino Grimani il patriarcato, morì (**1523**) in Roma
senza aver potuto più rivedere la città d'Aquileja.

La sentenza di compromesso pronunciata in Trento, la quale
ratificava la restituzione della città d'Aquileja al patriarca, ebbe sì
poco effetto, che la capitolazione di Wormazia; ciò nulla ostante
avea libertà il patriarca Marino di visitare la sua chiesa, ed anche,
se voleva di far soggiorno in Aquileja. Il nuovo ospite risvegliò
però l'attenzione de'ministri di Ferdinando, i quali non trascuravano
d'osservare la condotta d'un pastore, i cui andamenti miravano tutti

a) *Legale costituto formato per ordine di Nicolò della Torre capitano*
  di Gradisca il dì 18 agosto dell' anno 1525 colla deposizione
  di tredici testimoni, fra i quali trovansi Bernardino di Barbana
  cittadino di Aquileja, Leonardo di Macillis, Camillo
  Solone di Cividale, Girolamo Macassis causidico d' Udine,
  Leonardo Cristofolutti vicepodestà d' Aquileja, e Francesco
  Villeccio canonico d' Aquileja. " Arch. Delmestre. "

b) *Abbiamo già nell' introduzione dato cenno della natura di queste*
  cessioni.

a sostenere le sue pretese prerogative sopra la città d'Aquileja, ed a esercitarvi dei diritti, che apertamente gli venivano sempre contrastati. Nell'esercizio della *giurisdizione spirituale* cercava il patriarca ogni via di confonderla colla temporale. Esistono parecchie memorie, che fanno testimonianza, che la curia patriarcale fissata in Udine si faceva lecito a chiamare a sè in appellazione molte cause spettanti al foro dei *capitani d'Aquileja* o di *Marano*. Opponendosi però questi ministri a tutti i passi, con cui il patriarca tentava di arrogarsi dei diritti, che non gli competevano, non cessavano con indefesso zelo d'avvertirne il principe (a). Ma il popolo, da cui il carattere patriarcale riscuoteva i maggiori riguardi, malgrado i divieti del governo portava le sue altercazioni alla curia, ed il ministero di Ferdinando occupato in cose di maggiore importanza riputò di poca conseguenza tutti questi contrasti di giurisdizione.

Nello stesso anno, che al patriarca fu conceduta la libertà di risedere in Aquileja, cercò egli presso il pontefice Paolo III, che la giurisdizione delegata sopra il *monastero d'Aquileja*, fosse levata al vescovo di Trieste, ed a lui confidata. Questa dimanda pose in costernazione quelle monache, e risvegliò ancora la gelosia di Nicolò della Torre capitano di Gradisca. *L'abbadessa, e le monache del monastero d'Aquileja*, dice egli in una informazione (**3 nov. 1535**) al principe: *m'hanno fatto sapere, che il patriarca avesse dal sommo pontefice impetrato, che l'ispezione sopra il loro monastero fosse levata al vescovo di Trieste, il quale finora con piena soddisfazione lo reggeva, e perchè elleno temono, che il patriarca, per essere veneto, cerchi di pregiudicare al dominio di V. M., ed usurpare i beni e le giurisdizioni del monastero, credono che non si dovrebbe dare al patriarca alcun possesso sino ad altro ordine di V. M.*

Restò sciolto ogni dubbio sulle male intenzioni del patriarca nella occasione, che i sudditi veneti tolsero dalle mani degli Austriaci la *fortezza di Marano*. Marino Grimani, volendo profittare di quei tumulti, non lasciò alcun mezzo intentato, onde disporre gli abitanti d'Aquileja ad unirsi a' tumultuanti in Marano, ed estendere sino a quella città la disubbidienza e la sollevazione. Ci sono rimaste indubitate testimonianze del suo mal talento in una relazione (**1 nov. 1542**), nella quale i commissari di guerra partecipano al principe,

a) *Rescritto di Ferdinando del dì 20 maggio dell'anno 1530.*
 " *Archivio del soppresso arcivescovado di Gorizia.* „

che il patriarca, ed i suoi preti abbiano tentato di trarre partito dalle turbolenze di Marano, radunando fuor di tempo al suono di campana i cittadini d'Aquileja eccitandoli a sottrarsi dal *dominio austriaco*, e ad unirsi alla fazione di quella fortezza. Ma il popolo tanto costante nella fedeltà al suo principe quanto attaccato a' suoi poderi, aborrì le scandalose mire del clero, il quale temendone le conseguenze abbandonò le chiese, lasciando il gregge sprovveduto di pastori. Il patriarca confuso dal suo attentato, ed umiliato per non aver potuto ottenere dalla corte di Roma quella valida assistenza di cui si lusingava, ritirossi in Civitavecchia, dove consumato di afflizione morì (**1546**),

In questo modo restò il patriarca di Aquileja un'altra volta esule dalla sua chiesa. *Giovanni Grimani*, fratello e successore di Marino oltre la diffidenza, che a Ferdinando inspirò, e che ereditò in un colla sede patriarcale dal suo antecessore, ebbe di più lo svantaggio di screditarsi nella corte di Roma. Una lettera (**1549**), ch'egli scrisse al suo vicario generale in difesa di certo religioso domenicano che in una predica della predestinazione detta in Udine fu incolpato d'aver avanzate proposizioni erronee, lo rese sospetto d'eresia, e lo imbarazzò in un conflitto teologico. Quantunque il Grimani, ed il domenicano ne sortissero vittoriosi, nulla di meno ne incorsero nella taccia di imprudenti ed audaci. La lettera appena sortita fu portata al tribunale dell'inquisizione in Roma, indi trovandosi lo stesso Grimani in quella capitale, ne fu avvocato l'esame al supremo tribunale della fede (*a*). Essendo divise le opinioni dei giudici, fu indi agitata la quistione nel *concilio di Trento,* dove i padri decisero (**1563**) esser la controversa lettera conforme alla dottrina di san Agostino, nè potersi infamarla d'eretica pravità. Mentre che si discutevano da' teologi in Roma le proposizioni avanzate dal predicatore in Udine, il senato veneto non perdette di vista il suo punto principale intorno Aquileja ch'era quello di veder rimesso il patriarca nelle prerogative di quella città. La corte pontificia non poteva che con premura accogliere tutto ciò, che riguardava l'autorità, ed il decoro d'una delle più antiche sedi episcopali della cristianità. Papa Giulio III fece a tal fine (**1553**) col mezzo del nunzio presso Ferdinando I le sue istanze. Ma la risposta di questo principe, il quale dichiarossi dispostissimo a secondare il s. padre, qualora volesse

---

a) Il padre de Rubeis lo chiama " supremum tribunal " fidei. "

accordare alla chiesa d'Aquileja un patriarca di nazione austriaca (*a*), diede a divedere sì al senato, che al pontefice quanto poco sperar si poteva di rimuovere la corte di Vienna da quelle massime, che i fatti passati le doveano inspirare. Ma quello che più d'ogni cosa merita d'essere riportato, si è, che il veneto senato, onde sopprimere ogni piano, che Ferdinando potesse aver ideato intorno il patriarcato, cercò d'indurre nel susseguente anno (**1562**) il medesimo Papa Giulio a concedergli la nominazione del patriarca (*b*).

Assolto pertanto il *Grimani* d'ogni sospetto d'eresia, la corte di Roma si dimostrò pronta a riconoscerlo per patriarca, ed a spedirgli il pallio, e le bolle. Ma o perchè il senato non volesse permettergli di ricevere ciò, che gli altri pontefici gli avevano negato, o perchè riputasse questa formalità superflua, e cercasse di scioglierne il suo patriarca, certo si è, che al Grimani, malgrado le premure della curia romana, in niun modo fu permesso di levare le bolle pontificie. Questa renitenza irritò in guisa Pio IV, che spedì (**1565**) al *Grimani* un serio monitorio di sottoporsi alla ubbidienza del capo della chiesa, e di non differire più oltre ricever le necessarie bolle pel patriarcato. Premendo al senato di riuscire nelle sue mire, e nel medesimo tempo di accomodare il patriarca col pontefice, delegò a Roma il suo segretario Giovanni Formentini per conciliare in quella corte i dispareri, e pacificare il santo padre. Ma quello, che cagionò al patriarca maggiore rammarico, ed al senato eguale dispiacere, si fu che nella promozione dei cardinali fatta (**1565**) da Pio IV, al Grimani non fosse stato conferito il cappello

----

a) " *Memorie della chiesa d'Aquileja dall'anno 1400, all'anno* „ 1748 „ *che cominciano:* "*Antonio Panciera di Portogruaro* „ *vescovo di Concordia.* „

b) *Il padre de Rubeis pretende che il papa gliel'aveva accordata nel dì 24 sett. dello stesso anno 1552: ma questo esattissimo scrittore non riporta di tal concessione la bolla. Diversamente ne parla l'ambasciadore Francesco della Torre in una sua lettera scritta a Ferdinando I il dì 26 giugno 1558.* " Ho „ *scoperto secretamente che questo dominio abbia impiegato* „ *presso Paolo III ogni studio e diligenza, perchè gli sia* „ *conceduta la collazione del patriarcato d'Aquileja, ma* „ *indarno, e che avendo egli cercato lo stesso presso papa* „ *Giulio III, per una volta sola questo pontefice gliel'avesse* „ *accordata.* „

essendogli stato anteposto Zaccaria Dolfino allora nunzio alla corte di Massimiliano II, e molto zelante per gli affari della casa d'Austria.

Questa esclusione sconcertò tanto più il *Grimani*, quanto egli fermamente credeva, che pel favore del senato, la dignità cardinalizia non potesse mancargli. Quindi disperando di potere col mezzo della repubblica conciliarsi la corte di Roma, riputò necessaria l'interposizione dell'imperadore, e dispostissimo ad abbracciare qualsivoglia partito, adoperò tutti i modi per guadagnarsi per via di Francesco della Torre, ambasciadore cesareo in Venezia, la protezione di Massimiliano. Le parole del ministro inserite in una relazione (**7 apr. 1565**), spedita a Cesare meritano d'essere qui trascritte. Espone in essa che il patriarca era stato a visitarlo per dolersi delle sue disgrazie riguardo al pallio, e singolarmente riguardo all'esclusione del cardinalato. *Mi raccontò*, dice l'ambasciadore, *assai prolissamente tutte le sue disgrazie, aggiunse dappoi di voler prendere alla prima dieta dell'impero il suo rifugio presso V. S. M. come capo supremo di tutta la cristianità, ed esporle allora i suoi gravami, e torti sofferti, dicendo essersi praticato nei tempi addietro lo stesso, ed avervisi anche trovato rimedio* (a).

Non furono mai le circostanze più favorevoli per rovesciare l'ordine dell'elezione de'patriarchi, di cui la repubblica di Venezia si era posta in possesso. L'avveduto ambasciadore le conobbe, e nella medesima relazione volle additarle all'imperadore. *Considerando*, egli soggiunge, *su questo affare, e supponendo, che vero fosse, che il papa non voglia riconoscerlo per patriarca, per non aver contra il costume de' suoi antecessori ricevuto da Roma nè il pallio, nè le bolle, giudicherei non esser fuor di proposito, se V. M. col serenissimo arciduca Carlo impiegasse ogni via, che la patriarcale dignità, di cui il patriarca non era legittimamente investito, allorchè a requisizione della repubblica ceduto egli aveva questo onore al Barbaro, come suo successore, venisse conferita ad uno de' suoi sudditi, come la giustizia, e l'equità lo richiederebbono, e perchè i Veneziani dir più non potessero di aver il diritto ereditario sopra la medesima.* Ma era più facile il proporre questo affare, che l'eseguirlo. Benchè Roma non avesse ancora confermato il Grimani, lo stesso Sisto V dopo la decisione del concilio di Trento, che abolì (**7 ott. 1565.**) le antiche praticate rinunzie, (b), riconobbe

---

a) *Archivio di Duino.*
b) *Proibite le cessioni, che secondo i canoni chiamavansi "cessiones*

Francesco Barbaro per coadiutore d'un patriarca, al quale pochi giorni dopo (**24 ott. 1585.**) in una pubblica congregazione solennemente negò il pallio (a).

In questo intervallo non cessarono nè per parte del senato, nè per parte del *patriarca Giovanni* i maneggi nelle corti di Roma e di Vienna, non solamente perchè il Grimani ottenesse il libero accesso alla sua chiesa, e l'esercizio della giurisdizione in quella parte di diocesi, che negli stati austriaci era situata; ma ancora perchè fosse reintegrato nell'antico possesso del territorio d'Aquileja. Ma siccome col mezzo di Paolo IV, pontefice di genio per natura poco pieghevole non poteva il senato promettersi gran cosa; così tutti i maneggi erano diretti a guadagnare i ministri austriaci, ed a conciliarsi il favore dell'imperadore. Le relazioni, che Francesco della Torre diede ne' primi mesi della sua ambasceria, dimostrano che i Veneziani non perdevano nè tempo, nè sollecitudine per ottenere il loro intento, anzi sviluppano tutti i motivi delle loro premure. Dice egli in uno scritto (**29 giug. 1558.**) inviato a Ferdinando I, che se il pontefice concedesse al senato la nomina del patriarca, tale concessione potrebbe col tempo ridondare in grave pregiudizio di S. I. M., poichè morto il patriarca Grimani, che cerca ogni strada di essere ristabilito nella *città d'Aquileja* e nelle sue giurisdizioni, il dominio veneto pretenderebbe di disporne a suo piacimento. Quindi avverte lo zelante ministro in altre sue lettere, che Ferdinando in questo caso non solo resterebbe spogliato della *città d'Aquileja*, ma della *gastalderìa d'Ajello* ancora, e d'altri villaggi appartenenti ad ammendue i territorî. In fatti avevano i Veneziani nella delegazione pe' confini fatta nell'anno 1558 in Friuli talmente inviluppata la restituzione della città, e del *territorio d'Aquileja* da farsi al patriarca, che questa reintegrazione n'era divenuta il principale oggetto; onde l'ambasciadore mosso da zelo per gl'interessi del suo principe, e da timore, che dal nostro canto non si precipitassero i trattati, si trasferì personalmente in Gorizia, per conferire co' commissarî di Ferdinando, ed istruirli di ciò, che riguardava le dimande e le pretensioni del patriarca. Le parole della relazione (**8 dic. 1558.**), ch'egli spedì all'imperadore su questo proposito meritano d'essere fedelmente riportate in questo luogo.

_____

cum regressu „ e premendo per altro alla repubblica di assicurare il carattere patriarcale in un suo nazionale, si supplì fino a' giorni nostri colla nomina de' coadiutori.

a) *De Rubeis.*

Essendo stato negli scorsi giorni in Gorizia, dice l'ambasciadore, dove trattavansi. delle querele del patriarca, egli sembra che s'abbiano prese le cose pel buon verso: ma non cesserò mai d'avvertire la M. V. che non debba mai lasciarsi indurre a condiscendere alle dimande del patriarca; poichè stando le cose nello stato, in cui sono, non gli si reca alcun pregiudizio; nè gli viene impedito di reggere la sua chiesa, che alla pastorale sua cura è commessa. Tutte le premure, che fa il patriarca, e tutti i movimenti, ch'egli si dà, derivano dalle sollecitudini, ed instigazioni della repubblica, la quale non trascura di porre in opera tutti i mezzi, perchè la città d'Aquileja venga al medesimo restituita. Ciò fatto, come ne fui instrutto, stabilì il senato di trarre a sè quel territorio, ed in compenso di cedere al patriarca qualche altro luogo. Conoscono i Veneziani di quanta importanza sia la situazione d'Aquileja; dee quindi la M. V. averne più cura e più gelosia che per qualunque altro luogo, ch'Ella in quella parte possede. Bastommi d'esaminare l'editto del dazio sopra il sale, in cui fassi menzione della città d'Aquileja, e di far attenzione al modo, con cui i veneziani riscuotono il medesimo in Friuli, per convincermi, quanto essi aspirino all'acquisto di detto luogo, e quali mezzi impieghino per guadagnare lontani diritti, colla speranza di fondare col tempo le loro pretensioni (a). Questi monumenti non solo trasmettono alla posterità i fatti, ma pongono ancora in chiaro il fine, a cui tendevano i medesimi. Si seguirono con accuratezza gli avvertimenti dell'ambasciadore e si rese ogni maneggio de' Veneziani infruttuoso.

Morto Paolo IV (18 ag. 1559), il cui carattere inflessibile allontanò dalla sua corte ogni trattato, il senato veneto riprese in Roma le sue pratiche per far rientrare il patriarca ne' diritti d'Aquileja. Il medesimo Francesco della Torre, che da' Veneziani fu spedito per comando dell'imperadore al conclave in Roma, (9 dic. 1559.) in qualità d'ambasciadore straordinario, scrivendo a Ferdinando I non mancò con antivedimento di prevenire ogni favorevole impressione, che l'interposizione della corte di Roma poteva fare nell'animo dell'imperadore. *I veneziani, scrive questo zelante ed indefesso ministro, non cercano di trasferire il dominio d'Aquileja al patriarca se non per occupare il posto, e quello, che appartiene alla sua giurisdizione e territorio; ciò che accaderebbe senza difficoltà per*

---

a) *Archivio di Duino.*

esser egli veneto, e dell' ordine dè' patrizi (a). Non s' ingannò l'ambasciadore in prevedere le premure de' Veneziani per la restituzione d' Aquileja.

Eletto che fu il nuovo pontefice Pio IV (**25 dic. 1559**) si trasferì incontanente il Grimani in Roma per impegnare i più potenti cardinali a proteggere la sua causa. Tutti i suoi maneggi si resero vani: il patriarca abbandonò Roma disgustato del papa; ed il senato stimò meglio di temporeggiare, e riporre le sue speranze in altre circostanze di tempo più opportune. In fatti mancato Pio IV (**nel dic. 1565**) ordinò la repubblica al Grimani di ritornare un'altra volta a Roma, e cercare presso Pio V ciò, che non aveva potuto ottenere dal suo antecessore. Ma non ebbero le sue premure questa volta miglior successo delle altre: non ostante nè il Grimani, nè il senato volle abbandonare un' affare, il cui buon esito attendevasi più dal caso, che dalla condotta. I trattati continuaronsi senza interruzione, ma ancora senza effetto: e per quanto i pontefici avessero interposto le loro esortazioni presso la corte cesarea, e quella di Gratz, e la *diocesi d'Aquileja* richiedesse tutta l'attenzione, e sollecitudine d' un vigilante pastore, per opporsi all' eresia di Lutero, che infettava in que' tempi le austriache provincie; inefficaci furono sempre tutti i maneggi, nè poterono mai indurre i nostri principi ad accordare nemmeno l'ingresso negli stati austriaci a quel Grimani, il cui fratello antecessore tentato aveva di sollevare i loro sudditi.

Non poteva la s. Sede esser occupata da un pontefice più parziale, e zelante per tutto ciò, che poteva tornar in vantaggio del *patriarcato d'Aquileja*, di quello che fu Gregorio XIII. Volendo la repubblica di Venezia disporre d' un meschino feudo (b), che il patriarca Grimani pretendeva dipendente dalla giurisdizione ch'egli aveva nella terra di *s. Vito*, prese il papa (**1580**) tanto impegno a difendere la causa del patriarca, che senza l' interposizione delle principali corti sarebbe egli passato a determinazioni le più violenti contro i Veneziani. Nel medesimo tempo intavolò mediante Germanico Malaspina, suo nunzio presso l'arciduca Carlo, un trattato, il quale a nientemeno tendeva, che alla restituzione della *città d'Aquileja* al patriarca. È noto quanto la casa d'Austria dovesse a questo pontefice, attese le grandi premure, ch'egli prese in tutte le occasioni per gl'interessi della medesima. Le sue istanze erano piene di zelo, e

---

a) *Archivio di Duino.*
b) *Il feudo Tajeto, piccola villetta nel territorio di s. Vito.*

sì forti e sì vive, che posero il principe (**1580.**) in non piccolo imbarazzo. Faceva il papa riflettere all'arciduca non esser convenevole, che una chiesa delle più cospicue del cristianesimo, qual era quella d'Aquileja, restasse vedova e priva del suo pastore; difendeva il defunto patriarca Marino, sostenendo non aver questo avuto colpa ne' tumulti di Marano; e quando anche ne fosse stato colpevole, che le sue colpe non dovevano portar pregiudizio a' suoi successori; gli rappresentava, che dalla lontananza del pastore avevano origine l'eresie, e l'interrompimento delle pratiche di religione, lo scadimento dell'ecclesiastica disciplina, e tutti i disordini, che manifestavansi con grave danno nelle austriache provincie; dimostrava finalmente, che l'arciduca non potrebbe fare cosa più degna della sua magnanimità, nè più conforme alla sua religione e pietà, nè più utile a' suoi popoli, quanto rimettere il patriarca nell'antico possesso della sua città, e in questa maniera dar esempio agli altri principi cristiani di ciò che convenisse fare in simili casi. Fece l'arciduca a queste proposizioni rispondere, che si maravigliava che gli fosse chiesta la *città d'Aquileja* in tempo, che alla repubblica di Venezia, la quale aveva occupato il *ducato del Friuli*, ed il marchesato d'Istria appartenenti a quella chiesa, non si faceva veruna dimanda; che non ostante volendo conformarsi, per quanto poteva, a' paterni desideri di lui, si risolveva di condiscendere alla richiesta restituzione, ma colle seguenti condizioni: che al patriarca rimanesse in quel territorio solo il mero, e misto impero nello stesso modo, che all'arcivescovo di Salisburgo, ed a' vescovi di Bressanone, di Bamberga, e d'altri luoghi, che hanno le loro possessioni situate nell'austriache provincie, con riconoscere il supremo dominio degli arciduchi d'Austria in modo, che a sè ed a' suoi eredi fosse riservato il diritto dell'avvocazione di detta *chiesa d'Aquileja*: aggiungendo, che l'ubbidienza filiale in secondare la santa Sede nelle religiose sue brame lo lusingava, che sua Santità non gli negherebbe all'incontro due grazie, che sarebbe in tal caso per dimandarle: cioè che concedesse al capitolo d'Aquileja l'elezione libera del patriarca nel modo che l'hanno i principali capitoli d'Alemagna; e che per quella de' canonicati, riservandosene il pontefice quattro mesi, e quattro al capitolo, concedesse degli altri quattro a lui la nomina (*a*). Questa risposta prolungò in modo il trattato, che occupò i ministri d'ammendue le parti per quattro anni. Pretendesi ancora (**1584.**), che l'arciduca indotto avesse *papa*

———

a) Archivio di Duino.

Gregorio a promettergli di riserbare la coadiutoria d'Aquileja al cardinale d'Austria suo nipote (*a*), ciò che forse seguito sarebbe, se la morte del pontefice (**10 apr. 1585.**) non ne avesse per qualche tempo sospeso ogni maneggio. Il *patriarca Grimani*, perduta ogni speranza di rimettersi nel possesso della sua sede, e fatta cadere, dopo la morte del coadiutore Luigi Giustiniani nel primo anno del pontificato di Sisto V, la coadiutoria nella persona di Francesco Barbaro, ritornò (**7 ott. 1585.**) in Udine carico non si sa se più d'anni, o d'afflizione.

Il nuovo coadiutore istruito appieno dell'aspetto, che preso aveano pel corso di quaranta e più anni gli affari del patriarcato, si dimostrò alienissimo da quanto potesse mai dar sospetto, nè mostrò d'ambir ciò, per cui inutilmente si era adoperato il Grimani; e seppe sì bene condursi, che non lasciò giammai traspirare altro, se non uno zelo religioso, ed un'indefessa sollecitudine pastorale. Le prime sue premure furono dirette a coltivarsi col mezzo dei ministri austriaci l'animo dell'arciduca Carlo. *Non poteva cadere questa chiesa d'Aquileja*, così scrive lo stesso Barbaro (**27 nov. 1585.**) nei primi giorni della sua coadiutoria a Vito di Dornbergo, ambasciadore cesareo in Venezia, *in persona che desiderasse maggiormente di servire, ed osservare il serenissimo arciduca, e le prometto, che non porterò maggiore ossequio alla serenissima Signoria di Venezia di quello che farò a sua Altezza, quale pregherò sempre a contentarsi di riputarmi tra li suoi più devoti, e sviscerati servidori, che lei abbia* (*b*). Se la delicatezza di questo linguaggio non cangiò le vicende del patriarcato sotto il governo dell'arciduca Carlo, giovò molto sotto l'amministrazione degli stati dell'arciduca Ferdinando suo figlio. Seppe in fatti il Barbaro con tal destrezza cattivarsi l'affezione e la stima della reggenza di Gratz, amministrata in quel tempo dai vescovi, che non solo gli riuscì d'ottenere il libero esercizio della spirituale sua giurisdizione negli stati austriaci; ma in oltre di poter prendere dopo la morte del patriarca Grimani (**nell'ott. 1593.**) anche il solenne possesso della sua sede nella città stessa d'Aquileja.

----

b) Le citate memorie delle chiese d'Aquileja.
a) Scritture del magistrato fiscale di Gorizia.

*De' visitatori e vicari apostolici; degli arcidiaconi;
delle visite e dei sinodi:
progetto d' erezione d' un vescovato in Gorizia.*

La cupidigia del dominio temporale d' Aquileja tenne, come abbiamo veduto, per lungo corso di tempo il patriarca relegato dagli stati austriaci. Quantunque a *Giovanni Grimani* non fosse stato impedito l' esercizio della giurisdizione spirituale nella sua diocesi, non per tanto egli sollecito per la reintegrazione de' suoi diritti, passò per lo più in Venezia, ed in Roma i suoi giorni, occupato in maneggi, e trattati: e la chiesa rimase priva della presenza del suo superiore, e la greggia del suo pastore. Quindi difficile non è a concepirsi quale fosse la rilassatezza de' costumi del clero, quale la ignoranza, quale l' indecenza nelle chiese, e quale la trascuraggine nel ministero della religione. Da una memoria lasciataci (**1555**) da un piovano di Comen (*a*) si rileva, che per lo spazio di settanta anni i suoi predecessori non vi avevano fatto residenza, e ch' egli aveva ottenuto la parocchia dal principe colla precisa condizione di non abbandonarla.

Aveva in vero il patriarca *Giovanni Grimani* col consenso del principe convocato in *Aquileja un sinodo diocesano* (**12 nov. 1565.**) per provvedere sì a' disordini da lungo tempo introdotti nella sua chiesa, e nella disciplina degli ecclesiastici delle provincie austriache, che a quelli, che di continuo introducevansi da' seguaci del *luteranismo*; ma questo sinodo non apportò alla disciplina e regola ecclesiastica della nostra contea alcun frutto. Oltrechè il patriarca delegando in sua vece il dottore *Giacomo Marocco* protonotario apostolico, e suo vicario generale, si astenne d' intervenirvi in persona sotto lo spezioso pretesto di non aver ricevuto, come ei diceva, da Roma il pallio, ma realmente per non comparire in un territorio, di cui s' attribuiva la sovranità senza poter esercitarla (*b*); i commissari delegati dall'arciduca a questo congresso, Andrea Rapizio, vescovo di Trieste, e Vito di

a) *Paolo Juricnasich.*
b) "*Aquilejae princeps.*, era il titolo, che davasi il patriarca in tutti i suoi mandati, e pubblici editti.

Dornbergo, luogotenente di Gorizia, s'opposero anche a molti decreti (a). Fondavasi la maggior parte de' capitoli sopra la decisione del *concilio di Trento* non ancora per certi punti spettanti alla disciplina dai principi accettato, e prescrivevansi al nostro clero de' canoni, che non furono osservati (b).

L'arciduca Carlo sollecito di procurare de' soccorsi spirituali al suo popolo, domandò a Pio V un *visitatore apostolico*, il quale indipendentemente dal patriarca provvedesse la contea di que' rimedi, dei quali per esser affidata alla cura di un clero sregolato, da tanti anni era priva. L'abbate di Moggio *Bartolommeo di Porzia* venne dalla santa Sede come visitatore spedito (**1570**) in Gorizia. La sua relazione data all'arciduca dello stato ecclesiastico della contea fa testimonianza dello zelo, con cui questo prelato impiegossi nel suo ministero, per riformare la corruttela de' costumi, e l'irregolarità della vita, che menavasi con iscandalosa impudenza da molti ecclesiastici. *In tante chiese visitate*, sono le precise sue parole dirette al principe, *non si sono trovati otto sacerdoti in nefando concubinato non involti*.

Il visitatore apostolico detestando il disordine, purgò le case parocchiali da ogni sospetta persona; condannò i colpevoli a grosse pene pecuniarie, che con carità furono destinate a dotare povere fanciulle, e sovvenire i miserabili della città; e minacciò di privar tutti de' lor benefizi, qualora ardissero in avvenire di contravvenire alle leggi da' sacri concilî prescritte. Ma quanto è facile anche a introdurre nelle cose più religiose un detestabile abuso, altrettanto riesce mal agevole l'estirparlo: perciò terminata la visita, e dipartitosi il vicario pontificio, alcuni parrochi mal sofferendo d'una parte il rigoroso divieto, ed atterriti dall'altra dalle pene loro intimate, ebbero l'impudenza di presentare all'arciduca Carlo un ricorso, col quale pregavano ad accordare loro la permissione di poter riprender le loro donne. Esistono le lettere di Andrea Rapizio, vescovo di Trieste, (**30 ag. 1570**) a *Francesco di Dornbergo*, allora *luogotenente della contea*, in cui insieme coi nomi de' supplicanti gli spedisce l'ordine del principe di doverli far citare in un determinato giorno nella casa della provincia, e rimproverare a' medesimi la *scandalosa sfacciataggine*, con cui

---

a) *Scritture del magistrato fiscale di Gorizia, ed atti dell'abasciad. Francesco della Torre.*

b) *Il P. de Rubeis passa sotto silenzio questo sinodo.*

osarono di contaminare il sagro carattere, e di offendere nel tempo stesso la pietà del loro sovrano (a).

Ma ritorniamo al *Porzia:* questo prelato come rileviamo dall'accennata relazione, esaminando nella sua origine lo scadimento della disciplina ecclesiastica, attribuisce alla facilità delle collazioni dei benefizi sì l'ignoranza del clero, come la dissolutezza de' costumi. Onde rappresenta egli al principe la necessità di ristabilire nella contea la *giurisdizione ecclesiastica,* a cui dee appartenere l'esame dell'abilità, e del talento di quelli, che a' benefizi vengono promossi. *Io non voglio estendermi,* dic'egli, *in mostrarle, quanto sia bisogno di questa provvisione, come siasi aperta gran strada all'ignoranza, all'ozio, al lusso, per non contaminare la candida mente sua; basti a dire che in alcuni non v'è capacità per intendere le più minute cose, che siano nella religione nostra, e non di meno hanno carico d'insegnare le più ardue agli altri.*

Non furono inutili le zelanti espressioni del Porzia. La nostra contea riportò non ordinario spirituale vantaggio dalla sua visita, che fu l'istituzione di un arcidiaconato perpetuo in *Gorizia,* giudicato da esso tanto più necessario, quanto erano lontane le apparenze, che il patriarca, abbandonando la pretensione del dominio temporale, rivogliesse unicamente il pensiero alla cura spirituale della diocesi austriaca. In tal modo fu per allora supplito in parte al difetto d'un superiore ordinario della diocesi: poichè conferita all' arcidiacono una porzione di sua autorità, e giurisdizione, la curia di questo vegliava intanto alla disciplina e buona condotta del clero; ed il popolo, che non era più obbligato di riconoscere con dispiacere del governo il patriarca, poteva ricorrere nelle dispense, e cause ecclesiastiche al nuovo giudizio. Conferivasi questo carattere ad uno dei nostri più accreditati piovani; il quale veniva dal principe presentato; e *Girolamo Catta parroco di s. Pietro* fu il primo decorato di tal dignità (b).

La seconda visita, di cui è rimasta memoria, fu intrapresa da *Paolo-Bisanzio,* vescovo di Cattaro, e per alquanti anni vicario generale del patriarcato d'Aquileja (c). Questo dopo aver visitata **(1582)**

---

a) *La copia della lettera del vescovo di Trieste ci fu comunicata dal def. dott. Bragogna.*

b) *La sua istituzione è segnata dal patriarca Giovanni Grimani nel dì 21 dicembre 1574.*

c) *Le visite che fecero nell'anno 1582 nella contea il vescovo di*

quella parte, di diocesi, che nella Carintia, nella Carniola, e fino nella Stiria si estende, visitò (**1583.**) la contea di Gorizia, ed il capitanato di Gradisca. La corrutela degli ecclesiastici contumaci agli ordini, e provvedimenti dell' abbate di Moggio lo costrinse a sospendere non pochi sacerdoti *(a)*, benchè l' arciduca avesse con pubblico mandato pochi anni prima ordinato al preposto di Gurck di scacciare tutti i preti, a' quali aveva fidata la cura delle anime nella parocchia di Vipacco, per la scandalosa vita, che ivi menavano *(b)*.

Scorsa, ed esaminata dal vescovo *Bisanzio* tutta la vasta diocesi della chiesa d'Aquileja, pensò di convocare un sinodo diocesano ad oggetto di deliberare col suo clero intorno ad alcuni canoni da stabilirsi, onde rimediare agli abusi che in un clero abbandonato a sè stesso pur troppo s' erano radicati, e stabilire in una chiesa da tanto tempo priva del suo capo, quell'ordine, e quella decenza, che richiedeva il bene della religione. Quindi convocò (**1584.**) egli il clero, destinando al principio per questo oggetto la città d'Aquileja; indi malgrado le opposizioni de' capitoli d'Aquileja, e di Cividale fu scelta la città d' Udine pel luogo del congresso, dove (**26 nov.**) anche fu aperto, e celebrato coll'intervento d'alcuni abbati, e prelati austriaci *(c)*, e di Cesare di Hores, vescovo di Parenzo, comparsovi in qualità di visitatore apostolico. Questo è tutto ciò, che abbiamo potuto rinvenire, intorno a questo sinodo; poichè le contese insorte fra i capitoli d'Udine, e di Cividale per la preminenza del posto, non hanno luogo, se non nell' istoria de' gradi degli ecclesiastici.

Assunto alla sede di Roma Clemente VIII fu una delle prime sue cure il procurare gli opportuni provvedimenti alla diocesi d'Aquileja. Perciò esorta egli il primo anno del suo pontificato (**5 dic. 1592**) con paterno breve l' arciduca Ernesto, che governava allora in Gratz

---

Lubiana, Giovanni Tautscher, e nell'anno 1585 Giov. Andrea Caligaris, vescovo di Bertinovo, e nunzio alla corte dell'arcid. Carlo in Gratz, delle quali parlerassi in appresso, non avevano per oggetto se non il luteranismo, di cui parecchi della nostra provincia divennero sospetti.

a) Abbiamo di questa visita alcune poche memorie, che Matteo Noctua parroco di Prebacina lasciò scritte nel libro battesimale di que' tempi.

b) Il sovrano rescritto è del dì 8 maggio 1579.

c) L'arcidiacono della Carintia, il preposto d'Eberndorf, e gli abbati di Ortistein, di Siticina, e di Landstras.

18*

gli stati di Ferdinando ancora pupillo, a voler ricevere il coadiutore del decrepito patriarca Grimani, *Francesco Barbaro*, in qualità di suo visitatore apostolico e permettergli di visitare quella parte di diocesi, che negli stati suoi era sottoposta alla chiesa d'Aquileja *(a)*. L'arciduca Ernesto acconsentì alle ricerche del pontefice, e nominò il consigliere G'or. Vittore Wagenring come commissario per accompagnarlo (**1592**) in quella visitazione *(b)*. Il Barbaro impiegò tre mesi nella visita della contea di Gorizia, e del capitanato di Gradisca, e sospese parimenti molti sacerdoti, per non aver in essi scoperto neppur quelle prime nozioni, che necessarie sono a un tale stato *(c)*.

Terminate le apostoliche sue fatiche nella nostra provincia, prima di continuare nelle altre, credette opportuno il convocare (**29 lugl. 1593** tutto il clero della contea, ed il tenere nella *chiesa parocchiale di Gorizia* una congregazione sinodale, in cui promulgò alcune costituzioni che furono nello stesso anno date alla pubblica luce *(d)*. Tralucono in quelle sentimenti pieni d'una dignità, che spogliata di tutte le minutezze caratterizza l'uomo grande, e il vero pastore, che con un prudente zelo, sostenuto da un moderato desiderio per l'ordine, non prescrive se non regole le più essenziali, e le più importanti ad un clero, i cui disordini erano sì grandi, che non potevasi sperarne un'intiera riforma, se non gradatamente. Premuroso il saggio prelato di far risorgere la venerazione, ed il dovuto rispetto a' sagramenti della chiesa coll'uniforme, e decoroso rito nell'amministrarli, e di ristabilire l'antico istituto del clericato, coll'abolire, quanto fosse possibile i sagrestani laici, fu egli massimamente sollecito di promuovere

a) Il Padre de Rubeis riporta l'accennato breve all'arciduca, ma passa sotto silenzio il breve pontificio pel Barbaro come visitatore delegato dalla s. Sede. Questo è dato il 12 giugno 1592. Archivio Delmestre.

b) "Archivio Delmestre."

c) Vedansi le sue costituzioni pubblicate dopo la congregazione sinodale tenuta in Gorizia.

d) In Udine da Giambattista Natolini sotto il titolo: " Costitutiones promulgatae, ab illustrissimo, et Reverendissimo D.D. Francisco Barbaro, Dei et Apost. Sedis gratia Archiepiscopo Tyri, Coadiutore Aquileae, et visitatore apostolico in pubblica Congregatione Goritiae habita post peractam Comitatus Goritiae, et Capitanatus Cradiscae visitationem.

coll'esterno decoro la dignità ecclesiastica, e col necessario provvedimento de' ministri la riforma di tutto il clero.

Visitata ch'ebbe (**1594**) il Barbaro tutta l'ampia sua diocesi situata negli stati austriaci (a), convocò (**1595**), e tenne nella terra di s. Daniele un sinodo diocesano, e nel susseguente anno (**1596**) celebrò un *concilio provinciale* congregato nella città d'Udine, che solennemente cominciò il dì 19 ottobre. V'intervennero dieci vescovi fra i quali trovossi in persona Giorgio Ritgalter vescovo di Pedena. Il vescovo di Trieste, Giovanni Wagenring, vi spedì in sua vece Michele Passera, canonico della sua chiesa; ed il cardinale Lodovico Madruzio, vescovo di Trento, delegò come suo procuratore, il canonico Giuseppe Roboretto: così ancora i vescovi di Capodistria, di Cittanova, di Concordia, e di Belluno inviarono i loro particolari delegati. Tutti i padri approvarono, e sottoscrissero i dicianove capitoli contenuti negli atti di questo concilio, e pubblicati due anni dappoi colle stampe (b).

Non ostante le mentovate delegazioni di *vicarî*, e *visitatori* apostolici, i sinodi, e le congregazioni tenute per la riforma del clero e lo zelo e la vigilanza del patriarca Barbaro; l'arciduca Carlo non depose mai il suo pensiero di smembrare dalla *chiesa d'Aquileja* quella parte di diocesi che comprendevasi ne' suoi stati, e di fondare in Gorizia un vescovado. I giusti motivi di contrarietà, che dovevano i nostri principi avere, per un patriarca estero, lo zelo per la custodia della religione in queste parti gagliardamente attaccata dal luteranismo, e la mancanza d'uno stabile pastore in una diocesi cotanto estesa fecero concepire già a Ferdinando I il progetto di chiedere (**1560**) alla s. Sede un *vescovo per Gorizia* (c). Dubitava tanto meno questo imperadore, che le sue premure non venissero secondate, quanto che la sua dimanda non solo era uniforme a quella di Federico III suo avo in favore del vescovado eretto in Lubiana (d),

a) *Abbiamo di questa visita una relazione del Barbaro, data sotto li 29 luglio dell' anno 1594 a papa Clemente VIII che principia: " Piacque alla Santità vostra.*

b) *In Udine da Giov. Batt. Natolini 1598.*

c) *Si trovano traccie di quei trattati nell'archivio della prepositura di Novamestra, di cui ci furono confidate le originali scritture, ciò che si combina ancora coi trattati fra papa Giulio III, e Ferdinando I, di cui alla pag. 249 abbiamo fatta menzione.*

d) *Nell' anno 1462.*

ma tendeva eziandio ad estinguere quella naturale diffidenza, che un *patriarca veneto* manteneva nel governo austriaco, ed a provvedere ad una diocesi per tanti anni vedova del suo pastore. Ma i fatti de' grandi uomini sono spesso fra loro contrarî secondo le diverse circostanze de' tempi. I successori di Pio II ricusarono di secondare i giusti desiderî de' nostri principi, e trovarono insuperabili difficoltà in accordare un punto, che questo pontefice aveva ad onta delle opposizioni della repubblica di Venezia *(a)*, un secolo prima accordato*(b)*.

Ci sono rimaste alcune memorie dei trattati che alla corte di Roma furono dall'arciduca Carlo intorno a questo oggetto intavolati. Nei primi anni del governo delle sue provincie incaricò questo principe Andrea Rapizio, vescovo di Trieste a riassumere questo affare, ad esaminarlo, e a rintracciare un fondo per la mensa dell' ideato vescovado. Il vescovo gittò l'occhio sopra i beni temporali delle chiese della contea, e del territorio gradiscano, e scandagliatene le rendite suggerì (**1570**) che una quinta parte di quelle bastar potrebbe per la prima fondazione. Era il Rapizio uomo avveduto, e che molto ben conosceva, come tal volta può bastare un piccolo principio per incamminare le più difficili imprese. *Giovanni Tautscher, piovano ed arcidiacono di Gorizia*, indi nominato vescovo di Lubiana e luogotenente dell'arciduca nella reggenza di Gratz, risvegliò il piano del vescovo di Trieste, ed animò il principe ad insistere con vigore nel procurare un provvedimento quanto conveniente alle ragioni dello stato, altrettanto necessario a quelle della religione.

Quindi sotto il pontificato di Gregorio XIII nel medesimo tempo, che il patriarca Grimani non risparmiava nè istanze, nè premure per ristabilirsi in Aquileja, furono dall'arciduca Carlo (**1580**) costante

_____

a) Abbiamo ritrovato l'ordine, che il senato veneto spedì li 23 ottobre dell'anno 1462 al suo segretario in Roma, Nicolò Sagutino, perchè istruisse il cavàlier Fransesco Peliza di Sacile ad interporre presso la s. Sede le sue rimostranze contro il nuovo vescovado di Lubiana, ed in difesa del patriarcato di Aquileja.

b) Pretende il Valvasor nella sua cronica della Carniola, che Sigis. di Lamberg elemosiniere di Federico imperadore, e poi primo vescovo di Lubiana, avesse predetto ad Enea Silvio Piccolomini, nominato cardinale, ch'egli diverrebbe col tempo anche papa, e che questi gli avesse risposto: " se ciò arrivasse vi prometto „ di farvi vescovo.

nell'opporvisi ripigliati i trattati per l'erezione del nostro vescovado. Ma i partigiani del patriarca ne dileguarono con destrezza tutti i maneggi, con indurre il pontefice a conferire a Paolo Bisanzio, vescovo di Cattaro, vicegerente e vicario patriarcale (**1591**), il carattere di visitatore apostolico della diocesi d'Aquileja, pretendendo in sì fatta guisa, mediante una straordinaria visita, di supplire alla ordinaria residenza. Questo partito preso da' protettori del patriarca ne suggerì un altro all'arciduca. Dimandò egli altresì (**1595**) che il governo spirituale della diocesi austriaca fosse conferito al vescovo di Trieste, come perpetuo visitatore, e vicario apostolico. Ma per quanto forti fossero le istanze dell'arciduca, e pressanti l'esigenze della religione non potè egli effettuare cosa veruna presso un pontefice il quale, anzi che diminuire l'autorità del patriarca inclinava, come abbiamo altrove veduto, a ristabilirlo in tutti i suoi diritti.

Non fu posto · perciò in obblivione il piano del vescovado di Gorizia. Si ricominciarono sotto papa Sisto V, successore di Gregorio, gli uffici dell'arciduca Carlo. Il pontefice non potendo negare apertamente il valore dei motivi, che impegnavano la costanza del principe a sostenere efficacemente la sua dimanda, ascoltò in apparenza le proposizioni, e mostrossi condiscendente ad autorizzare (**1588**) una nuova delegazione in Gorizia, la quale per parte dell'arciduca ripigliasse l'esame di tutte le scritture riguardanti l'erezione d'un vescovado, che Roma non pensava mai d'accordare. Nicolò Corretto, vescovo di Trieste, Andrea Nepokaij, arcidiacono e parroco di Gorizia, Girolamo Catta, parroco di s. Pietro, ed il cancelliere Gasparo Bertis erano i delegati della santa Sede, e dell'arciduca. Prendendo eglino per base delle loro operazioni il piano del vescovo Rapizio riassunsero l'esame dello stato temporale di tutte le chiese ed intesi gli amministratori, formarono un generale registro così delle rendite come delle rate, che furono proporzionatamente sopra tutte le chiese ripartite. Il cancelliere ebbe il maggiore lavoro in quest'affare scrivendogli il vescovo di Trieste (**1 magg. 1590**), e sollecitandolo a spedirgli con celerità le scritture, s'esprime con le seguenti parole: *Bisogna che V. S. sia il nocchiero, guida e condottiere di questo negozio (a).* Tutte le memorie, e gli articoli concertati si spedirono al vescovo, per inviarli alla santa Sede, da cui si aspettava con impazienza la paterna rattificazione. La *morte di papa Sisto*, e quella dell'arciduca Carlo ammendue mancati

---

a) *Scritture del magistrato fiscale di Gorizia.*

di vita nell' anno 1590, sospese l'affare in modo, che si dovette ricominciare presso i suoi successori un' opera, che poco anzi si credeva vicina al suo termine.

L' arciduca Ferdinando, ch' eredità cogli stati le virtù dell' arciduca Carlo suo padre, non perdè di vista un sì importante, e pio provvedimento. Nel viaggio, che questo principe intraprese a Roma, trattò principalmente (**1598**) dell' erezione del vescovado di Gorizia con Clemente VIII. Esiste ancora l' istruzione (**3 febb. 1598**) (a) data al suo ritorno a Giuseppe di Rabatta *vicedomino* della Carniola, da lui delegato per tale oggetto a questo pontefice. Scorgesi da quella, che fra i punti della sua commissione v'era ancora il maneggio del nostro vescovado, con precisa dichiarazione di Ferdinando d'essere prontissimo a provvedere alle sue rendite. Sì belle apparenze svanirono tutte ad un tratto. Il nuovo patriarca *Francesco Barbaro*, uomo destro, non meno che zelante pastore, seppe con tant' arte conciliarsi l' affezione di Giorgio Stobeo vescovo di Lavant, dall' arciduca, poco prima dichiarato luogotenente (b) nel governo de' suoi stati, che questo ministro prese poco interesse per le contese del patriarcato, quindi rallentandosi l' ardore di Ferdinando, svanì ben presto anche ogni pensiero della erezione del nuovo vescovado. In questo modo si perdettero ad un tratto i frutti di una negoziazione, che occupò pel corso di più d'un mezzo secolo i nostri principi.

III.

Giurisdizione ecclesiastica.

La giurisdizione spirituale, tanto inseparabile dalla gerarchia ecclesiastica, che in lei sola risiede, servivasi altre volte dell'autorità di punire i contumaci con pubbliche pene spirituali, dalla quale benchè non di rado ne derivassero degli abusi, non ostante secondo l' opinione de' tempi veniva autorizzata. Evidente prova è la *scomunicazione* fulminata dal patriarca *Giovanni Grimani* (**1575**) contro *Giacomo d' Attems capitano di Gradisca* (c). Quantunque

---

a) *Archivio Rabatta.*   b) *Nell' anno 1597.*
c) *Scritture del magistrato fiscale di Gorizia.*

questa censura fosse riconosciuta ingiusta (a), il religioso arciduca Carlo, lungi dal difendere il suo ministro contro ogni ragione punito, obbligollo a chiedere a piedi del patriarca il perdono, e l'assoluzione. Questi sono avvenimenti proprî di quei tempi, in cui i principi ciecamente senza alcun esame dei diritti ecclesiastici aderivano a tutto ciò, che veniva loro dai vescovi insinuato. Consultati questi dal principe intorno gli affari appoggiavano alle bolle pontificie, ed ai canoni le loro opinioni, e *Giorgio Stobeo*, vescovo di Lavant, per consolare coloro, contro cui fulminava le censure ecclesiastiche, soleva dire: *Ecco i decreti del sagro concilio di Trento, ecco la sentenza pronunciata dalla bolla in Caena Domini. Tutti vi condannano (b).* Quindi *Francesco Barbaro*, coadiutore allora del patriarca, con una delle sue costituzioni , promulgate nella congregazione sinodale del clero goriziano, prescrive a tutti i curati di tenere presso di loro una copia della mentovata bolla, e secondo questa scomunicò anche esso, come patriarca, *Francesco Formentino capitano di Gradisca (c)*.

Sopra i fondamenti di questa giurisdizione spirituale gli ecclesiastici ne fabbricarono un'altra, che sotto il nome di giurisdizione ecclesiastica si conosce. Si pretendeva in vigor di questa non solo la cognizione delle materie ecclesiastiche, ma ancora delle temporali, allor che avessero qualche rapporto colle persone, o coi beni ecclesiastici. Siccome questa competenza è stabilita sopra diritti umani, così dipendeva dalla volontà dei nostri principi, e dal governo goriziano, come loro interprete, il prescriverne i limiti nella nostra provincia.

Nella prammatica di amministrazione, che Ferdinando fece pubblicare (**1 giug. 1542**) in tutti i suoi stati, s'incontrano tre articoli, che riguardano gli ecclesiastici. Prescrivendo il principe in uno di quelli l'ordine da osservarsi nell'inquirire e punire i *bestemmiatori* comandò, che gli ecclesiastici secolari, o regolari, rei di bestemmie proferite in propria casa, in chiostro, o in qualche chiesa fossero denunziati al loro superiore, e da questo esaminati, e puniti, se poi se ne fossero renduti rei in altro luogo, fossero denunciati al

---

a) *" Secondo il sentimento di tutti noi „ dice Gior. Stobeo, vescovo di Lavant, adducendo in una lettera scritta al suo metropolitano questo fatto, " fu giudicata ingiusta la scomunicazione. „* Lettere di Giorgio Stobeo, stampate in Venezia nell' anno 1549 da Giuseppe Rosa.

b) *Vedasi la lettera scritta da questo vescovo a Giorgio di Neuhaus.*

c) *Scritture del magistrato fiscale di Gorizia.*

giudizio laico, da cui provata la verità del reato, dovessero essere consegnati al superiore ecclesiastico per riceverne il meritato castigo. Con altro articolo, che riguarda il vestire, ordinò Ferdinando a' vescovi di proibire al clero ogni foggia di vestito non conveniente allo stato ecclesiastico, e contrario ai canoni. La medesima prammatica finalmente nell'articolo riguardante i pubblici scandali e le scostumatezze, ingiunse immediatamente a' parrochi, e curati, come maestri della morale, d'istruire in quella il loro popolo, e spiegargli la nostra santa legge fondata sopra il Vangelo.

Frequenti disposizioni incontransi nelle scritture di quel secolo colle quali la potestà legislativa del principe provvide immediatamente a molte occorrenze ecclesiastiche, ed al clero appoggiò la cura di alcune altre, le quali non avevano che una lontana relazione cogli affari della chiesa. Furono quindi gli ecclesiastici sin dal principio del secolo incaricati dalla potestà civile dell'amministrazione non solo dei beni della chiesa, ma ancora degli spedali, ed altri luoghi pii. Si rileva da un registro, esistente in Cormons, che il coadiutore *Francesco Barbaro* nella sua visita abbia riveduti i conti dello spedale di s. Nicolò di detto luogo (a): e le costituzioni sinodali comprovano quanto fosse esatto il suo zelo nell'eseguire gl'incarichi addossatigli dalla sovrana autorità. Ottimo fu l'oggetto, per cui i principi credettero opportuno il servirsi del clero in molte parti del governo, ma oltrecchè non furono sempre corrispondenti alle loro intenzioni gli effetti; non pochi ecclesiastici sedotti dal grado dello stato loro, senza riflettere d'essere stati chiamati dal principe a parte del governo, pretesero in progresso di tempo d'avervi diritto da una potestà superiore, di modo che l'arciduca Carlo con particolare rescritto (**3 febb. 1590**) fu obbligato a dichiarare, che nessun altro fuorchè il suo *capitano della contea*, ed i delegati da lui potessero aver parte nei beni delle chiese (b).

Il capitano Francesco della Torre spinto da gelosia di governo la quale facevagli riguardare con diffidenza la minima parte, che gli ecclesiastici prendevano nei pubblici affari, cercò non solo d'allontanar il clero dalla vigilanza sopra i beni temporali delle chiese, ma di avvocare eziandio ai tribunali secolari le cause matrimoniali, circa le quali l'*arcidiacono di Tolmino*, nominato dal capitolo di Cividale, pretendeva di aver in quel distretto privativo diritto. Le contese

a) *Nel dì 25 giugno 1593. Registro delle rendite di quello spedale.*
b) *Archivio di Vipacco.*

erano relative alla fermezza d'un uomo qual era il capitano, ed alla destrezza d'un capitolo attento ad impedire ogni innovazione, che restringer potesse le sue prerogative. Il principe per terminare questi contrasti delegò Nicolò della Torre capitano di Gradisca, Accurzio Bocco vicario di Gradisca, e Giovanni Nusic piovano di Bigliana coll'autorità di definire fra il capitano di Gorizia ed il capitolo di Cividale, le insorte controversie. Fu deciso (**29 apr. 1552**) da' commissarî, che l'*arcidiacono di Tolmino* potesse soltanto assistere alla revisione de' conti delle chiese, ma che le cause matrimoniali spettanti alla cognizione degli ecclesiastici fossero dibattute avanti il foro dell'*arcidiacono*. Questa dichiarazione rassodò agli ecclesiastici un giudizio separato dal tribunale laico.

Il restante della contea col *territorio di Gradisca* privo di giudice delegato dal patriarca dipendeva sino al tempo, che fu costituito il suo proprio *arcidiacono* nelle cause ecclesiastiche dal foro d'Udine, il quale oltrepassando i limiti di sua giurisdizione, e chiamando a sè contese, le quali punto non gli appartenevano, sconcertò il buon ordine, e l'armonia nel governo civile della contea. I sudditi austriaci appena ricevuti gli ordini sacri ricusavano di comparire nelle cause civili ai nostri tribunali, ed i sudditi laici si presentavano alle volte avanti la curia patriarcale in quelle cause, che avevano qualche lontano rapporto colle chiese, o colle persone ecclesiastiche. Un semplice indizio o una lusinghiera speranza di favorevole sentenza in un foro non competente perturbava il pubblico ordine nella contestazione de' litigi, e pretendendo la curia d'Udine d'aver diritto a tutti gli affari, che avevano qualche ombra di connessione colle cose ecclesiastiche, confondeva la sua giurisdizione colla pubblica autorità delle laiche magistrature. Abbiamo una memoria (**3 lugl. 1544**) del *foro di Cormons* contro gli *abusi introdotti dalla curia patriarcale,* che al suo foro tentava di richiamare le cause delle chiese agitate pel passato avanti i tribunali laici (*a*).

Nello stabilire la dignità di *arcidiacono di Gorizia* le conferì il patriarca tanta parte della sua giurisdizione, quanta la gelosia di quei tempi gli permetteva. Dall'istituzione del primo arcidiacono (**22 dic. 1574**) si rileva, che il patriarca riservava a sè ed al suo vicario generale la giurisdizione sopra la chiesa di Aquileja, e sulle cause di quel territorio, così ancora l'istituzione dei curati, l'approvazione di questi, e de' predicatori, e le visite delle chiese.

a) Scritture del magistrato fiscale di Gorizia.

19

Gli concedeva per altro l'autorità di ascoltare, di conoscere, e definire tutte le cause civili, criminali e miste ingiungendo all'arcidiacono di consultare nelle cause ardue il patriarca, o il vicario generale, da cui egli dipendeva, di astenersi da tutti quegli atti, che dai sagri canoni vengono agli arcidiaconi proibiti, e di non impedire le appellazioni alla curia patriarcale, finalmente gli si imponeva l'obbligo di presentarsi due volte all'anno per dar conto delle sue operazioni, e d'invigilare affine che la giurisdizione non fosse da nessuno disturbata (a). Riserbatisi così la città ed il *territorio d'Aquileja* all'immediata autorità del patriarca, la libertà, che si arrogava l'*arcidiacono Girolamo Catta* nel giudicare le cause di quel distretto fu motivo delle sue controversie col patriarca Grimani, le quali determinaronsi colla *rimozione dell'arcidiacono* (**1577**) (b). Da un altro canto, siccome un certo innato spirito di dominio conduce facilmente i ministri ad abbracciar le idee de' loro principali così gli *arcidiaconi di Gorizia* gonfi della loro autorità, confondendo ben presto la civile giurisdizione coll'ecclesiastica, pretesero di giudicare tutte le cause civili dei beni delle chiese, e delle persone ecclesiastiche, e di formare nel loro foro i processi contro i fornicatori ed adulteri, non altrimente che nei giudizi laici si procedeva contro le ruberie, e gli omicidi. Ma l'arciduca Carlo prescrisse (**9 ag. 1588**) che le inquisizioni, e le pene contro la incontinenza, appartenessero alla potestà civile come quelle di tutti gli altri delitti, che provengono dall'impeto delle umane passioni, e perciò i rei, come disturbatori della pubblica quiete dipendessero indistintamente dalle civili magistrature. Riguardo poi alle *cause degli ecclesiastici*, ed a quelle derivanti da' beni delle chiese, ordinò (**26 giug. 1589**) che l'esenzioni delle loro persone destinate particolarmente al culto di Dio non potessero estendersi alle loro civili contese, e che il clero, come membro dello stato civile, in simili materie dovesse esser sottoposto al foro laico.

---

a) *Archivio Delmestre.*
b) *Scritture del magistrato fiscale di Gorizia.*

IV.

Capitoli, parocchie, chiese e cappelle.

Il *capitolo d'Aquileja* per l'antichità della sua istituzione, per le prerogative, che negli andati secoli godeva, e per la distinta protezione che gli accordarono gli imperadori, fu sempre considerato per uno dei più insigni capitoli della cristianità. Ma le vicende che soffrì il patriarca sul principio del XV secolo, si fecero anche sentire vivamente al suo capitolo. Perdette esso senza avvedersene il diritto d'eleggere il suo capo, dacchè il patriarca fu spogliato del dominio temporale della sua chiesa, e siccome questi per molte restrizioni fatte di tempo in tempo alle sue prerogative, non lasciava mezzo intentato per riacquistarle: così il capitolo addottando tutti i principî del suo superiore ecclesiastico, non poteva dissimulare il *poco attaccamento*, che aveva pel dominio austriaco. Complice egli delle trame del patriarca *Marino Grimani* ne' tumulti d'Aquileja, che seguirono dopo la sorpresa di *Marano*, colla lusinga, che quelle turbolenze traessero seco il territorio di Aquileja, continuò riguardarsi come non dipendente dal dominio austriaco e diede a conoscere, che non intendeva di ricevere il possesso de' canonicati da ministri di Ferdinando. Si *sequestrarono* quindi da parte del governo *le rendite*, che gli appartenevano nel *capitanato di Gradisca*, ed obbligossi il capitolo a confessare non meno la sua imprudente renitenza, che la sua poca fedeltà.

Nel cambiamento d'ogni *capitano di Gradisca* cercava il capitolo tutte le vie di eludere la vigilanza del governo, e di sottrarsi alla sua soggezione. *Giovanni Hoijos* fu costretto (**10 dic. 1562**) di ammonirlo con nuovi, e precisi ordini, che si astenesse dal conferire a' nuovi canonici il possesso spirituale, senza la speciale sua approvazione. Così la vedova arciduchessa Maria ordinò (**5 nov. 1590**) al nuovo *capitano di Gradisca* Giovanni Cobenzl di non riconoscere verun canonico nuovamente eletto, se prima non avesse da lui ricevuto il possesso nel temporale, ed esiste la lettera (**10 nov.**) scritta da Gratz dal capitano al suo luogotenente Raimondo della Torre, colla quale gli raccomanda l'esatta osservanza del sovrano decreto (*a*). Malgrado la non interrotta attenzione dei ministri austriaci sopra gli andamenti del capitolo (**1563**) questo si

a) Scritture del magistrato fiscale di Gorizia.

fece lecito, di dare nella città medesima d'Aquileja al luogotenente d'Udine un pranzo, solito darglisi tutti gli anni in una delle vicine ville venete in occasione della visita generale, che il medesimo faceva ne' luoghi della sua dipendenza. Questo passo dei canonici dovette apparire agli occhi del nostro governo come un pubblico insulto, quindi lo stesso capitano *Hoijos* citò dinanzi a sè i principali del capitolo, e rimproverata la loro condotta gli ammonì di non ricevere in avvenire, nè accogliere massimamente in *Aquileja* alcun ministro veneto. Queste sono particolarità di poca considerazione, ma in una storia particolare convien riferirle, per far conoscere se non altro l'accortezza, e le piccole furberie di que' tempi.

Parrebbe ingiusto chi volesse imputare a delitto quella affezione, che conservò il *capitolo di Aquileja* per la repubblica di Venezia. I canonici tutti veneti smentir non potevano quei sentimenti, che avevano per la patria, e pel naturale loro principe. Conferivansi i canonicati a sudditi veneti, toltine i due soli, del vicario imperiale, e del vicario dell'arciduca, ch'erano di presentazione de' nostri principi come imperadori, e come conti di Gorízia, ed *avvocati della chiesa di Aquileja.* Mal sofferendo i Veneti di veder nel loro corpo due austriaci, nè potendo in verun modo liberarsene, studiarono di tenerli in principio lontani dal maneggio e dalla discussione di certi affari capitolari, ed indi li esclusero apertamente da tutte le consulte e deliberazioni del capitolo. *Apollonio Protestanio,* vicario imperiale fu il primo, che scoprì al principe il torto, che inferivasi a' due vicarî austriaci, e che pose in vista una esclusione, che feriva i diritti del sovrano stesso. Comunicò il vicario la sua lamentanza a Francesco della Torre, ambasciadore di Ferdinando I in Venezia, ed esiste l'istanza di questo ministro (**18 apr. 1559**) all'imperadore, perchè proteggesse la causa de' suoi vicarî particolari. Il principe, non conoscendosi in que' tempi per lo più altra via che quella di Roma per provvedere ai disordini dei corpi ecclesiastici, non osava di esigere con risolutezza ciò, che non sapeva con efficaccia dimandare. Paolo IV non era quel pontefice, a cui Ferdinando potesse dirigersi; credette quindi di differire ogni negoziato alla corte di Roma, e di aspettare sulla sede di s. Pietro un successore a sè più favorevole (a).

_____

a) *Sono noti i dispareri insorti fra essi dalla ridicola pretensione del papa, il quale sosteneva che Carlo V non avesse potuto senza consenso della s. Sede rinunziare la corona imperiale, e molto meno Ferdinando succedergli nell'impero.*

In fatti pochi mesi dappoi spedito Francesco della Torre in Roma, come cesareo ambasciadore, per l'elezione del nuovo papa, in conformità delle istruzioni ricevute, assicura Ferdinando (**5 sett. 1559**), che non mancherà d'adoprarsi presso la s. Sede, onde por fine alle altercazioni ed ai disturbi del *capitolo d'Aquileja*, col procurare, che a quei canonicati venissero in avvenire nominati tutti sudditi austriaci ad esempio della repubblica di Venezia, che non ammetteva alcun estero a' benefizî del suo stato.

Questo maneggio, non essendo riuscito, i commissarî di guerra in una relazione riguardante il mentovato capitolo suggerirono (**15 febb. 1563**) come unico mezzo per tagliare ogni radice alle interne turbolenze, che l'imperadore sostener dovesse la nomina dei *canonici d'Aquileja*, come sostiene quella di tutti gli altri benefizî nel suo dominio, fondando il suo diritto sulle antiche prerogative dell'augusta sua casa. Nel caso che il pontefice non volesse accordarglielo e che non obbligasse il patriarca a cedere almeno la nomina di que' canonicati, che aspettavansi a lui, potesse, e dovesse allora S. M. non altrimente che la repubblica, con vigore e fermezza, insistere presso il papa, che non ad altri fuorchè ai suoi propri sudditi venissero conferite quelle prebende. Che se ne' tempi addietro, aggiungono i commissarî, il patriarca stesso era tenuto a ricevere dall'imperadore il possesso temporale, con quanto maggior fondamento poteva Ferdinando pretendere, che i canonici di Aquileja non fossero per tali riconosciuti senza la precisa sua confermazione. Non si potrebbero a' nostri tempi difendere con più cognizione di causa i diritti dei nostri principi.

Per quanto serî fossero stati gli ordini sovrani intimati al capitolo di non negare a' *due vicarî* luogo e voce nelle sue adunanze, non volle mai esso ubbidire, protestando che i vicarî da cento e più anni non erano mai comparsi in capitolo, e che perciò erano decaduti da ogni diritto d'intervenirvi. Quindi fu di mestiere, che sì l'imperadore Massimiliano II, che Rodolfo II interponessero la loro autorità, affinchè agli anteriori sovrani rescritti fosse prestata ubbidienza, e data esecuzione (*a*). Malgrado che l'ordine di Rodolfo (**6 ag. 1597**) fosse stato replicato colle minaccie della sequestrazione de' beni del capitolo (*b*), i *due vicarî* rimasero esclusi pel corso

_____

a) *Gli ordini di Massimiliano sono dati l'uno il dì 30 marzo 1556, l'altro il dì 24 sett. 1573. Archivio Delmestre.*
b) *Archivio Delmestre.*

di tutto il secolo da ogni consorzio capitolare. Riguardo poi alla collazione dei canonicati ai sudditi austriaci nulla fu eseguito, e non si videro fino ai tempi nostri se non al più tre canonici, che fossero nazionali in un capitolo, che dallo stato austriaco ricavava le rendite pel mantenimento di otto. Deesi ammirare l'indulgenza usata dal nostro governo per due secoli e mezzo verso un corpo, che si poteva coi sequestri delle rendite costringere all'ubbidienza.

Erano nel principio del XVI secolo tutti i benefizî curati di nomina dei nostri principi, eccettuatane la *parocchia di Vipacco*, che da lungo tempo prima apparteneva alla *prepositura* di Strasburgo in Carintia, e la cappellania dello Spirito Santo nella parte superiore della città di Gorizia, di nomina della famiglia di Rabatta. Dopo la conquista del *territorio di Gradisca* e del *capitanato di Tolmino*, si unirono alle antiche parocchie ed ai vicariati altre pievi, ed altri benefizî curati, di cui la maggior parte era per antico diritto di collazione del monastero, e del capitolo d'Aquileja, e quelle sotto il capitanato di Tolmino di nomina del capitolo di Cividale.

Massimiliano I, servendosi dei suoi diritti, avvocò a sè la nomina dei benefizî del capitanato di Tolmino. Ci è rimasta una sua presentazione (**11 nov. 1510**) in favore di *Cristoforo Svoger* sacerdote di Lubiana per la pieve di s. Vito. O perchè non fosse per lungo tempo stata alcuna vacanza di parocchie in quel distretto o perchè la negligenza del governo di Gorizia, trascurando questa parte avesse permesso, che il capitolo di Cividale vi provvedesse, certo si è, che fino alla metà del secolo non ebbero queste collazioni del capitolo alcuna opposizione (a). Francesco della Torre, quell' illuminato ed indefesso capitano di Gorizia, non potendo veder di buon occhio, che un corpo, le cui mire erano di trasportare in estero territorio quella parte delle sue rendite, avesse la nomina de' benefizî, ch'erano passati sotto il dominio d'un principe, a cui apparteneva indististintamente per antichi diritti la collazione dei benefizî esistenti nei suoi stati, ricusò generalmente di accordare a' benefiziati il godimento delle rendite raccolte nel territorio confidato al suo governo, senza ch'esso come capo ne fosse istrutto. Fece quindi intendere al capitolo di Cividale non poter esso riconoscere que' parrochi, i quali non fossero dal principe presentati, e meno ancora permettere,

---

a) *Fonda il capitolo di Cividale il diritto della nominazione di alcune pievi sino dall'anno 1192 da papa Celestino III, e delle altre dal patriarca d'Aquileja Raimondo Turriano.*

che i piovani dal capitolo nominati potessero godere d' alcun emolumento, quando non ricevessero dal capitano il possesso temporale. Il capitolo, composto come quello d' Aquileja, di sudditi veneti, e possessori ugualmente di beni situati nello stato austriaco, imitò nella renitenza agli ordini e nei molesti ricorsi al principe il capitolo d' Aquileja. La fermezza del capitano non si lasciò però turbare. Esso rappresentò con tanta forza la necessità del possesso, ed altri punti toccanti il capitolo di Cividale, che Ferdinando delegò i commissari di cui dianzi si fece menzione (a), coll' autorità di definire fra il capitano, ed il capitolo qual si voglia controversia. Fu deciso, che il capitolo, quantunque fosse di suo diritto la nomina a' benefizi appartenenti alla *mensa capitolare*, dovesse notificare il nominato al capitano o al suo luogotenente, per essergli conferito da questi il *possesso temporale*. I commissari, che non avevano le viste di Francesco della Torre, trattarono questo punto, come si tratterebbe in un tribunale di giustizia una quistione contenziosa fra due persone private, e non si avvidero, che il capitano difendeva la causa dello stato contro un capitolo straniero, il quale trattava la sua propria.

Scorgendo in fine il *capitolo di Cividale* una costante attenzione dalla parte del governo goriziano a tutti i suoi andamenti nel territorio austriaco, e temendo che l'animo irritato di Ferdinando I contro il patriarca ed il capitolo di Aquileja non si estendesse sui rapporti, ch'esso aveva nello stato austriaco, credette di prevenire con nuove prerogative ottenute dalla corte di Roma le restrizioni, che potevano ancora sovrastargli. Esso osava sperare tutto da un pontefice, il quale si dimostrò in ogni occasione alieno a Ferdinando. Paolo IV non solo confermò (**1558**) gli antichi di lui privilegi, ma gli concedette ancora un' autorità, e giurisdizione episcopale' per quei distretti, nei quali si estendevano le parocchie della sua nominazione.

I benefizi, ch'erano di collazione del principe conferivansi in questo secolo alle volte coll' aggravio d'una pensione. Così fu conceduta la parocchia di Romans (**1579**) a Melchiore Stefani coll' obbligo di pagare annualmente cento fiorini, i quali furono anche assegnati (**19 mar. 1580**) per un anno dall' arciduca Carlo al convento de' padri conventuali di s. Francesco in Gorizia. In occasione di vacanza di qualche parocchia, o d'altro benefizio, era l' uso introdotto, che le comunità dei contadini, se il benefizio era in villa, o gli abitanti di Gorizia, se si trattava del parroco della città,

a) *Vedi pag.*

supplicassero il principe a conferire la pieve a quel soggetto, di cui
i parocchiani maggiormente fidavansi. Questi erano 'costumi buoni
in un secolo, nel quale i raggiri erano al popolo ancora ignoti.

Colle nuove parocchie sparse nel *capitanato di Gradisca* e
nel *territorio di Tolmino* aumentossi il numero di altre chiese filiali
dipendenti dalla chiesa parocchiale, che l'amore del comodo, e la
pietà degli abitanti eressero in molti villaggi. Alcune di queste
chiese venivano amministrate da un vicario, o altro curato, e molte
erano orfane del loro ministro. Era bensì minore il loro numero
di quello d'eggidì nel paese, tuttavia vedesi da una nota dell'anno
1537, che il numero anche allora sorpassava il bisogno. Il governo
si sarebbe in quei tempi reso sospetto di eresia, se avesse voluto
impedire l'erezione di chiesuole, e cappelle superflue, o non avesse
permesso d'erigerne senza prima dotarle. Stava in balìa d'ogni
comunità di contadini pel corso di tutto questo secolo il fabbricarsi
una propria chiesa, e non conoscevasi ancora, che queste fabbriche
religiose non servivano, che a creare un nuovo giorno festivo, e ad
essere di perpetuo aggravio alla gente di campagna pel loro
mantenimento.

La pietà di que' tempi non si restrinse all'erezione di sole
chiese. I più comodi di beni di fortuna lasciavano con testamento
terre, livelli, o altre rendite, per certo numero di messe perpetue,
che dovevano celebrarsi non solo in qualche determinata chiesa, ma
anche ad un dato altare, che sovente per tal motivo erigevasi dalle
fondamenta. Da tali legati ebbe origine quella quantità di altari, di
cui vedonsi ripiene le chiese, come la ebbero tanti benefizî, che
sotto il nome di cappelle nella contea si conoscono. Sì fatti lasciti
praticaronsi per tutto il corso di questo secolo, e furono una nuova
sorgente di litigi fra il clero e le famiglie, che ne avevano la
nomina. Alcune di queste, differendo la collazione delle cappelle
vacanti, se ne appropriavano i frutti per quell'intervallo di tempo, il
che diede motivo a Ferdinando, per togliere simili abusi, di far
pubblica la legge (**20 mar. 1549**), che chi avesse il diritto della
nomina a qualche benefizio ecclesiastico, fosse tenuto, sotto pena di
decadere dallo stesso, di non lasciarlo vacante oltre lo spazio di
due mesi (*a*). Molti privati nell'altrettanto scusabile quanto ragionevol
supposto d'adempiere bastevolmente l'intenzione principale del
testatore col far celebrare il determinato numero di messe, ad esempio

----

a) Archivio del vicedominato di Lubiana.

del *capitolo di Cividale*, che dava il mantenimento a' suoi vicari, e ritirava a sè le rendite parocchiali, assegnavano l'elemosina per queste, ritenendosi i frutti, che ne avanzavano. Il clero fece causa comune: e dibattuta la quistione per qualche tempo nel foro civile ed ecclesiastico della contea, fu la stessa portata al trono del principe. L'arciduca Ferdinando decise (**28 nov. 1596**), che tutti quelli che avessero la nomina di qualche parocchia, o altro benefizio, fossero obbligati di presentare alla *curia dell'arcidiacono* una distinta nota delle rendite del medesimo, perchè gli ecclesiastici le godessero tutte senza essere ne' diritti appartenenti al benefizio in alcun modo defraudati.

Aumentandosi in tal guisa i benefizi ecclesiastici, aumentossi ancora il numero dei sacerdoti nella provincia. La sicurezza di poter vivere dall'altare traeva molti preti stranieri, ed allettava i sudditi ad incamminare i loro figli allo stato ecclesiastico, a cui l'imperadore Massimiliano I aveva già confermato (**24 genn. 1523**) l'antico privilegio concedutogli da *Mainardo conte di Gorizia*, di poter indistintamente testare di tutti i suoi beni; privilegio, di cui il clero goriziano ottenne (**22 genn. 1568**) una nuova ratificazione dall'arciduca Carlo.

V.

Comunità religiose, commende, confraternite.

Non trovavasi nel principio del secolo XVI altra comunità religiosa, che il solo convento de' padri conventuali di s. Franceso nell'inferiore parte della città di Gorizia, appartenente alla provincia di Padova. O perchè questa casa fosse stata da goriziani fondata, o perchè gli antichi conti fondatori della stessa avessero incaricati dell'ispezione gli stati provinciali, nelle cui mani era depositato tutto l'interior governo della contea; certo si è che questi ebbero pel corso di tutto il secolo la sopraintendenza non solo delle rendite, ma ancora dell'interna disciplina del convento. Nominavansi dagli stati i sindaci per esaminare le rendite, e le spese del convento, e tale fu l'attenzione, che prestavasi alla sua economia, che pretendendo il provinciale dell'ordine, che il guardiano di questo convento fosse obbligato di portarsi al capitolo a spese della detta casa, gli stati risposero di non opporsi che il loro guardiano seguisse gli ordini del suo istituto; ma protestarono che le spese del viaggio dovessero esser a carico del loro convento. Se le comunità religiose ricorrevano ne' loro bisogni alla pubblica e privata beneficenza, egli era ben di dovere, che l'autorità pubblica non solo riconoscesse i bisogni, ma anche l'uso, che doveva farsi di una tale beneficenza.

La vigilanza degli stati non si limitava alla sola temporalità del convento: dipendeva da loro l'accettazione de' candidati religiosi, o almeno non poteva essere veruno ricevuto senza l'approvazione loro. Esiste un memoriale di Ermanno Grunhoffer, capitano di Pletz, con cui (5 giug. 1526) supplica lo stato nobile di Gorizia d'accettare un suo fratello nel convento di s. Francesco; ed abbiamo altresì un ordine degli stati, che prescrive al guardiano, di non ricevere alcun nuovo fratello, se non nazionale, e di non sortire dallo stato senza la loro permissione. Eleggevasi ancora dagli stati provinciali il superiore del convento; ed appariscono fra le nostre scritture le sovrane lettere con cui Ferdinando (7 lugl. 1552) palesò loro il suo desiderio, perchè il guardiano attuale venisse confermato nel suo governo: esistono ancora le lettere de' nostri stati (29 nov. 1588), dalle quali rilevasi, aver essi passato offizio al provinciale dell'Austria, perchè accettasse la guardianeria del loro convento, che desideravano di conferirgli.

Il provinciale, che mal soffriva una tal dipendenza, tentò di sottrarne le comunità de' suoi religiosi, insistendo, che la sua presenza fosse necessaria, allor che si rendeva conto dell'amministrazione delle rendite del convento di Gorizia (1578), e rappresentando a quanti inconvenienti fosse sottoposta l'accettazione de' candidati religiosi, se seguitasse a dipendere da persone laiche. Ma gli stati persistendo nella massima presa di riveder i conti del loro convento, ogni volta che l'avessero giudicato necessario, senza dipendere dalla presenza d'una persona, la quale avrebbe potuto essere sempre assente, e volendo sostenere il possesso d'un antico diritto, che li poneva in istato di conoscere que' religiosi, che dalla pubblica liberalità erano mantenuti, risposero al provinciale, che si credevano bastantemente assicurati dalla giustizia de' commissari delegati all'esame de' conti, allor che questo si facesse in presenza del guardiano; e che non trovavano veruna ragione di astenersi dall'uso da lungo tempo introdotto, e per ottimo fine stabilito, di confermare i candidati. La precisione della risposta troncò la strada ad ogni altra proposizione, e tutto restò, durante quel secolo, nel suo antico stato.

Unita alla contea quella parte del Friuli, che fu da Massimiliano conquistata, il numero delle case religiose si trovò accresciuto di due piccoli conventi, l'uno di s. Francesco in Castello di Porpetto, l'altro in Gradisca dell'istituto de' servi di Maria, e d' un antichissimo monastero di donne dell'ordine di s. Benedetto in Aquileja. I padri conventuali di Porpetto ricevevano il superiore dall'autorità immediata del principe, e lontani dagli occhi del governo passavano, pel corso di tutto il secolo nella più perfetta tranquillità. Il convento dei padri serviti di Gradisca fondato (a) dalla repubblica per servizio degli abitanti di quella fortezza, aveva l'amministrazione de' sacramenti fino alla metà del secolo nel recinto delle mura. Accrescendosi poi la popolazione s'aumentarono in conseguenza i proventi della loro cura; e tanto bastò, perchè al capitolo d'Aquileja, che pretendeva Gradisca sotto la sua spirituale giurisdizione, cadesse in pensiero di dispensare que' religiosi da questo incarico, e porvi un vicario: lasciando a que' padri la libertà di prestare a' gradiscani a titolo di cristiana, e religiosa carità, quegli spirituali soccorsi, che prima erano tenuti di porgere per istituto.

Benchè il monastero di s. chiara in Cividale fosse stato già da Martino V soppresso, ed unito all'antichissimo monastero d'Aquileja (b) le monache non fecero al tempo della soppressione quell'uso, a cui poscia fu destinata quella casa: ma molte di quelle monache continuarono l'antico costume introdottosi di partire d'Aquileja ne' mesi della state, e d'autunno, per motivo dell'infezione dell'aria, e di ritirarsi presso i loro parenti, o in altro convenevole luogo, senza che fosse in detto tempo interrotto nel monastero d'Aquileja il divino servizio. Luigi, vescovo di Trevigi, nunzio, e legato pontificio, trovando questa libertà inconveniente allo stato monastico, proibì sotto pena di scomunica alle religiose l'uscita dal chiostro per qualunque pretesto senza la speciale immediata licenza della s. Sede. Le monache non si lasciarono sgomentare nè dal divieto del legato, nè dalla pena loro intimata. Continuarono esse a sortire; ma dimandarono nello stesso tempo ad Alessandro VI, insieme coll'assoluzione di tutte le censure, in cui potevano esser incorse, che annullasse le proibizioni del suo legato: il che fu loro dal pontefice con una particolare bolla conceduto (c).

a) Nell'anno 1481.
b) Nell'anno 1427.
c) " Essendoci presentata supplica per parte della Badessa, e delle

Non abbiamo potuto trovar l' epoca, in cui queste monache cessato avessero di godere di tal privilegio, ed in cui avessero scelto il monastero soppresso di Cividale pel luogo del loro comune ritiro ne' mesi più caldi dell'anno; e stabilite le loro regolate peregrinazioni da un monastero all' altro, le quali fino a' giorni nostri si sono continuate; con trasportare in tempo di quella stagione l' uffiziatura della chiesa d'Aquileja in quella di Cividale, e con osservare tuttavia un' apparente canonica residenza nel monastero d'Aquileja, dove riserbavansi le principali funzioni monacali, di elezioni d'abbadesse, di vestizioni, e di professioni (a).

Le facoltà di questo monastero furono per le religiose un forte mezzo, onde ottenere dal papa l' esenzione dall' ordinario pastore

------

„ monache d'Aqnileja, qualmente giusta l'antica consuetudine
„ molte di loro non già per capriccio, ma solo per isfuggire
„ l'intemperie dell' aria, che regna singolarmente in tempo
„ della state, e dell'autunno in Aquileja e suo distretto, sieno
„ solite di sortire dal monastero, e di ritirarsi presso qualcuno
„ de' loro parenti, o in qualch' altro onesto luogo, ed indi dopo
„ certo tempo di rientrare nel monastero; e benchè in detto
„ monastero non s' interrompa il culto divino, nulla ostante
„ il Vescovo di Trevigi nostro Nunzio, e legato in quelle parti,
„ colla facoltà che tiene dalla santa Sede sopra qualunque
„ monastero, stabilì, ordinò, e proibì sotto pena della
„ scomunicazione ipso facto incurrenda, che quelle monache
„ non ardissero sotto verun pretesto di più sortire dalla
„ loro clausura, come fin ora erano accostumate di fare,
„ senza aver prima una speciale licenza della santa Sede;
„ e perchè l'Abbadessa, ed alcune monache per essere dopo la
„ detta proibizione sortite come prima dal monastero, temono
„ d' aver incorsa la censura, e supplicarono il Pontefice
„ d' esserne assolte: così il santo Padre mosso da molte ragioni
„ concede la facoltà al sopranominato Arcidiacono d'Aquileja,
„ e lo autorizza di scioglierle, ed assolverle da qualunque censura
„ togliendo ed annullando la proibizione fatta dal Vescovo di
„ Trevigi. „ Bolla di papa Alessandro VI 18 settembre
dell'anno 1492.

a) E' probabile che le monache d' Aquileja abbiano nel principio del secolo XVII in tempo della guerra co' Veneziani fissato in Cividale il loro domicilio per la stagione più calda.

colla dependenza immediata da Roma. Vantava il medesimo per molto antica questa prerogativa *(a)*: ma siccome simili esenzioni restringendo l'autorità ordinaria sono di mal occhio vedute da' vescovi; così avvenne che i patriarchi cogliessero tutte le occasioni per riprendere sul monastero la loro giurisdizione, e che le religiose ad ogni menomo sospetto domandassero da' successivi pontefici la confermazione degli antichi loro privilegi, ed aumentassero eziandio a loro favore la diffidenza del nostro governo contro del veneto pastore. Si presenta qui opportuna l'occasione, di far nuovamente menzione della rimostranza del capitano di Gradisca Nicolò della Torre, contro il patriarca Domenico Grimani sulle istanze di dette religiose. Temevano esse non solo di restar sottomesse all'ordinario nello spirituale, ma ancora di restare spogliate del temporale: e l'avveduto capitano rappresentò a Ferdinando la perdita, che ne farebbero le famiglie nobili colle seguenti parole (3 nov. **1588**): *Rappresento,* egli diceva, *tutto ciò a V. M. col più ossequioso dovuto rispetto; perchè possa provvedere sì a' diritti del suo stato, che al comodo, e benefizio delle nobili povere famiglie, suddite sue, le quali, non avendo il mezzo di maritare le figlie, godono il vantaggio di collocarle in quel monistero, ciò che mancherebbe; ogni qual volta l'intenzione, e le premure del patriarca sortissero il loro effetto; e le rendite del monistero, che non sono indifferenti, venissero applicate ad una commenda, e concedute in godimento suo particolare.* Quest'è un monumento incontrastabile del cambiamento seguito ne' monasteri da quel tempo sino a' nostri giorni.

Ebbero le monache più volte motivo in quel secolo di ricorrere alla protezione del papa, e de' nostri principi, contro i maneggi, che la curia patriarcale poneva in opera per assoggettarle. La situazione più critica per queste religiose fu quella, in cui le ridusse il vescovo di Parenzo, Cesare di Nores, come visitatore apostolico di tutta la diocesi d'Acquileja, il quale ricusò non solo di riconoscere la loro esenzione, e di confermarla; ma determinò eziandio, che il loro monastero dovesse dipendere dall'immediata giurisdizione del patriarca.

---

a) Colla bolla 1 giugno 1401 Bonifacio IX assicura *il monastero d'Aquileja, ed i suoi beni " della protezione di s. Pietro, della s. Sede, ed ancora della sua propria. " Da altra bolla di Pio V. 13 aprile 1567 si deduce, che più di quattrocento anni prima lo stesso monastero avesse godute le medesime prerogative.*

La gelosìa del governo austriaco per tutto quello, che poteva ingrandire l'autorità patriarcale, impegnò (**1585**) l'arciduca Carlo a sostenere le premure del monastero, come suo proprio interesse, e a far valere presso il pontefice le esenzioni, che furongli concedute dai suoi predecessori, e da quella comunità senza contraddizione fino allora godute.

Erano questi tempi molto favorevoli per li religiosi dell'ordine riformato di s. Francesco. La maggior parte de' loro chiostri, che esistono negli stati austriaci, furono eretti in quel secolo, e furono effetto dell'affezione, che portò seco dalle Spagne Ferdinando I per quell'ordine. Colla novità della riforma, colla comparsa di una nuova foggia di vestimento, e coll'impronta d'una regola più austera guadagnarono eglino ben presto la devozione ancora de' sudditi. Si trovava non lungi della città una chiesa fabbricata da alcune vicine comunità di contadini (*a*) secondo il gusto di que' tempi sopra un erto monte, e dipendente dalla parocchia di Salcano, senza che gli abitanti di quelle vicinanze avessero mostrato desiderio di confidarne la custodia ad una comunità religiosa. I padri riformati solleciti di estendersi, ed aumentare nelle provincie austriache il numero delle lor case, gittarono l'occhio sopra questo monte: ciò bastò perchè la cura di quella chiesa fosse per ordine sovrano levata (**5 apr. 1568**) ai curati di Salcano, e consegnata ai detti padri, i quali in pochi anni ebbero l'industria di fabbricarsi un convento capace di contenere ventisei religiosi (*b*). La fresca riputazione di quest'ordine, e la fiducia, che nel medesimo ponevano i popoli, resero rinomata nelle vicine provincie quella chiesa, alla quale facevansi frequenti peregrinazioni, ed offerte (*c*) con molto vantaggio di quel convento, e di tutta la nostra provincia.

Fino alla metà del secolo gli stati mantenevano nel convento di s. Francesco di Gorizia un religioso, che aveva il debito di predicare in quella chiesa tutte le domeniche, ed i giorni delle feste principali. I costumi italiani ricevuti, e adottati dai nostri maggiori abolirono le prediche ripartite pel corso dell'anno, e le restrinsero al solo tempo della quaresima. Si trovano fra le nostre scritture le corrispondenze, che gli stati tenevano co' celebri predicatori di

---

a) *Il Padre Martino Bauzer pone l' epoca di questa fabbrica all' anno 1544.*

b) *Storia della chiesa, e convento del Monte santo. Cap. 3 num. 2.*

c) *Nella medesima storia. Cap. 1 num. 13.*

que' tempi, e co' generali degli ordini religiosi; perchè il pulpito di Gorizia fosse tutti gli anni provveduto d'uno de' più celebri oratori d'Italia. Ma perchè forse tali soggetti non erano sì comuni, come lo sono a' giorni nostri, o perchè l'importar delle spese paresse troppo gravoso alla pubblica economia; si prese la deliberazione (**22 apr. 1591**) di erigere in Gorizia un convento pei padri cappuccini, dal quale, come da un seminario, gli stati potessero scegliere i loro predicatori quaresimali. I patrizî in quell'adunanza congregati tassaronsi fra loro per quest'oggetto, e l'arciduca Ernesto sulle istanze degli stati provinciali ne assegnò da' boschi camerali il legname da fabbrica. Nello stesso anno fu posta la prima pietra alla chiesa (a), ed al convento; i padri furono con solennità introdotti, e si lasciò alla provvidenza la cura di mantenerli.

Parlando delle case religiose della nostra provincia si presenta opportuna occasione di far cenno di due commende, dell'ordine gerosolimitano l'una, e del teutonico l'altra, ammendue situate nel territorio gradiscano. Erano sotto il patriarca Volchero, che resse in principio del secolo XIII la chiesa aquilejese, le strade di suo dominio e principalmente quelle, che nelle vicinanze di Ruda ad Aquileja conducevano, per le paludi, e pei latrocinî rese sì mal sicure e sì impraticabili, che i viandanti spesso restavano sul cammino degli assassini in que' fanghi spogliati della roba, e della vita (b). Volendo il patriarca riparare a tanti danni fondò ne' contorni di Ruda uno spedale, e dotato che l'ebbe d'un fondo conveniente, lo consegnò a' religiosi spedalieri di s. Giovanni di Gerusalemme, il quale fondo oggidì sotto la commenda di s. Nicolò dell'ordine di Malta è conosciuto Fu questa fondazione accresciuta dal patriarca Bertoldo; e si rileva da' documenti (c) che que' religiosi non fossero solamente tenuti d'esercitare l'ospitalità verso i passaggieri, ma d'invigilare alla conservazione eziandio di quella strada; al qual effetto il superiore dello spedale doveva contribuire ogni anno due *marche* d'Aquileja in denaro. Perchè poi in progresso le fondazioni deviarono dal loro primiero istituto, ora non ci resta della maggior parte di queste se non la curiosità d'indagare la loro origine, e l'occasione d'encomiare le saggie, e provvide intenzioni dei fondatori.

---

a) *Questa fu consecrata dal coadiutore del patriarcato, Francesco Barbaro, il dì 7 settembre 1591.*

b) *De Rubeis. " Monumenti della chiesa d' Aquileja.*

c) *Del dì 16 dicembre 1249.*

Non ostante che questa commenda nella guerra co' Veneziani passata fosse col territorio d'Aquileja sotto il dominio austriaco; l'ordine la considerò senza alcun ostacolo compresa nella lingua d'Italia fino alla metà di quel secolo. L'attento capitano di Gradisca, Nicolò della Torre, fu il primo a rimostrare (**1550.**) al principe l'inconvenienza di permettere, che una rendita, la quale raccoglievasi ne' suoi stati, nessun vantaggio portasse a' sudditi suoi; ma tutta si godesse dagli stranieri. Su questi suggerimenti il gran priore di Boemia alla prima vacanza, che accade della commenda, la conferì (**1556**) al cavalier Giovanni Hochenwarter, quando Girolamo Avogadro religioso della lingua d'Italia supplicava Ferdinando di delegare commissarî, che lo ponessero in possesso della medesima concedutagli dall'ordine. Dovendo la reggenza dell'Austria istruire il principe intorno alle ragioni di questa competenza, impose al Draskovicz gran priore di Boemia d'esporre i motivi, sopra cui fondava il diritto di disporre d'una commenda, la quale fino a que' tempi apparteneva alla lingua d'Italia. Il gran priore rispose, ch'essendo egli in cammino per trasportarsi al campo d'Ungheria, non aveva nè tempo d'esaminare lo stato della quistione, nè presenti al pensiero così su due piedi i diritti, che potesse il suo priorato avere sopra di essa; che gli bastava di poter all'improvviso allegare per sua ragione, ch'essa fosse situata negli stati di Ferdinando, e che pareva cosa inconveniente che le rendite d'essa fossero godute da altri, fuorchè da un suddito austriaco. Il gran priore diede la risposta da soldato, da cittadino, e da uomo di stato: ma la reggenza non trovandola legale non credette di poter secondare il suo parere; nè più si trattò per tutto il secolo d'incorporare la commenda di s. Nicolò nel priorato di Boemia.

Nel medesimo secolo, ch'ebbe principio l'accennata commenda, il conte Mainardo di Gorizia, detto il vecchio, ne fondò per suffragio dell'anima sua un'altra de' religiosi teutonici in Precinico (*a*). Dall'epoca di sua fondazione sino al fine del XVI secolo non ci è rimasta alcuna memoria, che meriti l'attenzione de' nostri cittadini, se non si volesse far menzione dell'atto pubblico, con cui Mainardo III nipote dell'antecedente, in presenza di Federico II imperadore, e di molti altri principi d'Alemagna, confermò in Aquileja la donazione di

a) *La ratificazione di questa commenda fatta da Mainardo III conte di Gorizia nell'anno 1332 porta le seguenti parole:* " Pro " remedio animae suae. „ *De Rubeis.*

suo zio, e solennemente rinunziò a tutte le pretensioni, che poteva aver sopra que' fondi. Il riportare la serie de' commendatori sarebbe più proprio ad illustrare la storia delle nobili famiglie, che quella d'una provincia.

Le confraternite sì pei regolari comuni esercizî di religione, che per l'amministrazione di particolari rendite debbono essere annoverate fra le comunità religiose. Sono antichissimi nella contea questi istituti promossi dallo zelo di formare un patrimonio alle chiese, le cui erezioni non dipendevano, come si disse altrove, che dalla sola volontà delle comunità de' contadini. Colle annue offerte de' confratelli si fecero le spese per la loro uffiziatura, e co' legati, ch'erano frequenti in quel secolo, uniti a' risparmî, le confraternite acquistarono de' fondi stabili. Trovossi in principio del secolo la maggior parte delle chiese, parocchiali sostenute da questi sussidî. Sì fatte associazioni, che non costavano a' promotori nè fatica, nè dispendio, s'introducevano facilmente presso una classe di gente, la quale non sa regolarsi se non a tenore di quello, che vede fare dagli altri. Sino alla fine del secolo non si sa che le confraternite, eccettuatane quella di s. Salvadore in Gradisca, la quale aveva il lodevole costume d'impiegare le sue rendite a pro de' poveri di quella fortezza, avessero altro pubblico oggetto, che certi esercizî di religione in determinati giorni dell'anno. Il patriarca Francesco Barbaro, quel saggio non meno, che zelante ecclesiastico, bramoso di promuovere la venerazione, e il rispetto verso il Ss. Sagramento dell'Eucaristia, senza far menzione di alcuna confraternita inculcò (**1593**) nelle sue costituzioni promulgate nell' adunanza del clero della provincia singolarmente la fraternità del CORPUSDOMINI, perchè colle limosine de' confratelli introdurre, e sostenere si potesse un qualche decente apparato nell'accompagnare il divino Viatico a' moribondi. Ecco in qual guisa lo spirito d'un saggio pastore trova la strada di dirigere la divozione del suo ovile a pubblica edificazione.

VI.

Beni ecclesiastici.

Coi soccorsi delle confraternite, e co' lasciti di più parocchiani le chiese non solo avevano l'onorevole mantenimento; ma quelle, che

20

trovavansi già dotate, aumentarono eziandio i loro fondi, e le nuove
acquistarono ben tosto qualche piccola possessione di terra. Dai
primi libri delle pubbliche imposte si deduce, che la maggior parte
delle chiese avesse in principio del secolo il suo piccolo patrimonio
in fondi, i quali cogli altri beni ecclesiastici principiarono nella contea,
non diversamente che nelle altre austriache provincie, a portar il
peso delle pubbliche gravezze nello stesso tempo che furono aggravate
le terre de' laici.

Non si conobbe col mezzo del pubblico catasto solamente la
quantità de' beni stabili, che appartenevano alle chiese, ed agli
ecclesiastici, ma ancora l'aumento, e la diminuzione, la buona e la
cattiva loro amministrazione. Era necessaria questa cognizione in uno
stato, in cui gli acquisti delle comunità ecclesiastiche avevano eccitato
già nel principio del secolo l'attenzione di Massimiliano I, il quale,
per riparare ad un disordine, che sbilanciando le ricchezze dello stato,
arricchiva gli ecclesiastici colla rovina del corpo laico, abilitò con
pubblica legge (**1518**) (a) i laici a poter ricuperare tutti i beni
caduti nelle mani, che chiamansi *morte*. Non ci restò altra memoria
di questa costituzione, se non che l'arciduca Ferdinando, continuando
il disordine, rinnovato avesse (**14 ott. 1524**) la legge di suo avolo,
e conferito a' parenti, ed eredi degli istitutori di pie fondazioni non
solo il perpetuo diritto della ricuperazione de' beni delle chiese, e
de' fondi ecclesiastici col giusto prezzo, ma di più la facoltà di
cedere lo stesso diritto ad ogni altra persona laica; determinando in
oltre, che, in mancanza di parenti, passassero i medesimi diritti al
sovrano dominio. Quanto erano saggie, altrettanto inefficaci si resero
queste determinazioni. Gli ecclesiastici ebbero sempre de' mezzi di
sottrarsi a tutto quello, che opponevasi a' loro disegni.

Benchè le comunità religiose portate al risparmio, ed agli acquisti
andassero sempre vantaggiando, anzi che deteriorassero il loro stato
temporale, quelle della nostra provincia non diedero motivo alle
due accennate costituzioni. Basta esaminare i tenui fondi, che possedevano
i due conventi dei padri di s. Francesco, e quello de' serviti, per
essere convinti, che le ricchezze di queste case religiose non erano
state cagione, come nelle altre austriache provincie, de' mentovati
provvedimenti. Il monastero d'Aquileja, benchè possessore d'ampie
tenute, tanto nello stato austriaco, che nel veneto, non aveva
nemmeno lo spirito d'arricchirsi. Le religiose divertite da un metodo

_____

a) *Il codice austriaco dà un cenno di questa sovrana determinazione.*

di vita variata s'occupavano più de' privati diporti, che dell'interesse di tutta la comunità.

I diritti d'esenzione da ogni aggravio, che la legge canonica aveva stabilito in favore dei beni temporali degli ecclesiastici, non furono messi in vista, che al terminare del secolo dal capitolo di Aquileja. Attento egli mai sempre ad esimersi da qualsivoglia sorte di dipendenza, cercava sotto il pretesto della cattiva qualità dei terreni in quel territorio di sottrarre le sue possessioni da' comuni aggravì.

Quantunque esistessero memorie delle rendite del capitolo rilevate in occasione delle prime pubbliche imposizioni ripartite sopra le terre, ricusò (**1544**) esso tuttavia nei successivi tempi, allor che si trattava di formare un regolato, e perpetuo catasto di tutti i fondi, di presentare la specificazione de' proprî, e fu necessario un sovrano particolare decreto, per obbligarlo a sottoporsi (**4 giug. 1579**), come tutti gli altri ecclesiastici, alle tasse comuni. Ravvisando poi questo corpo, che non gli riusciva di far valere le pretensioni sue presso l'arciduca Carlo, si rivolse al pontefice, ed impegnollo ad interporsi a suo favore. Gregorio XIII appoggiò l'affare al suo nunzio in Gratz, col cui mezzo fu proposto, che l'arciduca rimettesse la discussione di tale affare a due cardinali. Si doveva accarezzare un papa, i soccorsi del quale sì in denaro, che in gente contro gli Ottomani erano necessarî: per questa ragione evitò il principe il giudizio di due persone straniere (**20 dic. 1580**), dichiarando da sè i beni del capitolo, situati nel territorio d'Aquileja, esenti d'ogni imposizione. Ad onta di questa dichiarazione, gli stati di Gorizia riflettendo che le imposte sopra le terre dovevano essere ripartite a proporzione dei frutti, che se ne ricavavano, rappresentarono l'abuso che il capitolo di Aquileja faceva della sovrana munificenza, e riscossero colla forza quel tributo, che ogni posseditore dee al suo principe.

Il capitolo poteva tanto meno sperare la minima condiscendenza dalla parte degli stati provinciali, quanto che non vollero mai questi accordare nemmeno allo stato ecclesiastico quella tale quantità di terreno, che esente di gravezze fu dichiarato in favore dello stato nobile. Anzi l'Avogadro, commendatore di s. Nicolò, di cui poco anzi si è fatta menzione, avendo addimandato il godimento del *terreno franco*, fu dagli stati obbligato a sottoporsi alla condizione degli altri ordini religiosi. Credevasi in quei tempi di dover far differenza nella ripartigione delle pubbliche gravezze fra uno stato di persone, il quale è obbligato di sostenere colle sue rendite il peso della famiglia, e quello, in arbitrio di cui sta di proporzionare le sue spese a tenore della fondazione, e dei suoi acquisti. Questa massima di aggravare lo stato ecclesiastico a sollievo del secolare era sì costante nel corso di questo secolo, che nella rata personale imposta nell'anno 1571, quella d'ogni canonico fu di un fiorino, e quella d'un patrizio di soli *venti carantani* per mese. Il capitolo fece le sue querele, ma non fu diversamente deciso da ciò, che era stato prima disposto.

Diverso fu lo zelo, con cui furono amministrati i beni attenenti alle parocchie, alle chiese ed a' benefizî dei privati ecclesiastici. Dipendendo il maneggio di questi dalla vigilanza non meno, che dalla probità d'un solo, o di poche persone, soffrirono essi non indifferenti discapiti fino alla fine di questo secolo. La cupidigia di denaro acciecò facilmente quel sacerdote, che offerivasi alla chiesa per vivere con più agio, e per migliorare lo stato di sua famiglia, e la poca attenzione di altri curati non s'oppose alla dissipazione de' beni delle chiese. Esistevano bensì alcuni provvedimenti per la loro amministrazione, ed era antica la consuetudine presso d'ogni comunità dei contadini di eleggere fra loro un soggetto, che con l'assistenza del piovano accudisse alle rendite delle chiese, il quale sino al giorno d'oggi si conosce sotto il nome di *cameraro*. Alla fine di ciascun anno era questi tenuto di rendere conto a' principali della comunità, ed in presenza del curato o si veniva alla conferma del vecchio, o all'elezione di un nuovo *cameraro*: ma essendo appoggiato allora ai superiori ecclesiastici l'esame dei beni temporali delle chiese, e questo solendosi fare in tempo delle solenni visite della diocesi, le quali per difetto di pastore si erano per lungo tempo interrotte, era dall'un canto tanto facile il celare i disordini, quanto dall'altro riusciva malagevole ad un esaminatore forestiero il discoprirli. Esistono documenti non dubbî, che i piovani di Canale, di Comen, e di Camigna abbiano distratti alquanti proventi spettanti alla lor mensa parocchiale, e molti altri ancora dimostrano, con quanta negligenza e con quanta infedeltà fossero state maneggiate le rendite delle chiese.

Non è già che il governo di quei tempi non credesse d'avere il diritto d'invigilare all'amministrazione del denaro ecclesiastico, ma riposando sopra la probità, e vigilanza de' curati, trascurava di prestar attenzione agli abusi, che coll'andar del tempo sogliono introdursi malgrado i migliori provvedimenti. O perchè nell'esame fattosi di quanto le chiese contribuir potessero per l'erezione d'un pubblico granajo (a) non si sieno trovati quei risparmi che si supponevano, o perchè la trascuratezza dei parrochi, e de' *camerari* si sia manifestata pel ritardo nel soddisfare le pubbliche gravezze, da cui nacquero i dispendiosi sequestri, e le più pregiudiziali diminuzioni de' beni; questo è certo, che non prima della metà del secolo si pensò a difendere da tanti spogli il patrimonio delle nostre chiese. La cattiva amministrazione delle loro rendite da una parte, e dall'altra i pressanti mezzi, che adopravansi per riscuotere universalmente i comuni sussidì, furono motivo che restassero spogliate molte chiese delle loro possessioni. Per pagare le pubbliche gravezze o alienavansi da' *camerari* a pezzi i fondi, o venivano questi dalla provincia all'incanto venduti. Così furono smembrati alcuni terreni dalla commenda di s. Nicolò, e così molti altri, che appartenevano alle chiese, passarono in potere di privati.

Disordini cotanto potenti, che avrebbero spogliato le chiese in poco tempo del necessario mantenimento, mossero la pubblica attenzione a prendere i più opportuni ripieghi, per difendere il patrimonio delle medesime. Per impedire quindi tutte le illecite alienazioni proibì (**14 apr. 1545**) Ferdinando qualunque vendita, e per reintegrare le chiese nel possedimento dei beni alienati dichiarò, che alla restituzione della ricavata somma le chiese potessero ricuperare i fondi venduti a' particolari. Il medesimo principe rinnovò (**31 ott. 1552**) questa legge non molto dappoi con altro decreto, che fu anche dall'arciduca Carlo ne' posteriori tempi confermato (**18 sett. 1586**). Siccome i buoni effetti di queste sovrane determinazioni dipendevano dalla esatta economia, ed attenzione dei *camerari*, così restando il maneggio di quelle rendite sull'antico metodo, le ottime intenzioni dei principi riuscirono infruttuose. I proventi continuarono ad essere impiegati a particolare e privato profitto, ed i fondi, per non essere state soddisfate le pubbliche imposte, vendevansi come prima, al pubblico incanto.

Vito di Dornbergo luogotenente di Gorizia, prese più d'ogni altro a cuore la pessima condizione dei beni delle chiese della contea. Le conseguenze dello scandaloso dissipamento de' denari destinati al culto della religione, ed al sovvenimento de' poveri, accesero il naturale suo zelo. Propose (**1561**) al principe, che i parrochi fossero obbligati o di soddisfare tutta la somma, che le

---

a) *Vedi pag.* 158.

chiese dovevano alla cassa delle pubbliche imposte, o di rinunziare
al loro benéfizio.   Non poteva in fatti il luogotenente ascrivere ogni
disordine a' piovani senza condannarli alla riparazione de' danni
derivati dalla loro trascuratezza, nè poteva più efficacemente che col
mezzo del proprio interesse obbligarli ad essere per l'avvenire più
vigilanti alla conservazione dei beni alla loro custodia confidati. Quando
i disordini sono ridotti all'estremo, l'unico ripiego, che si prenda
per ripararvi, sembra per lo più violento : tale fu giudicato il partito,
che suggerì un uomo, che aveva della risoluzione e della fermezza,
la sua proposizione fu rigettata, senza che si pensasse ad altro
provvedimento.

Non si rallentarono però le premure, e le sollecitudini del
Dornbergo per la tutela, e conservazione de' beni delle chiese.
Reiterò egli le sue rimostranze presso l'arciduca Carlo contro il
mal uso, che facevasi delle loro rendite, ed insistette replicatamente
per le opportune provvidenze a segno, che indusse il principe ad
ordinare (1 genn. 1565) a'suoi commissari di guerra nella provincia,
che esaminassero la cattiva amministrazione de' beni delle chiese, e
delle fraternite ; e suggerissero un piano tendente a chiudere per
l'avvenire la via ad ogni disordine, ed inganno.   Parlando il medesimo
Dornbergo all'arciduca della visita diocesana, che il patriarca proponeva
di fare nella contea, s'esprime ne' seguenti termini (10 mag. 1565).
Bisognerebbe, egli dice, *che tal visita si facesse a spese sue* (del
patriarca) *perchè subito che mettesse questo peso alle chiese, o ai
comuni, darebbe occasione di mormorare, ed interpretare tal visita
ad altro fine, che fatta per carità, e per zelo di religione* (a). Un
uomo, che riflette, parla sempre nel modo stesso, nè si discosta dai
suoi principî.

Sarebbe inutile l'addurre tutto quello, che fu trovato d'irregolare,
e di colpevole nell'esame dei fondi e denari delle chiese.   Basterà
l'accennare le provvidenze, che in questa occasione furono dal
governo proposte, onde porre freno alle ruberìe, che impunemente
commettevansi e da' *camerart* delle chiese, e da' custodi del denaro
delle confraternite. Fu prescritto (14 apr. 1565) che si nominassero
commissari, i quali in presenza di coloro, che avevano giurisdizione,
esaminassero i libri delle rendite, e ne liquidassero i conti, che i
denari delle chiese fossero custoditi nel recinto della medesima
giurisdizione in una cassetta chiusa a due chiavi, di cui l'una fosse

---

a) *Scritture del magistrato fiscale di Gorizia.*

in mano di colui, che aveva giurisdizione, e l'altra in mano del parroco.

Non poteva stabilirsi un miglior ordine: ma niuno fu meno eseguito di questo. La partenza del luogotenente Dornbergo spedito a Venezia per occupare il posto d'ambasciadore cesareo ne sospese tutto l'effetto. Il debito, che i beni ecclesiastici avevano colla cassa provinciale per le contribuzioni non pagate, montava nell'anno 1580 a sette mila cinquecento novanta fiorini di quella moneta. Ci è rimasto un monumento, il quale autentica l'arbitrario impiego, che facevasi del denaro delle chiese. La comunità di s. Martino ne' colli chiamata nello stesso anno a render ragione della mancanza del denaro, in cui trovavasi la chiesa del luogo, si esprime nella seguente maniera in una sua rimostranza: *Se all'elezione d'un nuovo decano delle comunità, e del cameraro delle chiese, i quali si cambiano tutti gli anni, consumansi due buoi e si vuota una botte di vino, non si dee trovare strano, che le chiese non possano soddisfare alle pubbliche gravezze.* Così il contadino, di cui si sprezzano comunemente gli avvisi, parlava a quelli, che erano destinati a reggere la provincia, e parlò per mala sorte con sì poco frutto, che il debito delle imposte non soddisfatte de' beni ecclesiastici, anzi che fosse stato del tutto estinto o almeno scontato, si accrebbe in pochi anni (1587) all'esorbitante somma di quindici mila fiorini di quei tempi: ed i commissari delegati (1588) a rilevare i fondi delle chiese per la mensa vescovile, scoprirono un debito di quattro mila fiorini, onde i *camerari* furono convinti debitori.

La gran delegazione formata (1585) dall'arciduca Carlo per riformare nella contea molte parti di governo, di cui parecchie volte fu fatta menzione (a), prese in considerazione anche questo oggetto; e stabilì l'ordine, con cui dovessero essere amministrati sì i beni delle chiese, che delle confraternite. Dopo essere state esaminate tutte le regole su di ciò proposte in addietro, si conchiuse di appoggiare la principal cura alla vigilanza de' piovani, come de' veri e primi tutori delle chiese confidate alla loro direzione; e furono incaricati sotto pena di sequestri temporali, e delle censure spirituali del rendimento de' conti nel maneggio de' denari, e nell'amministrazione di que' beni: e siccome la tardanza, e la trascuratezza solite a praticarsi per l'addietro nel soddisfare le pubbliche gravezzse, che non senza i violentissimi mezzi di smembrare de' fondi riscuotevansi,

---

a) *V. nel cap. secondo.*

portavano l'ultimo esterminio ai proventi delle chiese, così fu preso come base d'ogni provvedimento il procedere in avvenire contro qualunque mancanza o ritardo, senza alcuna dilazione coll' immediato sequestro de' frutti. Perchè avessero il loro effetto queste provvidenze, bisognò fare (**3 ott. 1587**) una sottrazione alle somme, di cui le chiese andavano debitrici, ed implorare la clemenza dell' arciduca Carlo che rimettesse le contribuzioni non pagate de' due ultimi anni. In tal guisa gli stati diedero a' *camerari* un convenevole termine per soddisfare alle anteriori mancanze, e li posero nel medesimo tempo in istato di pagare con esattezza le ordinarie rate.

I frutti di sì saggi provvedimenti non furono durevoli. Gius. Formentino, arcidiacono di Gorizia, ce ne lasciò un incontrastabile testimonianza. *Trovo le chiese mal ornate,* (così egli dice, in una sua rimostranza diretta all' arciduca Ferdinando), *le loro entrate consumate da' villani, li beni in molti luoghi alienati, li crediti delle chiese non si pagano, non si rendono i conti giustamente (a).* Se si fossero addotte tutte le provvidenze prese, e tutte le regole in quel secolo prescritte, senza far cenno nello stesso tempo della poca loro osservanza, avremmo forse motivo d'invidiare i vantaggi dei nostri maggiori.

VII.

Eresie.

Non dee recar meraviglia, che la nuova dottrina, che nacque sul principio del XVI. secolo nel cuore della Germania, fosse a braccia aperte accolta da una nazione diretta allora da ecclesiastici, quanto opulenti, altrettanto scostumati, ed ignoranti. Questa aboliva lo stato regolare dell' uno e dell' altro sesso; scioglieva il clero secolare dal vincolo del celibato; approvava che si rendessero secolari i beni ecclesiastici, e sotto il manto di riformare la disciplina della chiesa nel suo capo, e ne' suoi membri, discreditava la superiorità del successore di s. Pietro, perchè sotto pretesto di soccorrere la cristianità involta nelle guerre co' Turchi, la poneva in contribuzione per

a) *Scritture del magistrato fiscale di Gorizia.*

impiegarne poscia il denaro in usi profani. Tale era la dottrina, col cui mezzo riuscì ad un frate agostiniano di staccare il fiore dell' Afemagna dalla comunione della chiesa, governata allora da Leone X, le cui grandiose idee assorbite avrebbono le ricchezze di tutta l'Europa.

Massimiliano I nell' ultimo anno della sua vita, ambizioso di sopprimere una setta, che appena nata guadagnò la Sassonia, ed a passi di gigante dilatavasi nell' impero, convoca una dieta generale in Augusta, dove in presenza del cardinale Gaetano legato pontificio, Lutero sostenne ostinatamente le sue opinioni condannate poi in Roma, ma in Germania approvate da un grosso partito, e sostenute dall' elettore di Sassonia. Levatasi con tanta pubblicità la maschera; non ebbe più l' apostata alcun ritegno, ed a' primi suoi errori ne aggiunse degli altri. Leone X (**15 giug. 1520**) fulmina contro di lui dal Vaticano la scomunica, e Lutero fa abbrucciare la bolla coi decretali in Wirtenberga: e benchè la dieta convocata indi da Carlo V in Wormazia (**1521**), alla quale citato si presentò l' eresiarca, avesse aderito alla sua condannazione; con tutto ciò la sua dottrina, modificata coi molti differenti dogmi s'estese in pochi anni dal fondo della Svezia fino negli Svizzeri, e dalla Francia nel cuore dell' Ungheria. Trenta e più sette pullularono in poco tempo, come germogli di questa.

L'arciduca Ferdinando, che reggeva le provincie austriache in Alemagna, impiegò i più efficaci provvedimenti, onde preservare i suoi stati dagli errori della nuova setta. Proibì (**12 mar. 1523**) l' introduzione de' libri, che contenevano i nuovi dogmi; e rinnovò lo stesso editto *(a)*, coll' aggiungere le più rigorose pene, e fra le altre quella di morte contro coloro, che osassero avanzare nuove proposizioni offendenti immediatamenté la Divinità. Ma i pubblici editti non avevano forza di chiudere le vie, che nascostamente i seguaci del luteranismo prendevano per ispargere fra il popolo le nuove loro opinioni. Quindi il principe prese la determinazione di spedire nelle sue provincie de' commissarî per inquirire i promotori e partigiani della falsa dottrina: ma ogni inquisizione rendevasi infruttuosa in un affare, che dipendeva dall'opinione, la quale sempre più prendeva forza in favore di Lutero. Si fece perciò ricorso ai

_____

a) *Le proibizioni d' introdurre e tenere presso di sè simili libri*
   replicate indi per tre altre volte negli anni 1528, 1551, e
   1555.

20*

mezzi violenti per astringere i sudditi all' osservanza delle pubbliche pratiche della nostra religione. Tutti i curati ebbero l' ordine (**7 feb. 1532**) di denunziare quelli, che non adempissero il precetto della Pasqua (*a*); si stabilirono (**27 feb. 1532**) severi castighi contro coloro, che non avessero osservato i digiuni prescritti dalla chiesa. Si sottoposero (**1 ag. 1532**) tutti i maestri delle scuole all'esame ed all'approvazione de' vescovi, senza il consenso de' quali non poteva alcuno esser ammesso ad insegnare pubblicamente. Si pubblicarono (**13 mar. 1554**) i più efficaci ordini per l'osservanza delle feste; aggiungendo che i mercati non fossero ne' giorni festivi senza necessità tollerati; per le osterie era già anteriore la legge (*b*), che queste nelle domeniche e feste non potessero aprirsi prima, che gli uffizî divini nelle chiese non fossero terminati. Finalmente inviò Ferdinando (**3 ag. 1554**) a tutti i parrochi e curati un catechismo compilato dal celebre Gesuita Pietro Canisio, da cui non potevano discostarsi nelle istruzioni da farsi al popolo.

Ad onta di tutto ciò nulla potè arrestare i progressi, che nella Boemia, nelle austriache provincie fecero tante dottrine di sì differenti sette. Ci è rimasto il libello, che gli stati provinciali congregati in una dieta generale in Vienna presentarono (**1556**) al loro principe, monumento infelice della forza dell' umane opinioni. *V. M. non può ignorare, così si esprimono essi, le umilissime nostre istanze, che le furono presentate da' nostri commissarî delegati alla dieta generale di Praga (c), nella quale l'abbiamo supplicata di permettere a' suoi sudditi di poter seguitare la pura dottrina del Vangelo; di ricevere secondo l' istituto di Cristo l' Eucaristia sotto le due spezie, e di praticare senza timore, e molestia l' esercizio della vera religione. Istanze che nella dieta d'Augusta (d) furono da' deputati degli stati dell'Austria inferiore con i più veri e sommessi sentimenti rinnovate. Queste innattese, la M. V. fece pubblicare ordinazioni tali (e) che furono alle nostre suppliche in tutto contrarie. Quindi*

---

a) S'incontrano per tre volte reiterati i medesimi ordini negl'anni 1535, 1537, e 1554.

b) Pubblicata colla regola generale di amministrazione il dì 9 aprile 1542.

c) Nell'anno 1542.

d) Nell'anno 1548.

e) Editto del dì 20 febbrajo 1554 con cui Ferdinando proibì ai parrochi e curati d'amministrare l'Eucaristia sotto le due spezie.

le fedelissime sue provincie non hanno cessato di rappresentare in tutte le susseguenti diete contro l'accennato mandato le loro più umili rimostranze, e di assicurarla del loro onesto, e cristiano metodo di vivere. Nell'ultima dieta convocata nel passato dicembre, hanno elleno nuovamente supplicata la M. V. di non obbligarli ad agire contro i dettami della loro coscienza; e la M. V. senza compiacersi di ponderare, e degnarsi di riflettere alle pie cristiane loro istanze, con paterna cura, e clemenza ha voluto sempre rimettere ogni cosa alla prossima dieta dell'impero, dove si tratterebbe una generale reconciliazione di tutte le controversie spettanti alla religione cristiana. Ma chi è quello, che non vede, e non conosce quanto alle fedeli sue provincie, e ad ogni buon cristiano debba riuscire gravoso d'aspettare una dieta, di cui non v'ha ancora alcun'apparenza e di dover in questo frattempo passar i suoi giorni in quell'agitazione, in cui dee gittarlo la delicatezza della sua coscienza? e perchè la sola parola di Dio, la quale da Cristo suo figlio ci fu palesata, dee servire d'inviolabile regola alla sua Chiesa; gli abusi che si sono in quella benchè da mille anni in poi introdotti non possono senza pericolo della salute essere praticati. Indi passano a rappresentare che la vera cagione della guerra coi Turchi non sia che un flagello proveniente dalla mano di Dio, che vuole castigare la cristianità per essersi cotanto discostata dalla santa sua legge, e conchiudono in fine così: *Quindi supplichiamo la M. V. di riflettere, che per porre in quiete la nostra coscienza, e per salvare le nostre sostanze non resta altro mezzo, che d'esterminare gli abusi, e le superstizioni intrusesi nella chiesa, e d'introdurre in sua vece la sola, pura, e vera parola di Dio; di permetterne la pubblica, e libera predicazione, e d'accordare l'uso dell'Eucaristia a norma e prescrizione del Vangelo, da cui le provincie dell'Austria inferiore senza aggravare le lor coscienze non potranno mai discostarsi.* La semplicità, con cui sono esposti questi sentimenti, fa fede della sincera, e leale persuasione, sopra cui fondavasi il loro errore.

La comunione sotto le due spezie era il principal oggetto delle suppliche degli stati. I predicanti, che di soppiatto introducevansi nelle austriache provincie, spargendo la nuova dottrina, ne fomentavano ed accrescevano i partiti, e guari non andò, che si conobbe essere ogni supremo potere inferiore alla forza dell'umana fantasia, ed ogni rigore inopportuno a guarirla. Frattanto la guerra co' Turchi ridusse l'imperadore Ferdinando all'estreme urgenze. I soccorsi ch'ei chiedeva da' suoi stati prestavansi con minor zelo e premura, da che questi avevano abbracciata una religione diversa da quella del loro sovrano; e l'impero raffreddato dalle difficoltà, che Ferdinando poneva al libero esercizio della professione augustana ne' suoi regni, e nelle sue provincie, dimostravasi anch' esso meno pronto negli ordinari sussidi.

Quest' era la situazione delle cose in tempo che Ferdinando nulla risparmiava, onde conciliare le brame de' suoi sudditi colla religione cattolica. Sono note le sollecitudini sue per indurre i padri del concilio congregati in Trento a prendere in esame fra molti altri articoli (a) singolarmente quelli, che riguardavano la comunione, del calice, ed il matrimonio de' preti. A questo effetto si portò Cesare a Inspruck per essere in luogo opportuno a promuovere le pie sue intenzioni, dichiarandosi di trasferirsi ancora a Trento, se i bisogni ed il bene della riconciliazione il richiedessero. Ma gli articoli proposti dagli ambasciadori cesarei soffrirono tali, e tante opposizioni dalla parte del clero spagnuolo, ed italiano, e insino di alcuni vescovi alemani, che l'imperadore depose ogni speranza di veder adempiuti per quella via i suoi desideri; onde pensò di acconsentire allo scioglimento del concilio tanto da Pio IV, e da Roma desiderato, che sì il cardinale Morone (b), che Zaccaria Dolfino, nunzio apostolico alla sua corte, assicurato l'avevano, essere il papa dispostissimo a concedergli, terminato il concilio, le sue dimande. Pio IV, negato il matrimonio de' preti, accordò la comunione del calice, la quale due anni dappoi con altro breve da Pio V fu levata sul fondamento, che nè le condizioni del suo predecessore prescritte osservavansi, nè il fine, a cui la concessione era stata diretta ottenevasi. Il pubblico esercizio del luteranismo cessò nelle provincie devolute dopo la morte di Ferdinando I all'arciduca Carlo suo figlio il quale commise a tutti i parrochi (**10 lug. 1568**) di far recitare dal pulpito in tutte le domeniche, e feste al popolo col simbolo apostolico la professione di fede: pratica conservatasi sino al dì d'oggi nelle nostre chiese. Ma il cuore del suddito aderiva alla nuova dottrina, il cui veleno dilattandosi nella Carniola e nella Carintia, penetrò dopo la metà del secolo fino a' confini della contea.

Benchè la nostra provincia si fosse fino allora preservata da ogni errore; non si può negare, che la presente eresia non avesse

----

a) Ferdinando inviolli a' suoi legati al concilio il dì 10 maggio del 1563.

b) Uno de' legati del pontefice al concilio, il quale portossi in Inspruck per conferire con Ferdinando.

anche presso noi gittate alcune radici capaci col tempo di dilatare il
suo veleno. Bernardino di Rabatta, che a nome di Nicolò della Torre,
come luogotenente, reggeva il territorio di Gradisca, ammonisce il
capitolo d'Aquileja (a) di formar inquisizione contro il suo vicario
di Farra, il quale ricusava di levare secondo l'antico rito, e di accompagnare
alla sepoltura i cadaveri, e distoglieva il popolo dal culto delle sagre
immagini strappandole dagli altri, e tra le altre una, che sulla strada di
Gradisca era esposta in una chiesuola alla divozione de' parocchiani,
ed alla quale i febbricitanti soliti erano di accendere alcune candele
per impetrare la salute. Bisogna credere che la vigilanza del Rabatta
abbia eccitata l'attenzione del capitolo, e che il popolo, il quale doveva
risguardare il curato, come nemico della sua salute, non si sia
opposto alla sua rimozione; poichè non ci resta alcuna traccia,
che nè questo, nè altri fautori della nuova setta, i quali pochi
anni dappòi (**1558**) discesi da' monti penetrarono in Cividale,
ed in Udine (a) avessero guadagnato de' partigiani. Un clero senza
coltura non poteva entrare in discussioni di dottrina: instando solo
che fosse sciolto il vincolo del celibato (a), nulla si curava delle
innovazioni di Lutero. Così la patria nostra trovandosi rispettivamente
alle altre provincie in una situazione particolare, non restò pregiudicata
nella verità della sua credenza, nè esposta a quella disunione,
che nasce dalla disuguaglianza di sentimenti per oggetto di religione,
di modo che in tutte le diete generali convocate dal principe, i

a) *La lettera è del dì 9 ottobre, ed è deposltata nell' archivio
arcivescovile di Gorizia.*

a) *Il veneto senato nominò nell' anno 1558 alcuni commissari, i
quali unitamente a' commissari patriarcali furono incaricati
d' inquisire in Cividale contro questi nuovi apostoli. Il Liruti ne
fa qualche cenno al Tom. V delle sue "notizie delle cose del
" Friuli. "*

a) *Questo era il ritratto della maggior parte degli ecclesiastici
dell'Alemagna. L'ambasciadore Francesco della Torre in una
sua relazione data da Ròma il dì 18 ottobre 1559 ricorda
all' imperadore, che il cardinale d' Augusta aveva nel conclave
suggerito al cardinale de Medici di far un pontefice istruito
de'costumi della Germania; assicurandolo, che quando s'accordasse
al popolo la comunione sotto le due spezie, ed al clero il
matrimonio, comporrebbonsi con facilità tutte le altre differenze.
Archivio di Duino.*

deputati della contea non s'ingerirono mai nelle quistioni, e nelle istanze riguardanti il nuovo dogma, che tenevano molto occupati i delegati delle altre provincie. Anzi in appresso, benchè alcuni dei nostri cittadini non andassero esenti dal sospetto di luteranismo, gli stati di Gorizia fecero le loro più solenni proteste contro il partito preso in favore della professione augustana alla dieta generale di Pruck (**1578**) da Bonaventura d'Eck, uno dei loro deputati, il quale erasi unito co' delegati d'altre provincie, ed aderito aveva alle comuni istanze di quella radunanza, senza esserne dalla provincia nella sua istruzione autorizzato. Mosso dallo spirito di partito si era egli intromesso in quell'occasione negli affari di religione. Gli stati della contea nella loro protestazione lo smascheraron bastantemente, e lo dipingono come uno di que' cittadini, che aderivano alla nuova setta e ne favorivano i partigiani. In fatti dilatandosi nella Carintia, e nella Carniola il luteranismo, non è meraviglia, che penetrasse anche ne' luoghi confinanti con quelle provincie, ed infettasse eziandio alcuni abitanti nel cuore della contea. Ad imitazione dell'ordine nobile delle vicine provincie, alcuni de' nostri tenevano nelle lor case di campagna nascosti de' dottori protestanti al loro soldo. Il famoso Truber, canonico di Lubiana, primo fautore della setta nella Carniola, scrivendo dall'impero, dove si rifuggì, a quegli stati provinciali, fra gli altri titoli, ch'egli si dà, leggesi quello di *Expredicante in Rubia nella contea di Gorizia (a)*.

L'arciduca Carlo fra le angustie, in cui lo gittarono tante calamità della guerra contro gli ottomani, d'interne dissensioni, e di civili discordie istillate e fomentate da' suoi sudditi, che avevano non solamente abbracciato il luteranismo, ma ancora con sì insultanti e temerarî modi sostenuto, che l'obbligarono di accordare in parecchie città della Stiria, Carintia, e Carniola il libero esercizio, cercò almeno di salvare dall'infezione gli abitanti della contea, e di mantenerli nell'antica loro credenza. Bartolommeo di Porzia, che alle richieste di questo principe (**1570.**) ne fece la visita in qualità di visitatore apostolico, nella sua relazione suggerì all'arciduca l'esilio di pochi settarî, come unico mezzo di salvare il restante della provincia. Quindi delegò (**1574**) Carlo a Gorizia, Corrado Glussitch vescovo di Lubiana, e Nicolò Correto, preposito di Sola nella Carintia, per ismorzare nella loro origine quelle piccole scintille, che vi aveva già accese l'eresia. Convocarono questi gli stati, e spiegate le credenziali del principe,

_____

a) *Cronaca della Carniola.*

e l' oggetto della loro commissione esortarono quell'assemblea a non abbandonare una religione da' loro naturali sovrani, e da' loro maggiori per tanti secoli osservata. Rappresentarono appresso le discordie, e le dissensioni, in cui trovavansi imbarazzati allora l' Impero e le austriache provincie per un fanatismo, il quale istillando nell' animo de' cittadini differenti opinioni, li disuniva, e li faceva risguardare scambievolmente nemici. Indi portaronsi uniti alla chiesa parocchiale, e letti quivi gli ordini dell' arciduca, con cui palesava la volontà sua risoluta di non volere in verun modo tollerare fra i suoi sudditi alcuno, che abbracciati avesse altri sentimenti fuor che quelli, che la chiesa cattolica aveva prescritto di credere, ed espostine al popolo i principali punti, lasciarono gli eretici in libertà o di ritornare alla comunione romana, o di sortire colle loro famiglie dalla contea. Il governo prestò la sua assistenza all' inquisizione, che si fece nelle abitazioni de' cittadini sospetti; i libri eretici che riuscì a commissarî di ritrovare, furono in pubblica piazza abbrucciati. Tre famiglie nobili ebbero la fermezza di autenticare, abbandonando la patria, la persuasione, in cui vivevano; alcuni ebbero la viltà di fingere d' essersi dell' errore ravveduti, e molti la furberia di nascondere al pubblico quello, che internamente sentivano.

Partirono gl'inquisitori; ma lasciarono nella persona di Giovanni Tautscher parroco, ed arcidiacono di Gorizia un vigilante pastore del suo ovile, ed uno zelante custode de' sovrani comandi. Attentissimo agli andamenti dei suoi parocchiani, senza mai combattere in pubblico l' erronea dottrina, con un indefesso esercizio del suo ministero, manteneva i fedeli nella strada dell'antica credenza, cercando con privati colloquî di riacquistare coloro, che da quella erano deviati. Se vedeva restar senza effetto il suo zelo, si faceva un dovere di denunziare i contumaci al principe; quindi avvenne che per ordine sovrano (8 magg. 1579) furono esiliati sei altri onorati cittadini.

Si prese questo zelante ecclesiastico tanto a cuore lo stato della religione nella contea, che, creato vescovo di Lubiana, cercò col mezzo di Germanico Malaspina, nunzio alla corte dell'arciduca Carlo, di poter in qualità di visitatore apostolico visitare la nostra provincia. Conoscendo egli, che il male aveva le sue radici ne' villaggi confinanti colla Carintia, e colla Carniola, coi quali questi abitanti mantenevano una non interrotta comunicazione, perciò arrivato nella contea scrisse a' curati (nel marzo 1582) di Tolmino, di Canale, e di altre parocchie, che sono situate verso la Carniola, notificando loro la volontà dell' arciduca, la quale era di non accordare la sovrana sua

protezione se non a que' sudditi, che dal vincolo d'una stessa religione
non meno che da quello d'un zelo comune pel loro principe fossero
uniti; esortandoli in appresso·a far palese al popolo il sovrano
volere, perchè ognuno si preparasse nella prossima pasqua all'adempimento
del precetto della chiesa, il quale atto di sommissione siccome sarebbe
stato di tutela a' fedeli, così l'innoservanza avrebbe attirata la
persecuzione agli ostinati nella perversione.   Finalmente inculcò loro
di denunziare tutti i sospetti d'eresia al governo di Gorizia, perchè
fossero esiliati dalla contea, come essi avevano voluto di propria
elezione separarsi dalla chiesa.

Questa fu la regola, che il visitatore apostolico lasciò a' parrochi
per iscoprire i settari, e con cui egli credette di estirpare tutte le
piante infette, che tratto tratto ripullulavano nella nostra provincia.
Ma Paolo Bisanzio, vescovo di Cattaro, che visitò nel seguente anno
la contea, conobbe tosto, quanto questi mezzi fossero inefficaci per
isradicare tanti germi lasciati nelle famiglie da que' cittadini costretti
per la miscredenza ad abbandonare la patria; onde scrisse egli al
nunzio apostolico in Gratz (**19 nov. 1583**), perchè rendesse
istruito l'arciduca, e cercasse di provvedere al pericolo, a cui tutta
quella parte della provincia, che fra monti è situata, trovavasi esposta
di cadere ne' più strani errori dell'eresia.

Non andò guari che una nuova stravagantissima setta insorta
nella Carniola verificò i timori del prelato.   Nel medesimo anno,
ch'egli impiegò le sue pastorali cure nella visita della contea,
trasportate da una riscaldata fantasia alcune comunità correvano a
truppe qua e là per quella provincia coll'idea di dover per divino
comando erigere delle cappelle; altre poi sortivano di notte cercando
luoghi solitari, e sostenendo che a quelle notturne conventicole
comparivano gli angioli in figura di uccelli, e le istruivano in una
dottrina, ch'era del tutto diversa da quella, che insegnavano i loro preti(a).
Questo fanatismo passò ben presto dalla vicina provincia nella nostra
contea: ecco la memoria che Matteo Noctua parroco di Prebacina ci
lasciò scritta nell'anno 1584 nel suo libro battesimale. *Trovossi
della gente d'ammendue i sessi, che rivolgevasi in terra attorno
la chiesa di s. Lucia vicino Tolmino. Questa correva qua e là*

---

a) *Si trovano nell' archivio del vicedominato di Lubiana le
     inquisizioni più rigorose, che furono fatte contro questi settari.
     Si diede a' primi il nome di fondatori, e gli altri furono
     chiamati della setta de' saltatori.*

come fuori di sè, e priva di ragione per i villaggi alla volta delle chiese, battendo colle mani, e tremolando con tutto il corpo, ingiuriando con parole, ed opponendosi con fatti agli ecclesiastici. Questi sono monumenti, che comprovano la debolezza dell'umana ragione.

Rese pubbliche così fatte stravaganze, si credette nuovamente necessaria la delegazione d'un illustre ecclesiastico, il quale ponesse argine a maggiori disordini, e col suo credito, e coll'esempio riconducesse i fanatici sul sentiero della ragione. Fu a tal effetto nominato visitatore apostolico Giovanni Andrea Caligaris, vescovo di Bertinoro: nunzio della s. Sede alla corte dell'Arciduca Carlo, il quale assistito (1585) da Andrea Nepokai, allora parroco, ed arcidiacono di Gorizia, non risparmiò nè fatica, nè sollecitudine per rintracciare, e scoprire gli aderenti a così strane sette, ed i promotori di sì fatte moleste perturbazioni. Trattò egli i colpevoli col sommo rigore delle leggi; insistette con efficacia presso il governo, affinchè fossero esiliati, e non si stancò d'adoperarsi collo stesso zelo, fin a tanto che non vide purgata la contea di tutti coloro, i quali o erano sospetti, o si manifestavano contaminati nella lor fantasia (a). Ad onta delle pastorali fatiche di questi due ecclesiastici per estirpare nella contea ogni radice di luteranismo, rilevasi dalla relazione data (31 mag. 1593) dal visitatore apostolico Francesco Barbaro all'arciduca Ernesto della sua visita fatta nella nostra provincia, che il germe d'innovazione non solo non era estinto, ma veniva anche fomentato, e nutrito da' libri ereticali, che vi aveva scoperti (b).

Nell'età pupillare dell'arciduca Ferdinando fecero gli stati delle nostre vicine confederate provincie tutti i tentativi per ottenere la concessione del libero esercizio della confessione augustana conceduto dal defunto arciduca Carlo. Inviarono de' deputati all'imperadore Massimiliano II, come supremo tutore, ed instarono sì presso la vedova arciduchessa Maria, che presso l'arciduca Ernesto, governatore degli stati del loro principe: ma tutto fu senza verun effetto. Reiterarono

---

a) Secondo le memorie del parroco di Prebacina questo prelato si trattenne in Gorizia oltre un anno. il che confermasi da una lettera scritta dal vescovo il dì 17 novembre 1586 a' cittadini di Gradisca pel vicariato di quella fortezza, che volevasi ridurre in parocchia. Conservasi questa lettera fra le scritture del magistrato fis. di Gorizia.

b) Archivio Delmestre.

i protestanti con maggiore e può dirsi più tumultuosa insistenza (*a*) di prima le loro dimande presso l' arciduca Ferdinando, allor che assunse le redini del governo de' suoi stati: ma questo principe ad onta dell' infelice situazione, in cui trovavansi esposte le sue provincie per la guerra co' Turchi, e del bisogno che aveva de' soccorsi dei sudditi e della giovanile sua età (*b*), ebbe il coraggio, e la fermezza di pubblicare (**13 sett. 1598**) il bando contro tutti i predicanti che trovavansi ne' suoi stati, accordando loro quindici giorni per fare le loro disposizioni, e rinnovare nel seguente anno (**12 nov. 1599**) il bando contro i medesimi, ingiungendo le più severe pene contro quelli, che venissero nelle sue provincie scoperti. Benchè i ministri protestanti ubbidissero agli ordini, rimasero tuttavia da per tutto molte scintille nascoste pronte a divampare. Questo fu il momento che colse Girolamo di Porzia, nunzio apostolico, per proporre a Ferdinando il progetto d' introdurre ne' suoi stati ad esempio dell' Italia, e d' altre regioni i tribunali della inquisizione. Il vescovo di Lavant, Giorgio Stobeo, luogotenente della reggenza di Gratz, rigettando le proposizioni del ministro pontificio per riguardo alle provincie infette di falsi dogmi, le secondò riguardo alla nostra contea, onde preservarla dal contagio (*c*). Ma i nostri maggiori seppero garantirsene senza l' introduzione di questo tribunale, ed allontanarne da sè ogni pericolo.

FINE DEL PRIMO VOLUME.

a) *Lettera di Giorgio Stobeo vescovo di Lavant scritta il dì 1 mag. dell'anno 1604, e riportata dal P. Hansizio nel secondo volume della sua Germania sagra.*

b) *D'anni ventuno.*

c) *Collezione delle lettere di Giorgio Stobeo pag. 29.*

INDICE

DEI CAPITOLI CONTENUTI NEL PRIMO VOLUME.

—

Capitolo quarto

Succesione nel dominio della contea di Carlo V, e dell'arciduca Ferdinando suo fratello: trattati fra loro e la repubblica di Venezia.

Capitolo quinto

Perdita della fortezza di Marano nell'anno 1542, inutili tentativi degli Austriaci per ricuperarla. » 68

Capitolo sesto

Successione di Carlo arciduca e di Ferdinando suo figlio nel dominio della contea di Gorizia.

Capitolo settimo
Altre spedizioni ed altri armamenti di guerra, fatti nella contea di Gorizia nel corso del XVI secolo.

Libro Secondo.

Capitolo primo
Governo civile della contea dall'anno 1500 all'anno 1600.

Capitolo secondo
Amministrazione di giustizia dall'anno 1500 all'anno 1600.

Capitolo terzo
Regole d'amministrazione interna nella contea nel secolo XVI.

Capitolo quarto
Rendite del principe, ed ammininistrazione di pubblica economia dall'anno 1500 all'anno 1600.

Capitolo quinto
Governo ecclesiastico dall'anno 1500 all'anno 1600.

Ingram Content Group UK Ltd.
Milton Keynes UK
UKHW050822130323
418477UK00009B/1390